庆祝新中国成立70周年丛书

共和国对外贸易70年

王万山 著

中国商务出版社
CHINA COMMERCE AND TRADE PRESS

图书在版编目（CIP）数据

　　共和国对外贸易 70 年 / 王万山著. — 北京 ： 中国
商务出版社，2020.1（2023.1 重印）
　　ISBN 978-7-5103-3199-2

　　Ⅰ．①共… Ⅱ．①王… Ⅲ．①对外贸易－贸易史－中
国 Ⅳ．①F752.97

　　中国版本图书馆 CIP 数据核字(2020)第 000675 号

共和国对外贸易 70 年
GONGHEGUO DUIWAI MAOYI QISHI NIAN

王万山　著

出　　版：中国商务出版社

地　　址：北京市东城区安外东后巷 28 号 邮　编： 100710

责任部门：商务事业部（010-64269744　bjys@cctpress.com）

责任编辑：张高平

直销客服：010- 64266119

总 发 行：中国商务出版社发行部（010-64208388 64515150 ）

网购零售：中国商务出版社淘宝店（010-64286917）

网　　址：http://www.cctpress.com

网　　店：https://shop162373850.taobao.com

排　　版：廊坊市展博印刷设计有限公司

印　　刷：三河市明华印务有限公司

开　　本：787毫米×1092毫米 1/16

印　　张：25.5　　　　　　　　字　数：415 千字

版　　次：2020 年 1 月 第 1 版

印　　次：2023 年 1 月 第 2 次印刷

书　　号：ISBN 978-7-5103-3199-2

定　　价：88.00 元

序

　　共和国的对外贸易已走过七十年曲折历程，这是一幅波澜壮阔的历史画卷。七十年来，共和国的对外贸易时而风雨兼程，时而康庄大道。面对纷繁复杂的外交事件，面对政经多变的国际贸易环境、体制及政策，面对诸多的贸易摩擦与成败得失，要想把共和国七十年对外贸易的峥嵘岁月描述得错落有致，阐述得层次分明，分析得有理有据，确实是个浩大工程。王万山教授经过几年的努力，完成了这一工程。

　　弱国无外交。新中国成立前，中国历经了多年积贫积弱、受尽欺侮的日子。在遭受西方列强多次的侵略战争后，中国社会实际上处于半封建、半殖民的状态。军事上的失败，不仅使我国主权和领土完整受到了严重破坏，而且带来经济上的被垄断和被控制。旧中国的对外贸易，一度连海关主权都丧失。加之一系列的不平等条约，旧中国的对外贸易，处于输出原材料、进口工业品、依附和服务于西方发达国家的不平等状态。

　　新中国成立后，中国政府迅速收回对外贸易主权，并构建起社会主义特色的统制型对外贸易体制。这对平衡当时较为波动的经济，配合国家的工业化战略实施很有必要。由于一边倒的外交路线，特别是朝鲜战争的爆发，以美国为首的西方国家，在新中国成立后的 20 多年时间里，都对新中国实施政治与经济的双层封锁政策。在这一背景下，中国在 20 世纪 50 年代努力发展与苏联和东欧国家的关系，在 60 年代积极发展与亚非发展中国家的关系，在 70 年代则努力改善与欧美西方国家的关系。最终，中国重返联合国，为 1978 年的改革开放打好了基础。

　　十一届三中全会后，中国实施邓小平同志的和平发展外交战略，以经济建设为中心，开启了全面对外开放，全面融入经济全球化的新征程。中国努力从进口替代做起，从出口加工贸易做起，从积极引进外资做起，从对外承包工程做起，到后来加入世界贸易组织，加入二十国集团，提出"一带一路"倡议，建设自由贸易试验区和自由贸易港……一步一步地走向经济繁荣。这些历史进程，都在本书里得到很好的展现与解读。

王万山教授这部专著，力求通过专题的形式来展现共和国对外贸易所走过的七十年不平凡的历史。全书从 9 个贸易专题和 1 个大事记专题来集中讨论中国对外贸易七十年的历史经纬。这 9 个专题包括经贸形势、贸易体制、贸易政策、贸易发展与结构、服务贸易、投资与贸易、国际经济合作与贸易、海关特殊关税监管区域建设、参与全球经济治理与贸易等方面。这既是本书最大的特色，也是本书写作的难点。因为这需要作者全面理解与掌握中国的贸易发展历史与数据资料，能够站在纵横的历史高度，对某一对外贸易领域作连续性的深入分析。

本书的另一个特色是：依据丰富的历史数据资料，采取政治与经济、贸易与投资、市场与产业，宏观与微观等相结合的方法，阐述和分析各个历史时期中国对外贸易的发展环境、状况、困难及进展，较好地展示了共和国对外贸易在各个时期的基本情况。

本书第三个特色是：不仅限于阐述中国对外贸易的历史进程，分析其结构变化，而且把经济学的原理融入历史资料的阐述与分析中，从贸易经济学的视角全面总结七十年来中国对外贸易所走过的不平凡的道路。

以史为鉴，可以照亮未来。当前，世界经济正走入自由与保守相汇聚的新阶段，国际贸易更多的是以"朋友圈"的形态出现，WTO 机制体制改革的呼声越来越高，中美贸易摩擦还在继续。面对复杂多变的国际环境，中国如何继续打开开放大门，实施高质量发展战略，更多地参与全球经济治理，更好地推动世界贸易更加公开、透明、自由、便捷，为人类的共同繁荣做出自己的努力和贡献，还需要我们同行们做出更大的贡献。

好的作品皆享受，是为序。

中国国际贸易学会会长　金旭

2020 年春于北京

‖ 目　录 ‖

第一章　历经七十年风云变迁的经济贸易形势 …………………… 1

　　第一节　半封闭的计划经济体系形成时期 ………………… 1

　　第二节　"文革"时期 …………………………………… 15

　　第三节　对外开放萌动期 ………………………………… 19

　　第四节　"摸着石头过河"的对外开放初期 ……………… 22

　　第五节　走向市场经济时期 ……………………………… 26

　　第六节　融入多边贸易体系时期 ………………………… 30

　　第七节　进入摩擦期的世界经济 ………………………… 34

第二章　对外贸易体制改革 70 年 ………………………………… 38

　　第一节　国家对外贸易统管体制的建立（1949—1952 年） ……… 38

　　第二节　计划型对外贸易体制的不断调整（1953—1978 年） …… 44

　　第三节　改革开放后对外贸易体制革新（1978—2019 年） ……… 52

第三章　对外贸易政策变革 70 年 ………………………………… 67

　　第一节　国家管制型对外贸易政策建立（1949—1952 年） ……… 67

　　第二节　计划型统管贸易政策调整（1953—1978 年） …………… 69

　　第三节　以市场为导向的对外贸易政策变革（1978—2019 年） …… 78

第四章　对外贸易发展与结构变迁 70 年 ……………… 98

第一节　对外贸易自立与起步发展（1949—1952 年） ……… 98

第二节　对外贸易在曲折中逐步多元化发展（1953—1978 年） ………104

第三节　对外贸易快速成长（1978—2019 年） ………118

第五章　服务业开放与服务贸易发展 70 年 ……………… 153

第一节　服务业和服务贸易酝酿起步（1949—1978 年） ………153

第二节　服务业与服务贸易逐步开放与发展（1978—2007 年） ………159

第三节　服务业加大开放与服务贸易加快发展（2008—2019 年） ………176

第四节　服务业和服务贸易进一步开放 ………180

第六章　国际投资与对外贸易互促发展 70 年 …………… 186

第一节　1949—1978 年的国际投资与对外贸易 ………186

第二节　利用外商直接投资与对外贸易（1978—2019 年） ………190

第三节　对外直接投资与对外贸易（1978—2019 年） ………203

第七章　国际经济合作与对外贸易发展 70 年 …………… 215

第一节　持续拓展区域经济合作 ………215

第二节　对外工程承包 ………227

第三节　国际技术合作 ………237

第四节　中国对外援助 ………246

第八章　中国对外贸易海关特殊监管区域建设发展 70 年 254

第一节　经济特区 ………254

第二节　保税区与出口加工区 ………256

第三节　自由贸易试验区 ………260

第四节　自由贸易港 ………286

第九章　中国参与全球经济治理与对外贸易发展70年 ········· 289

　第一节　1949—1977年中国参与全球经济治理 ·············289

　第二节　1978—2007年中国参与全球经济治理 ·············292

　第三节　2008—2019年中国参与全球经济治理 ·············300

　第四节　参与全球经济治理与护航对外贸易 ·············321

第十章　中国对外贸易70年大事记 ················ 328

参考文献 ················ 388

第一章　历经七十年风云变迁的经济贸易形势

共和国成立七十年来的内外经济贸易形势的变迁犹如一幅波澜壮阔的历史画卷，经历了被美国为首的西方国家封锁、一边倒向社会主义阵营，到团结第三世界国家、融冰西方之旅，到改革开放、全面融入世界经济与市场体系的复杂曲折的历史进程。

第一节　半封闭的计划经济体系形成初期

一、新中国成立初期：经济恢复

1949—1952 年是中国国民经济的恢复时期。新中国成立前，帝国主义列强长期侵入中国，想把中国变成他们的殖民地或半殖民地。为了这个目的，帝国主义列强向中国发动了多次侵略战争。例如，1840 年的英国鸦片战争，1857 年的英法联军战争，1884 的中法战争，1894 年的中日战争，1900 年的八国联军战争。通过武力打败了中国之后，帝国主义列强不但占领了周边许多原受中国保护的国家，而且抢去或"租借"了中国的一部分领土。例如，日本占领了中国台湾和澎湖列岛，"租借"了旅顺；英国占领了香港；法国"租借"了广州湾。割地之外，他们还获得了数额巨大的赔款，强迫中国订立了诸多屈辱的不平等条约。根据这些不平等条约，帝国主义列强取得了在中国驻扎海军和陆军的权利，取得了领事裁判权，并把中国划分为几个帝国主义国家的势力范围。帝国主义列强控制了中国一切重要的通商口岸，并在许多通商口岸划出一部分土地作为它们直接管理的租界，由此控制了中国的海关和对外贸易，控制了中国的交通事业。于是便能够大量地推销他们的商品，把中国变成他们的工业品的市场，迫使中国的农业生产服从于帝国主义的需要。帝国主义列强还在中国成立了许多轻工业和重工业的企业，直接利用中国的原料和廉价的劳动力，对中国的民族工业形成了直接的经济压迫，极大地阻碍中国工业的起步与发展。帝国主义列强还通过借款给中国政府，以及在中国开设银行，垄断了中国的金融和财政。因此，他们不但在商品竞争上压倒了中国的民族资本主义，而且在金融和财政上扼住了中国经济发展的咽喉。

鸦片战争以后，中国的主权和领土完整受到了严重破坏，对外贸易也丧失了独立自主的地位，完全依附于英、法等殖民帝国，贸易的性质转向半殖民化。这些殖民帝国凭借不平等协议得到的贸易特权，以通商口岸、租界为据点，以协定关税和领事裁判权作为贸易垄断权通道，向中国大量出口和倾销商品，掠夺出口资源，进行较为典型的殖民化贸易。中华人民共和国成立之前，对外贸易的基本特征，可概括为以下几点。[1]

第一，进出口商品结构完全适应帝国主义掠夺资源、倾销商品的需要。鸦片战争以前，中国社会长期处于自给自足的自然经济状态，对外国商品的需要并不殷切。与此相反，西方各国需要中国的商品作为生产资料或消费资料。鸦片战争以后，中国沦为半殖民地半封建社会，帝国主义国家凭借特权，一方面毫无限制地向中国强行推销商品；另一方面，又任意从中国廉价捞取农副产品和工业原料。因此，中国进出口商品完全适应了帝国主义的需要。当时的出口商品主要是生丝、茶叶、桐油、猪鬃、大豆、花生、锑、钨等工业原料和农副产品；进口商品除 1913 年前鸦片居首位外，主要是棉织品、毛织品、煤油、汽油、香烟、洋酒、罐头食品、糖果、化妆品、玻璃丝袜等消费品。

第二，中国的贸易对象集中于少数帝国主义国家。帝国主义对中国的经济侵略，在 1894 年中日战争以前以商品输出为主要手段，中日战争以后就以资本输出为主，用资本输出来带动和扩大商品输出。各国列强由开辟商品市场改变为划分势力范围。

---

[1] 教材编写组：《中国对外贸易概论》，对外贸易教育出版社 1985 年版。

当时，长江中下游被划为英国的势力范围；云南、两广被划为法国的势力范围；山东被划为德国的势力范围；东北原被划分为沙皇俄国的势力范围，1905 年日俄战争后东北的南部地区成为日本的势力范围。帝国主义在各自的势力范围内，建立自己的统治机构，强行开办工厂、设立银行、发行钞票、建筑铁路、开发矿山，同时通过给当时清朝政府的各种借款，取得了中国的关税和国库收入的支配权，掌握了中国的经济命脉。自鸦片战争到甲午战争期间，英国在中国对外贸易中占80% 以上，几乎处于独占地位。在 19 世纪的最后二十多年中，美、德、法、日等，加强了与英帝国主义的竞争。沙皇俄国也利用与中国的数千里的边界发展陆路贸易，又屡次胁迫清朝政府，取得了深入内地城市的贸易权，并把舰队驶入太平洋，积极发展海上贸易。1905 年日俄战争后，日本在中国东北地区取代了俄国的地位，并在华东、华中和华南不断排除英国的势力，日本而对中国的贸易急剧增长。在这种情况下，英帝国主义垄断中国对外贸易的地位发生了动摇。第一次世界大战期间，日本和美国趁欧洲各国因混战无暇东顾的机会，进一步扩大了对华侵略势力。日本帝国主义者在中国对外贸易中的占比一跃而居第一位，美国则居第二位。第二次世界大战后，德、日、意三国战败，英、法等国力量也大为削弱，美国爬上了资本主义世界的霸主地位，中国的对外贸易市场也被美国所垄断。据统计，中国从美国的进口在 1936 年只占进口总额的 22.6%，1946 年则增至 51.2%；中国向美国的出口，1938 年只占出口总额的 19.7%，1946 年则猛增至57.2%。

第三，对外贸易长期入超和不等价交换。不等价交换是帝国主义对殖民地和不发达国家进行掠夺的重要手段。一百多年来，帝国主义通过不等价交换，对中国人民进行了残酷的剥削和掠夺。根据海关统计，19 世纪后期，中国出口土特产品的价格不断下降，这从当时的传统出口商品茶、丝可以明显看出。假如以 1873 年出口物价指数为 100，到 1894 年，红茶的出口物价指数为 76.7，生丝为 65.4。后来，出口价格虽有所增长，但总是跟不上进口价格的增长速度。若以 1913 年进、出口物价指数为100，到 1936 年，进口物价指数上升到 153.3，而出口物价指数却只增长到 139.2。根据 1926 年到 1936 年中国进出口商品统计资料计算，对外贸易由于不等价交换所造成的损失，大约相当于六亿零二千八百石大米的价值。再以几种进出口商品为例：进口汽油的价格，1944年比1925年上涨约1480倍，而中国出口桐油的价格，在同期内只上涨360倍；进口人造丝的价格，1944年比1925年上涨626倍，而中国出口生丝的价格，在同期内仅上涨129倍。在美帝国主义独占中国对外贸易时期，这种不等价交换就更加严重。1946年，一架英国产的五灯收音机，在美国批发价是20美元，运到中国的售价则合250美元。与此同时，在中国价值350万元的生丝，到美国仅值250万元。由于帝国主义长期对中国倾销商品，致使中国对外贸易自1877年到1949年全国解放的72年中，年年入超，总额超过64亿美元，这还不包括大量的走私进口货物在内。长期的贸易入超，造成中国的金银大量外流，赋税成为劳动人民的沉重负担。迫使当权者不得不用举借外债和出卖主权的办法来抵偿贸易入超，从而加深了对西方列强的屈从和依赖。

第四，民族进出口商艰难发展。鸦片战争以前，清政府限定广州为唯一的对外贸易口岸，并规定除官府特许的"行商"（或称"公行""十三行"）可办理承销、代购之外，其他中国商人不得对外自由贸易。鸦片战争后，"行商"垮台，民族进出口商开始出现。但由于当时的对外贸易被"洋行"所把持，民族进出口商因为资力薄弱无法进行竞争，往往只能依附于洋商或买办。因此，民族进出口商一开始就受到帝国主义和买办阶级的压迫和束缚，可是为了开展经营又不得不与帝国主义、买办阶级保持千丝万缕的联系。第一次世界大战期间，在中国民族工业一度获得发展的同时，中国民族进出口商也有所发展。大战结束以后，由于西方各帝国主义争夺中国市场的斗争日益尖锐化，日本帝国主义加强了对中国的商品输出和资本输出，中国的民族工业受到沉重的打击。尽管如此，中国民族进出口商的发展却并没有受到很大影响。这是因为：一方面，帝国主义需要利用种种渠道对中国扩大商品销售和获取原料；另一方面，经营进出口业务能够给民族进出口商带来较多的利润。所以，各式各样的私营进出口行号在各地陆续出现，仅上海一地，这类行号在1936年即达306户。抗战胜利之后，由于美国货的大量倾销，金融物价极为混乱，商业投机成风，各式各样的私营进出口行号应运而生。据统计，新中国成立前夕全国已有四千余户。这些行号通过各种方式同国外（特别是美国）建立商业关系，而且大部分是经营美国货。这种私营对外贸易的畸形发展和买办性的加深，是前所未有的。由于美帝国主义者从其自身利益出发，往往把大宗重要物资交由在华美商包办经营，加之蒋介石反动集团发动的反革命内战接连惨败，财政枯竭，更是变本加厉地搜刮外汇和出口物资，实行所谓"输入限额分配""经济紧急措施"，使本来资本短缺、根基脆弱的民族进出口商受到致命的打击，大部分被迫破产。总之，中国民族进出口商的力量是软弱的，同时它们与帝国主义、封建主义有着千丝万缕的联系，因而具有明显的买办性和封建性。

虽然帝国主义列强垄断和占领了中国的对外贸易，但因为打破了当时中国经济的封闭模式，客观上又促进了半殖民地半封建中国对外贸易的复苏和较快发展。根据历史资料统计，从 1868 年到 1913 年，中国对外贸易总额从 1.2 亿多关两增加到 9.7 亿多关两，增长了七倍；1929 年又增加到 22.8 亿关两。1931 年"九·一八"事变以后，中国东北、华北的大片领土被日本侵略者所占领。抗日战争爆发后，沿海口岸也相继沦陷，使国民党政府统治区的对外贸易几乎陷于停摆状态。但是，1945 年日本投降之后，中国的对外贸易很快就超过了历史最高水平。应当指出的是，旧中国的对外贸易，是在殖民帝国控制下运行的一种不公平不正常的贸易体制和模式。

中国半殖民地半封建的对外贸易是畸形的，它在历史上发挥的作用也是独特的。一方面，它成为殖民帝国、官僚买办掠夺和剥削中国人民的工具；另一方面，它加速了中国封建专制下对外贸易的解体和自然经济的瓦解，促进了中国资本主义的初步发展，使中国对接和融入了当时的世界资本主义市场。此外，它对于中国现代工业的建立和开展国际经济技术交流，客观上也起到了一定的推动作用。

新中国成立初期，国内外矛盾错综复杂，困难很多。在国际上，以美国为首的西方国家对新中国实行政治孤立、经济封锁和军事包围；在国内，人民解放战争尚未完全结束，国民党还有上百万军队在西南、华南和沿海岛屿负隅顽抗。新中国接手的是一个十分落后而又千疮百孔的经济烂摊子。由于长期滥发纸币，市场上物价飞涨、投机猖獗、秩序混乱，社会经济处于支离破碎的状态：生产萎缩，交通阻塞，民生困苦，失业者众。面对极其困难的财政经济状况，中国政府采取了一系列的重大措施来稳定物价和统一财经。经过一年多的努力，通货膨胀得到控制，物价日趋稳定，财政收支接近平衡。在这样的形势下，1950 年 6 月，中共召开了七届三中全会，毛泽东同志在会上做了书面报告，向全党全国人民提出了"为争取国家财政经济状况的基本好转而斗争"的现阶段中心任务。七届三中全会及时提出了中国在国民经济恢复时期的战略方针，通过对工商业的合理调整，不仅使一度呈现萎缩的私营企业生产经营状态得到迅速扭转，而且使公私关系、劳资关系的紧张局面得以缓和。

新中国成立后的头三年，中国共产党领导人民解放军和各族人民，肃清了国民党在大陆的残余武装力量和各地的土匪，实现了西藏的和平解放，在各地建立起各级人民政府，没收了官僚资本企业并把它们改造成为社会主义国营企业，统一了全国财经工作，稳定了物价，完成了解放区的土地改革，镇压了反革命势力。在经济领域，在党政机关和国营经济部门的工作人员中，我国开展了反贪污、反浪费、反官僚主义的"三反"运动；在私营工商业者中，我国开展了反行贿、反偷税漏税、反盗骗国家财产、反偷工减料、反盗窃国家经济情报的"五反"运动。对旧中国的教育科学文化事业，我国也进行了很有成效的改造。在胜利完成各种繁重的社会改革任务的同时，我国迅速恢复了在旧中国遭到严重破坏的国民经济，全国工农业到 1952 年底已达历史最高生产水平。从 1950 年 10 月到 1953 年 7 月，中国人民还进行了伟大的抗美援朝战争，为社会改造和国民经济建设赢得了一个相对稳定的和平环境[①]。

国际上，美国于 1950 年开始对中国实施禁运，并且"封锁""禁运"的严厉程度逐月升级。1950 年 12 月，美国公布了"有关管制战略物资输出"的加强命令，将所有输往中国内地、香港和澳门的一切物资，无论是战略性的或非战略性的都管制起来。12 月 8 日，美国又公布了"港口管制法令"，不仅禁止美籍船只开往中国港口，而且其他国家商船但凡经过美国辖区口岸转口的，也必须把载运的战略物资申请港口管制机构批准，否则予以扣留。12 月 16 日，美国财政部颁布了"管制外国人资产法令"，冻结了美辖区内中国大陆所有的公私财产。1951 年 3 月，美国在贸易上实施了限制中国土特产品进口的办法。1951 年 8 月，美国海关又宣布禁止中国和朝鲜两国所产的所有货物及两国货物在其他国家加工制品的进口。中美两国的正常贸易，由于美国政府越来越紧的"封锁"和"禁运"，被迫减少以致断绝。1951 年的中美贸易额只有 1950 年的 3.3%，1952 年起中美贸易彻底断绝。

这一时期，中国的贸易伙伴主要是苏联、中国香港、英国、捷克斯洛伐克、德意志民主共和国、印度、埃及、中国澳门、巴基斯坦、比利时等（见表 1-1）。苏联此时期一直是中国最大的贸易伙伴国，这是由中国的外交关系所决定的。中华人民共和

---

① 吴于廑、齐世荣：《世界史·现代史》（下卷），高等教育出版社 1994 年版。

国成立以前，中国同苏联的贸易在中国对外贸易总额中占比较小，仅为 3%~6%。新中国成立后，这种情况发生了明显变化。1949 年，中国对苏进出口贸易总额为 2633 万美元，其中进口总额为 858 万美元，出口总额为 1775 万美元，在中国对外贸易总额中排在美英两国之后，居第三位。1950 年，新中国成立后的第一年，中国对苏进出口贸易总额就猛增至 33844 万美元，占当年中国进出口的比重为 29.95%，其中进口总额为 18519 万美元，出口总额为 15325 万美元，一举超过美英两国，跃居第一位。1951 年，中苏贸易总额与 1950 年相比呈成倍增长，达 80860 万美元，占当年中国进出口比重的 41.26%；1952 年的中苏贸易总额比 1951 年又有较大幅度的增长，达 106421 万美元，占当年中国进出口比重的 54.86%。[①]

表 1-1　1950—1952 年中国十大贸易伙伴占中国进出口总额和比重

单位：亿美元，%

位次	1950 年			1951 年			1952 年		
	国家或地区	贸易额	比重	国家或地区	贸易额	比重	国家或地区	贸易额	比重
1	苏联	3.38	29.95	苏联	8.09	41.26	苏联	10.64	54.86
2	美国	2.38	21.07	中国香港	6.12	31.23	中国香港	2.98	15.36
3	中国香港	1.51	13.38	印度	0.72	3.70	德意志民主共和国	1.07	5.53
4	英国	0.74	6.51	捷克斯洛伐克	0.70	3.58	捷克斯洛伐克	0.98	5.04
5	马来西亚	0.63	5.59	德意志民主共和国	0.59	3.01	巴基斯坦	0.81	4.18
6	日本	0.47	4.18	波兰	0.50	2.55	匈牙利	0.52	2.67
7	印度	0.29	2.60	马来西亚	0.37	1.91	波兰	0.48	2.49
8	荷兰	0.22	1.93	英国	0.35	1.79	印度	0.35	1.82
9	德意志联邦共和国	0.19	1.72	匈牙利	0.28	1.43	斯里兰卡	0.30	1.55
10	巴基斯坦	0.16	1.39	巴基斯坦	0.23	1.19	英国	0.26	1.33

资料来源：《中国对外经济贸易年鉴》编纂委员会：《中国对外经济贸易年鉴1984》，中国对外经济贸易出版社 1984 年版。

新中国成立后，香港成为内地重要的转口贸易基地，是华北、华中、华南进出口

---

① 孟宪章：《中苏经济贸易史》，黑龙江人民出版社 1992 年版。

贸易的主要集散地，是中国内地对外贸易的主要通道之一，因此起着重要的窗口作用。1950 年，中国内地与香港的贸易额为 1.51 亿美元，占当年中国对外贸易的 13.38%，香港是中国内地的第三大贸易伙伴；1951 年，双边贸易额为 6.12 亿美元，香港占当年中国内地对外贸易的 31.23%，是中国内地的第二大贸易伙伴；1952 年，双边贸易额为 2.98 亿美元，香港占当年中国内地对外贸易的 15.36%，是中国内地的第二大贸易伙伴。为应对这一时期美国的"禁运"和"封锁"，中国外贸部门利用英国和美国的外贸政策差异，采用多种方式用储备的英汇和港汇头寸，从香港市场进口了大量物资。这些贸易物资占了当年同类进口的很大比重。例如，橡胶进口值占比 57.63%，钢铁材料进口值占比 33.18%，药品进口值占比 75.0%，医疗器材进口值占比 51.33%，化学染料进口值占比 63.08%。

中英贸易延续至新中国诞生时已有 100 余年的历史。1931 年中英贸易总额为 1 亿多美元，占中国对外贸易总额的 7.83%，地位仅次于日本和美国。1951 年 5 月，英国同意美国在联合国提出的对中国"禁运"的提案，但反对对中国实施全面禁运，英国驻联合国代表认为，那样做是"欲损人反而害己"。但在 1951 年 6 月，英国政府还是把运往中国内地及香港的一切出口货物置于特许管制之下，导致 1951 年中英贸易额骤然缩减，较 1950 年减少了 50%。1952 年莫斯科国际经济会议期间，中英双方代表团达成了 1952 年每一方价值达 1000 万英镑的贸易协议，然而由于英国政府追随美国政府实行了敌视中国的禁运政策，到 1952 年底，中英进口额仅完成 599.8 万英镑，出口额仅完成 188.7 万英镑。从 1950 年至 1952 年，中国与英国的进出口总额分别为 0.74 亿美元、0.35 亿美元、0.26 亿美元，占当年中国进出口的比重分别为 6.51%、1.79%、1.33%。[①]

1950 年 10 月 10 日，中国贸易部国外贸易司司长林海云和德意志民主共和国商务代表团团长齐勒各自代表本国政府在北京签订了《1951 年中德易货协定》。中国从民主德国进口的商品以成套设备和一般机械为主，主要有火力发电设备、水泥厂、糖厂、纺织厂、仪表厂、机床、各种仪器、货船及船用柴油机等，中国对民主德国出口的商品以粮谷、油脂和矿产原料为主，包括大米、大豆、花生仁、食用植物油、锡、铂砂、硼砂等。中国对民主德国急需的农产品和矿产品尽量予以满足。1951 年，中国与德意志民主共和国进出口额为 0.59 亿美元，占当年全国进出口总额的 3.01%；1952 年，中国与德意志民主共和国进出口额为 1.07 亿美元，占当年全国进出口总额的 5.53%。值

---

① 董志凯：《跻身国际市场的艰辛起步》，经济管理出版社 1993 年版。

得注意的是，这一时期，由于德意志联邦共和国被迫随美国对中国实施"封锁"，中国对德意志联邦共和国的贸易关系全部转移给德意志民主共和国，而德意志民主共和国对中方的出口有 60% 以上是德意志联邦共和国的转口货。[①]

从 1949 年 10 月中华人民共和国成立到 1952 年底，是中国国民经济恢复和进行社会主义经济建设的准备阶段。经过三年的艰苦拼搏，中国成功地恢复了国民经济。到 1952 年底，全国工农业生产都超过了历史最高水平。1952 年，全国工农业总产值比 1949 年增长 77.5%，其中工业总产值增长 145%，农业总产值增长 48.5%。从 1949 年到 1952 年，全国职工的平均工资提高了 70% 左右，各地农民的收入一般增长了 30% 以上。[②]工农业生产和各项事业的迅速恢复与发展，为对外贸易奠定了必要的基础。同时，对外贸易的开展也为新中国的经济建设起到了重要的支持与推动作用。

经过 1949–1952 年国民经济恢复期后，中国经济开始进入全面好转阶段。然而没过几年，经济又进入困难和调整期。1953–1966 年，中国国民经济走的是一条曲折探索的道路。这一时期可细分为快速发展期、困难与调整期。

二、第一个五年计划（1953—1957 年）：快速发展期

中国从 1953 年开始进行大规模的经济建设，中央政府在这一年制定了国民经济发展第一个五年计划，其主要任务是：建设重大基础项目 659 个，集中力量以苏联援建的 156 个建设项目为中心，开展中国社会主义工业化基础体系建设。"一五"计划时期，中国重点建设的重工业项目包括钢铁 15 个、电力 107 个、机械制造 63 个、电讯 18 个、化工 15 个、煤炭 195 个、石油 13 个，轻工业项目包括食品 34 个、医药 4 个、造纸 10 个，其他项目有 221 个。

"一五"计划期间，为配合当时国民经济的发展，满足国家建设的需要，奠定社会主义工业化的基础体系，中国大力调整了对外贸易的方向和结构，发展了同苏联、东欧等国家的贸易经济关系。同时，随着中国外交环境的趋缓，中国也拓展了与东南亚国家和西方国家的贸易，进口了橡胶等一批重要物资。至 1957 年，生产资料的进口比重已高达 92%，其中机械设备的比重为 52.5%。中国的出口贸易在工农业得到恢

---

① 董志凯：《跻身国际市场的艰辛起步》，经济管理出版社 1993 年版。
② 吴于廑、齐世荣：《世界史·现代史（下卷）》，高等教育出版社 1994 年版。

复和发展的基础上有了很大的增长，出口商品结构也向优化的方向转变。

这一时期，国际形势基本是以美苏为首的两大阵营对峙，第三种力量（新独立国家）虽已出现并逐渐壮大，但尚未形成一支足以左右国际形势的力量。中国保持了对社会主义国家友好的外交路线，加强了同苏联及东欧国家的经贸关系。主要的贸易伙伴是苏联、中国香港、德意志民主共和国、捷克斯洛伐克、英国、日本、匈牙利、波兰、朝鲜民主主义人民共和国、斯里兰卡等（见表 1-2）。

表 1-2　1953—1957 年中国与十大贸易伙伴的贸易额

单位：万美元

排序	1953 年 国家（地区） 贸易额	1954 年 国家（地区） 贸易额	1955 年 国家（地区） 贸易额	1956 年 国家（地区） 贸易额	1957 年 国家（地区） 贸易额
1	苏联 125823	苏联 129124	苏联 178985	苏联 152377	苏联 136470
2	中国香港 28469	中国香港 21416	中国香港 18937	中国香港 20041	中国香港 20039
3	德意志民主共和国 11049	德意志民主共和国 18060	德意志民主共和国 18730	德意志民主共和国 19664	德意志民主共和国 19169
4	捷克斯洛伐克 10965	捷克斯洛伐克 12209	捷克斯洛伐克 12851	捷克斯洛伐克 12938	捷克斯洛伐克 15590
5	斯里兰卡 10359	朝鲜民主主义人民共和国 8231	英国 10463	日本 12840	日本 11473
6	英国 9704	斯里兰卡 7414	日本 8331	英国 11250	英国 10228
7	匈牙利 6247	英国 7068	朝鲜民主主义人民共和国 7606	斯里兰卡 8624	波兰 8328
8	波兰 5352	波兰 6723	波兰 7055	波兰 7358	越南 7024
9	朝鲜民主主义人民共和国 4634	匈牙利 6142	匈牙利 6100	朝鲜民主主义人民共和国 6855	斯里兰卡 6153
10	瑞士 3235	日本 3517	越南 4602	匈牙利 6809	马来西亚 5994

资料来源：国家统计局编：《中国统计年鉴 1949—1984》，中国统计出版社 1984 年版。

中苏关系依然是当时最重要的双边关系。1953 年，时任政务院政务委员李富春率领代表团赴莫斯科谈判；5 月双方签订了《关于苏维埃社会主义共和国联盟援助中华人民共和国发展国民经济的协定》等八个文件。在协定和议定书中，苏联承诺援助中国建设 91 个项目，再加上 1950 年协议中规定的 50 个项目，共有 141 个。1954 年 10 月，中苏双方又签订了《中苏关于苏联帮助中华人民共和国政府新建 15 项工业企业和扩大原有协定规定的 141 项企业设备的供应范围的议定书》等一系列文件。至此，苏联援建的项目共有 156 项，通称"156 项工程"。此后，中苏又签订了三个协定，包括 158 个成套设备项目。除上述 304 个项目外，苏联还供应了 64 个单独车间、研究所及装置。苏联向中国提供的这些成套设备项目，对于中国基础工业的建设与发展，起到了相当重要的促进作用。苏联援建的"156 项工程"是"一五"计划的核心，填补了我国工业的空白。156 个工程项目及其配套项目的建设，在很大程度上改变了原先工业集中在沿海的局面，在全国建立起较为完整的基础工业和国防工业体系，初步形成了一批门类较齐全、国家工业化建设急需的基础工业项目。在苏联专家和苏联技术的支持下，中国的工业生产能力得到明显提高。这一时期，中国对苏贸易额占对外贸易总额的一半以上，苏联是中国最大的贸易伙伴。中国从苏联主要进口大型机械设备特别是成套设备，主要包括冶金、机械、汽车、煤炭、石油、电力、化工等项目的设备。中国向苏联主要出口大豆、大米、茶叶、花生、食用植物油、肉类、服装等生活必需品。此外，中国还向苏联提供了一些重要的战略物资，如制造尖端武器必不可少的矿石原料和稀有金属等。这一时期，两国的科技合作也有不少进展。

1954 年日内瓦会议以后，在中国和一些西方国家的努力下，中国对西方市场经济国家的贸易得到部分的恢复与发展。出口方面，在 1955 年中国出口总额中，苏联和东欧国家占 76.2%，其他国家和地区占 23.8%。1957 年在中国出口总额中，苏联和东欧国家占 65.6%；其他国家和地区占比上升到 34.4%。

在此期间，中国积极发展同亚非民族独立国家的贸易关系，加强内地同港澳地区的贸易。"一五"期间，内地与中国香港地区的贸易占到整个中国与亚洲地区贸易的 30% 左右。相继同瑞典、丹麦、瑞士、芬兰建立外交和贸易关系后，中国又利用各种机会和途径，争取和团结其他西方国家的工商界以及开明人士，以民促官，推动了中国同日本、西欧各国的民间贸易以至官方贸易。1957 年，中国已同世界上 82 个国家和地区建立了贸易关系，并同其中的 24 个国家签订了政府间贸易协定书或议定书。1957 年进出口总额达到 31.03 亿美元，比 1950 年的 11.35 亿美元增长 1.73 倍，平均每年递增 15.4%，基本保证了进出平衡。

三、第二个五年计划（1958—1965 年）：困难与调整期

中国第二个五年计划的主要任务之一，是继续以重工业为中心的工业建设，推进工业技术改造，建立中国重工业体系。这一时期，中国对外贸易的任务是有计划地扩大出口、换取外汇，以保证国家建设所需要的重点机械设备和原材料的进口，维护进出口贸易平衡并略有结余。"二五"计划提出了经济发展的系列指标，但由于 1958 年开始的"大跃进"和"反右倾"运动，"二五"计划在执行中出现了严重的冒进行动，许多计划指标不断修改并大幅提高。激进的"左"倾冒进思想和行动，导致国民经济出现了严重的比例失调，财政出现连年赤字，群众生活遇到很大困难。祸不单行，在此期间，中国还遭遇了从 1959 年开始的连续三年的自然灾害，1960 年中苏关系突然恶化。在内忧外患的共同作用下，中国的经济建设已无法按照第二个五年计划部署执行。1958—1962 年，中国国民经济呈现新中国成立以来最差的发展状况，国内生产总值平均增速为 -2%，农业总产值年均增长 -4.3%，财政收入年均增长 0.2%。

国民经济的波动与困难直接影响了对外贸易。在 1958 年的"左倾"和"大跃进"思想的影响下，政府同样拔高了对外贸易指标，结果是外贸出现大幅度波动。1959 年对外贸易总额猛增到 43.8 亿美元，比 1957 年增长 41.2%。随着"大跃进"的失败，中国与苏联关系的急剧恶化，中国对外贸易也跌入低谷。1960—1962 年，对外贸易出现明显下滑，1962 年对外贸易额下降到 26.63 亿美元，倒退到 1954 年的水平。

经济的困难使中国政府决定对经济计划、政策和措施实行调整。1960 年 9 月，国家计委在《关于 1961 年国民经济计划控制数字的报告》中提出了国民经济"调整、充实、巩固、提高"的八字方针，后被中国共产党八届九中全会正式批准，中国经济进入调整时期。这一时期，对外贸易的主要任务是大量进口粮食和其他市场物资，进口化肥、农药等支援农业生产，切实改善人民生活；千方百计增加出口货源，扩大对资本主义国家的出口，提前偿还对苏联的债款。为适应当时国际形势的变化，克服国内经济困难，中国把对外贸易的重心从对苏联和东欧国家开始转向对西方国家。1963—1965 年，中国进出口贸易开始回升，对整个国民经济的恢复、调整和发展发挥了重要作用。

虽然中苏关系自 1960 年起开始恶化，但这一时期，中国对外经贸关系的重心依然以社会主义阵营为主，主要的贸易伙伴有苏联、中国香港、日本、澳大利亚、古巴、朝鲜民主主义人民共和国、英国、印度尼西亚、越南等（见表 1-3）。

表 1-3　1958—1965 年中国与十大贸易伙伴的贸易额

单位：万美元

排序	1958 年 国家（地区） 贸易额	1959 年 国家（地区） 贸易额	1960 年 国家（地区） 贸易额	1961 年 国家（地区） 贸易额	1962 年 国家（地区） 贸易额	1963 年 国家（地区） 贸易额	1964 年 国家（地区） 贸易额	1965 年 国家（地区） 贸易额
1	苏联 153857	苏联 209700	苏联 166394	苏联 82791	苏联 70158	苏联 60106	苏联 44522	香港 46357
2	德意志民主共和国 25194	德意志民主共和国 23250	中国香港 20828	古巴 22241	中国香港 22647	中国香港 29781	中国香港 40654	日本 45426
3	中国香港 23220	捷克斯洛伐克 21039	德意志民主共和国 18855	中国香港 19330	古巴 18714	澳大利亚 25641	日本 30209	苏联 40744
4	英国 20395	中国香港 20549	英国 18647	澳大利亚 19163	加拿大 16039	古巴 16910	澳大利亚 20249	英国 25860
5	捷克斯洛伐克 19005	英国 19700	捷克斯洛伐克 17505	加拿大 17017	朝鲜民主主义人民共和国 13457	朝鲜民主主义人民共和国 15138	古巴 19627	澳大利亚 23585
6	波兰 9933	印度尼西亚 12906	朝鲜民主主义人民共和国 12037	朝鲜民主主义人民共和国 11693	澳大利亚 11325	日本 12926	加拿大 17211	古巴 21601
7	印度尼西亚 9114	朝鲜民主主义人民共和国 11584	波兰 8968	英国 10408	英国 9216	加拿大 11593	英国 17126	朝鲜民主主义人民共和国 18026
8	朝鲜民主主义人民共和国 9055	波兰 10345	越南 8331	德意志民主共和国 9475	日本 7379	英国 11557	朝鲜民主主义人民共和国 15533	越南 15037
9	匈牙利 8354	匈牙利 8165	印度尼西亚 7401	印度尼西亚 8346	法国 7000	法国 9308	印度尼西亚 10957	加拿大 14140
10	日本 8065	新加坡 6999	匈牙利 6778	捷克斯洛伐克 8132	印度尼西亚 6883	印度尼西亚 9148	法国 10214	法国 12092

资料来源：国家统计局编：《中国统计年鉴 1949—1984》，中国统计出版社 1984 年版。

1960 年，随着中苏关系的变化，我国对苏联和东欧国家的贸易额急剧下降，新中国的对外贸易遭遇了第一次较大的挫折。这一时期，由于两国政治关系的恶化，中苏经贸关系基本上处于危机状态。两国贸易额迅速下降，1958 年中国与苏联的贸易额占中国外贸总额的 52.8%，到 1965 年下降到占中国外贸总额的 27%（见表 1-4）。与此同时，双方的经济技术合作也全部中断。1960 年 7 月 28 日至 9 月 1 日，苏联撤走了所有在华专家（1390 名），并终止派遣专家 900 多名。"苏联单方面撕毁 312 个协定，与两国科学院签订的 1 个协定书，以及 343 个专家合同与合作补充书，废除了 257 个科技合作项目。苏联停止向中国提供新技术，不再供给中国钴、镍等矿产品。"

表 1-4 中国与欧洲主要国家贸易情况及份额

单位：万美元，%

年份	苏联	占欧洲比重	英国	占欧洲比重	法国	占欧洲比重
1958	153857	52.8	20395	7.0	3442	1.18
1959	209700	60.4	19700	5.7	4446	1.28
1960	166394	57.9	18647	6.5	5991	2.09
1961	82791	55.0	10408	6.9	4888	3.24
1962	70158	54.9	9216	7.2	7000	5.50
1963	60106	48.6	11557	9.4	9308	7.50
1964	44522	36.8	17126	14.1	10214	8.40
1965	40744	27.0	25860	17.1	12092	8.00

资料来源：笔者根据统计资料整理。国家统计局编：《中国统计年鉴 1949—1984》，中国统计出版社 1984 年版。

由于中苏双边贸易严重萎缩，加上苏联单方撕毁经济、科技合作协定并撤走专家，中国大量企业和事业单位的建设处于停顿或半停顿状态，由此给中国经济发展造成了巨大损失。在中苏关系恶化之后，中国克服巨大困难，加倍努力去限制进口，努力提高出口水平，用辛辛苦苦换得的贸易顺差偿还苏联的债务。最终在 1964 年前分期偿还了苏联在 20 世纪 50 年代向中国提供的贷款及利息。

在这一形势下，中国对外贸易的主要对象开始转向西方市场经济国家和地区。中国在坚持内地对港澳地区长期供应稳定、积极发展同亚非拉民族独立国家贸易关系的同时，进一步打开对西方市场经济国家的贸易通道。经过努力，中国同日本和西欧国家的贸易取得了突破性进展。中日贸易由 20 世纪 50 年代的民间贸易转入 60 年代的友好贸易和备忘录贸易。1963 年，中国与日本签订了第一个采用延期付款方式进口维尼纶成套设备的合同，打开了美国建立的西方联盟从技术上封锁中国的缺口。1964 年，中国与法国建交，中法两国的贸易关系迅速升温，带动了西欧各国的对华贸易。1965 年，中国对西方市场经济国家的贸易额占全国贸易总额的比重（由 1957 年的 17.9%）上升到 52.8%。

第二节　"文革"时期

1966—1976 年，中国进入十年"文革"的动乱时期。"文化大革命"不但在文化方面造成了十年浩劫，也给经济建设带来了十年混乱，将国民经济推到崩溃的边缘，使中国经济在"三五""四五"时期的发展遭到新中国成立以来最严重的破坏和损失。

一、"文革"时期的国民经济

"文革"期间，中国国民经济虽然遭到重大损失，但仍然取得了一些进展。1976 年与 1966 年相比，工农业总产值增长 79%，年平均增长率为 7.1%；社会总产值增长 77.4%，年平均增长率为 6.8%；国民收入总额增长 53%，年平均增长率为 4.9%。在此期间，工农业生产水平不断上升，除动乱最严重的 1967 年，工农业总产值比上年下降 9.6%，1968 年比上年又下降 4.2%，其余各年均为正增长。1976 年跟 1966 年的主要产品产量相比，钢增长 33.5%，原煤增长 91.7%，原油增长 499%，发电量增长 146%，农用氮、磷、钾化肥增长 117.7%，塑料增长 148.2%，棉布增长 20.9%；与此同时，农业生产保持了比较稳定的增长，其中粮食增长 33.8%，油料增长 61.6%[①]。工业交通、基本建设

---

① 　国家统计局：《中国统计年鉴 1981》，中国统计出版社 1981 年版。后面数据不加说明，均来自此处。

和科学技术方面取得了一批重要成就。当然，这一切绝不是"文化大革命"的成果，如果没有"文化大革命"，中国的社会主义建设会取得大得多的成就。

"文革"时期，是中国经济和社会发展较为困难的十年。一方面，国内的"文化大革命"活动正处在高潮，推翻一切、打倒一切的"极左"政策和行为使社会和经济秩序都遭到严重破坏；另一方面，随着中苏交恶和越南战争的升级，中国面临着来自美国和苏联两方面的战争威胁。为走出内外交困局面，打破美苏孤立中国的政策，1974 年 2 月，毛泽东同志提出了划分"三个世界"①的正确战略和中国永远不称霸的重要思想。根据这个思想，中国加强了同第三世界国家的团结与合作，大力支援亚、非、拉人民反帝、反殖、反霸的正义斗争，对于第三世界各国发展民族经济，给予了没有附带条件的尽可能的援助，组成了世界范围的反帝、反殖、反霸的统一战线②。对外关系开始出现了新的局面。在当时世界上民族解放力量与帝国主义力量较量最激烈的印度支那地区，中国尽力援助和支持越南、老挝、柬埔寨人民进行抗美救国斗争，直至最后胜利。

由于这些真诚的帮助，许多第三世界国家和人民至今还把中国当作他们可以信赖的朋友。在第三世界国家坚持不懈的支持下，1971 年中国恢复了在联合国的合法席位，取得了新中国成立以来最重要的外交成绩，打破了国际关系中"非美即苏"二超争霸格局。中国的国际地位大大提高，国际影响力迅速扩大。自恢复中国在联合国的合法席位决议通过之日到 1972 年底，短短的一年多的时间里，同中国建交、复交或将代办级外交关系升格为大使级外交关系的国家达到 27 个。同中国建交的国家迅速增加，形成了又一个建交高潮。

在此期间，第二个大的外交成绩是逐步实现了与美国为代表的西方国家关系的正常化。与美国关系好转的背景是 20 世纪 60 年代末，随着美元危机的频繁爆发，布雷顿森林体系命悬一线，越南、老挝、柬埔寨等印度支那半岛的抗美斗争在如火如荼地展开，美国国力出现了明显的下降。而苏联在赫鲁晓夫局部改革的推动下，经济取得

---

① 毛泽东主席在会见赞比亚总统卡翁达时提出了划分三个世界的观点。毛泽东说，"我看美国、苏联是第一世界。中间派，日本、欧洲、澳大利亚、加拿大，是第二世界……第三世界人口很多，亚洲除了日本，都是第三世界。整个非洲都是第三世界，拉丁美洲也是第三世界。"

② 薄一波：《若干重大决策与事件的回顾》上卷，中共中央党校出版社 1991 年版。

了明显的发展，同时在东欧镇压了波兰、原捷克斯洛伐克等国家的改革力量和亲美势力，在亚洲、拉美、非洲等地都对美国形成了战略进攻态势。因此从1969年起，美国总统尼克松提出了"美、苏、中、欧、日"共治世界的五极世界理论，意图通过"结盟"欧盟、中国和日本，构建一个对苏联进行东西夹攻的战略联盟[①]。这一时期，中国一方面坚持不称霸的思想与和平共处五项基本原则，另一方面又非常灵活地调整了中国的外交政策。1972年2月21日，毛泽东主席会见了尼克松，双方同意互相发展贸易，这是新中国成立以来的第二个外交大突破。1972年2月28日，中美两国在上海发表了联合公报，在台湾问题这一关键问题上，美国表示承认一个中国的原则。中美两国二十多年来相互隔绝的状态至此宣告结束，其他西方国家也掀起了与中国建交的高潮。

1966—1976年，世界经济保持了较快增长，主要资本主义国家的经济处于第二次世界大战（简称"二战"）以来兴起的以微电子、原子能为代表的第三次产业革命的纵深发展过程中。世界经济年均增长4.4%，仅次于"二战"结束头十年世界经济复兴时期（1946—1956年）的6.7%和1956-1966年黄金十年期间4.7%的增速。其中，美国增长2.9%，日本增长7.3%，西欧增长3.8%，苏联增长3.9%，巴西增长8.7%，印度增长3.9%。由于受"文革"的冲击，中国国民经济大起大落，年均经济增速只有3.8%（Angus Maddison，2009），低于大多数主要经济体[②]。

在这十年间，国际市场迅速成长，国际贸易大幅飙升。据联合国贸发会议统计，1966—1976年，世界商品出口额从2070亿美元增加到100519亿美元，年均增长17.1%；世界商品进口额从2182亿美元增加到10248亿美元，年均增长16.7%。全世界商品贸易进出口总额年均增速为16.9%。这一增速远高于此前20年年均8.2%的增速，是国际贸易增长的黄金十年。

"文革"期间，中国的贸易伙伴日益多元化，贸易重心从社会主义国家转向亚洲国家和西方市场经济国家。中国主要的贸易伙伴有日本、中国香港、联邦德国、法国、

---

① 夏亚峰："'尼克松主义'及美国对外政策的调整"，《中共党史研究》，2009年第4期。
② Angus Maddison, 2009, Historical Statistics, vertical file, March, http://www.ggdc.net/maddison/.

罗马尼亚、英国、澳大利亚、苏联、朝鲜、加拿大等（见表 1-5）。

表 1-5 1976 年中国与十大贸易伙伴贸易状况

单位：万美元，%

国别	进出口总额	占中国比例	出口额	占中国比例	进口额	占中国比例	贸易差额
日本	303952	22.6	122291	17.8	181661	27.6	-59370
中国香港	176599	13.1	173731	25.3	2868	0.4	170863
联邦德国	94587	7.0	22488	3.3	72099	11.0	-49611
法国	60626	4.5	12885	1.9	47741	7.3	-34856
罗马尼亚	44456	3.3	18868	2.8	25588	3.9	-6720
英国	43658	3.2	26670	3.9	16988	2.6	9682
澳大利亚	43086	3.2	8912	1.3	34174	5.2	-25262
苏联	41473	3.1	16838	2.5	24635	3.7	-7797
朝鲜	39504	2.9	25000	3.6	14504	2.2	10496
加拿大	34514	2.6	8937	1.3	25577	3.9	-16640

资料来源：国家统计局：《中国统计年鉴 1984》，中国统计出版社 1984 年版。

1966—1976 年，中国与社会主义国家之间的贸易总额虽从 11.7 亿美元增加到了 22.5 亿美元，但年均增速仅为 6.8%，比同期中国对外贸易总额 11.3% 的年均增速慢了 4.5 个百分点，使其占中国对外贸易总额的比重从 25.2% 降至 16.7%。中苏之间的贸易额 1970 年仅为 0.47 亿美元，占中国贸易总额的比重降至微不足道的 1% 的水平，为中苏两国 43 年贸易史上的历史最低额。此后，从双边关系解冻、正常化，直到苏联瓦解，中苏双边贸易额虽然缓慢回升，但中苏双边贸易额占中国对外贸易总额比重再也没有超过 1972 年 4% 的比重，这与 20 世纪 50 年代中苏"政治蜜月"期间双边贸易额占中国对外贸易总额 30%~60% 的比重形成了强烈反差。可见，国际关系与国际贸易高度相关，良好的外交关系是通畅国际贸易的基础。

与此同时，中国与亚洲国家间的双边贸易额却不断攀升。1966—1976 年，中国与亚洲国家双边贸易额从 20.1 亿美元增加到 69.4 亿美元，年均增长 14.3%，比同期中国对外贸易总额年均增速快了 3 个百分点，使中国与亚洲国家双边贸易额占中国对外贸易总额的比重从 1966 年的 43.5% 上升到"文革"后期的 50% 以上。

在此时期，中国与西方国家的贸易往来也日趋活跃。1966 年，中国与西方发达国家贸易额为 19.2 亿美元，1976 年这一双边贸易额增加到 63 亿美元，年均增长 12.6%，比同期中国对外贸易总额 11.3% 的年均增速快了 1.3 个百分点，使其占中国对外贸易总额的比重从 41.5% 升至 46.9%。在这十年间，中国与日本、联邦德国、法国、澳大利亚等发达国家的双边贸易额增长比较明显。其中，中日双边贸易额自 1966 年超过中港双边贸易额后，直到 1987 年，日本连续 22 年保持了中国最大贸易伙伴国地位。"文革"期间，中日双边贸易额从 1966 年的 6 亿美元增加到 1976 年的 30.4 亿美元，年均增速 17.6%；中国与联邦德国的双边贸易额从 1.9 亿美元增加到 9.5 亿美元，年均增速为 17.7%；中国与法国的双边贸易额从 1.8 亿美元增加到 6.1 亿美元，年均增速为 13%；中国与澳大利亚的双边贸易额从 1.3 亿美元增加到 4.3 亿美元，年均增速为 13.1%。这些都明显高于同期中国对外贸易总额的年均增速。

第三节　对外开放萌动期

1977—1978 年，是中国对外开放的萌动时期。此值"五五"计划时期，中国即将迎来一个重要的历史转折，此时正是对外开放的酝酿和起步阶段。从国内来看，"四人帮"的垮台和"文化大革命"的结束，使全国人民对经济建设重新拾起信心，迫切希望恢复国家的现代化建设。在这一过渡时期，国家面临着发展道路的两个选择：一是继续走"以阶级斗争为纲"的老路；二是走一条既不同于苏联模式又坚持社会主义方向的"新路"，即中国特色社会主义道路。原先的"老路"已证明只会使中国处于贫穷落后状态；走"新路"虽然艰难和充满不确定性，但能让人民看到前途和希望。从国际上来看，从 20 世纪 60 年代中期开始，随着国际分工和专业化协作的发展，世界市场急剧扩张，国际货物贸易和技术贸易非常活跃，一些实施"出口导向"战略的国家经济增长十分迅速。但在 1973—1975 年，资本主义世界爆发了严重的经济危机，西方国家迫切希望通过开辟新的国际市场来缓解和摆脱危机。

1970 年以来，中国从国家安全利益出发，适时调整了对外战略，与西方国家积极改善关系，对外政治与经济关系出现了明显好转。1971 年 10 月，联合国通过决议恢复了中国在联合国的一切合法权利。1972 年 2 月，中美发表联合公报，两国关系消除敌对走向缓和。同年 5 月，中日实现了邦交正常化。截至 1978 年底，中国已经同世界上 116 个国家建立了外交关系。在此形势下，很多工业发达国家的政府和商业机构纷纷表示愿意同中国开展贸易，扩大经济合作和技术交流。从 1972 年到 1977 年，中国同西方十几个国家签订了包括化肥、化纤、石油、化工、轧钢、采煤、火电、机械制造等在内的 222 个进口项目。[①] 中国不再与西方国家对立，反而拥有了建立良好经贸关系的外部条件。

经历了"文革"的十年动乱，国人对初步形成的安定团结的社会局面十分珍惜。这一时期，发展经济成了全党和全国人民的共同心愿，对外贸易有了正常发展的国内环境。粉碎"四人帮"以后，国家在对外贸易领域深入进行拨乱反正，对外贸易领域开始全面贯彻执行曾经受到"四人帮"干扰的各项对外贸易的基本方针和政策，冲破各种僵化的禁区和条条框框，恢复了正常的外贸经营管理制度以及适应国际市场变化的各种灵活的贸易方式。

1978 年 5 月开展的真理标准问题大讨论，启发了人们的思维，解除了人们思想上的束缚，使中国人开始面对现实，在学习西方的问题上更趋客观现实。中国的对外经贸理念和理论也由此发生了实质性的转变：一是从过去全盘否定和批判国际贸易的比较优势理论，转变为认识到这一理论的科学合理性。二是从过去认为由国家统管的单一国有制外贸体制是唯一可行的社会主义对外贸易体制，转变为认识到这种体制的局限性，应该进行外贸体制改革。三是从过去认为一切出口都是为了进口，对外贸易必须为优先发展重工业的进口替代经济发展战略服务的观点，转变为认识到这种进口替代的内向型经济发展战略存在缺点和局限性。四是从过去片面强调自力更生，把对外贸易归结为调剂余缺，转变为认识到国际分工是对外贸易更重要的基础，从而对国际贸易在国民经济中的地位和作用有了新的认识。五是对利用外资的认知从过去认为会影响自力更生能力、增加在经济上对外国的依赖以及外国资本的势力，有可能破坏和妨碍民族工业发展等弊端，转变为从多方面分析利用外资的可取之处及其经济作用。这些理性、客观、科学的外经贸思想讨论及理论研究，使对外开放思想逐渐深入人心。

在此时期，中国对外贸易的对象不断扩展，既包括"三个世界"的不同国家，也

---

① 　沈觉人等：《当代中国对外贸易》，当代中国出版社 1992 年版，第 37 页。

包括不同社会制度的国家，而且与苏联和东欧社会主义国家的对外贸易重新得到重视。随着中苏关系的变化，中国把东欧一些国家与苏联相区别，积极与其发展经济贸易关系。20世纪70年代后期，罗马尼亚成为东欧地区与中国关系最紧密的友好国家之一，双方的经贸合作在这一时期也得到了快速的发展。这一时期，中国主要的贸易伙伴是中国香港、日本、美国、澳大利亚、罗马尼亚、加拿大、英国、朝鲜、苏联、瑞士等国家和地区（见表1-6）。

表1-6 1977—1978年中国与十大贸易伙伴贸易状况

单位：亿美元，%

年份	出口总额	国家（地区）	出口额	占比	进口总额	国家（地区）	进口额	占比
1977	75.9	中国香港	19.13	25.2	72.14	日本	21.09	29.2
		日本	13.57	17.9		澳大利亚	5.18	7.2
		罗马尼亚	2.54	3.3		加拿大	4.61	6.4
		英国	2.51	3.3		英国	2.79	3.9
		朝鲜	2.27	3.0		法国	2.79	3.9
		新加坡	2.02	2.7		罗马尼亚	2.73	3.8
		美国	1.80	2.3		瑞士	1.71	2.4
		苏联	1.76	2.3		苏联	1.53	2.1
		法国	1.42	1.9		朝鲜	1.47	2.0
		德意志民主共和国	1.21	1.6		中国香港	1.36	1.9
		合计	48.23	63.5		合计	45.26	62.8
1978	97.45	中国香港	25.33	26.0	108.93	日本	31.05	28.5
		日本	17.19	17.6		美国	7.21	6.6
		罗马尼亚	3.96	4.1		澳大利亚	7.15	6.6
		英国	3.70	3.8		加拿大	5.74	5.3
		美国	2.71	2.8		罗马尼亚	3.69	3.4
		新加坡	2.48	2.5		瑞士	2.99	2.7
		朝鲜	2.31	2.4		英国	2.96	2.7
		苏联	2.30	2.4		法国	2.47	2.3
		法国	1.78	1.8		朝鲜	2.24	2.1
		意大利	1.65	1.7		苏联	2.07	1.9
		合计	63.41	65.1		合计	67.57	62.0

资料来源：《中国对外经济贸易年鉴》编纂委员会：《中国对外经济贸易年鉴1986》，中国对外经济贸易出版社1986年版。

如表1-6所示，中国的贸易伙伴中，日本与中国香港的占比很大，使得中国对外贸易的市场集中度较高。这一时期，内地对香港地区的出口贸易所占比重每年都保持在 25% 以上，而对日本的出口贸易所占比重则从 1976 年的 1.8% 快速上升到 1978 年的 17.6%，显著高于对其他市场。中国的进口贸易则主要集中于日本市场，这两年自日本的进口额占全部进口贸易总额的比重都在 28% 左右，远远高于其他市场。香港是中国的领土，在经济上一直同内地有着千丝万缕的关系。作为国际性城市，香港是世界著名的自由贸易港和重要转口港，世界各国的贸易商品大量汇集到这里，是中国与世界各国和地区贸易往来的重要平台与通道。因此，中央政府非常重视发展对香港的贸易，把香港作为中国内地对外贸易的出口和转口市场，积极发挥其自由贸易港功能，扩大对香港地区的进出口贸易，使得香港多年来一直是中国内地最重要的贸易伙伴。日本是中国一衣带水的近邻，"二战"后经济发展迅速，其工业发达但资源紧缺。1972 年中日两国邦交正常化后，双边贸易获得全面快速的发展，日本成为中国最主要的进口市场和重要的出口市场之一，同时双方经济贸易合作的领域不断扩大。中国向日本出口石油、煤炭和建设器材等物资，从日本进口钢铁、机械、化肥、化纤、农药等物资。[①]

第四节 "摸着石头过河"的对外开放初期

1979—1991 年，是中国勇敢地迈开新步伐、"摸着石头过河"、实施对外开放的阶段。1978 年 12 月 18-22 日，中国共产党十一届三中全会把改革开放确立为长期基本国策。这是新中国成立 29 年后，中国政府与人民在发展道路上的正确选择。十一届三中全会通过了邓小平同志的提议，制定了"在自力更生的基础上积极发展同世界各国平等互利的经济合作，努力采用世界先进技术和先进设备"的方针。1980 年 6 月 5 日，邓小平在接见美国和加拿大社论撰稿人访华团时向外界宣布，中国实行对外开放政策。他说："我们在国际上实行开放的政策，加强国际往来，特别注意吸收发达国家的经验、技术，包括吸收外国资金，来帮助我们发展。"这标志着中国对外经济关系从强调内

---

① 这一时期中国对日本出口的商品中，原油上升为第一位。

循环为主转向内外循环并重，经济从封闭、半封闭状态走向对外开放。1982 年 12 月，中国通过的新宪法规定："中国坚持平等互利的原则，发展同世界各国的经济文化交流。允许外国企业和其他经济组织或个人依照中华人民共和国法律的规定在中国投资，同中国的企业或者其他经济组织进行各种形式的经济合作。"中国的对外开放，由此有了制度和法律保障。"六五"计划时期，中国改革与开放相互促进，是中国历史进程中一个重要的发展道路探索期。

1978 年 12 月召开十一届三中全会以后，中国开始实行改革开放的国家战略，进行经济体制改革，包括外贸体制的改革。从 1984 年第四季度开始，中国经济发展过程中出现了一些新问题：固定资产投资规模过大，消费基金增长过猛，货币发行过多，出现了新中国成立以来少有的"经济过热"状态。"经济过热"成为整个"七五"期间政府不得不认真对付和解决的开放难题。

"七五"期间可以分为两个阶段：前一阶段是 1986 年到 1988 年 9 月，特点是经济发展持续过热，不稳定因素增加；后一阶段是 1988 年 9 月到 1990 年，为经济的治理整顿时期。"七五"时期是实现中国共产党十二大提出的到 20 世纪末"工农业总产值翻两番""前 10 年打基础"战略部署的重要时期，也是新旧体制转轨过程中两种体制并存同时又激烈冲突的时期。"七五"时期经济体制改革步伐加快，通过改革，中国经济体制的格局和国民经济运行机制都发生了重大变化，为后来的进一步深化改革与开放奠定了制度基础。

1984 年 10 月 20 日，中国共产党十二届三中全会一致通过了《中共中央关于经济体制改革的决定》，该决定明确提出"进一步贯彻执行对内搞活经济、对外实行开放的方针，加快以城市为重点的整个经济体制改革的步伐"。改革的基本任务是建立起具有中国特色的、充满生机和活力的社会主义经济体制，促进社会生产力的发展。1987 年 1 月举行的中国共产党第十三次全国代表大会阐述了社会主义初级阶段理论，提出了中国在社会主义初级阶段"一个中心、两个基本点"的基本路线，制定了到 21 世纪中叶分三步走、实现现代化的发展战略，并提出了政治体制改革的任务。中共十三大是十一届三中全会以来路线的继续、丰富和发展。

从国际形势来看，第二次世界大战以后，科学技术迅猛发展，使许多发达国家显著地提高了社会生产力水平。尤其是二十世纪六七十年代，第三次科技革命在世界范围内深入发展，原子能、电子计算机等新兴产业蓬勃发展。科技成果的广泛应用使社会物质生产部门面貌一新，迅速出现的新产品或新的生产部门，引起新的国际分工。这种新技术引发的国际分工的一个显著特点是发展快、变化大，使得国家之间的生产和消费更加具有世界性，强化了生产工序的国际化。这客观上要求各国之间进行经济技术的合作与交流，发展平等互利的经济关系。在技术创新与产业开发推动下，西方国家为了寻找国外市场和开拓新的产业链，放弃了 20 世纪 50 年代那种对不同政见国家实行封锁和禁运的政策①，积极争取同各国开展经贸合作。这种国际大分工、大合作的经济氛围，为中国实行对外经济开放政策提供了有利的国际环境。

1984—1989 年，中国面临的国际政治和经济形势发生了重大的变化，西方国家以贷款、贸易、科技等各种手段促使东欧国家向西方靠拢，向资本主义"和平演变"。在此背景下，中国一方面扩大与西方国家的经济贸易合作，另一方面积极恢复与同苏联、东欧国家的经济贸易关系。1988 年，中国同苏联、东欧国家的贸易额为 64.3 亿美元，仅占中国对外贸易总额的 8%。尽管如此，中国与苏联、东欧国家的贸易及经济合作比"文革"时期有了明显的提升，中苏贸易额上升到 32 亿美元，苏联成为中国的第五大贸易伙伴。中国同苏联、东欧国家其他方面的经济技术合作也明显回升。中国同苏联签订的承包和劳务合同人数 1988 年达到 1.5 万人。但 1988、1989 年东欧局势的持续动荡，对中国与东欧的经贸合作带来了较大的的影响和冲击。

在 20 世纪 80 年代末 90 年代初，国际形势发生巨大改变。随着冷战时代的结束，各国都把注意力从政治对抗转向经济贸易竞争。西方发达国家已相继完成产业结构调整，纷纷向信息化迈进，建设"信息高速公路"。然而从整体上看，90 年代世界经济处于不景气阶段，发达国家普遍呈现经济低速增长的状态。1989 年世界经济增长速度为 3.3%，1990 年为 2.4%，1991 年为 1.6%。1992 年是冷战结束的第一年，世界经济增长只有约 1%。各国为适应国内外形势的变化，展开了一场以科技为先导、经济为基础的综合国力的竞争。在多极化的政治环境和经济全球化的大背景下，包括中国在

———————

① 除非是敌对国家，如美国对古巴、伊朗等。

内的发展中国家积极借鉴西方发展经验，探索对外开放之路。

　　1989 年 6 月中国发生政治风波后，以美国为首的西方国家对中国实行经济制裁，把暂时不让中国"复关"作为经济制裁的一项主要内容。美国此时是中国重要的贸易伙伴，其制裁措施对中国贸易发展影响重大。美国政府借口人权问题对中国的制裁，严重阻碍了正在迅速发展的中美贸易关系。众所周知，中美两国长期以来一直存在政治与意识形态方面的分歧和对立，使得中美两国在贸易发展过程一直存在非经济价值的政治风险因素，两国的政治关系始终伴随和制约着两国的贸易发展。从历史上看，当中美两国政治关系改善时，两国的贸易发展就比较顺利；而当中美两国政治关系紧张时，两国的贸易发展就会出现危机。1989 年以后的中美贸易关系就是一个典型的例证：美国以所谓"人权、军售"等问题为借口，对中国实行严厉的经济贸易制裁，从而使中美贸易关系进入了一个新的低谷。在贸易政策方面，美国国会中的某些议员以人权问题为借口主张取消给予中国的最惠国待遇，或在给予中国最惠国待遇时附加条件，从而使中美贸易关系蒙上了一层阴影。同期，美国宣布冻结对华高技术转让。1991 年 10 月，美国众议院通过了"1991 年综合出口修正法"，取消了对中国的高技术出口的优惠政策，限制美国向中国提供军民两用的产品和技术。显而易见，1989 年以前美国对华高技术转让并不是出于经济和贸易的考虑，而是出于美国全球战略与安全防务方面的需要。为了遏制苏联的扩张势力，美国需要帮助中国达到一定程度的发展。苏联解体以后，美国对中国的战略需求显著下降，高技术转让由此出现明显的战略阻碍。因此，美国对华高技术转让问题在此变故后短期内很难得到解决，要恢复到1989 年以前的水平更是困难重重。中美双方曾于 1992 年 10 月正式签署《中美关于市场准入的谅解备忘录》中国方面向美国做出了积极的承诺，而美国方面也明确表示支持中国恢复关贸总协定缔约国地位，承诺放宽对中国高技术出口的管制，并宣布停止根据"301 条款"对中国发起的调查。但在此之后，中美关于市场准入问题的争端仍时有发生。中国对于市场准入谈判一直抱有诚意。自 1991 年中美正式举行市场准入谈判以来，中国方面已在前几轮谈判中就改进外贸管理体制，努力将贸易体制向国际标准靠拢方面做了相当多的承诺。但是，美国方面在谈判中提出了一些超出关贸总协定对发展中国家要求的条件，其中有些方面甚至连美国自己也无法做到，这是中国所不能接受的。1992 年，中美双方终于丢掉了不切实际的幻想，采取了同样坦诚和务实的态度达成谈判协议。因为如果谈判破裂，中国受损不必多言，美国自己也将深受其害。

这一时期，中国的对外贸易基本上以市场为导向，贸易的政治色彩已淡化，所以贸易伙伴更加西方化与需求化。主要的贸易伙伴有中国香港、日本、美国、联邦德国、苏联、新加坡、法国、意大利、澳大利亚、英国等（见表 1-7）。1990 年之后，伴随着韩国和中国台湾地区的快速崛起及大量投资于中国大陆，这二者也成为中国主要的贸易伙伴。

表 1-7　1984—1991 年间中国与十大贸易伙伴的贸易状况

单位：万美元

排名	1984 年		1987 年		1989 年		1991 年	
	国家或地区	双边贸易额	国家或地区	双边贸易额	国家或地区	双边贸易额	国家或地区	双边贸易额
1	日本	1398429	中国香港	2221452	中国香港	3445632	中国香港	4960023
2	中国香港	987820	日本	1647248	日本	1892862	日本	2025066
3	美国	648690	美国	786845	美国	1227315	美国	1416631
4	联邦德国	212429	巴西	691524	联邦德国	498772	德国	540431
5	新加坡	145484	德意志联邦	435514	苏联	399599	中国台湾	423385
6	加拿大	137395	苏联	251868	新加坡	319098	苏联	390425
7	约旦	133545	新加坡	194534	意大利	255005	韩国	324488
8	苏联	132678	加拿大	180704	法国	194831	新加坡	307673
9	澳大利亚	117492	意大利	179364	澳大利亚	189539	意大利	238992
10	英国	87501	澳大利亚	162001	英国	171867	法国	230476

资料来源：国家统计局编：《中国统计年鉴》，中国统计出版社 1984-1992 年版。

如表 1-7 所示，香港和日本是中国内地最重要的贸易伙伴，二者交替为中国内地的第一大贸易伙伴。特别是 1988 年和 1989 年，香港与内地的贸易量占中国对外贸易总量的一半以上。这主要得益于中国改革开放和贸易体制的改革，使中国大量企业开展对外贸易业务，借助香港这一国际自由贸易港口平台，开展多种方式的对外贸易，从而促进了中国的对外贸易。

第五节　走向市场经济时期

　　1992—2001 年，对于中国经济而言是一个不寻常的时期。一方面从国内来看，由于刚刚经历了 1989 年春夏之交的政治风波，许多人对中国改革开放政策是否会发生改变甚至逆转保持观望态度。从国际形势看，苏联东欧体制的相继崩溃使得"计划经济"声誉扫地，社会主义国家制度在一定程度上受到质疑，中国是否会坚持社会主义经济形态，备受外界关注。另一方面，1992—2001 年是中国复关或入世议定书内容的实质性谈判阶段，即双边市场准入谈判的重要阶段。经过长达 15 年的艰难的谈判历程，中国终于在 2001 年 12 月 11 日成为 WTO 的第 143 个正式成员。中国加入 WTO，对外经贸是一个新的开始和新的旅程，对中国的对外贸易制度、政策、形态及对象都产生了重大影响。

　　经过 1989 年春夏之交的政治风波之后，中国对制度的选择进行了深刻思考，对于经济建设与政治建设的不同步问题进行了调整，最终坚持了社会主义制度建设与市场经济建设的同步，提出了建设社会主义市场经济的新路线。在1992年改革"第二阶段"起步后，形势已经发生变化：一方面，苏联东欧体制的相继崩溃使得"计划经济"失去了进一步发展为主导机制的可能，市场经济逐渐成为明确的发展方向；另一方面，1990 年后建立的新体制成功地排除了左右两边的"争论"，也在很大程度上消除了许多利益群体的博弈能力。在这种形势下，是否继续选择社会主义道路，备受世界的关注。邓小平同志在南下考察之后，提出了建设"我们自己的社会主义市场经济"的新方针，一锤定音地确立了向社会主义市场经济转型的经济改革和发展方向。1993 年，伴随着宏观体制五大改革取得突破性进展，微观层面三大改革继续深化，中国初步确立了社会主义市场经济的基本框架。

　　社会主义市场经济是中国十几年改革与实践的结晶。建立社会主义市场经济体制，就是要使市场在国家宏观调控下对资源配置发挥基础性作用。自 1978 年底中共十一届三中全会确立改革开放的重大决策起，中国经历了农村家庭联产承包责任制改革、国有企业扩大经营自主权改革、非公有制经济的放行与发展、合资企业的起步发展等一系列的改革探索，为中国经济塑造了市场经营主体。与此同时，改革价格管理体制，逐步扩大市场调节范围，为市场经济塑造了宏观管理条件。经历了 13 年的探索之后，顺应时代潮流提出市场经济的改革目标是必然也是正确的选择。

从国际形势来看，1991 年苏联解体，标志着两极格局的结束。冷战结束后的十年，是世界从旧格局走向新格局的过渡时期。这一时期的特点：一是时间长；二是世界处于和平发展期，爆发世界大战的可能性很小；三是国际政治经济关系在重塑之中。邓小平同志说过，有资格打世界大战的只有美苏两家。苏联解体后，世界没有一个国家有实力跟美国打一场世界大战。因此在可预见的未来，世界的大气候将是一个稳定的和平世界。基于这个判断，中国在这一时期的外交战略是合作共赢、和平发展，努力建立和拓展新的国际关系。1992 年底，与中国建立外交关系的国家有 141 个；到 2001 年底，与中国建立外交关系的国家上升至 165 个。显然，中国在这一时期采取的务实外交路线取得了显著成效。

在此阶段，中国的一个重要任务是"复关"。中国在 1986 年正式申请重新加入 GATT，即所谓的"复关"，但"复关"之路一走就是 15 年。最终在 2001 年 12 月 11 日，中国成为 WTO 的第 143 个正式成员。中国融入国际贸易大家庭的方式也从"复关"变成加入 WTO。中国复关和加入 WTO 谈判的历程大致可分为四个阶段：第一阶段是 20 世纪 80 年代初到 1986 年 7 月，主要是酝酿和准备复关事宜；第二阶段是 1987 年 2 月到 1992 年 10 月，主要是审议中国经贸体制；第三阶段是 1992 年 10 月到 2001 年 9 月，复关或加入 WTO 议定书内容的实质性谈判，即双边市场准入谈判；第四阶段是 2001 年 9 月到 2001 年 11 月，事项是中国加入 WTO 法律文档的起草、审议和批准，如何加快外贸体制改革以达到"复关"的条件要求，成了这一时期政府工作的主题。"复关"和"市场化"相辅相成，互相促进，成为此段历程中国经济改革和对外开放的显著特点，也是改革开放的一道靓丽的风景线。

不可否认，1989 年国内政治形势的动荡较大程度地加大了中国加入 WTO 的难度。在谈判进入第三阶段即复关议定书内容的实质性谈判时，中国加速和深化了在外贸领域的改革，主要包括：一是实行人民币汇率并轨，建立以市场供求为基础的、单一的、有管理的浮动汇率制度，实行人民币经常项目下的有条件的可兑换；二是改革外汇管理体制；三是取消进出口指令性计划，中国还取消了近千种出口商品的配额和许可证；

四是改进和完善出口退税制度；五是加强外贸政策的法制建设；六是1992年以来连续9次降低关税。在15年的艰难谈判之后，中国终于融入了国际贸易大家庭。

这一时期，中国的贸易伙伴逐步加大的欧美的份量，中国香港与日本所占的贸易份量有所下降，说明中国随着工业化发展，贸易的产品结构也越来越资本化和技术化。在此时期，中国的主要贸易伙伴是日本、美国、中国香港、韩国、联邦德国、韩国、俄罗斯、新加坡、法国、英国、澳大利亚等国家或地区（见表1-8）。

表1-8 1992-2001年中国与前20位贸易伙伴的贸易状况

单位：亿美元

位次	1992年国家或地区	1993年国家或地区	1994年国家或地区	1995年国家或地区	1996年国家或地区	1997年国家或地区	1998年国家或地区	1999年国家或地区	2000年国家或地区	2001年国家或地区
1	中国香港（580.50）	日本（390.33）	日本（479.06）	日本（574.71）	日本（600.67）	日本（608.33）	日本（579.35）	日本（661.74）	日本（831.64）	美国（971.83）
2	日本（253.80）	中国香港（325.37）	中国香港（418.03）	中国香港（445.74）	美国（428.38）	中国香港（507.73）	美国（548.31）	美国（614.25）	美国（744.62）	日本（877.28）
3	美国（174.94）	美国（276.52）	美国（353.55）	美国（408.32）	中国香港（407.33）	美国（490.16）	中国香港（454.00）	中国香港（437.55）	中国香港（539.47）	中国香港（559.64）
4	联邦德国（64.71）	联邦德国（100.08）	联邦德国（118.99）	韩国（169.81）	韩国（199.81）	韩国（240.57）	韩国（212.66）	韩国（250.34）	韩国（345.00）	韩国（358.96）
5	俄罗斯（58.62）	韩国（82.20）	韩国（117.21）	联邦德国（137.09）	联邦德国（131.67）	联邦德国（126.78）	联邦德国（143.75）	联邦德国（161.15）	联邦德国（196.87）	联邦德国（235.23）
6	韩国（50.61）	俄罗斯（76.79）	俄罗斯（50.76）	新加坡（68.98）	新加坡（73.50）	新加坡（87.88）	新加坡（81.79）	新加坡（85.63）	新加坡（108.21）	新加坡（109.19）
7	新加坡（32.67）	新加坡（48.91）	新加坡（50.50）	俄罗斯（54.63）	俄罗斯（68.44）	俄罗斯（61.24）	英国（65.84）	英国（78.75）	英国（99.03）	俄罗斯（106.69）
8	意大利（28.43）	意大利（40.42）	意大利（46.59）	意大利（51.82）	澳大利亚（51.07）	英国（57.94）	法国（60.28）	法国（67.06）	澳大利亚（84.53）	澳大利亚（104.36）
9	加拿大（25.80）	英国（35.92）	英国（41.84）	英国（47.70）	意大利（50.82）	法国（55.77）	荷兰（59.96）	荷兰（64.24）	马来西亚（80.45）	英国（103.07）
10	澳大利亚（23.32）	澳大利亚（30.10）	澳大利亚（39.40）	法国（44.90）	英国（50.82）	荷兰（54.79）	俄罗斯（54.80）	澳大利亚（63.12）	俄罗斯（80.03）	马来西亚（94.25）

资料来源：根据中经网统计数据库数据整理。

日本、美国、中国香港、韩国和联邦德国此时一直高居中国对外贸易伙伴的前五位。在中国对亚洲地区的进出口中，虽然香港地区呈下降趋势，但也一直占据主导地位。究其原因：一是由于历史传统使内地与香港形成了特殊的经贸关系，即所谓的"前店后厂"关系；二是《内地与香港关于建立更紧密经贸关系的安排》的实施，进一步提高了两地经贸合作交流水平；三是随着内资企业对外经营能力的提升、大量外资的直接进入等因素导致香港特区所占份额呈下降趋势。此时中国在亚洲的另外一个重要贸易伙伴是日本。

观察分析这一时期的贸易对象国，首先，中国主要的贸易伙伴集中在亚洲，除香港和日本外，还有韩国、新加坡、泰国、印度尼西亚、马来西亚等也是中国的主要贸易伙伴。其次，中国的主要贸易伙伴有部分来自欧盟地区国家，比如德国、法国、英国、瑞士、瑞典、意大利、比利时等。再次，中国的贸易伙伴还有美国和加拿大等美洲国家。表 1-8 显示出中国的主要贸易伙伴还有一些特点：一是中国对外贸易额逐年上升，而与排名前列的贸易伙伴之间的贸易额在中国全部对外贸易额中所占比重却呈下降趋势，与排名稍微靠后的贸易伙伴之间的贸易额在中国全部对外贸易额中所占比重呈上升趋势；二是中国与第 10 位贸易伙伴之间的贸易额和比重不断上升，也即进入前 10 的贸易伙伴的门槛不断提高；三是中国对外贸易的十大贸易伙伴的位次比较稳定，贸易对象基本上没变，变的只是排名，说明中国与主要贸易伙伴们已形成贸易金融投资等多方位的经贸关系。

第六节 融入多边贸易体系时期

中国对外贸易发展的一个里程碑是加入了世界贸易组织 (WTO)。2001 年 12 月 11 日，中国正式加入世界贸易组织，成为其第 143 个成员。中国成为世贸组织成员后，全面参与世界贸易组织的各项工作，分享其赋予成员的各项权利，遵守世界贸易组织规则，认真履行义务。加入世界贸易组织后，中国对外贸易空间得以充分拓展，贸易和开放型经济发展进入"黄金七年（2002-2008）"。

2001年后，中国经济在内需投资扩大和对外贸易增长的带动下，经济保持年均8%左右的强劲增长，对外贸易则呈现总额和顺差双增的好势头。在此阶段，由于贸易顺差持续扩大，中国成为排在日本之后的全球第二大贸易顺差国，外汇储备随之迅速增加。截至2005年9月底，中国外汇储备达到7690亿美元，成为仅次于日本的第二大外汇储备国。由于顺差增加过快，一些国家要求人民币升值。2003年2月，西方七国集团财政部长会议上，日本财务大臣盐川正十郎提案，要求效仿1985年《广场协议》，让人民币升值。2003年9月，美国财长斯诺来华访问，要求中国政府放宽人民币的波动范围。美国甚至威胁称，若中国未来6个月内不对汇率做出实质性调整，将对中国进口产品提高关税27%以上。

2005年7月，中国人民银行发布了《关于人民币汇率形成机制改革的公告》，宣布中国自2005年7月21日起开始实行以市场供求为基础、参考一篮子货币①进行的有调节有管理的浮动汇率制度。人民币对美元汇率上调0.2%，并在一定范围内浮动，宣布兑美元汇率升值2%，为8.11∶1。此后，人民币兑美元每天在0.3%的范围内浮动，非美元货币兑人民币汇率每天浮动幅度在1.5%以内，人民币汇率弹性进一步增强。截至2009年7月，1美元约折合人民币6.83元。从2005年7月21日至2009年7月，人民币累计升值幅度超过17%。

这一阶段，世界经济的两大事件是油价飙升和全球金融危机。国际市场上石油价格从2002年的每桶20多美元上涨至2008年7月的147美元。石油价格的上涨过程，大体可以分为三个阶段：第一阶段是从2002年1月的20美元/桶上涨到2005年9月的65美元/桶；第二个阶段是从2005年9月的65美元/桶跌回2007年1月的54美元/桶；第三个阶段是从2007年1月的54美元/桶上涨到2008年7月的147美元/桶。油价几乎是一路上扬。

2007年夏，美国突然暴发次贷危机，随后演变成全球金融危机，又称"环球金融危机""金融海啸""信用危机"或"华尔街海啸"等。此前从2001到2005年，

---

① 一篮子货币：当时包括美国、日本、中国香港、欧盟、印尼、马来西亚、新加坡、泰国、韩国、中国台湾、澳大利亚、加拿大这12个国家和地区的货币。

美国住房市场在长达 5 年的时间里保持繁荣，银行等放贷机构纷纷降低贷款标准，使得大量收入较低、信用记录较差的人也加入了贷款购房的大潮。2006 年，美国住房市场开始大幅降温。房价下跌使购房者难以将房屋出售或者通过抵押获得融资。与此同时，美国联邦储备委员会为抑制通货膨胀持续加息，加重了购房者的还贷负担。在截至 2006 年 6 月的两年时间里，美联储连续 17 次提息，总共提升了 4.25 个百分点。因此，出现了大批"次贷购房者"无力按期偿还贷款的局面，次贷危机由此形成并于 2007 年夏季全面爆发，并呈愈演愈烈之势，导致全球主要金融市场持续动荡。次级房屋信贷危机爆发后，投资者开始对按揭证券的价值失去信心，继而引发流动性危机。即使多国中央银行多次向金融市场注入巨额资金，也无法阻止这场金融危机的爆发。

2008 年 3 月，金融危机迎来了第一个"高危期"。当时，美国第五大投资银行贝尔斯登因涉足次贷业务而濒临破产，这一消息对投资者心理带来巨大冲击。最终，在美联储担保下，贝尔斯登被摩根大通公司收购。2008 年 4 月，全球主要金融市场进入一个短暂的平静期。美国高盛公司、花旗集团等金融巨头的负责人甚至乐观地表示：次贷危机最严重的时期已经过去。但到了 2008 年 7 月，美国金融市场形势再度恶化。当美国两大住房抵押贷款融资机构房利美和房地美陷入困境后，危机迅速升级。

2008 年 9 月，金融市场形势进一步恶化，次贷危机进入第二个"高危期"。2008 年 9 月 7 日，为避免"两房"破产对美国以及世界金融体系造成难以估量的破坏，美国政府宣布接管"两房"。2008 年 9 月 15 日，美国第四大投资银行雷曼兄弟公司宣告破产，第三大投资银行美林公司被美国银行收购。随后，美国前两大投资银行高盛公司和摩根士丹利公司宣布转为银行控股公司。华尔街多年来由投行主导的格局不复存在。

除了"两房"和华尔街顶级投行外，美国国际集团、花旗集团及其他一些金融巨头也受到重创，不得不向政府求援。眼看这些昔日声名显赫的金融巨头一个个"倒下"，投资者极度恐慌，美欧日股票市场频频暴跌。至此，由美国住房市场泡沫破裂引发的次贷危机终于升级为一场全面的金融危机，并开始向美国以外的地区蔓延，最终发展为全球金融危机。随着全球金融动荡的加剧，世界各国都不同程度地出现了流动性短缺、股市大跌、汇率震荡、出口下降、失业率上升等现象，全球金融市场和实体经济面临严峻考验。

金融风暴首先重创了美国的银行体系，粉碎了这个"世界最完备体系"的神话。美国商业银行的市场集中度远远落后于欧洲国家。美国有大量的州立银行与中小银行，这些银行在过去几年内投资了大量的次级抵押贷款金融产品以及其他证券化产品。次贷危机爆发后，它们出现了大面积的资产减记与亏损。

在世界范围内，欧洲银行业受殃及最深，因为欧洲银行过分依赖于短期借贷市场，而不是通常的客户储蓄。新兴市场经济体也很难独善其身。金融危机爆发后，大量资金从新兴市场经济体撤离，一些自身经济结构比较脆弱、对外资依赖程度比较高的国家面临严峻考验。

而且，全球金融危机不可避免地要传导至实体经济领域，拖累和阻碍了全球经济增长。美国房地产投资自金融危机后持续缩减，在房地产市场与股票市场价格交替下挫的负向财富效应的拖累下，美国居民消费日益疲软。由于自身股价下跌，美国企业投资的意愿和能力均有所下降。由于能够提供的抵押品价值下跌，美国企业能够获得的银行信贷数量也大幅下降。由此，美国经济在2009年陷入衰退，欧元区国家、日本等发达经济体以及部分新兴市场经济体也步其后尘。这主要是由于美国经济此时占全球比重近30%，其进口占世界贸易的15%，美国经济衰退导致全球商品贸易量下降，进而影响一些外贸依存度大的发展中国家的出口和经济增长。而危机对实体经济的严重影响，还带来全球范围的贸易保护主义的抬头，形成经济复苏的新障碍。大规模救市措施，也使本来就有巨大财政赤字的美国政府雪上加霜。一旦形成无节制发行债券、印发钞票，势必导致美元信用下跌，并推高全球通胀率。金融危机对全球的投资和贸易都带来严重冲击，引发大面积的经济停滞甚至衰退。中国对外贸易的高速度，也因金融危机而于2009年暂停。

这一时期，由于中国加入了WTO，中国在保持原有贸易伙伴的基础上，贸易对象迅速扩大到所有的WTO成员，中国与世界各国的贸易额也因减少了大量的贸易障碍和壁垒而迅速增加。美国和欧盟是这一时期与中国贸易额增加较快的经济体，亚洲的韩国、马来西亚、印度、中国台湾、泰国，以及南美的巴西等国家或地区也上升得很快。中国主要的贸易伙伴有美国、日本、中国香港、韩国、德国、澳大利亚、俄罗斯、马来西亚、新加坡、印度等（见表1-9）。

表1-9 2002-2008年中国与十大贸易伙伴的贸易状况

单位：亿美元

位次	2002年 国家 （贸易额）	2003年 国家 （贸易额）	2004年 国家 （贸易额）	2005年 国家 （贸易额）	2006年 国家 （贸易额）	2007年 国家 （贸易额）	2008年 国家 （贸易额）
1	日本 （1019.00）	日本 （1335.73）	美国 （1696.26）	美国 （2115.00）	美国 （2626.59）	美国 （3020.67）	美国 （3337.38）
2	美国 （804.79）	美国 （1263.34）	日本 （1678.86）	日本 （1844.00）	日本 （2072.95）	日本 （2359.51）	日本 （2667.85）
3	中国香港 （691.89）	中国香港 （874.08）	中国香港 （1126.78）	中国香港 （1367.00）	中国香港 （1660.89）	中国香港 （1972.40）	中国香港 （2036.66）
4	韩国 （441.03）	韩国 （632.23）	韩国 （900.46）	韩国 （1119.28）	韩国 （1342.46）	韩国 （1598.51）	韩国 （1861.13）
5	德国 （277.88）	德国 （417.34）	德国 （541.12）	德国 （632.50）	德国 （781.94）	德国 （940.97）	德国 （1150.09）
6	马来西亚 （142.71）	马来西亚 （201.27）	新加坡 （266.82）	新加坡 （331.47）	新加坡 （408.58）	俄罗斯 （481.55）	澳大利亚 （596.57）
7	新加坡 （140.31）	新加坡 （193.49）	马来西亚 （262.61）	马来西亚 （307.0）	马来西亚 （371.10）	新加坡 （471.44）	俄罗斯 （568.31）
8	俄罗斯 （119.27）	俄罗斯 （157.61）	荷兰 （214.88）	俄罗斯 （291.00）	荷兰 （345.11）	马来西亚 （463.86）	马来西亚 （534.69）
9	英国 （113.95）	荷兰 （154.34）	俄罗斯 （212.32）	荷兰 （288.02）	俄罗斯 （333.87）	荷兰 （463.42）	新加坡 （524.36）
10	荷兰 （106.79）	英国 （143.94）	澳大利亚 （203.91）	澳大利亚 （273.00）	澳大利亚 （329.48）	澳大利亚 （438.30）	印度 （517.80）

资料来源：根据中经网统计数据库数据整理。

第七节 进入摩擦期的世界经济

2009—2019年，世界经济进入金融危机的衰退期、复苏期和贸易摩擦多发期。2008年爆发的次贷危机首先在美国银行和资本市场上产生多米诺骨牌效应，接着世界各国也发生了大规模的"股灾"，货币市场剧烈波动，国际贸易接连受挫。世界性的金融危机形成后，世界经济出现了明显的衰退。

2008年的金融危机，对世界经济和中国经济而言影响都是深远的。金融危机使世界经济进入明显的衰退期，虽然经过几年的努力，经济终于慢慢恢复，但其中穿插的多国债务危机和经济受困、企业破产的痛苦经历，使各国的金融与贸易保护主义都明显抬头。向来举着自由贸易旗帜的美国，在金融危机后，越来越倾向于贸易保护。特朗普当选美国总统后，美国对待国际贸易的态度越发保守和消极，与中国、欧盟、日本、墨西哥、加拿大等都有贸易争端或摩擦。世界经济和国际贸易进入多事之秋。

世界经济从多元自由开放转向有意识的开放管控，意味着更多的贸易与投资保护主义重新抬头，滥用反倾销、过度实行技术贸易壁垒、过当采用保障措施等违背WTO自由贸易宗旨的保护措施，在一些国家重新被翻新使用，国家之间的贸易与投资争端因此明显上升。

不可否认，WTO成立后在推动成员间相互开放，促进全球贸易投资自由化方面发挥了重要作用。但WTO的协调机制和争端解决机制并非完美无缺，"一致行动"的限制及协调权威的不足，使要求WTO改革的呼声逐渐增大。加之美国"自大"因素的作用，WTO的运行面临着新的困难。

中国经济方面，金融危机的直接冲击是出口恶化，企业利润下滑。中国作为制造业大国和贸易大国，经济的贸易依存度处于较高的位置，金融危机对贸易形成了直接打击，导致2009年出口明显倒退。在此期间，由于中国坚持人民币币值稳定，美元贬值明显，企业的出口利润大幅下滑。与此同时，为扭转对外贸易的不利局面，中国加大了对外贸易的开放度与便利度，在上海等地开启了自由贸易试验区建设，以"一带一路"倡议为蓝图，加强与沿线国家的经贸合作，并确立了全方位开放的对外贸易政策。

尽管受到金融危机的影响，2009年以来，中国经济依然保持了中高速增长，依然是世界经济增长的主要贡献者。中国的GDP从2009年的34.85万亿元增长到2018年90.03万亿元，稳居世界第二，对世界经济增长的贡献率超过30%。随着供给侧结构性改革的推进、基础设施建设的发力、新兴产业的扶持，中国的经济结构不断优化，高铁、公路、桥梁、港口、机场等基础设施建设快速推进，数字经济等新兴产业蓬勃发展。

这一时期，中国的贸易伙伴已基本达到多元化与市场化，国际贸易完全按照市场原则，贸易摩擦的处理也更多依靠 WTO 多边贸易平台与双边的贸易协商或谈判。中国在贸易自由化的倾向与政策导向下，进一步融入世界经济产业与市场体系，使贸易与对外投资、服务业开放、区域经济合作、全球经济治理等更多地融合在一起，贸易的产业链、供应链和价值链也因此明显拉伸。在此时期，中国的主要贸易伙伴是欧盟、美国、东盟、日本、中国香港、韩国、中国台湾、澳大利亚、德国、巴西等国家和地区（见表 1-10）。

表 1-10 2009—2018 年中国与十大贸易伙伴间的贸易状况

单位：亿美元

位次	2009 年 国家/地区（贸易额）	2010 年 国家/地区（贸易额）	2011 年 国家/地区（贸易额）	2012 年 国家/地区（贸易额）	2013 年 国家/地区（贸易额）	2014 年 国家/地区（贸易额）	2015 年 国家/地区（贸易额）	2016 年 国家/地区（贸易额）	2017 年 国家/地区（贸易额）	2018 年 国家/地区（贸易额）
1	欧盟 (3640.9)	欧盟 (4797.1)	欧盟 (5672.1)	欧盟 (5460.4)	欧盟 (5590.4)	欧盟 (6151.4)	欧盟 (5647.5)	欧盟 (5489.9)	欧盟 (6444.6)	欧盟 (6821.6)
2	美国 (2982.6)	美国 (3853.4)	美国 (4466.5)	美国 (4848.8)	美国 (5210.0)	美国 (5551.1)	美国 (5582.8)	美国 (5196.1)	美国 (5837.0)	美国 (6335.2)
3	日本 (2288.5)	日本 (2977.7)	东盟 (3628.5)	东盟 (4000.9)	东盟 (4436.1)	东盟 (4803.9)	东盟 (4721.6)	东盟 (4517.9)	东盟 (5148.0)	东盟 (5878.7)
4	东盟 (2130.1)	东盟 (2927.9)	日本 (3428.9)	中国香港 (3414.9)	中国香港 (4010.1)	中国香港 (3760.9)	中国香港 (3436.0)	中国香港 (3052.5)	日本 (2972.8)	日本 (3276.6)
5	中国香港 (1749.5)	中国香港 (2305.8)	中国香港 (2835.2)	日本 (3294.5)	日本 (3125.5)	日本 (3124.4)	日本 (2786.6)	日本 (2748.0)	中国香港 (2812.1)	韩国 (3134.3)
6	韩国 (1562.3)	韩国 (2071.7)	韩国 (2456.3)	韩国 (2563.3)	韩国 (2742.5)	韩国 (2904.4)	韩国 (2758.1)	韩国 (2524.3)	韩国 (2399.7)	中国香港 (3105.6)
7	中国台湾 (1062.3)	中国台湾 (1453.7)	中国台湾 (1600.3)	中国台湾 (1689.6)	中国台湾 (1972.8)	中国台湾 (1983.1)	中国台湾 (1882.1)	中国台湾 (1795.9)	中国台湾 (1310.1)	中国台湾 (2262.4)
8	澳大利亚 (600.8)	澳大利亚 (880.9)	澳大利亚 (1166.3)	澳大利亚 (1223.0)	澳大利亚 (1363.8)	澳大利亚 (1369.0)	澳大利亚 (1139.6)	澳大利亚 (1078.3)	澳大利亚 (1256.0)	德国 (1838.8)
9	印度 (433.8)	巴西 (625.5)	巴西 (842.0)	俄罗斯 (881.6)	巴西 (902.8)	俄罗斯 (952.8)	印度 (716.2)	俄罗斯 (695.3)	巴西 (876.3)	澳大利亚 (1527.9)
10	巴西 (424.0)	印度 (617.6)	俄罗斯 (792.5)	巴西 (857.2)	俄罗斯 (892.1)	巴西 (865.8)	巴西 (715.8)	巴西 (658.7)	印度 (845.0)	越南 (1478.6)

资料来源：根据中经网统计数据库整理。

如表 1-10 所示：2009—2018 年期间，中国与前十大贸易伙伴间的贸易额除 2015 和 2016 年略有下降外，总体呈上升趋势。这一时期，中国的主要贸易伙伴较为稳定，排名前八位的是欧盟、美国、东盟、日本、中国香港、韩国、中国台湾和澳大利亚。欧盟和美国一直排名第一和第二；东盟多数年份排名第三；日本的排名集中在第三至第五之间；中国香港的排名在第四、第五之间；韩国、中国台湾和澳大利亚的排名相对稳定在第六、第七和第八位；第九和第十位则在巴西、俄罗斯、德国、印度和越南这几个国家之间。整体上看，中国的贸易伙伴主要来自欧洲、美洲、亚洲和大洋洲，前十大贸易伙伴中没有非洲国家。中国与发达国家或地区间的贸易额远高于中国与新兴国家和发展中国家间的贸易额，这一方面是中国与发达国家或地区间产业高度分工协作的结果，另一方面是双方贸易与市场结构的互补性带来的结果。

第二章 对外贸易体制改革 70 年

共和国七十年来的对外贸易体制改革，一直与中国的经济体制改革相伴随，服从于国家的经济发展大格局与大方针，是中国经济体制改革的"镜子"和"缩影"，也是中国经济改革发展的风向标。七十年来的对外贸易体制改革，彰显了共和国在扩展对外贸易道路上的不断摸索与励精图治。

第一节 国家对外贸易统管体制的建立（1949—1952 年）

一、国家对外贸易统管体制建立的背景

国家对外贸易统管体制是典型的保守型贸易体制，其建立与实施是在特定的历史背景和条件下形成的。当时新中国所处的国内外经济大环境以及所选择的经济发展道路，决定了这一体制的产生与存在。

早在 1949 年 3 月召开的中共七届二中全会上，毛泽东同志就曾指出："人民共和国的国民经济的恢复和发展没有对外贸易的统制政策是不可能的。从中国境内肃清了帝国主义、封建主义、官僚资本主义和国民党的统治，还没有解决建立独立的完整的工业体系问题，只有待经济上获得了广大的发展，由落后的农业国变成了先进的工业国，才算最后地解决了这个问题。而欲达此目的，没有对外贸易的统制是不可能的。中国革命在全国（取得）胜利，并且解决了土地问题以后，中国还存在着两种基本的

矛盾：第一种是国内的，即工人阶级和资产阶级的矛盾；第二种是国外的，即中国和其他帝国主义国家的矛盾，因为这样，工人阶级领导的人民共和国的国家政权，在人民民主革命胜利以后，是不可以削弱，而是必须加强，对内的节制资本和对外的统制贸易，是这个国家在经济斗争中的两个基本政策。谁要是忽视或轻视了这一点，谁就将要犯绝大的错误。"1949 年 9 月，中国人民政治协商会议制定的《共同纲领》第三十七条明确提出："我国实行对外贸易的管制，并采用保护贸易政策。"

中共七届二中全会确立了全国胜利后的发展方向和奋斗目标，我国要实现由新民主主义社会向社会主义社会进行转变。新中国成立初期，我国面临着巨大的财政经济问题。1950 年 6 月，朝鲜战争爆发，不久后美国联合西方国家对中国实行全面的封锁和禁运，企图从经济和外交上扼杀新中国新生政权。当时中国不仅与帝国主义存在着矛盾，国内也存在着一系列的经济问题。在西方国家严密封锁、物资调度极为困难的情况下，国内部分民营资本投机商大肆进行投机活动，造成物价上涨和严重的通货膨胀。在这种历史背景下，要快速恢复和发展国民经济，必须加强中央统筹经济的权威和职能，有计划地集中使用社会资源，对外贸易领域更是如此。

结合新中国建立后所面临的经济政治形势，国家明确了国民经济恢复时期"统一管理，统一领导"的计划经济管理体制，统一了全国的财政收支、物资调配、资金流动以及对贸易的管理。为了适应这一体制的总体要求，按照中央人民政府的统制贸易政策，必须结束对外贸易领域分散管理局面，统一全国各地建立的外贸机构，统一外贸管理制度，建立新的外贸计划管理和财务管理体系。在此过程中，逐渐形成了高度统一的外贸体制。[①]

二、对外贸易管理机构的建立

1949 年 10 月 19 日，中央人民政府委员会举行第三次会议，任命叶季壮为中央贸易部部长，孔原为海关总署署长。1949 年 10 月 25 日，海关总署在北京成立，由中央人民政府政务院直接领导，实行集中统一的垂直领导体制。1949 年 11 月 2 日，中

---

① 马慧敏：《当代中国对外贸易思想研究》，复旦大学博士论文，2003 年。

央贸易部在原华北人民政府工商部及中央商业处的基础上成立。

1950 年 1 月 27 日，中国政务院第十七次政务会议通过了《中央人民政府政务院关于关税政策和海关工作的决定》。遵循这一决定，海关总署进行了一系列的改革。这些工作使中国的海关从百年来遭受殖民帝国控制，不能独立和自主管理的状况得到彻底改变，转变为独立自主的新海关。在组织机构上，根据政务院规定的"中央人民政府海关总署，必须是统一集中的和独立自主的国家机关"的原则，海关总署先后接管了天津、上海、青岛、烟台、广州等地的二十六个海关，并调整了各海关的组织机构，对旧海关工作人员进行教育与思想改造，肃清了殖民时代残留在海关中的势力和影响。全国各地海关的负责人，也多由海关总署派出和任命。由此，全国海关初步统一集中在中央人民政府海关总署的直接领导之下。旧海关设置的地点和对外贸易口岸的开放，都是根据不平等条约与殖民帝国经济的方便，而不是根据中国对外贸易的需要。因此，海关总署将不宜设关的内河口岸，如重庆、金陵及梧州三关撤销，并拟出全国设关原则与设关地点的方案，呈请政务院批准公布。

新海关的职能和任务，不再如过去那样单一地收关税，而是根据国家对外贸易新政策，加入了保护和促进国家的对外贸易与经济发展等新职能。根据政务院的决定，海关负责对出入国境的各种货物、货币等执行实际的监督，征收关税，查办与惩处走私。这对恢复和发展建国初期的外经贸工作起了重要的推动作用。例如，当时香港、广东药品贸易走私现象甚为猖獗，经广州海关严密缉查，广州各药房对走私客所携带的走私物品都不敢再收纳，纷纷改变过去依靠走私来货的商业模式，转向从中央贸易部对外贸易管理局申请进口份额。

1950 年 3 月 10 日，中央人民政府政务院第二十三次政务会议通过了《关于统一全国国营贸易实施办法的决定》。依据这一决定，中央贸易部统一领导并管理国内贸易和对外贸易，其中的对外贸易管理事宜，由贸易部领导属下的对外贸易管理局及其分局执行。具体而言，中央贸易部执行以下职能：（1）根据中央人民政府政务院财政经济总计划起草国营贸易及合作社贸易总计划，经中央人民政府政务院批准后实施；（2）批准全国各专业总公司的业务计划和财务计划并监督其执行；（3）管理与调度全国一切国营贸易资金及存货；（4）决定全国各大市场国营贸易公司批发商品的价格；

（5）指导全国私营商业及各级人民政府贸易部门对于市场的管理工作；（6）颁布全国贸易会计法规。此时，全国的国营贸易、合作社贸易与私营贸易的国家总领导机关为中央人民政府贸易部。各大行政区及中央直属省市人民政府的贸易部门，受中央人民政府贸易部及当地人民政府财政经济委员会的双重领导。

1952年8月7日，为了加强对外贸易工作，中央政府根据中央人民政府委员会第十七次会议通过的《关于调整中央人民政府机构的决定》，撤销中央贸易部，成立对外贸易部，统一领导和管理中国对外贸易；成立商业部，统一领导和管理国内贸易。对外贸易部的主要职能包括：编制国家进出口贸易计划和对外贸易外汇收支计划，组织和检查计划的执行；起草中国同有关国家发展经济贸易和技术合作的联系方案，负责同有关国家谈判、签订协定和议定书等，并监督执行；起草对外贸易管理的基本法规和海关管理法规，并贯彻执行；制定国营对外贸易企业进口、出口、运输、包装业务程序，管理并监督执行；签发进口、出口和过境贸易的许可证。

三、对外贸易"统管体制"的建立

新中国的外贸体制是在这一时期逐步建立起来的，其主要特点包括：国家集中领导、统一管理对外贸易；设立国营外贸公司，同时允许私营贸易渠道存在；实行财务管理体制、行政管理体制、海关管理体制、进出口商品检验管理体制并重。

（一）国家集中领导、统一管理对外贸易

新中国建立后，在集中统一的对外贸易管理机构体系的基础上，陆续颁布了一系列统管全国对外贸易的法令和法规，并制订了相关的具体规定和实施办法。按照统管的对外贸易政策，对外贸易部门会同其他有关部门，采取商品分类管理、进出口许可证、外贸企业审批、外汇管制、出口限价、保护关税、货运监督、查禁走私、商品检验等行政管理措施，运用信贷、税收等经济手段，逐步加强计划管理，把全国对外贸易活动置于国家集中领导、统一管理之下，以统一对外经济活动，维护国家独立自主，促进国民经济的恢复和发展，保证社会主义经济改造的顺利进行。

（二）设立国营外贸公司，同时允许私营贸易渠道存在

1950 年，中央贸易部在国外贸易司下设立了对社会主义国家开展经营贸易的"中国进口公司"，对西方国家设立了经营贸易的"中国进出口公司"，以及中国土产、油脂、茶叶、蚕丝、矿产等国营外贸公司。通过全方位设立贸易公司的方式，中国政府全面控制了全国的对外贸易。新中国成立初期，政府允许存在私营进出口企业，主要通过政策法令对其业务进行监督。那时，政府对外贸领域的公私经营范围做了明确的划分，实行公私贸易兼顾、区别对待的政策，对私营贸易商采取经济调节与行政管理相结合的领导方式。

（三）外贸财务管理体制

外贸财务管理体制是外贸体制内政府部门和经营单位赖以维持和运转的财务基础。当时的相关规定主要有：各外贸专业总公司负责核算和平衡本公司系统的进出口盈亏，其盈利和亏损一律上报外贸部，统一核算和综合平衡后上报中央财政，盈利一律上缴财政部，亏损也由财政部负责解决。外贸公司不自负盈亏，生产供货单位或使用进口物资的单位对盈亏也概不负责。此外，外贸公司的流动资金也由财政部统一核拨。这是一种高度集中的、由外贸部统一核算并由财政部统收统支、统负盈亏的"大锅饭"式的财务管理体制。

（四）外贸行政管理体制

外贸行政管理的主要根据是中央人民政府于 1950 年 12 月 8 日颁布的《对外贸易管理暂行条例》和中央贸易部于 1950 年 12 月 28 日颁布的《对外贸易管理暂行条例实施细则》。对外贸易管理事宜，由中央人民政府贸易部领导其所属的对外贸易管理局及其分局执行。凡经营进出口业务的本国公私营商号及经营出口工厂，均须向所在地区的对外贸易管理局申请登记。进出口厂商进口或出口任何商品，均须事先向所在地区的对外贸易管理局申请进口或出口许可证，经核发后，方得凭证办理其他进出口手续。凡货物进出口都必须依法以结汇的方式经营，但在必要时中央贸易部可以指定若干种贸易商品准许贸易商以易货或联销贸易方式经营，具体管理办法由中央贸易部制定。

（五）海关管理体制

中央政务院于 1951 年先后颁布了《中华人民共和国暂行海关法》《中华人民共和国海关进出口税则》和《中华人民共和国海关进出口税则暂行实施条例》。其中,《暂行海关法》对海关的组织结构、任务和职权,进出口货物的监管,过境和转运货物的监管,进出口货物的报验、征税、保管和放行,走私和违章案件及其处理等做出了全面的规定,是海关执行监管任务的基本法律依据。

（六）进出口商品检验管理体制

新中国成立后,人民政府接管了国民党政府的商品检验局,在中央贸易部对外贸易司设立了商品检验处,统一领导全国的商检机构及业务,并在天津、上海、广州、青岛、汉口、重庆等地先后设立了商品检验局和四个商检处,建立了独立自主的国家商检机构。1950 年 3 月,中央贸易部召开了全国商检工作会议,制定了《商品检验暂行条例》和《商品检验暂行细则》,以取代各地商检局分别制订的一些规定,统一了全国进出口商品检验规章制度。1951 年 11 月,政务院财政经济委员会修订并公布了新的《商品检验暂行条例》。1952 年,对外贸易部成立后,设立了商品检验总局,统一领导和管理全国的进出口商品检验工作。[①]

四、对外贸易"统管体制"的简要评价

新中国建立初期的贸易体制,从一开始的旧贸易体制改造、公私兼营,逐步转移到全国"统制"的对外贸易体制,有其历史的客观性、偶然性和必然性。虽然国民党政府时期的对外贸易体制,与清朝来期和民国初期已有明显的不同,但在对外国资本、外国市场和西方国家过度依赖,而外国贸易商对中国贸易市场控制力过于强大方面,则具有共同性。改造过度分散和本国控制力过低的对外贸易状态和管理体系,符合一个大国对外贸易的利益。

这一时期,中国外交的大转向和突然爆发的朝鲜战争,使得中国的对外贸易环境

---

① 课题组:《中国外贸体制改革的进程、效果与国际比较》对外经济贸易大学出版社 2007 年版。

和方向发生了巨大的变化。为突破美国为首的西方国家的贸易禁运和封锁，更多更快地转向和做大对苏联和东欧社会主义国家的贸易，需要短时间内组建更多的国营贸易公司，开辟新的贸易通道。这需要政府加强贸易管理，强化外汇管制，以扩大出口，积累和节约外汇，用于急需物资的进口。这是贸易体制走向"统制"管理的动力之一。

新中国初期的经济混乱局面需要整顿和管制，自然要把对外贸易的改造与管制纳入监管范围，海关的统管和贸易的统管有了强化的理由。在清理旧体制的过程中，中国政府同时考虑到了如何进行外贸体制的社会主义改造，改革的大方向按苏联社会主义模式，自然是追崇计划与统一的统管贸易体制。这是贸易体制走向"统制"管理的第二个驱动力。

对当时以农业经济为主体、工业十分落后的中国经济而言，没有一个方案比快速发展工业制造业更有吸引力。如何在较短时间内动员和收聚工业投入资本？一个可行办法是政府实行统一集中的经济统管模式，对外贸实行更多的统管控制，通过政策动员出口更多的土特产品，换取更多的外汇用于进口机器和设备。这是贸易体制走向"统制"管理的第三个驱动力。

当然，转向全面的对外贸易管制并非只有优点而没有缺点。短期看，效果是明显的；但长期看，统制型的贸易体制抑制了贸易自由和贸易效率，指令性计划和行政干预对企业限制太多，造成政府和企业职责不分，企业缺乏自主经营权，形成吃"大锅饭"的低激励模式，从而导致贸易市场拓展积极性不高、贸易经营创新不足、对外贸易发展相对缓慢等问题。

第二节 计划型对外贸易体制的不断调整（1953—1978 年）

随着中国社会主义经济改造的深化，国营贸易公司在全国外贸总额中的比重不断上升，1953 年为 92.7%，1954 年为 98.3%，1955 年上升到 99.2%。1956 年，中国对私营贸易商进行了社会主义改造，通过支付"定息"的赎买方式，使私营贸易商的资产转归国营外贸公司支配。因此，这一时期全国内地除西藏还继续存在私营和外商经营的进出口业务外，国营外贸公司的对外贸易已处于统制地位。1956 年，中国完成了所有制的社会主义改造，全国的对外贸易均由对外贸易部统一领导、统一管理，各项进出口业务均由各专业外贸公司统一经营，实现了国有专业外贸公司对外贸的垄断经营。

一、外贸经营和管理机构建设

（一）建立集中统一的外贸行政管理体系

自 1952 年对外贸易部成立后，我国逐渐组建了地方外贸管理机构。1954 年各大行政区撤销后，一些省、市建立了对外贸易局。此后各地外贸行政管理机构继续调整和变动，主要发展趋势是在全国建立起"条块结合，条条为主"的集中统一的外贸行政管理体系。

（二）设立主要按商品经营分工的国营外贸公司

随着对外贸易业务的发展，迫切需要专业化的分工，以提高进出口贸易的效率。1953 年，对外贸易部原有公司主要按商品的经营分工进行调整和改造，更新组建了14 个专业进出口公司，以及分管海运和陆运的 2 个外贸运输专业公司。后来各个外贸专业公司又多次进行调整，逐步在各地建立了分支公司。这些国营对外贸易专业公司的名单如下：(1) 中国机械进口公司；(2) 中国五金进口公司；(3) 中国运输机械进口公司；(4) 中国仪器进口公司；(5) 中国技术进口公司；(6) 中国进出口公司；(7)中国粮谷油脂出口公司；(8) 中国食品出口公司；(9) 中国土产出口公司；(10) 中国杂品出口公司；(11) 中国畜产出口公司；(12) 中国茶叶出口公司；(13) 中国丝绸公司；(14) 中国矿产公司；(15) 中国对外贸易运输公司；(16) 中国租船公司。

（三）建立驻外贸易管理机构

随着对外贸易的发展，中国和亚、非、东欧国家以及部分西方国家建立了广泛的贸易关系，并在这些国家设立了驻外商务机构。例如，先后在中国驻波兰、捷克斯洛伐克、民主德国、匈牙利、罗马尼亚、保加利亚、朝鲜、蒙古、越南等大使馆设立了商务参赞处或商务参赞，1956 年，在中国驻南斯拉夫大使馆设立了商务参赞处。此外，还在中国驻印度、印度尼西亚、缅甸、巴基斯坦、阿富汗、尼泊尔、锡兰、芬兰、瑞士、丹麦、荷兰和瑞典等国的大使馆和中国驻英国代办处设立了商务参赞；在埃及、叙利亚和黎巴嫩设立了商务代表处。

（四）建立对外贸易争议解决机构

为了满足中国对外贸易日益发展和公平解决对外贸易争议的需求，中央人民政府政务院在 1954 年 5 月 6 日第 215 次政务会议中，通过了《关于在中国国际贸易促进委员会内设立对外贸易仲裁委员会的决定》，规定了中国对外贸易仲裁委员会的组织和职权，确定了审理争议程序的基本原则，同时也制定了执行仲裁裁决的办法。中国国际贸易促进委员会根据这个决定，选定了仲裁委员会的委员，制定了仲裁程序暂行规则，并在 1956 年 4 月正式成立对外贸易仲裁委员会。

二、对外贸易制度建设

为了加强对外贸的计划管理，1955 年 7 月 30 日第一届全国人民代表大会第二次会议通过的《中华人民共和国发展国民经济的第一个五年计划》（1953—1957 年）在第六章第二节规定了要"巩固国家对外贸易的管制"，"实行统一定货的审核制度，克服盲目订货的现象，统一外汇管理，严格地节约外汇的使用，保证经济建设的必需物资的进口"，同时要"改善对外贸易的管理工作和组织、指导和调节私营进出口商的贸易活动"。

在外贸制度建设方面，加大制定和实施外贸法律法规的力度。1953—1957 年对外贸易部制订发布的主要外贸法律法规如下：

《商品检验局公正鉴定实施细则》(1954 年 9 月 21 日)；

《输出输入商品法定检验实施细则》(1955 年 1 月 29 日)；

《海关对进出国境旅客行李物品监管办法》（1956 年 2 月 20 日）；

《进出口货物许可证签发办法》（1957 年 1 月 23 日）。

此外，在这一阶段，中央人民政府和外贸、金融、海关等职能部门还根据《中国人民政治协商会议共同纲领》的规定，制定了一系列关于外贸企业、进出口商品管理、外汇、海关、商检、涉外仲裁等方面的法规，形成一套基本完整的对外贸易法律法规体系。

三、对外贸易管理机制建设

（一）对私营进出口企业进行社会主义改造和替代

1953 年，中国共产党提出了过渡时期总路线。同年 10 月，中共中央指示："对私营进出口商，必须进一步加强国营贸易经济对他们的领导，严格实行对外贸易管制，并采取逐渐地稳步地代替的方针。" 遵照中共中央的指示，从 1953 年开始，国家对一些重要产品实行统购统销和计划供应，加强了对出口商品的控制，逐步缩小了私营企业的经营范围，并基本停止对进口企业批汇；在信贷、税收、价格方面对私营企业加强限制。同时，国营外贸公司对私营企业实行"按行规口，统一安排"，采取联购物资、联合出口、委托代理、公私联营等形式，帮助私营企业解决组织货源等方面的困难，加强对其业务经营的领导，以促进私营企业的社会主义改造。到 1955 年底，私营进出口企业由 1950 年的 4600 家减少到 1083 家，从业人员由 3.5 万人减少到 9994 人，资本由 1.3 亿元减少到 4993 万元，其进出口额在全国进出口额中的比重由 31.6% 降到了 0.8%。1956 年，在资本主义工商业的社会主义改造浪潮中，私营进出口企业迅速实现了全行业公私合营，全国共成立了 54 个公私合营专业进出口公司，少数私营企业直接并入国营外贸公司。至此，中国对外贸易领域已基本完成了对生产资料私有制的社会主义改造，全面建立起社会主义中国对外贸易体系。

（二）创立广交会——打开新中国对外贸易的第一扇窗

1957 年 4 月，在周恩来总理的亲自过问下，首届中国出口商品交易会在广州中苏友好大厦成功举办。随着第一届中国出口商品交易会（广交会）的举行，中国主动打开了对外贸易、经济合作的第一扇窗。第一届广交会有来自 19 个国家和地区的 1223 名客商参与，签约成交金额 1800 余万美元。加上当年秋季的广交会，这一年的两届广交会出口成交总额占全国当年出口额的 20%。此后，广交会每年举办春秋两届，承担着中国对外出口的"窗口"作用，发挥了"让世界了解中国、让中国走向世界"的开放职能。广交会是特殊历史时期的产物，其创办对中国外贸体制、出口展会模式和对外交流模式都产生了深远影响。

（三）建立出口商品生产基地

为了进一步扩大出口商品的生产，中国开始建立出口商品生产基地。1960 年 4 月 8 日，周恩来总理在外贸部"关于成立生产基地局和抽调干部问题的请示报告"上批示："对外贸易部搞好商品生产基地和基本建设很有必要。"次年 5 月，陈云指出："为了多出口就必须根据国际市场的要求，组织生产搞好出口商品的基地。"1963 年，李先念进一步指出外贸需要搞基地，国外销路好的商品要发展基地。他要求中共各部门各地区支持这项工作。在这些指示的指导下，中国从 1960 年起建设了一批商品生产基地和专业工厂。

四、对外贸易制度变化

1957 年，中国对外经贸领域所有制改造全面完成，开始进入社会主义建设时期。对外经贸领域全面实行计划经济体制，贸易制度框架与机构设置也由此进入了与之适应的高度集中的计划管理体制。

中国对外贸易体制是在模仿苏联对外贸易管理统制制度，并适应从新民主主义革命过渡到社会主义建设时期逐步建立起来的。这一制度后来虽有一些调整，但直至 1978 年一直保持了如下特点。

（一）单一的公有制

1957 年，中国在完成生产资料社会主义改造后，就确立了由政府职能部门领导、国营外贸公司集中经营的对外贸易经营体制，对外贸易领域的生产资料所有制是完全的公有制，对外贸易由国家统一领导、统一管理，外贸公司统一经营。这种体制事实上使对外贸易部变成了一个既掌握全国对外贸易行政管理权，又独揽外贸所有权和经营权的大企业。"文革"时期，国家对此有所调整，下放了一些权利。例如，由国务院有关生产主管部门设立出口供应公司，负责对外交货或向外贸公司供货。第一机械工业部还曾成立产销结合的机械设备进出口公司。此外，除西藏自治区外，经外贸专业公司批准，内地其他省份可以对港澳地区直接发货、装运和结汇，甚至可以经营远洋贸易。但是纵观"文革"前后，直到 1978 年，这种所有制高度集中、独家经营的对外贸易管理体制并未得到根本改变。

（二）实行对外贸易统制

在新中国成立之初，新中国就明确了要实行对外贸易统制的政策。毛泽东同志曾指出：人民共和国的国民经济的恢复和发展，没有对外贸易统制政策是不可能的，对内的节制资本和对外的统制贸易，是这个国家在经济斗争中的两个基本政策[①]。这种对外贸易统制集中表现在：

1. 对外贸易国家垄断经营

对外贸易统制政策的贯彻主要表现在对经营主体的严格限制方面。全国进出口完全由直属于对外贸易部的十几家国营专业外贸公司按商品大类垄断经营，其他任何企业都没有外贸经营权，由此形成了政企不分的管理体制。

2. 高度集中的计划管理

计划管理体制是苏联模式的对外贸易体制的轴心。"文革"时期，中国对外贸易经营管理体制虽然略有调整，1950 年以来先后制定的《对外贸易管理暂行条例》等三十多部对外贸易法律法规虽然力图赋予企业在进出口、海关、商检、外汇、仲裁等方面以一定的自主权，但实际上，国家制定的年度外贸计划指标和政府发布的各项指令、决定等内部文件对外贸企业的经营活动起着关键的控制作用。计划成为调度对外贸易的唯一手段，价格、汇率等经济杠杆既不能起到调节进出口的作用，也不能反映商品供求关系的变化，只能发挥事后核算功能，其作为国家经济杠杆的信号机制不复存在。

3. 实行贸易保护政策

贸易保护政策虽起源于美国建国之初汉密尔顿的保护制度和李斯特等历史主义学者的保护贸易论，但只有在苏联模式的计划经济体制下，这种贸易保护政策才能发展到无所不包的极致境界。列宁曾经指出：不是关税，也不是边防军，而是对外贸易垄断制在经济上保卫着苏联的边境。[②]为此，1949 年 9 月通过的《中国人民政治协商会

---

① 毛泽东：《在中国共产党第七届中央委员会第二次全体会议上的报告》，《毛泽东选集》，人民出版社 1966 年版。

② 列宁：《马克思、恩格斯、列宁、斯大林论国际贸易》，北京外贸学院出版社 1959 年版。

议共同纲领》明确规定，中国"实行对外贸易管制，并采用贸易保护政策"。

"文革"时期，中国的贸易保护政策是实行关税壁垒和非关税壁垒并重的多重贸易保护。关税壁垒的表现是制定保护性税则，对进出口商品实行分类经营管理，使平均关税水平一直维持在高水平上。当时在《关贸总协定》的安排下，世界范围内发达国家的平均关税已经降至 5% 左右，发展中国家一般也降至 20% 左右，而中国的关税一直高达 50% 以上。非关税壁垒的表现是通过编制和执行对外贸易计划，实行外汇管制，以强有力的直接行政干预为依托，使外贸计划成为集中调节外贸活动的单一杠杆。

（三）统负盈亏的财务管理

各外贸进出口公司经营活动全部由计划调节，外贸公司没有独立的经济利益，只能无条件执行国家外贸计划，由此发生的全部盈利或亏损也全部由国家财政承担。这种财务管理体制既是适应当时国民经济发展和"极左"意识形态的产物，也是垄断经营、高度集中的计划管理体制的必然结果。

五、对外贸易部的职能与贸易公司

1954 年，中央人民政府对外贸易部改称为中华人民共和国对外贸易部。作为国务院的一个重要部门，"文革"期间对外贸易部的职能与以往相比没有过多的变化，主要包括：（1）编制国家进出口贸易计划和对外贸易外汇收支计划组织并检查计划的执行；（2）起草中国同有关国家发展经济贸易和技术合作的联系方案，负责同有关国家进行谈判，签订协定和议定书等，并监督执行；（3）起草对外贸易管理的基本法规和海关管理法规，并贯彻执行；（4）领导海关工作，不断加强货物监管和政治经济保卫工作；（5）制定国营对外贸易企业进口、出口、运输、包装业务程序，管理并监督执行；（6）签发进口、出口和过境贸易的许可证；（7）研究拟订商品检验制度。相较于以前，对外贸易部转移掉的职能主要有：（1）中国对外援助工作；（2）中国贸易促进委员会工作。

外贸公司方面，由于实行对外贸易统制，中国的外贸公司作为直属企业，一方面既是经营者又是外贸部门行政管理的参与者；另一方面，由于实行高度集中、垄断经

营的计划管理体制，其数量"十分有限"。从"文革"爆发直到 1978 年 4 月第 43 届
广交会开幕前，全国的外贸公司一直只有 13 家。其中粮油食品、轻工工艺、土产畜产、
五矿冶金、机械、化工、技术、仪器全国性、行业性进出口总公司占了 8 家，另外就
是广州、大连、上海、青岛、天津的 5 家进出口公司。

六、对外贸易制度框架与机构设置

粉碎"四人帮"后，中央政府继续坚持对外贸易的统制政策和统一对外原则，并
对国营外贸专业公司机构进行调整，以适应当时中国的经济体制和国内外形势的需要，
发挥地方的积极性。1978 年底，中国共设有国营外贸专业总公司 11 个，分别是中国
机械进出口总公司、中国五金矿产进出口总公司、中国化工进出口总公司、中国技术
进口总公司、中国粮油食品进出口总公司、中国纺织品进出口总公司、中国土产畜产
品进出口总公司、中国轻工业品进出口总公司、中国工艺品进出口总公司、中国仪器
进出口总公司、中国对外贸易运输总公司。地方的分支公司也随之有所调整。据不完
全统计，到 1978 年底，全国共有外贸专业公司 130 多家。[①] 1978 年 12 月，对外贸易
部和外交部联合向国务院请示，建议在国外设立外贸公司代表机构以适应外贸大发展
的新形势，加强在国外的出口推销力量，并不失时机地买进国内急需的物资，做好技
术、设备的引进工作。建议根据不同情况，在国外设立不同的代表机构：①设立中国
进出口公司代表处，加强出口推销工作；②设立中国技术进口公司代表处，负责引进
项目的调研探询，组织执行引进项目的合同，接待为引进项目派出的考察、谈判、实习、
监造、验收等人员；③派出常驻的外贸公司代表；④设立中国贸易中心或建立外贸仓库；
⑤开设私人贸易公司。当时的国务院副总理李先念对此做了批示，邓小平副总理和国
务院其他领导人也同意了这一请示。从此，中国外贸公司开始在世界各国设立分支机
构，进入一个快速发展的新阶段。[②]

---

① 沈觉人等：《当代中国对外贸易》，当代中国出版社 1992 年版，第 94 页。
② 从中华人民共和国成立至 1978 年的近 30 年时间里，中国除了在港澳地区开设贸易公司及
在柏林设立中国进出口公司柏林代表处外，在境外基本上没有投资开设自己的贸易公司和常驻企业
机构。当时，中国同世界各国的贸易联系，在国外主要是通过驻外领馆的商务机构办理。

改革开放前，中国的对外贸易体制建立在特殊的历史条件下，其最突出的特征是独立性和集权性。当时可以从事对外贸易活动的只有对外贸易部及其下属部门和单位。其中按照各大类商品分工经营的若干国有制外贸总公司由外贸部直接领导，各口岸和内地的分公司由相关的总公司和当地外贸局双重领导，而各省、市、自治区的外贸局则是受外贸部和省、市、自治区政府双重领导的。另外，能够从事对外贸易事务的还有中国各驻外商务机构（有商务参赞处和商务代表处两种形式）。它们既是中国驻各国的大使馆、代办处的组成部分，又是外贸部的代表机关，受外贸部和驻各国大使馆的双重领导。

隶属于国家外贸部门的外贸专业公司，长期实行统购、包销的出口货源收购制和进口物资的代理调拨制。这种由外贸专业公司集中经营的方式适应当时中国的经济体制和国内外形势的需要，对发展进出口贸易、促进国内生产发展和保障国内市场供应起了重要的作用。但是，随着国民经济的发展和对外贸易关系的不断扩大，这种由国家少数外贸专业公司垄断经营的体制，一定程度上束缚了部门和地方发展出口商品生产、提高出口产品质量、改进包装装潢、扩大出口的积极性。而且，还导致生产企业不了解国际市场需求，不关心外贸的经济效益，出口商品产销脱节的现象愈来愈突出，不利于借鉴和学习外国先进技术，也不利于国家对外贸易的持续发展。

第三节 改革开放后对外贸易体制革新（1978—2019 年）

一、对外贸易体制的初步改革

1978—1984 年，是中国对外贸易体制初步改革时期。在改革启动期，邓小平、胡耀邦等国家领导人极力主张对外开放，发展对外贸易和利用外资、外国技术。1978 年确立对外开放国策后，中国对外经贸体制进行了较大幅度的调整与改革，主要内容涉及调整国家外贸管理机构、打破独家垄断经营、下放外贸经营权、开展工贸结合试点、加强外贸行政管理、改革外贸计划体制、改革外贸财务体制等。

（一）调整国家外贸管理机构

1978 年 8 月，国家批准成立了中华人民共和国进出口管理委员会和外国投资管理委员会。1980 年，国务院批准将对外贸易部直属的海关管理局调改为中华人民共和国海关总署，将对外贸易部直属的进出口商品检验局调改为中华人民共和国进出口商品检验总局。1982 年 3 月，中国五届全国人大常委会第二十二次会议通过决议，把原对外贸易部、对外经济联络部、国家进出口管理委员会、国家外国投资管理委员会合并，成立了新的对外经济贸易部。经过调整，基本上理顺了中央政府对外贸部门的管理关系。

（二）打破独家垄断经营，下放外贸经营权

为打破贸易经营垄断，中央政府采取的主要改革措施包括：(1) 逐步下放外贸进出口总公司的经营权，扩大地方的外贸经营权，旨在调动地方和生产企业发展外贸的积极性。(2) 根据中共中央和国务院关于对广东、福建实行特殊政策、灵活措施的决定，相应扩大这两省的外贸经营权。其产品除个别品种外，全部由省外贸公司自营出口。同时，还规定广东、福建两省可以自主安排和经营本省对外贸易，批准设立产销结合的省属外贸公司。(3) 决定各地方经过批准可以成立地方外贸公司。北京、天津、上海、辽宁、福建等省市分别成立了外贸总公司，在不同程度上增加了外贸自营业务。(4) 批准 19 个中央有关部委成立进出口公司，如机械设备进出口总公司、船舶进出口公司等，将原来由外贸部所属进出口公司经营的一些进出口商品，分散到有关部门所属的进出口公司经营，扩大了贸易渠道，增强了产销结合。(5) 陆续批准一些大中型生产企业经营本企业产品的出口业务和生产所需的进口业务。1979 年以来成立的众多"三资"生产企业也拥有了本企业产品出口和有关原材料进口的经营权。对外商投资企业实行优惠政策，允许其经营本企业产品的出口和有关原材料的进口。

（三）开展工贸结合试点，推行进出口代理制

传统外贸体制下的出口收购制、进口拨付制，使生产方与消费方被严重隔离，出口生产企业和进口商品用户都被阻隔在国际市场之外，只有国营对外贸易专业公司在国际市场上参与运作。改革的措施是鼓励工（农、技）贸结合，发展多种形式的工贸

联营体。针对长期以来工贸分离、产销脱节造成的一系列问题，政府开展了多种形式的工贸结合试点：第一种是外贸公司与工业公司专业对口联营，实行"四联合，两公开"，即联合办公、联合安排生产、联合对外洽谈、联合派小组出国考察。外贸的出口商品价格对工业部门公开，工业生产成本对外贸部门公开。第二种是工业企业与外贸企业共同出资、出人，直接组建工贸公司，如上海玩具公司、北京抽纱公司、北京地毯公司等。第三种是组建全国性的工贸联合公司，如 1982 年 2 月成立的中国丝绸公司即属于这类公司，它把工商贸、产供销紧密结合起来，将原属纺织工业部、对外贸易部、商业部和全国供销合作总社等"三部一社"管理的全国的麻、生丝和纺织品的收购、生产、内外销业务都交由该公司经营和管理，相当于参与或分享了中国纺织品进出口公司的丝绸进出口业务。第四种是组建地方性的工贸联合公司，如 1982 年 4 月成立的青岛纺织品联合进出口公司即属于这类公司，它由青岛市 9 个国营纺织厂联合建立，从纺织、印染到针织、服装，实行生产"一条龙"，工贸结合，进出口结合。第五种是组建有经营实体的外贸公司。它由生产同类产品的企业和企业组成联合体，直接对外经营出口业务。这种形式的公司有机械工业部所属的中国轴承、磨具磨料、电线电缆、电瓷等出口联营公司。

"进出口代理制"指外贸企业受生产企业委托办理进出口业务，积极开拓国际市场，收取生产企业一定的代理费，并承担相应的外贸经营法律责任，而价格和其他合同条款的最终决定权属于生产企业，进出口盈亏和履约责任最终也由生产企业承担。1984 年 9 月，国务院批准的外贸体制改革方案强调了进出口实行代理制的必要性。党的十三大和国务院（发布的）《关于国民经济和社会发展十年规划和第八个五年计划纲要的报告》重申了发展对外贸易需要推行外贸代理制。

（四）外贸财务体制改革

外贸财务体制改革措施主要有几点：一是让外贸企业在财务上与其主管部门脱钩。二是改变对出口商品和进口商品的征税办法。诸如：进口盈利较大的商品，由国家征收进口调节税；对出口不盈不亏的商品不再征税；出口退税后仍有差额的出口商品，国家给予定额扶持。三是执行国务院批转财政部关于试行企业基金的规定。凡独立核算的外贸企业，全面完成销售额、进货额、利润额、费用水平和资金周转次数五项计划指标，按照全国工资总额的 5% 提取企业基金，没有全面完成指标的则相应适当扣减。

（五）外贸计划体制改革

改变外贸计划全部由外贸专业总公司承担的管理制度。随着外贸经营权的下放，规定凡经批准经营进出口业务的单位和企业，都要承担国家出口计划任务。自 1984 年起，将部分中心城市的外贸计划在国家计划中实行单列，视同省一级计划单位，享有省级外贸管理权限。

二、外贸承包经营责任制改革

1984—1991 年，中国先后推行了两轮对外贸易承包经营责任制。地方政府、外贸专业总公司和工贸总公司向中央承包出口收汇，上交外汇和经济效益指标，承包单位自负盈亏，出口收汇实行差别留成。1990 年 12 月 9 日起，对外贸企业出口实行没有财政补贴的自负盈亏，并完全承担对外经营责任。

为了配合外贸承包经营责任制和外贸企业改革，国家采取了放宽外汇管制、实行出口退税政策、外经贸部下放部分权力等一系列配套改革的措施，增强了运用经济杠杆调节外贸的能力，并为外贸企业利用市场机制、自主经营创造了外部环境。

（一）政企分开

外贸实行政企分开后，外经贸部和省、自治区、直辖市经贸厅（委）专门负责对外贸易的行政管理，外贸企业负责进出口业务，并独立核算、自负盈亏。各级行政部门不干涉外贸企业的经营业务。经过简政放权，进一步扩大了省级外贸自主权。

（二）对国营外贸企业实行第一轮经营承包

1986 年全国出口商品平均换汇成本升至 4.03 元，升幅达到 30%，而当年官方汇率仅为 3.45 元。这使核定出口成本的原则难以继续执行，即便执行也不利于扩大出口，而此时国家急需扩大出口以平衡国际收支，补充外汇储备。因此，自 1987 年起实行出口奖励政策办法，外贸企业每收汇 1 美元给予人民币 2 分和外汇额度 1 美分的奖励。考核指标改为出口收汇、出口换汇成本和利润总额三项，并分别考核奖励。

1987 年，外经贸部对所属外贸专业总公司实行了出口承包经营责任制。各外贸专业总公司向外经贸部承包出口总额、出口商品换汇成本、出口盈亏总额三项指标，实行超亏不补、减亏留用、增盈对半分成，并按三项指标完成情况兑现出口奖励。1987 年 10 月，党的十三次代表大会报告中指出："为了更好地扩大对外贸易，必须按照有利于促进外贸企业自负盈亏、放开经营、工贸结合、推行代理制的方向，坚决地有步骤地改革外贸体制。"[①] 根据中共中央的决定，国务院于 1988 年 2 月发布《关于加快和深化对外贸易体制改革若干问题的规定》，决定全面推行对外贸易承包经营责任制，建立自负盈亏、放开经营、工贸结合和推行代理制的外贸体制。改革的核心是通过建立和完善以汇率、税收等为主要杠杆的经济调节体系，推动外贸企业实现自负盈亏。主要内容包括：（1）国家在对出口的财政补贴加以限制、全面实行出口退税制度的前提下，由各省、自治区、直辖市和计划单列市政府以及全国性外贸（工贸）总公司向国家承包出口收汇，上缴中央外汇和相应的补贴额度，承包基数三年不变。（2）进一步改革外汇体制。取消原有的外汇控制指标，凡地方、部门和企业按规定取得的留成外汇允许自由使用，并开放外汇调剂市场。（3）进一步改革外贸计划体制、财务体制、外贸行政管理体制和进出口商品经营体制，对进出口商品实行分类经营的管理办法。除统一经营、联合经营的 21 种出口商品保留双轨制外，其他出口商品改为单轨制，即由各省、自治区、直辖市和计划单列市直接向中央承担计划，大部分商品均由有进出口经营权的企业按国家有关规定自行进出口。（4）在轻工、工艺、服装三个进出口行业进行外贸企业自负盈亏的改革试点。（5）设立进出口商品行业商会。1988 年先后成立了食品土畜、纺织服装、轻工工艺、五矿化工、机电和医药保健品这六个进出口商会以及若干商品分会。

---

① 《中国共产党第十三次代表大会文件汇编》，人民出版社 1987 年版。

（三）外贸承包经营责任制深化改革

1988 年，中国政府根据发达国家和新兴工业化国家转移劳动密集型产业，以及中国经济发展中农村劳动力转移和重工业发展资金不足等现状，提出了沿海地区加快外向型经济发展战略，旨在进一步参与国际分工和国际交换，大力发展外向型经济。沿海地区外向型经济发展战略要求，中国的对外贸易体制改革应由重点为发展资本密集型产业服务的内向发展战略模式，转变为大力发展劳动密集型产业服务的外向型经济发展战略模式。在"对外贸易体制改革是要实行自负盈亏、放开经营、加强管理、联合对外，以进一步促进对外贸易的发展"改革方案指导下，1988—1990 年，增强企业活力成为对外体制改革的中心环节，改革重点开始向完善企业的经营机制转换。本着所有权与经营权相分离的原则，在外贸企业中实行了以自负盈亏为特征的多种形式的承包经营责任制。对外贸易承包经营责任制全面改革的主要内容如下：

（1）责任经营、盈亏自负。由各地方政府、全国性外贸总公司分别向国家承包出口收汇，上缴中央外汇，盈亏由各承包单位自负，承包基数三年不变。同时，主要选择轻工、工艺、服装三个进出口行业进行外贸企业自负盈亏的改革试点，允许这三个行业的企业出口收汇大部分留归己用，通过灵活运筹的能力实现自负盈亏。

（2）改革进出口经营体制。对少数关系国计民生的大宗的资源性的进出口商品实行指令性计划，由国家指定的外贸总公司及其直属的子公司、分公司统一经营；对国际市场容量有限、有配额限制、竞争激烈的少数重要出口商品实行指导性计划，由拥有这类商品出口经营权的外贸公司经营；其他大部分商品实行市场调节，放开由各类外贸公司经营，这就扩大了指导性计划和市场调节的范围。

（3）改革外汇管理体制。具体内容包括：取消原有的外汇控制指标，凡地方、部门和企业按规定取得的留成外汇，允许自由使用，并开放外汇调剂市场。在全国相继建立一批外汇调剂中心，外贸公司和出口生产企业均可在外汇调剂中心买卖外汇，外汇调剂价格按照外汇供求状况实行有管理的浮动。

（4）消除外贸"大锅饭"，实行出口退税。具体内容包括：实行计划进出口由中央财政统负盈亏，超计划进出口由地方财政自负盈亏，打破了长期以来国家统收统支、统负盈亏的财务"大锅饭"，逐步建立和完善经济调节体制，全面实行出口退税。

（5）外贸行政管理间接化和微观化。具体内容包括：外贸行政管理实行统一管理和分级管理原则。各级外贸主管部门实行政企分开。外贸管理由直接控制为主转向间接控制为主，由微观管理转向宏观调控。综合运用法律手段、经济手段和必要的行政手段，来调节市场关系，引导企业行为。

三、外贸企业经营机制改革

经过十多年的外贸改革，尤其是在对外贸易领域实行承包经营责任制后，中国的对外贸易管理体制发生了较大的变化，但外贸企业并未真正实现自负盈亏，国家依然承担着较大的财政负担。这种情形与国际规范相背离，在与西方市场经济国家进行贸易协议洽谈时，常常因此受到批评甚至指责。同时，由于各地方、各部门的出口补贴承包基数不一，外汇留成比例也不一样，客观上造成了外贸企业之间的不平等竞争。因此，在总结前三年外贸承包经营责任制经验的基础上，从 1991 年起，中国对外贸体制做了进一步的改革和完善，其指导思想是从建立外贸企业自负盈亏机制入手，在外贸领域逐步实行统一政策、平等竞争、自主经营、自负盈亏。

这一轮对外贸易体制改革是一场以自主经营、自负盈亏为目的的全面改革，重点放在微观管理层的变革。它既是建立现代企业制度的客观要求，也是前一阶段简政放权的延续。这次改革所采取的一系列改革措施主要有以下内容：

（1）改革对外贸易财务体制。取消国家财政对出口的补贴，按国际通行的做法由对外贸易企业综合运筹，自主经营、自负盈亏。

（2）进一步改革外汇管理配制。改变按地方实行不同外汇比例留成的做法，实行按不同商品大类统一比例留成制度。

（3）改革出口管理体制。缩减国家管理的商品范围，取消原来实行的出口商品分类经营的规定，除个别重要的出口商品由国家统一联合经营外，其余种类的商品基本上由各类外贸企业在自负盈亏基础上放开经营。

（4）改革进口管理体制。自 1992 年 1 月 1 日起，中国进口税则采用《国际商品税目和编码协调制度》，并降低了 225 个税目商品的进口税率；1992 年 12 月 31 日，中国对关税进行了一次调整，使关税水平总体下降了 7.4%，调整后的平均关税税率为 39.9%；1993 年 12 月，关税再次下调 8.8%；1992 年 4 月 1 日起，全部取消进口调节税；1992 年取消了 16 种商品的许可证管理，提高了进口行政管理的透明度。

（5）深化对外贸易企业经营机制改革。在对外经济贸易部制定的《外经贸企业转换经营机制的实施细则》基础上，明确提出了十大目标，并采取相应的政策措施，推动对外贸易企业经营机制的转换。

四、对外贸易体制市场化改革

随着改革的稳步推进，中国社会对市场经济的认识不断深化和接纳。1992 年春，邓小平同志在南方视察讲话中指出："计划多一点还是市场多一点，不是社会主义与资本主义的本质区别。计划经济不等于社会主义，资本主义也有计划；市场经济不等于资本主义，社会主义也有市场。计划和市场都是手段。"1992 年 6 月 9 日，江泽民同志在中共党校省部级干部进修班上发表讲话，第一次确认了"社会主义市场经济体制"这个提法。随后，中共十四大确立了建立社会主义市场经济体制的改革目标。对外贸易体制改革的目标由此被明确为"深化外贸体制改革，尽快建立适应社会主义市场经济发展的、符合国际贸易规范的新型外贸体制"。为加快外贸经济市场化的进程，与国际贸易规则相适应，1994 年之后中国连续对关税及非关税壁垒措施进行大幅度削减，使价格机制的作用逐步取代了数量限制手段。主要内容包括：（1）连续大幅度降低关税，缩减配额及许可证管理的商品范围；（2）取消外汇管制，实现人民币经常项目下的可兑换；（3）双重汇率并轨，实行有管理的浮动汇率制度，使汇率开始发挥对贸易及国际收支的调节功能；（4）加强对外贸易法制化管理，颁布了《中华人民共和国对外贸易法》及一些相应的实施细则；（5）取消了外贸承包制，按照现代企业制度改组国有外贸企业。总体而言，1994 年以后，中国贸易体制改革日益向市场化管理靠拢。

在中国社会主义市场经济体制的建立过程中，贸易体制的市场化管理是一个渐进的过程，并表现在多个基本的方面：第一，关税和非关税壁垒持续下降。20 世纪

90 年代以来，中国连续多次大幅度地降低关税，许多高额的关税已显著调低。实施非关税措施的商品大幅度缩减，废止了过去相当数量的管制进口品的内部文件，取消了对外贸易方面的国家指令性计划，大大减少了许可证管理的商品范围，简化了申领手续，提高了贸易政策的透明度。1994 年之后的对外贸易体制已经同过去传统的计划经济时期的体制有了实质性的区别。第二，外汇管理走向市场化。外汇是国际市场运转的重要中介，外汇支付与交易的自由度对进出口贸易的开展有着重大的影响。严格的外汇管制是与进口替代的贸易保护体制相适应的手段，为实现国家的工业化目标，政府要扶持新兴产业的发展，由此带来的后果是进口和出口歧视现象时有发生，导致出口创汇能力低下。而新兴产业的发展需要进口先进技求和设备，在外汇供给约束下，政府势必要控制有限的外汇，强化对外汇的行政控制，措施包括外汇流动和使用需要计划审批，汇率的制定脱离市场供求关系等。因此，进一步提出了改革外汇体制计划。市场取向的改革首先形成了双轨外汇管理体制。1994 年 1 月 1 日起实现了汇率并轨并取消了外汇留成，统一了结汇制度，建立起以市场供求关系为基础的有效的单一浮动汇率制度，实现了人民币经常项目下的可兑换。第三，外贸经营主体日趋多元化。市场经济下的对外贸易经营要求是一种完全竞争的经济形态，而过去计划经济体制下，国家仅授权少数专业外贸公司垄断进出口贸易，广大的生产经营企业、科研院所被排除在外，人为地割断生产企业、科研部门与国际市场之间的直接联系，导致了外贸发展与国内经济需求相脱节，出口商品结构落后，国际竞争力弱小。因此，市场取向的改革需要从扩大外贸经营权起步，逐步取消外贸行业的进入壁垒。

20 世纪 90 年代以后，大批外资企业进入中国的外贸领域，逐渐占据了中国内地对外贸易的半壁江山。政府则加快赋予生产企业、科研院所自营进出口权，给予商业流通企业、物资企业及国营企业进出口经营权，并在深圳等经济特区实行对外贸易经营权自动登记制度。这些措施确立了外贸"放开经营、平等竞争"的原则，促使国有专业外贸公司走综合化、实业化的发展道路。这种起步于外贸经营权放开的改革，重塑了中国对外贸易的微观经济基础。

五、对外贸易组织结构与法制建设

中国对外贸易组织结构在 20 世纪 80 年代由行政管理分级制构成，中国外经贸部及其驻各地特派员办事处为一级，各省、自治区、直辖市及计划单列市为一级。中国外经贸部对外贸经营实体的经营管理由直接管理模式转向间接管理模式。

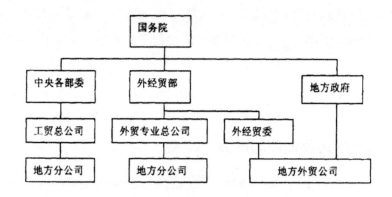

图 2-1　20 世纪 80 年代中国外贸组织结构

20 世纪 90 年代以后，随着市场经济体制的逐步建立，无论是中央还是地方，对外贸的行政管理逐步弱化。特别是政企分开后，各级政府不再承担外贸的微观管理职能，而转向宏观管理。与市场经济相适应的经济手段、法律手段在对外贸易管理中开始替代行政管理发挥主导作用。

出于遵循国际贸易惯例、保护中国在国际贸易中的权益、减少贸易摩擦以及中国申请"复关"和加入 WTO 谈判等多方面的需要，国家于 1992 年 3 月 8 日公布实施《中华人民共和国出口货物原产地规则》。鉴于中国申请"复关"的谈判进入了关键时期，为了进一步规范中国的配额和许可证管理、增强对外贸易管理法规的透明度、规范企业的出口经营、强化对出口商品的管理，1992 年 12 月 29 日，中国公布实施《出口商品管理暂行办法》。随着机电产品在中国进出口商品结构中的比重增大，1993 年 10 月 7 日，中国就机电产品的进出口管理问题专门公布实施《机电产品进口管理暂行办法》。为放松进口配额管理，中国于 1993 年 12 月 29 日公布实施《一般商品进口配额管理暂行办法》。为加强进口贸易经营监管，中国于 1994 年 7 月 19 日公布实施《进口商品经营管理暂行办法》。总之，中国在这一时期内出台了多部外贸法律法规，努力使外贸管理由行政化体系转向市场化模式。

进入 20 世纪 90 年代后，国际贸易格局发生了新的变化，世界贸易组织取代关贸总协定正式运行。中国对外贸易规模持续快速扩大，在中国与美国、欧盟、日本等主要贸易大国关于中国加入世界贸易组织的相关谈判结束之后，为了适应加入世界贸易组织后中国对外贸易发展和海关管理的需要，2000 年 7 月 8 日，中国人大常委会对 1987 年公布实施的《海关法》中的诸多条款进行了大量修订，并于 2001 年 1 月 1 日正式实施。实践表明，修订后的《海关法》不仅符合世界贸易组织关于海关管理的相关规则，同时也为新的对外贸易环境下中国海关管理提供了一个完整的法律框架。

六、对外贸易管理体制国际化改造

中国加入 WTO 后，对外贸易体制改革的重点方向是适应加入 WTO 的需要，加强外贸制度与管理的法律规范，更多以法律法规替代行政管理，使外贸管理与国际接轨。中国于 2001 年 12 月 11 日成为 WTO 成员之后，为履行加入 WTO 的承诺，2004 年 4 月对 1994 年版的《对外贸易法》的相关制度内容进行了修订，增加了中国加入 WTO 所需履行的法律承诺，以及对分享世界贸易组织成员权利的实施机制和程序做出规定，并对加入 WTO 以来发生的变化以及出现的新情况做出了法律约束。除 2004 年《对外贸易法》外，中国还颁布了《货物进出口管理条例》等对外贸易管理方面的其他法规。这些法律规范与《对外贸易法》共同构成了新的对外贸易法律体系，旨在更好地履行加入 WTO 承诺。除国内法之外，中国作为 WTO 成员，还必须履行 WTO 以及中国在加入 WTO 时所做的承诺，这些承诺主要体现在《中国加入世界贸易组织议定书》中，还有中国参加或承认的有关国家贸易的国际公约、条约和国际惯例。譬如，世贸组织规则、联合国《国际货物销售合同公约》等。

（一） 2004 年《对外贸易法》

该法在总则中规定了对外贸易的基本原则：中国实行统一的对外贸易制度，鼓励发展对外贸易,维护公平、自由的对外贸易秩序。中华人民共和国根据平等互利的原则,促进和发展同其他国家和地区的贸易关系,缔结或者参加关税同盟协定、自由贸易区协定等区域经济贸易协定,参加区域经济组织。中华人民共和国在对外贸易方面根据所缔结或者参加的国际条约、协定,给予其他缔约方、参加方最惠国待遇、国民待遇等,或者根据互惠、对等原则给予对方最惠国待遇、国民待遇等。任何国家或者地区在贸易方面对中华人民共和国采取歧视性的禁止、限制或者其他类似措施时,中华人民共和国可以根据实际情况对该国家或者该地区采取相应的措施。

该法规定,对外贸易经营者,是指依法办理工商登记或者其他执业手续,依照本法和其他有关法律、行政法规的规定,从事对外贸易经营活动的法人、其他组织或者个人。同时,国家可以对部分货物的进出口实行国营贸易管理。

对于货物和技术的进出口,该法规定,国家准许货物与技术的自由进出口。但是,国家基于下列原因,可以限制或者禁止有关货物、技术的进口或者出口:为维护国家安全、社会公共利益或者公共道德;为保护人的健康或者安全,保护动物、植物的生命或者健康,保护环境;为实施与黄金或者白银进出口有关的措施;国内供应短缺或者为有效保护可能用竭的自然资源;输往国家或者地区的市场容量有限;出口经营秩序出现严重混乱;为建立或者加快建立国内特定产业;对任何形式的农业、牧业、渔业产品有必要限制进口的;为保障国家国际金融地位和国际收支平衡;等等。同时,该法规定,国家对限制进口或者出口的货物,实行配额、许可证等方式管理;对限制进口或者出口的技术,实行许可证管理。

为了维护对外贸易秩序,该法规定,在对外贸易活动中,不得有下列行为:伪造、变造进出口货物原产地标记,伪造、变造或者买卖进出口货物原产地证书、进出口许可证、进出口配额证明或者其他进出口证明文件;骗取出口退税;走私;逃避法律、行政法规规定的认证、检验、检疫;等等。

为了促进对外贸易,该法规定,国家制定对外贸易发展战略,建立和完善对外贸易促进机制,包括:建立和完善为对外贸易服务的金融机构,设立对外贸易发展基金、风险基金;国家通过进出口信贷、出口信用保险、出口退税及其他促进对外贸易的方式,发展对外贸易;国家建立对外贸易公共信息服务体系,向对外贸易经营者和其他社会公众提供信息服务；国家采取措施鼓励对外贸易经营者开拓国际市场，采取对外投资、对外工程承包和对外劳务合作等多种形式，发展对外贸易。而且，该法也规定，对外贸易经营者可以依法成立和参加有关协会、商会。有关协会、商会应当遵守法律、行政法规，按照章程对其成员提供与对外贸易有关的生产、营销、信息、培训等方面的服务，发挥协调和自律作用，依法提出有关对外贸易救济措施的申请，维护成员和行业的利益，向政府有关部门反映成员有关对外贸易的建议，开展对外贸易促进活动。

（二）商务部组建与改革

中国对外贸易的主管机关在此之前是 1982 年成立的对外经济贸易部（1993 年改称"对外贸易经济合作部"）。根据第十届全国人民代表大会第一次会议批准的国务院机构改革方案和《国务院关于机构设置的通知》（国发〔2003〕8 号），中国新组建了国家商务部。其主要职责如下：

（1）拟订国内外贸易和国际经济合作的发展战略、方针、政策，起草国内外贸易、国际经济合作和外商投资的法律法规，制定实施细则、规章。

（2）研究提出中国经济贸易法规之间及其与国际多边、双边经贸条约、协定之间的衔接意见。拟订国内贸易发展规划，研究提出流通体制改革意见，培育发展城乡市场，推进流通产业结构调整和连锁经营、物流配送、电子商务等现代流通方式。研究拟订规范市场运行、流通秩序和打破市场垄断、地区封锁的政策，建立健全统一、开放、竞争、有序的市场体系。

（3）监测分析市场运行和商品供求状况，组织实施重要消费品市场调控和重要生产资料流通管理。研究制定进出口商品管理办法和进出口商品目录，组织实施进出口配额计划，确定配额、发放许可证。

（4）拟订和执行进出口商品配额招标政策。拟订并执行对外技术贸易、国家进出口管制以及鼓励技术和成套设备出口的政策；推进进出口贸易标准化体系建设。

（5）依法监督技术引进、设备进口、国家限制出口的技术和引进技术的出口与再出口工作，依法颁发与防扩散相关的出口许可证。研究提出并执行多边、双边经贸合作政策。

（6）负责多边、双边经贸对外谈判，协调对外谈判意见，签署有关文件并监督执行。

（7）建立多边、双边政府间经济和贸易联系机制并组织相关工作。

（8）处理国别（地区）经贸关系中的重要事务，管理同未建交国家的经贸活动。

（9）根据授权，代表中国政府处理与世界贸易组织的关系，承担中国在世界贸易组织框架下的多边、双边谈判和贸易政策审议、争端解决、通报咨询等工作。指导中国驻世界贸易组织代表团、常驻联合国及有关国际组织经贸代表机构的工作和中国驻外经济商务机构的有关工作。

（10）联系国际多边经贸组织驻中国机构和外国驻中国官方商务机构。负责组织协调反倾销、反补贴、保障措施及其他与进出口公平贸易相关的工作，建立进出口公平贸易预警机制，组织产业损害调查，等等。

七、维护和促进多边自由贸易体制

加入世界贸易组织以来，中国积极践行自由贸易理念，全面履行加入世界贸易组织承诺，积极改革和创新对外贸易体制机制，为全球贸易发展提供了空间与机遇，对全球贸易繁荣做出了贡献。

2018 年 6 月 28 日，中国国务院新闻办公室发表《中国与世界贸易组织》白皮书。白皮书指出，加入世界贸易组织以来，中国不仅切实履行了加入世界贸易组织承诺，还"自我加压"，贸易机制改革的范围和对外开放程度远远超出了承诺的广度和深度。加入世界贸易组织以来，中国大幅度降低了进口关税。截至 2010 年，中国货物进口降税承诺已全部履行完毕，关税总水平由 2001 年的 15.3% 降到 2010 年的 9.8%，降幅达 36%。在此基础上，中国还主动对外开放，在关税水平上超额兑现了加入世界贸易组织承诺。2015 年中国的贸易加权平均关税降至 4.4%，已十分接近美国 2.4%、欧盟 3% 的进口关税水平。

从服务贸易看，在世界贸易组织的 160 个服务业分部门中，中国已放开 120 个部门，也超出承诺的 100 个领域开放范围。当初未做出承诺的领域，包括研发、采矿、电信、教育、保险、证券、银行、空运等，现在也进行了部分开放。中国在自由贸易试验区内的金融、分销、交通运输等领域的开放程度，均超过加入世界贸易组织的承诺水平。

在知识产权、贸易政策透明度等方面，中国也积极履行义务，已构建起完备的知识产权保护法律体系，并持续加强知识产权保护执法力度。知识产权保护的明显效果体现在中国对外支付知识产权费的金额上：加入世界贸易组织以来，中国对外支付知识产权费年均增长 17%，2017 年达到 286 亿美元。

2008 年金融危机以来，虽然全球经济已经复苏，但经济增长依旧乏力，贸易保护主义、孤立主义、民粹主义等思潮不断抬头，一些发达国家在自由贸易的态度上开始越来越多地转向保守主义，在全球范围形成一股"反全球化""去全球化"的逆流。一些国家打着"维护国内产业利益"和"维护国家安全"的旗号，实行形形色色的贸易保护主义措施。这不仅是对多边自由贸易秩序的挑战，也是对国际贸易公平性的挑战，威胁到世界贸易的健康增长。

自加入世界贸易组织后，中国一直是多边自由贸易的积极倡导者和坚定维护者。为加大对外贸易的开放度和自由度，中国采取了诸多措施，包括：积极与贸易伙伴签订双边自由贸易协定；启动自由贸易试验区建设；推动贸易便利化改革；开启"一带一路"为框架的双边或多边对外经贸合作等。面对少数国家对中国贸易体制和政策的种种质疑，中国政府并没有回以保守或躲避的态度，而是坚定不移地推进对外开放，出台新的扩大对外开放政策。2018 年，国家主席习近平在博鳌亚洲论坛年会开幕式上郑重宣布：中国将主动扩大进口；加快保险行业开放进程，放宽外资金融机构设立限制，放宽汽车行业外资限制；全面落实准入前国民待遇加负面清单管理制度；保护在华外资企业的合法知识产权；降低汽车进口关税等。

第三章　对外贸易政策变革 70 年

七十年来中国的对外贸易政策一直处在变革中，这种变革一方面协同于贸易体制改革，一方面伴随国际经济形势与中国的外交发展而变化。此外，还与中国的经济改革，特别是市场化改革紧密相连。

第一节　国家管制型对外贸易政策建立（1949—1952 年）

新中国成立前夕，在 1949 年 3 月召开的中共七届二中全会上，毛泽东主席指出："人民共和国的国民经济的恢复和发展，没有对外贸易的统制政策是不可能的。对内的节制资本和对外的统制贸易，是这个国家在经济斗争中的两个基本政策。"根据中共中央关于对外统制贸易的决策，1949 年 9 月通过的《中国人民政治协商会议共同纲领》规定："实行对外贸易的管制，并采用保护贸易政策。"

20 世纪 50 年代初期，中国实行多种经济成分并存的经济体制，对外贸易则实行国家管制。世界上几乎所有独立国家都不会全面放松对对外贸易的国家管制，但管制的目的、方式、范围不尽相同。经济发达国家管制对外贸易主要是为了保障其商品在国内外有较强的竞争力，获取高额利润，而包括中国在内的发展中国家实行对外贸易管制主要是为了反对外国资本和经营实体对本国市场的控制，维护本国的经济利益，独立自主地发展国民经济。中国当时的统制贸易政策，还担负着反对投机、反对封锁、保护脆弱的国内市场，按计划发展国民经济的任务。

开始实行的是"进严出宽"的保护贸易政策。1949 年 10 月，政务院财政经济委员会主任陈云强调："进口什么东西，要严加管制；出口的东西要放宽尺度，凡是能够出去的东西，不管鸡毛蒜皮都可以出。这样我们就主动了。"新中国成立初期，中国面临进口需求殷切而出口创汇能力不足的矛盾。为了克服这个矛盾，政府要求对外贸易管理部门和各个国营对外贸易公司都应贯彻执行"发展经济，保障供给"的经贸方针，把恢复和发展出口商品生产作为首要任务，协助重点生产单位解决困难，改进收购方式，便利和支持出口生产。通过增加出口货源、提高产品质量、逐渐改变和优化出口商品结构来增加出口，换取更多外汇，进口国家建设所需的工业设备。

归纳起来，当时中国政府统制对外贸易的目的和方法，主要有以下几方面：

（1）保护和发展国内工业，依此制定税则、税目、税率，实行进出口贸易的许可制度。1949 年 12 月 8 日，政务院通过的《对外贸易管理暂行条例》规定，进出口厂商输入或输出任何货品，均须事先向所在地区的外贸管理局请领进口或出口许可证，经核发后，方得凭证办理其他进出口手续。许可证制度不仅对进出口商品进行分类 (进口货物分为准许进口、特许进口、统购进口、禁止进口四类，出口货物亦分为相应的四类)，而且对进出口商品的数量、价格、贸易方式、贸易期限等进行管制 [1]。这改变了新中国成立前进口非必需品和消费品为主导的贸易状况。1951 年通过的《海关进出口税则》充分体现了《中华人民政治协商会议共同纲领》规定的保护贸易政策，确定了如下征税原则：①对国内能大量生产的工业品及半成品征收高于进口产品与国内同类产品之间的成本差额的关税；②对奢侈品和非必需品征收高于前项产品税率的关税；③对国内不能生产或少量生产的设备、工业原料、粮食、种子、化肥、农药、医药品以及科学图书等征收较低关税或减免关税；④对来自中国订有贸易条约或协定国家的产品征收一般正常税率的关税，否则征收高于一般税率的关税；⑤对政府鼓励出口的半成品及加工原料的出口征收较低的关税或免税。

---

① 武力："论建国初期的'内外交流'政策"，《中共党史研究》，1992 年第 10 期。

（2）统一外汇管理，实行外汇管制制度。规定社会团体、企业和个人的一切外汇收入，都必须按国家规定的汇价售给或直接存入国家指定银行，一切外汇支出或使用（包括自备外汇）都必须经政府主管部门批准，在国家指定银行或交易所内买卖，禁止私相买卖外汇，特别是对外贸易实行结汇制[①]。1950 至 1951 年，中国虽然还没有颁布全国统一的外汇管理办法，但是已从外币市场管理、供汇结汇制度，外汇指定银行和侨批业[②]的管理三个方面，建立起一套新的管理制度。[③]

（3）鼓励出口，减少不符合需求的进口，实行出口管制。新中国成立初期，中国的对外贸易主要由私营进出口商经营。国家为了能够牢牢掌握外汇收入，推行出口管制，即出口商必须向外汇管制机构申报出口商品的价格、金额、结算货币、收汇期限等，所收到的出口外汇必须按官方牌价结售给中国银行或指定银行。出口管制由出口许可证制度与外汇结汇制度来保证实施。出口许可证制度就是出口商准备出口的商品必须经对外贸易管理机关核准，取得出口许可证，凭证出口，而出口许可证必须有银行的签证，否则海关不予放行。出口结汇制度，即是出口商要把出口所得外汇全部卖给中国银行。中国银行由此掌握了外汇的收入[④]。同时，采用各种办法增加出口。"奖出限入"不是单纯的争取贸易顺差，而是争取宝贵的外汇以便大量进口经济建设所需要的物资。

第二节　计划型统管贸易政策调整（1953—1978 年）

一、贸易保护与贸易平衡相统一

国民经济恢复及第一个五年计划时期，中国对外贸易的基本任务是：根据进口需

---

　① 武力："论建国初期的'内外交流'政策"，《中共党史研究》，1992 年第 10 期。
　② 侨批业：亦称"侨批局"，专门经营华侨附有信件汇款业务的私人金融业。一般设立在华侨聚居地。
　③ 董志凯：《跻身国际市场的艰辛起步》，经济管理出版社 993 年版。
　④ 赵学军："国民经济恢复时期的外汇管制"，《中国经济史研究》，2002 年第 2 期。

要、出口扩大和外汇收支平衡的原则，积极地有计划地组织国内外经济交流，扶助国内工业、农业和副业生产的发展，集中力量为中国的社会主义工业化服务。在这一总目标下，适当进口一些为恢复和发展轻工业、交通运输业、农业和满足广大人民生活需要的物资和商品。在此时期中国的对外贸易政策是根据上述任务要求，配合和平共处的外交方针所制定，实行对外贸易管制和保护贸易的政策，防止西方国家的经济垄断和控制。在此时期及其后，中国的对外贸易主要执行这一贸易政策，并依据对外经济形势的变化在具体执行中做出调整。

第一阶段：20 世纪 50 年代。这一时期复杂的国内建设形势及对外关系，导致贸易政策不断调整，但贸易政策大方向未变、贸易地理方向相对单一。从对外关系大格局看，这一时期对外贸易的基本原则与国家处理对外关系和经济发展的基本原则一致。1954 年 6 月，经周恩来总理提议，中国同印度和缅甸共同倡导以和平共处五项原则作为国际关系的准则，即"互相尊重主权和领土完整，互不侵犯，互不干涉内政，平等互利，和平共处"，并于同年 9 月载入中国第一部宪法。平等互利原则，反映了国家间正常发展商品交换和经济技术交流的客观要求，在对外经济关系方面体现了社会主义中国独立自主的和平外交政策，成为中国建立和发展对外贸易关系的基本原则。

从外贸具体政策来看，适当进口、鼓励出口的目标明确。1953 年，中国开始进行工业化建设，为了进口大量生产建设物资，迫切需要扩大出口。为此，中共中央于同年 10 月发出指示，要求"密切内外销结合，扩大内外交流，保证供应工业建设的物资需要"，"凡对国计民生关系重大的商品（如粮食、大豆、植物油等），保证国内供应是需要的，但不能只强调这一方面……还必须想尽一切办法挤出来，以供应出口；凡对国计民生关系较小的商品，应积极组织出口；有些商品（如肉类、花生）更可适当节减国内消费，以满足出口需要。"中共中央上述指示的基本精神，是在保证国内市场基本需要的同时，尽量挤出一些物资和商品来扩大出口，从而兼顾人民生活和国家建设。这些指示在对外贸易工作中得到了认真贯彻和执行，后来形成了处理内销与外销关系的三条原则：一是有关国计民生的重要物资，限量出口；二是国内市场和出口都需要而货源较紧的商品，要积极发展生产，挤一部分出口；三是国内市场可多可少的商品基本供应出口。

到 20 世纪 50 年代中期以后，中国的出口贸易政策为适应经济建设要求进行了一定调整，体现在进出口计划和商品结构调研上。主要表现在：中国出口贸易额在构成上，工矿产品的比重逐渐增多。1952 年工矿产品出口额在全部出口总额中所占比重为17.9%，1957 年提高到 28.4%。为了照顾国内需要，1957 年对粮食、猪肉、食用油等生活消费产品的出口数量进行了调整，其中粮食为 190 万吨，比 1956 年减少 54 万吨；猪肉为 7.7 万吨，比上年减少 8.5 万吨。

1959 年后，外贸工作确立的是实事求是、量力而行的原则。自 1958 年开始，在全国范围开展的"大跃进"及由此带来的高指标和浮夸风迅速蔓延到对外贸易领域。1958年 2 月，对外贸易部提出了脱离客观实际的"大进大出"口号。在盲目扩大进口的同时，超越国力扩大出口。为了"大进"，不顾出口创汇的可能，不讲求进口货物质量，甚至到国外"扫仓库"，把人家积压的低劣东西也买进来；为了"大出"，签订大量出口合同，却不认真落实货源。在"以收购来促进推销"的口号下盲目收购，甚至出现了"指山买矿、指河买鱼"等浮夸现象。1959 年 4 月 27 日，财政部长李先念指出：大进大出的方针没有考虑对外贸易工作的特点和国外市场容量不能迅速增长的客观情况，同时这个方针也没有考虑到国内出口资源供应的实际可能性,出口合同订得过大往往不能履行。为了坚决纠正对外贸易中的浮夸盲目现象，周恩来总理要求外贸经营管理部门进出口多少必须实事求是、量力而行，计划一经确定之后就要保证五先，即：保证出口商品安排在先、生产在先、原材料和包装物资供应在先、收购在先、安排运输力量在先。

这一时期，从中国对外贸易地理来看，前期单一性比较明显，后期多元化发展趋势明显。20 世纪 50 年代初，西方国家对中国的封锁和禁运，使中国的对外贸易基本上只局限在与苏联、东欧国家合作，采取"一边倒"的外贸政策。这迫使中国与西方国家的政治与外交对立进一步强化，因此在贸易政策上曾一度主张限制与西方国家的经济关系。但抗美援朝战争结束后，联合国中的大多数国家的对华贸易禁运开始松动。1954 年，毛泽东根据国际形势出现的有利变化提出积极改善与西方国家关系，中共领导人更多强调发展与西方国家经济关系的重要性。1954 年日内瓦会议以后，中国同亚、非国家以及西方国家的贸易有了较大的发展。英国于 1957 年 5 月 30 日宣布解除对中国的"禁运",放宽到对苏联和东欧社会主义国家的"禁运"水平。随后,除美国外,法国、联邦德国、意大利、比利时、荷兰、卢森堡、挪威、丹麦、葡萄牙等西方国家和日本也相继放宽了对中国的"禁运"。与此同时,中国利用各种机会和途径,争取和团结其他西方国家工商界人士及开明人士,以民促官,推动了中国同日本、西欧等西方国家的民间贸易以至官方贸易。1957 年中国同亚、非国家和西方国家的贸易总额已经超过了 1950 年的水平。

20 世纪 50 年代中国内地同香港、澳门地区的贸易也得到很大发展。新中国成立后,中国政府一直把开展内地同港澳地区的贸易,作为发展中国对外贸易的一个重要组成部分。1954 年中央对外贸易部召开了第一次扩大对港澳出口工作会议,强调要坚决贯彻执行中共中央关于对港澳地区长期稳定供应的政策,同时积极扩大对港澳出口及经港澳转口东南亚的贸易。经过外贸部门和驻港澳贸易机构的努力,内地对港澳以出口为主的贸易逐年稳步增长。对港澳地区的贸易额,1957 年比 1950 年增长了 22.7%。在这个时期,内地还与港澳贸易商开展部分的转口贸易。

第二阶段:1960—1966 年。由于对外关系环境的突变,中国对外贸易政策的一大改变是大力支持国营贸易公司向西拓展市场。这一时期,在中国和苏联关系破裂、中国对苏联和东欧国家贸易急剧缩减。1965 年,中国对苏联和东欧国家的出口占同年出口总额的比重分别降至 9.9% 和 7.9%,进口占比为 9.2% 和 6.3% [1]。为了经济建设的需要,中国对外贸易的主要对象开始转向西方发达国家和地区。中国对外贸易在西方两个主要市场——日本和西欧,取得了突破性进展。尽管在美国的压力和"禁运"限制下,中国同日本、西欧的贸易步履维艰,但发展速度明显加快,取得了一些积极进展。

二、实施"四三方案"政策

1971 年林彪事件以后,周恩来主持中央工作,积极推行毛泽东提出的打开对外经

---

① 沈觉人等:《当代中国对外贸易》,当代中国出版社 1992 年版,第 5 页。

济工作局面的决策。在 1972 年引进一系列项目工作顺利进行的基础上，1973 年 1 月 5 日，国家计委向国务院提交《关于增加设备进口、扩大经济交流的请示报告》，对前一阶段和今后的对外引进项目做出总结和统一规划。该报告建议，利用西方处于经济危机、引进设备对我有利的时机，在今后三五年内引进 43 亿美元的成套设备。其中包括：13 套大化肥、4 套大化纤、3 套石油化工、10 个烷基苯工厂、43 套综合采煤机组、3 个大电站、武钢 1.7 米轧机及透平压缩机、燃气轮机、工业汽轮机工厂等项目。这个方案被通称为"四三方案"，它是继 50 年代的 156 项引进项目后的第二次大规模引进计划，也是打破"文革"时期经济贸易领域被封锁局面的一个重大步骤[①]。

在此方案基础上，后来又陆续追加了一批项目，计划进口总额达到 51.4 亿美元。1974 年国务院提出，在今后三五年内，从国外进口一批大型化学肥料、化学纤维和连续式钢板轧机等设备。利用这些设备，通过国内自力更生的生产和设备改造，兴建了 26 个大型工业项目，总投资额约 200 亿元。到 1982 年，26 个项目全部投产。其中投资额在 10 亿元以上的有：武钢 1.7 米轧机、北京石油化工总厂、上海石油化工总厂一期工程、辽阳石油化纤厂、黑龙江石油化工总厂等。这些项目取得了较好的经济效益，对中国经济建设起到了重要的促进作用。

"四三方案"的批准实施，带动了对外引进工作的全面开展。1973 年国家计委报告还建议，由国家计委及各部委组成"进口设备领导小组"，"像第一个五年计划期间抓 156 项进口设备那样，扎扎实实地把建设任务抓紧抓好，尽早投产见效"。从 1972 年起，中国的外贸、金融以及与之有关的其他经济领域，出现了新中国成立以来对外引进技术设备、开展经济交流的第二次高潮。

在引进国外先进技术设备方面，除"四三方案"的主要项目外，重要的引进项目还有：从美国引进彩色显像管成套生产技术项目；利用外汇贷款购买新旧船舶，组建远洋船队；购买英国三叉戟飞机，增强民航运输力量等。1972 年 9 月，国家计委成立了进口技术设备领导小组，负责审查进口设备和综合平衡及长期计划衔接工作，还组

---

① 陈东林："七十年代前期的中国第二次对外引进高潮"，《中共党史研究》，1996 年第 3 期。

织有关部委派出多个考察小组，到国外考察检查进口设备。同时，在国内恢复举办先进科技国家的技术贸易展览会，学习吸取国外先进技术。

三、多方拓展对外贸易的途径与措施

（1）海洋运输有了突破性发展。为了适应外贸和远洋运输的需要，中国自 20 世纪 60 年代后期起就利用造船、买船、租船等多种方式，建立了一批远洋船队；同时，建设了一批万吨级船台和船坞，极大地推动了中国造船工业的发展。1968 年 1 月 8 日，中国建成第一艘万吨巨轮"东风号"不久，1969 年 4 月 2 日，第一艘万吨油轮"大庆 27 号"实现下水。1968—1976 年，中国造船技术一举跃上万吨、2 万吨、5 万吨的台阶，造船技术明显提升，从此基本建成了中国船舶工业的使用和建造体系。在 1970 至 1975 年，中国累计建造万吨以上的船舶 86 艘，共 151.6 万吨。通过国内造船和国外购船，到 1975 年，中国远洋船队由 1969 年的 110 万吨发展到 500 万吨；海上货运量由 1969 年 70% 靠租用外轮，发展为 70% 由中国自己的船队承运。

（2）国际货币和金融措施纳入外经贸工作。1973 年，中国人民银行经过多次的调查研究后，积极开展筹措外汇和利用外资工作，筹措到外汇资金 10 亿多元，支持了对外引进的需要。1973—1974 年，中国利用国际货币动荡之机，适时购进 600 吨黄金，增加了中国的黄金储备。在此时期，对外贸易部门和专业公司开始利用西方国家的商品交易所和期货市场，在购买国内需要的物资时，灵活运用期货手段，积极参与国外交易市场活动，避免了风险，保证了外贸的保值增值。

（3）鼓励扩大加工出口。1972 年 9 月，新中国成立以来规模最大的全国工艺美术展览会在北京开幕，历时 4 个多月。为了扩大加工出口，外贸部门利用国际市场上棉布价格较高、棉花价格较低，而国内棉花歉收、加工能力较强的时机，进口了一批棉花，加工成棉布后出口，既解决了国内的棉布紧缺，又赚取了外汇。期间，政府和外贸部门都鼓励在对外贸易经营方面，积极利用国内丰富劳动力，加工成品出口，多为国家创汇。1975 年，邓小平进一步提出了采取补偿贸易的"大政策"。

（4）恢复建设国内出口生产基地。在扩大出口贸易方面，按照周恩来制定的"外贸要立足于国内，要把生产、使用和科研结合起来，推动国内生产的发展"的方针和部署，工艺美术品、农产品等出口生产基地得到了较快的恢复和发展。

粉碎"四人帮"以前，中国对外贸易的发展受到主客观因素的严重影响，几经波折，发展缓慢甚至倒退。主观因素是受到"左"倾错误思想的干扰，在理论认识上存在片面性，没有认识到社会主义国家发展对外贸易的重要意义，也没有认识到对外贸易在国民经济发展中的重要地位，所以反对参与国际分工，认为对外贸易仅仅是调剂余缺的一种手段，把对外贸易置于社会经济发展的辅助地位，从而使中国的对外贸易没有发挥其潜在的作用。客观因素是西方一些国家对中国实行封锁禁运、贸易歧视甚至敌视的政策。在封锁和禁运的情况下，中国取得的经济成就助长了关起门来搞建设的思想，从而把对外贸易置于可有可无的地位。粉碎"四人帮"以后，对外贸易领域在联系实际批判"四人帮"错误的对外贸易政策的基础上，全面恢复和贯彻执行了新中国成立后毛泽东制定的对外贸易方针和政策，积极发展社会主义对外贸易。

四、实施"大项目贸易"政策

粉碎"四人帮"后，为了加快实现四个现代化，在恢复经济的基础上，中央决定引进一些大型项目。与此同时，为了保证进口的顺利进行，必须相应地发展出口，多创外汇，增强中国的对外支付能力。因此，此时期大型设备与技术引进成为对外贸易的一个政策着力点。

五、这一时期贸易政策简要评价

从新中国成立以来一直到 1978 年间，中国实行的是国家管制的（权力高度集中于中央政府）、内向型的贸易保护政策。根据中共中央关于统制对外贸易的决策，1949 年 9 月通过的《中国人民政治协商会议共同纲领》规定：实行对外贸易的管制，并采用保护贸易政策。1958 年，《中共中央关于对外贸易必须统一对外的决定》和《中共中央关于贸易外汇体制的决定》指出：对外贸易统制政策和统一对外的原则，是中国无产阶级专政在对外经济斗争中的体现。中国政府在建立集中统一的对外贸易管理机构体系的基础上，陆续颁布了一系列统制企事业对外贸易的法令和法规，并制定了有关的具体规定和实施办法。

（一）继续坚持国家统制的对外贸易政策，同时发挥地方的积极性

对外贸易统制政策是新中国成立以来一直坚持的重要贸易政策。遵照对外贸易统制政策，对外贸易部门会同其他有关部门，采取商品分类管理、进出口许可证、外贸企业审批、外汇管制、出口限价、保护关税、货运监管、查禁走私、商品检验等行政管理措施，运用信贷、税收等经济手段，逐步加强计划管理，把全国对外贸易经济活动置于国家集中领导、统一管理之下，以统一地进行对外经济活动，维护国家独立自主，促进国民经济的恢复和发展，保证社会主义改造和社会主义建设的顺利进行。粉碎"四人帮"后，在对外贸易方面，除了继续坚持国家统制政策和统一对外原则外，还强调正确处理中央与地方的关系，继续坚持和发扬同地方商量办事的作风。

（二）继续贯彻平等互利、互通有无的基本原则，增进与世界各国经济贸易往来

中国的对外贸易是国民经济的一个组成部分，又是中国对外活动的一个重要方面，这就决定了对外贸易必须服从中国的对外政策。1949 年 9 月通过的《中国人民政治协商会议共同纲领》规定：中华人民共和国可在平等互利的基础上，与各国的政府和人民恢复并发展通商贸易关系。平等互利原则是中国共产党多年来对外关系的经验总结，反映了国际上正常开展商品交换和经济技术交流的客观要求，在对外经济关系方面体现了社会主义中国独立自主的和平外交政策，是中国建立和发展对外贸易关系的基本原则。

中华人民共和国成立以来，一贯坚持按照平等互利原则开展对外贸易往来。中国对外贸易部门把平等互利原则具体贯彻在对外贸易的各个方面和各个环节，坚持国家不分大小、贫富、强弱，在贸易交往中一律平等，双方的权利和义务应体现对等的原则；进出口商品根据双方供应可能，互相适应对方需要，尊重对方的民族爱好和风俗习惯；

按国际市场价格水平公平合理定价，以求互利；严格履行贸易协议和合同，重合同、守信用。平等互利原则的坚决贯彻，鲜明地体现了社会主义中国对外贸易的新风格，是中国贸易政策的一大特点。

（三）坚持独立自主、自力更生的方针，正确处理自力更生与发展对外贸易的关系

独立自主、自力更生是毛泽东一贯倡导的中国革命和建设的根本方针，也是中国对外贸易必须遵循的方针。要实现四个现代化，必须继续贯彻独立自主的方针，就是把立足点放在中国自己力量的基点上。但是，自力更生绝不意味着拒绝国际经济合作和技术交流，排斥外国一切好东西、好经验而闭关自守。因为世界上本来就没有一个国家能够生产自己所需要的一切东西，每个国家都有自己的长处和短处。因此，应该在自力更生的基础上，同世界各国发展通商贸易关系，进行国际交流、互相学习、取长补短、发展生产、繁荣经济。

（四）对外贸易要立足于发展生产、为生产服务

1953 年 10 月，中共中央在批准对外贸易部《关于对外贸易工作基本总结及今后工作指示》时指出，生产是贸易的基础，贸易为生产服务。贸易部门只有真正做到支援生产、组织生产、扩大生产，对外贸易工作才能越做越活，其物质基础才能越来越雄厚，活动的空间也才能越来越广阔。在此时期，为了增加出口，保证进口，中国政府十分强调对外贸易工作要认真贯彻执行"发展经济，保障供给"的方针，立足于生产，大力促进经济的发展。

（五）坚持"统筹兼顾、适当安排"的方针，处理好内外销的关系

外贸和内贸是流通领域紧密相关的两个组成部分，它们之间的关系是既统一又矛盾的辩证关系。为了在人口多、底子薄的情况下，既满足人民基本的生活需要，又保证社会主义建设的顺利进行，中国政府在处理国内市场供应与对外贸易出口的关系上，采取内外销统筹兼顾、适应安排的方针。在此基础上，逐步形成了处理内外销关系的

三条原则：第一，有关国计民生的重要物资，限量出口；第二，国内市场和出口都需要而货源较紧张的商品，要积极发展生产，挤一部分出口；第三，国内市场可多可少的商品，基本上供应出口。在外贸工作中要增强全局观点，了解国民经济的全面情况，搞好各方面的团结和协作，积极做好出口工作，同时关注国内市场，支援国内市场。

第三节 以市场为导向的对外贸易政策变革（1978—2019 年）

粉碎"四人帮"以前，中国对外贸易的发展受到主客观因素的严重影响，几经波折，发展缓慢甚至倒退。主观因素是受到"左"倾错误思想的干扰，在理论认识上存在片面性，没有认识到社会主义国家发展对外贸易的重要意义，也没有认识到对外贸易在国民经济发展中的重要地位，反对参与国际分工，认为对外贸易仅仅是调剂余缺的一种手段，把对外贸易置于社会经济发展的辅助地位，从而使中国的对外贸易没有发挥其潜在的作用。客观因素是西方一些国家对中国实行封锁和禁运、贸易歧视甚至敌视的政策。在封锁和禁运的情况下，中国经济取得的一定成长助长了关起门来搞建设的思想，从而把对外贸易置于可有可无的地位。粉碎"四人帮"以后，对外贸易领域在联系实际批判"四人帮"错误的对外贸易政策的基础上，全面恢复和贯彻执行了新中国成立后毛泽东制定的对外贸易方针和政策，积极发展社会主义对外贸易。

一、管制与鼓励并举的政策

粉碎"四人帮"后，为了加快实现四个现代化，在恢复经济的基础上，中央决定引进一些大型项目。为了保证进口的顺利进行，必须相应地发展出口，多创外汇，增强中国的对外支付能力。这一时期的对外贸易政策的特点：一是继续保持有管制的对外贸易政策，二是积极鼓励进出口贸易。

1978 年 2 月，华国锋同志在第五届全国人民代表大会第一次会议政府工作报告中提出，中国的"对外贸易要有一个大的发展"。1978 年 12 月 4 日《人民日报》头版文章《对外贸易要有个大发展》写道：大力发展对外贸易，灵活运用国际上通常采用的一些做法，利用国外资金，引进先进技术，目的就是为了加快发展中国的经济建设事业。这是当前政治、经济形势发展的需要，是加速实现四个现代化的需要。

为了保证对外贸易有个大发展，中央提出以下要求：第一，一定要思想解放，思路开阔。第二，要在体制上、经营管理上进行改革。外贸体制要在统一政策、统一计划、统一对外的前提下，做到统而不死、活而不乱、工贸结合、产销见面，改变目前层次多、关卡多、扯皮多的状况，使管理体制适应外贸大发展的要求。第三，必须全国动手，全党齐心协力。各有关部门，各省、市、自治区要指定有业务知识的领导同志来专管外贸，做好宣传和动员工作，把外贸任务明确落实到各部门、各地区以至有关的企业。外贸、商业、供销、财政、银行和工业、交通、农林战线各行各业齐心合作，互相支持，共同实现对外贸易的大发展。

二、出口导向贸易政策的形成

改革开放初期，为推动对外贸易的快速发展，中国在对外贸易政策方面有诸多的改革和调整。主要的政策包括：对地方和相应产业的出口产品实行外汇留成；对现行外贸出口商品实行分类经营、税率调整；加强技术和设备的引进工作，成立专业贸易公司；增加口岸和调整口岸分工，逐步改变出口商品结构；扩大生产企业经办外贸的权限，大力组织商品对外销售；对以进养出的物资实行优惠税制，改变出口贸易收汇结算办法和兑换牌价等。

（一）外汇留成

1979 年 8 月 13 日，国务院发布《关于大力发展对外贸易增加外汇收入若干问题的规定》（即"十五条"），决定实行贸易和非贸易外汇留成制度，并制定了《出口商品外汇留成试行办法》。按该规定，外汇由国家集中管理，统一平衡，主要用于国家重点建设。同时，实行外汇留成制度，区别不同情况，适当留给地方、部门和企业一定比例的外汇，以利于调动各方面的积极性，解决发展生产、扩大业务所需要的物资进口。出口商品的外汇留成，在保证国家调拨任务和市场供应的前提下，各部门、各地区供应出口的商品，以上年外贸实际收购为基数，增长部分的收汇，中央部门管理的商品留成 20%，地方管理的商品留成 40%。中央部门管理的商品留成外汇，分给主管部门、地方和企业各三分之一；地方管理商品的留成外汇，也要适当分给地、县和企业一部分。外贸以进养出（包括进料加工）的出口商品，按净创汇额留成 15%；来料加工、装配业务的工缴费收入，留成 30%。旅游收汇一般留成 30%—50%。经过批准，新开辟的游览区，在开创三年内，收汇全部留给地方，用于游览区建设。赡家侨汇留成 30%，用于解决侨眷、归侨的商品供应；建筑侨汇留成 40%，要用于解决侨眷、归侨建房材料。在侨眷集中地区要成立建筑公司，保证房屋建设。港口收汇，包括外轮供应和服务、外轮代理、港口装卸等劳务收入，地方和港口共留成 20%。友谊商店收汇留成 20%。两年来的执行结果是：1979 年全国出口留成 8.54 亿美元，占当年出口收汇的 6.5%；1980 年全国出口留成 10.79 亿美元，占当年出口收汇的 9%。两年出口商品留成外汇共 24 亿美元，加上中央每年拨给省、市、自治区的 5 亿美元外汇和各种非贸易留成外汇等，共 46.25 亿美元；其中，地方分得 36.66 亿美元，中央有关部门分得 9.59 亿美元。

（二）分类经营

1981 年 11 月，中国外贸部拟定了《关于外贸出口商品实行分类经营的规定》，并从 1982 年开始试行。出口商品分为三类经营，第一类：对少数大宗、重要的商品，以及出口有特殊加工、整理、配套、出运要求的商品，由外贸专业进出口总公司（包括工业部门的进出口总公司，下同）统一经营或负责组织联合统一对外成交，由省、市、自治区交货、履约，或由内地省拨交口岸对外交货履约。第二类：对各地、各部门交叉经营的、国外市场竞争比较激烈的，以及国外对中国商品进口有配额、限额限制的出口商品，在外贸专业进出口总公司组织协调下分别由经营出口的省、市、自治区自行对外成交，出口任务归各地，对尚不能自营出口的省、自治区仍维持目前的调拨办法不变。第三类：不属于上述两类的出口商品全部由各省、市、自治区自行经营出口。对暂时不能自营出口的，可委托总公司或口岸分公司代理。

此外，对朝、蒙、古巴、苏联、东欧等国家政府间的协议贸易，由外贸部组织谈判，签订协议，并由外贸专业进出口总公司签订合同或由总公司组织有关分公司、有关企业签订合同，由省、市、自治区和企业交货、结汇，出口任务归省、市、自治区和企业。供应香港、澳门的鲜、活、冷冻商品仍按现行配额管理办法和经营管理体制办理。根据权责利统一的原则，实行经济责任制，改变"吃大锅饭"的财务制度，逐步做到在核定换汇成本的基础上，由各经营地区或单位自负盈亏，在财务体制未下放前仍按目前财务隶属关系办理。外贸部可根据国际市场的变化和国内生产情况的变化，在同各有关方面充分协商的基础上及时调整出口商品经营分类。对矛盾尖锐、协调有困难的商品可实行出口许可证制度。

（三）关税政策

党的十一届三中全会以后，中国经济体制开始全面改革，逐步由计划经济向商品经济、市场经济转变。与之相适应，从 1979 年开始，中国在关税政策上进行了一系列的调整。1982、1984 年，两次对进出口税则进行全面修改，提出了贯彻国家对外开放政策，体现鼓励出口与扩大必需品进口，保护和促进国民经济发展，保证国家关税收入的关税改革方针。

改革开放前中国共进行过 19 次税率的局部调整。总体上看，这 19 次调整的范围很小，税率调整幅度也不大。1979 年 4 月，对外贸易部海关管理局在当年召开的全国海关工作会议上，提出要发挥关税的作用。会议指出："要研究关税和外贸企业利润分开的问题。进出口税则已不能完全适应需要，对明显过高的税率要做局部调整，以利于发展生产。"1979 年底，五届全国人民代表大会第五次会议召开，批准通过了《中国国民经济和社会发展的第六个五年计划》，关税政策改革也列入计划中。该计划指出："要适时调整关税税率，以鼓励和限制某些商品的出口和进口，做到既有利于扩大对外经济技术交流，又能保护和促进国内生产的发展。"

改革开放后的关税调整，充分体现了促进扩大对外经济技术交流的目标，调整范围广，税率开始有所下降。这一时期税率调整的具体情况是：1980 年 9 月 25 日，为了保护国内生产，平衡国内外价格，国家提高了个人自用进口的电视机、收录音机和电子计算器的关税；同年 11 月 1 日，将这三种商品的进口关税税率分别从 60%、60% 和 40% 都提高到 80%。这是中国第 20 次调整税率。1982 年 1 月 1 日，为了适应国民经济调整，扩大对外经济贸易，积极开展加工贸易的方针政策，进行了新中国成立以来和改革开放以来最大范围的税率调整，共调整了 149 个税号的税率，在当时海关税则 939 个税号中占比 16%。这是第 21 次调整税率，同时它也是中国关税政策改革的起点。

此次关税调整的具体情况是：(1) 以低税鼓励国内在相当时期内不能生产或生产不足的短缺原材料进口。有些属于自然性质的原料或原料性产品，如橡胶、木材、木材制品、夹板、生皮、皮革、纸浆、普通印书纸、印报纸、包装纸等，当时国内生产不足，较长时期内需要进口，而当时税率偏高或不合理的，适当降低税率。(2) 调低国内要求大力发展的短线部门的产品的税率（如能源物资、部分化工原料、部分轻纺工业机械设备），对国内有需要，但当时税率偏高、不利于争取进口的商品适当降低税率。(3) 将零部件税率调至比整机低。关税税则调整前，机械设备、仪器、运输工具等的零部件税率，大多与整机相同，有的还高于整机。为了有利于国内机械加工工业的发展，将需要进口的零部件的税率都调整到比整机低。(4) 调高国内能生产的动力机械、农业机械、采矿、石油、冶金工业机械、一般通用机械、机床、电机、汽车、机动船舶、民用电器产品等的税率，以保护国内生产和销售。(5) 有些纺织原材料、普通钢铁材料等，由于科技、生产的发展，出现税率高低不平衡的情况，对此进行了调整。(6) 对某些商品如烟、酒、丝质衣着装饰品等，适当调低税率。

1982 年 6 月，国家决定对 34 种商品开征出口关税。主要是：(1) 盈利特别高且比较稳定的大宗出口商品，在国际市场上出口已占相当比重的商品。(2) 国际市场容量有限，若盲目出口，容易在国外形成削价竞销的商品。(3) 国内紧俏，需要大量进口的商品。(4) 国家控制出口的商品。此次国家决定开征出口关税的主要原因：一是有些商品出口盈利较大。因为当时贸易外汇实行 1 美元换 2.80 元人民币的内部结算价，而国家正式外汇牌价为 1 美元兑换 1.50 元人民币左右，使出口商品盈利大大增加。不少部门和地方争相出口利大商品，影响国家计划的安排和调拨，有的甚至对内抬价争购，对外削价竞销，影响了国内物价稳定，也影响了出口外汇收入。二是控制不正常的进出口贸易。有些商品（如砂糖等），国家大量进口，部分地区却要出口，增加了运输和港口装卸的困难。三是有些商品属于国内重要战略资源，大量出口对中国长期经济发展不利。因此，除了从出口许可制度上加强行政管理以外，对一部分出口利润较大的商品征收一定的出口关税，用经济手段进行调节是十分必要的。[①]

三、经济特区贸易政策

1984 年 2 月，邓小平同志在视察广东、福建后，肯定了建立经济特区的政策，并建议增加对外开放城市。4 月，中共中央、国务院根据邓小平同志的意见召开沿海部分城市座谈会，并于 5 月 4 日发出《沿海部分城市座谈会纪要》的通知，确定进一步开放 14 个沿海港口城市。这 14 个港口城市是大连、秦皇岛、天津、烟台、青岛、连云港、南通、上海、宁波、温州、福州、广州、湛江、北海。这些城市实行对外开放，能发挥优势，更好利用其他国家和地区的资金、技术、知识和市场，推动老企业的更新改造和新产品、新技术的开发创造，增强中国产品在国际市场上的竞争能力，促使这些城市从内向型经济向内外结合型经济转化。加上四大经济特区和海南在内，从南到北形成一条对外开放的前沿阵地；实现从东到西，从沿海到内地的信息、技术、人才、资金的战略转移。

这些沿海港口城市实行对外开放后，在扩大地方权限和给予外商投资者优惠方面，实行下列政策和措施：（1）放宽利用外资建设项目的审批权限。生产性项目，凡属建设和生产条件不需要国家综合平衡、产品不要国家包销、出口不涉及配额、又能自己偿还贷款的项目，均放宽审批权限。（2）积极支持利用外资、引进先进技术改造

---

① 杨圣明：《中国关税制度改革》，中国社会科学出版社 1997 版。

老企业。在关税、进口工商统一税、企业所得税、上缴利润、生产计划等方面实行扶植政策。（3）对中外合资、合作经营及外商独资企业，给予优惠待遇。（4）兴办经济技术开发区。大力引进中国急需的先进技术，集中举办三资企业和中外合作的科研机构。在开发区内，放宽利用外资项目的审批权限，产品出口或内销执行经济特区的政策，税收政策更加优惠。（5）增加外汇使用额度和外汇贷款。

四、鼓励加工贸易政策

1978—1987 是中国加工贸易的起步阶段。1978 年，我国出台了《开展对外加工装配业务试行办法》，先在广东、福建、上海等地试行加工贸易特殊政策，即允许进口加工装配所需的原材料、零部件、设备，且一律免征关税、工税。后来我国陆续出台了《以进养出试行办法》(1979)、《发展对外加工装配和中小型补偿贸易办法》(1979)和《关于加强综合管理促进对外加工装配业务发展的意见》（1987）等鼓励政策。

1988—1994 年进入了积极鼓励加工贸易阶段，国家连续出台多个鼓励加工贸易的政策与法规：1988 年出台了《进料加工进出口货物管理办法》，1989 年发布了《关于加强进料加工复出口管理工作的通知》；1992 年制定了《海关对外商投资企业进出口货物监管和征免税办法》。

1995—2000 年是对加工贸易加强监管的阶段。1995 年制定了《关于对加工贸易进口料件试行银行保证金台账制度暂行管理办法》，1996 年确立了《关于派驻海关监管人员的保税工厂审批原则》，这两项制度旨在整顿加工贸易秩序，改善运行环境。1999 年后陆续出台了《关于进一步完善加工贸易银行保证金台账制度的意见》(1999)、《加工贸易禁止类进口限制类商品目录》(1999)、《海关对出口加工区监管的暂行办法》(2000)、《出口加工区税收管理暂行办法》(2000)。这些制度下的政策逐步完善了加工贸易的管理。

五、"大经贸"政策

1992 年后，中国对外贸易政策主要着力在以下几方面：第一，加速经济市场化步伐，尽快完成外贸企业经营机制特别是国营大中型外贸公司经营机制的转变，在政企分开，企业自主经营、自负盈亏、自我发展的同时，把外贸企业推向市场。第二，保持国民经济的稳定增长，避免经济"过热"和经济增长速度的大起大落，保持进口和出口的同步稳定增长，尽可能保持贸易收支平衡。第三，强化对外经贸活动的宏观调控，改革对外经济合作中存在的"政出多门""上有政策、下有对策""自相恶性竞争"的现象。

在此时期，中国对外贸易政策的一个重点是 1992 年提出来的"大经贸战略"，这一战略影响并决定了中国 90 年代的贸易政策的制定。大经贸战略是以进出口贸易为基础，实现商品、资金、技术、劳务合作与交流的相互渗透和协调发展，外经贸部门与生产企业、科技、金融等部门共同参与的经贸发展战略。大经贸战略的内容主要有"三大"：一是大开放：全方位、多领域、多渠道的开放格局，最大限度参与国际分工。二是大融合：实现商品贸易、利用外资、技术贸易和服务贸易的大融合和协调发展，实现与世界各国双边与多边经贸合作的有机结合。三是大转变：转变外贸的功能，促进中国产业结构的调整与升级，促进技术进步和经济效益的提高，充分发挥外经贸对国民经济的全面导向功能和服务功能。

具体而言，中国这一时期的对外贸易政策主要集中在以下几个方面：

（1）继续坚持对外开放的基本国策。即在平等互利的原则上，进一步扩大对外经济技术交流和合作，在对外贸易、利用外资、引进技术和人才等方面争取更大发展。

（2）努力扩大出口和增加外汇收入。在保证出口贸易持续稳步发展的前提下，把工作重点放在改善出口商品结构和提高出口商品质量上。在扩大商品出口的同时，大力发展劳务输出、对外承包工程、国际运输、国际旅游等服务贸易。

（3）实行有利于扩大出口的政策和措施。利用各种有利条件，建立各种不同类型的工贸、农贸结合的出口商品生产基地。国家在资金、物资和运输安排上，实行支持出口的政策。

（4）合理安排进口和调整进口结构。按照技术进步、增强出口创汇能力和节约使用外汇的原则，合理安排进口，把有限的外汇集中用于引进先进技术和关键设备，进口国家重点生产建设所需的物资。

（5）积极有效地利用外资。积极争取和利用国际金融机构和双边政府贷款，特别是条件比较优惠的贷款。改善投资环境，采取多种方式吸引外国投资。

（6）进一步贯彻沿海地区经济发展战略，积极发展外向型经济。进一步办好经济特区，巩固和发展已开辟的经济技术开发区、沿海开放城市和开放地带，并认真搞好上海浦东新区的开发和开放。

（7）改革外贸和外汇管理机制。改革和完善现行的外贸承包制，实行自主经营、自负盈亏、工贸结合、联合统一对外的外贸经营体制。扩大大型骨干企业的外贸经营自主权。加强出口收汇管理，改革外汇留成和用汇制度，并改进汇率形成机制，健全外汇调剂市场。

六、向市场化转轨的贸易政策

1992 年之前，中国对外贸易政策经历了国家统制下的封闭的贸易保护政策和国家统一领导、有限开放的贸易保护政策两个阶段。1992—2001 年，对外贸易政策的总特点是国家管理下的市场化转轨。这一时期，中国以新一轮改革和开放来推动外贸体制向社会主义市场经济体制和国际贸易规范方向转移。1992 年 1 月，邓小平南方视察讲话开创了改革开放的新篇章。同年 10 月，党的十四大确立了对外开放的目标即"形成多层次、多渠道、全方位开放的格局"，并且明确提出"继续深化外贸体制改革，尽快建立适应社会主义市场经济发展的、符合国际贸易规范的新型外贸体制"。20 世纪 90 年代以来，中国为了加快外贸体制改革，解决外贸工作中出现的重量不重质、低价竞销、不计成本和不讲效益等问题，开始在外经贸全行业落实中央提出的两个根本性转变，即传统的外贸体制转变为符合社会主义市场经济体制和国际惯例的新体制，外贸增长方式从粗放型增长向集约型增长转变。从外贸企业制度改革入手，通过建立产权明晰、自主经营、自负盈亏、科学管理的现代企业制度，来促进经营方式的转变。此外，还提出了"以质取胜""科技兴贸"的战略，努力使中国由贸易大国向贸易强国迈进。总的来看，这一时期是中国力争加入 WTO 的关键时期，也是改革开放取得重大成就，顺利完成向社会主义市场经济体制过渡的重要时期。中国贸易政策也发生了较大变化，主要体现在以下方面：多次大幅度自主降低关税和减少非关税壁垒，实行更加自由而开放的贸易管理体制；建立了一套外贸宏观调控体系，充分利用多种市场化的政策工具对外贸实施管理；实行全方位协调发展的国别地区政策，与世界各国和区域发展经贸关系；通过信贷重点支持提高出口退税率等政策措施，促进机电产品和高科技产品的出口；采用放宽投资领域和控股限制等措施，鼓励外商投资于农业、基础设施和中西部地区；根据世贸组织的根本原则调整贸易政策，使之更加规范、统一和具有公正力。

七、与 WTO 规则相适应的贸易政策调整

加入 WTO 后，中国实行了一系列贸易及与贸易有关的制度和政策改革。根据世贸组织秘书处 2006 年和 2008 年两次对中国贸易政策的审议，中国对外贸易政策进行了重大调整。中国实施的最惠国关税税率从 2001 年的 15.6% 降至 2005 年的 9.7%。2005 年，中国农产品（接世贸组织定义）和非农产品的最惠国平均税率分别为 15.3% 和 8.8%。2005 年，中国的约束税率为 10%。根据《曼谷协定》，中国还将双边贸易优惠的适用扩展至东盟各国、巴基斯坦以及香港和澳门特别行政区等。

中国遵守《加入 WTO 议定书》的承诺，逐步取消了非关税措施。中国保留的进口禁止措施主要存在于健康和安全领域，受国际公约的保护。此外，中国也禁止进口一些单纯的加工产品或二次出口产品，如部分农产品、矿产品、化学肥料以及其他废弃原料。中国利用自动许可和非自动许可程序对一些进口予以规制。其中，非自动许可程序主要针对国际公约明令禁止进口的产品；自动许可程序主要用于监控进口，确保进口产品不引起剧烈波动。2002 年，中国自动许可程序下的关税税目小幅增长，约

占关税税目总数的 16%。进口配额几乎完全取消，除部分农产品和化肥仍然存在关税配额以外。

中国开始简化检验检疫措施、应急措施等。2005 年，32% 的标准设立与国际标准接轨，44% 的标准经过修改与国际接轨，11.6% 的标准被取消。

中国《政府采购法》规定了政府机关、公共和社会机构的采购权。没有赋予国有企业该项权利，目的是为了促成经济和社会的发展。采购的范围涉及国内产品、建筑和服务领域。中国是世贸组织《政府采购协议》的观察员。

中国的出口机制包括出口关税、出口禁止、出口许可和出口配额。包括禁止和许可在内的出口限制的目的是避免国内产品供给不足，或为了保留自然资源和能源为己所用，或削减中国大量的贸易顺差，以避免贸易争端。中国对部分农产品、石油和矿产品设立了全球出口配额；对香港和澳门特别行政区的活牛、活猪、活鸡出口设立了专门配额。根据中国与欧盟和美国签订的谅解备忘录，中国限制纺织品服装出口，但已分别于 2007 年底和 2008 年底取消该限制。此外，中国将大米、玉米、棉花、煤、原油及精炼油、钨矿及钨产品、锑矿和锑产品、银、烟制品纳入国营贸易范畴，以确保上述产品稳定的国内供应。从价税率和出口税率也进行了相应的调整，目的是满足特定产品的国内供应。

中国亦持续利用各种贸易工具，以促进对高科技产业的投资，鼓励创新与保护环境（例如：减少能源的损耗）。该等工具包括租税奖励、直接补贴、价格管制，以及各种形式的"指导"，包括特定部门的工业政策。

中国加强参与多边贸易体系，同时与若干贸易伙伴洽签区域自由贸易协议，并积极参与 WTO 多哈回合谈判。在 2006 年及 2007 年中国有 2 个自由贸易协议 (Free Trade Agreement, FTA) 生效，分别是 2006 年 10 月 1 日生效的中国 – 智利自由贸易区，以及在 2007 年 7 月 1 日生效的中国 – 巴基斯坦自由贸易区。

中国修订了产业发展政策，政府的直接管制还是农业政策的重要内容之一。中国的农业政策规定了一系列限制性措施。20 世纪 70 年代末期的农业改革赋予了农民自主决定产量的灵活性，许多限制措施被放宽，农产品最惠国平均税率从 2001 年的

23.1% 降至 2005 年的 15.3%，谷物、食用油、食糖、矿产品、化学肥料、羊毛和棉花制品的进口配额逐步转向税率配额。但是，中国的国营贸易仍然存在，目的是维持供求和价格的稳定。税制改革则主要针对农村地区不合理的税负。中国通过进口和在全球石油产业的外部投资补充国内石油供应；中国设立全国石油储备，稳定油价，实现供需平衡。石油和电力的价格仍由政府决定，国有企业的供给和国营贸易则从另一方面平衡供需。中国以水电、核电来弥补当前的煤炭发电，以降低能源消耗。中国鼓励对制造业高新技术的投资，并适时运用政府指导和贸易政策。中国主要产业内部快速发展，导致钢铁产业产能过剩，政府希望通过并购、企业重组、关闭一些小企业的方式重新限制产能。尽管制造业最惠国税率低于其他产业（2005 年为 5%），但进出口的限制措施仍继续规制供需。2004 年底，中国取消了对汽车零部件的进口配额，这也是中国在《加入 WTO 议定书》中所做的承诺。中国的最惠国税率从 2001 年的 30.1% 降至 2005 年的 14.8%。纺织服装业更趋自由的规定提高了生产能力，并将提升产品的附加值。以往受出口配额和许可程序约束的丝绸产品数量减少。中国纺织品的关税从 2001 年的 20.7% 降至 2005 年的 10.9%，成衣关税从 2001 年的 24.1% 降至 2005 年的 15.8%。但是，棉花进口仍然处于国营贸易和税率配额的保护之下。电子通信设备是中国出口量最大的领域之一，也在向鼓励国内生产、出口高附加值产品的方向发展。

中国持续采取一些贸易或贸易相关的措施以提高透明度，例如颁布《政府公开讯息条例》，2007 年 9 月成立全国贪污防治局，以及加强相关法令的执行，包括《物权法》《企业所得税法》《反独占法》和《企业破产法》等，均有助于投资环境的改善。

中国努力建立起完备的知识产权保护体系，政府部门针对侵权行为的多次大规模执法行动起到了很好的效果。但仍然存在一些不足，比如通过司法体系判决的案件数量正在上升，但行政处罚的案件数还是居高不下。另外，对侵权案件的惩罚力度还不够，构成刑事案件的"门槛"定得比较高。

八、出口退税政策

1994 年税制改革以来，中国出口退税政策历经了 7 次大幅调整。1995 年和 1996

年进行了第一次大幅出口退税政策调整，由原来的对出口产品实行零税率调整为 3%、6% 和 9% 三档。1998 年为促进出口进行了第二次调整，部分出口产品退税率提高了至 5%、13%、15%、17% 四档。

此后，外贸出口连续三年大幅度、超计划增长带来了财政拖欠退税款的问题。2004 年 1 月 1 日起，国家第三次调整出口退税率为 5%、8%、11%、13% 和 17% 五档。2005 年进行了第四次调整，中国分期分批调低和取消了部分"高耗能、高污染、资源性"产品的出口退税率，同时适当降低了纺织品等容易引起贸易摩擦的产品的出口退税率，提高了重大技术装备、IT 产品、生物医药产品的出口退税率。

2007 年 7 月 1 日执行了第五次调整政策，调整共涉及 2831 项商品，约占海关税则中全部商品总数的 37%。经过这次调整以后，出口退税率变成 5%、9%、11%、13% 和 17% 五档。2008 年 8 月 1 日第六次出口退税政策调整后，部分纺织品、服装的出口退税率由 11% 提高到 13%；部分竹制品的出口退税率提高到 11%。

第七次调整就是 2008 年 11 月 1 日起实施的上调出口退税率政策。此次调整涉及 3486 项商品，约占海关税则中全部商品总数的 25.8%。主要包括两个方面的内容：一是适当提高纺织品、服装、玩具等劳动密集型产品的出口退税率。二是提高抗艾滋病药物等高技术含量、高附加值商品的出口退税率。届时，中国的出口退税率划分为 5%、9%、11%、13%、14% 和 17% 六档。

第八次调整 2009 年 6 月 1 日起执行。电视用发送设备、缝纫机等商品的出口退税率提高到 17%；罐头、果汁、桑丝等农业深加工产品，电动齿轮泵、半挂车等机电产品，光学元件等仪器仪表，胰岛素制剂等药品，以及箱包、鞋帽、伞、毛发制品、玩具、家具等商品的出口退税率提高到 15%；部分塑料、陶瓷、玻璃制品，部分水产品，车削工具等商品的出口退税率提高到 13%；合金钢异性材等钢材、钢铁结构体等钢铁制品，剪刀等商品的出口退税率提高到 9%；玉米淀粉、酒精的出口退税率提高到 5%。

九、支持贸易自由化政策

2018 年 7 月 13 日，世界贸易组织对中国进行第七次贸易政策审议。在审议过程中，世界贸易组织的成员对于中国在过去两年里的经济贸易政策给予了充分的肯定，对中国履行世界贸易组织的各项义务所取得的进展也给予了充分的肯定，特别是高度赞赏了中国改革开放的新举措。他们认为，中国的开放在加入 WTO 后没有止步，对外开放还在继续扩大。这客观反映了 2009 年以来中国制订对外贸易政策的理念与倾向。

2009 年以来，中国积极与贸易伙伴签订双边自由贸易协定。截至 2018 年，中国已签订 15 个自贸区协定，涉及 23 个国家或地区，包括：中国 – 格鲁吉亚、中国 – 韩国、中国 – 冰岛、中国 – 秘鲁、中国 – 新西兰、中国 – 巴基斯坦、中国 – 澳大利亚、中国 – 瑞士、中国 – 哥斯达黎加、中国 – 新加坡、中国 – 智利、中国 – 东盟十国以及中国内地与香港等地区。这些自贸协定在 2009 年以后签订或生效的介绍如下：

新西兰：2008 年 4 月 7 日签订《中国 – 新西兰自由贸易协定》，2016 年 1 月 1 日前取消从中国进口产品的关税，2019 年 1 月 1 日前取消 97.2% 从新西兰进口产品的关税。

秘鲁：2009 年 4 月 28 日签订《中国 – 秘鲁自由贸易协定》，2010 年 3 月 1 日起实施。

东盟：2010 年 1 月 1 日《中国 – 东盟自由贸易协定》全面实施，90% 的商品实现零关税。中国对东盟平均关税从 9.8% 降到 0.1%，东盟六个老成员国对中国的平均关税从 12.8% 降到 0.6%。

哥斯达黎加：2010 年 4 月 8 日，中国与哥斯达黎加签署《中国 – 哥斯达黎加自由贸易协定》，双方将对 90% 以上产品分阶段实行零关税。

冰岛：2013 年 1 月 30 日结束自由贸易协定谈判，《中国 – 冰岛自由贸易协定》于 2014 年 7 月 1 日正式生效。这是中国与欧洲国家签署的第一个自由贸易协定。

瑞士：2014 年 5 月 27 日已结束自由贸易协定谈判，从中国进口的 99.7% 的产品立即执行零关税，从瑞士进口的 84.2% 的产品执行零关税。

澳大利亚：2015 年 6 月 17 日中国与澳大利亚正式签署自由贸易协定，双方各有占出口贸易额 85.4% 的产品将在协定生效时立即实现零关税。

格鲁吉亚：2017 年 5 月 13 日，中国与格鲁吉亚正式签署自由贸易协定。格鲁吉亚对中国 96.5% 的产品立即实施零关税；中国对格鲁吉亚 93.9% 的产品实施零关税。

此外，中国与贸易伙伴正在谈判的自由贸易区协定有《区域全面经济伙伴关系协定》(RCEP)、中国－海合会^①、中日韩、中国－斯里兰卡、中国－马尔代夫、中国－以色列、中国－挪威等。

十、推动对外贸易便利化政策

2017 年 2 月 22 日，WTO《贸易便利化协定》正式生效。数据显示，完整履行《贸易便利化协定》将会使全球贸易成本减少约 14.3%；发展中经济体和最不发达经济体的出口商品数量将分别增加 20% 和 35%；发展中经济体和最不发达经济体的海外市场规模将分别扩大 1/3 和 60%。由此可见，贸易便利化对扩大贸易量、降低贸易成本有重要作用。下面从商品通关、检验检疫、外汇管理和出口退税四个方面阐述近年来中国出台的贸易便利化政策和措施。

（一）商品通关

2018 年 3 月 26 日，中国海关总署会同口岸管理各相关部门出台了《提升中国跨境贸易便利化水平的措施》，共提出 18 条政策措施，内容涉及优化通关流程、简化单证手续、降低口岸收费、建立完善管理机制等。

——在优化通关流程方面，主要采取取消海运提单换单环节、加快实现报检报关"串联"改"并联"、加大担保制度推广力度、深化国际贸易"单一窗口"建设、推进跨部门一次性联合检查 5 项措施。

——在简化单证手续方面，主要采取实现海运集装箱货物设备交接单及港口提箱作业信息电子化流转、推进口岸物流信息电子化、简化自动进口许可证申请办理、完善随附单证无纸化格式标准、应用电子委托代理取代纸质报关报检委托协议书、简化进口免予 CCC 认证证明工作流程、简化出口原产地证办理流程 7 项措施。

——在降低口岸收费方面，主要采取规范和降低口岸检查检验服务性收费、治理

---

① 海湾合作委员会，成员包括沙特、科威特、阿联酋、阿曼、卡塔尔和巴林。

口岸经营服务企业不合理收费、继续开展落实免除查验没有问题外贸企业（失信企业除外）3 项措施。

在建立完善管理机制方面，主要采取建立口岸通关时效评估公开制度、建立口岸收费公示制度、建立口岸通关意见投诉反馈机制 3 项措施。

（二）检验检疫

1. 大幅降低检验费用

2012 年以来，中国对外贸易检验费用累计减免收费约 250 亿元。在建立健全监督机制、畅通社会沟通渠道的同时，检验检疫系统集中开展收费整改，整顿各种违规收费工作，并建立"收费目录清单"，在门户网站、收费场所的显著位置公示。

2. 加快验放速度

2014 年 12 月 26 日，中国国务院印发《落实"三互"推进大通关建设改革方案的通知》。《方案》提出了推进"单一窗口"建设、全面推进"一站式作业"、建立健全信息共享共用机制、整合监管设施资源、推动一体化通关管理、打造更加高效的口岸通关模式、建立口岸安全联合防控机制。

2015 年 4 月 30 日，按照《海关总署质检总局关于印发〈2015 年继续全面推进关检合作"三个一"工作方案〉的通知》，质检总局与海关组织研发的统一版"一次申报"系统在全国上线运行，企业只需一次录入申报数据，即可分别向检验检疫部门和海关发送。

3. 优化服务水平

中国质检总局 2015 年 7 月部署贸易便利化政策措施，通过优化口岸业务流程、改革验放机制、创新监管模式，来降低出境商品口岸查验比例。各项措施施行以来，除法律法规规定以及发生重大质量安全事件等特殊情况外，口岸检验检疫机构对一般出境商品口岸查验率由 5‰降低到 2.5‰，重点查验商品由 5% 降低到 2.5%，加快了进出口货物的流通速度，提升了贸易便利化水平。

（三）外汇管理

2010 年 6 月 29 日，中国外汇管理局下发了《中国外汇管理局关于调整部分资本项目外汇业务审批权限的通知》，并于 2010 年 7 月 1 日起开始实施。《通知》提出了 10 项简化行政审批的具体措施，其中 3 项业务的审批权限由总局下放至分局，4 项业务由分局下放至中心支局 (支局)，还有 2 项业务由外汇局审批变为银行直接办理。

1. 审批权限由总局下放至分局的业务

（1）境内企业境外放款超过规定比例和金额的个案，由所在地外汇管理局分局、外汇管理部 (以下简称"分局") 根据集体审议会议意见办理，相关批复文件应同时抄报总局资本项目管理司。

（2）符合现行法规确定的资本项目管理原则，但相关文件和业务操作规程中无明确规定的个案，由所在地分局根据集体审议会议意见办理，相关批复文件应同时抄报总局资本项目管理司。

（3）境内中资企业短期外债余额指标的核定，由所在地分局根据本年度总局确定的短期外债余额指标核定的原则，在本地区短期外债余额指标内核定。

2. 审批权限由分局下放至中心支局 (支局) 的业务

（1）外国投资者竞标土地使用权的保证类专用外汇账户开立、变更、注销和资金划转的核准。

（2）外国投资者产权交易外汇资金 (包括价款及交易保证金) 托管及结算专用外汇账户开立、变更、注销和资金划转、结汇的核准。

（3）境内企业境外放款资金付汇及资金汇回入账核准。

（4）境内个人参与境外上市公司员工持股或认股期权计划资金调回及结汇的核准。

3. 外汇指定银行可直接办理的业务

（1）外资参股非银行金融机构 (不含保险公司，下同) 外方利润购付汇的核准，由外汇指定银行办理。外资参股非银行金融机构应在汇出利润之日起 5 个工作日内，持银行购付汇单据到国家外汇管理局各分支局备案。

（2）境外上市外资股公司从境内支付境外上市费用汇出的核准，由外汇指定银行办理。境外上市外资股公司应在汇出上述费用之日起 5 个工作日内将有关数据报备所在地分支局。

（四）出口退税

2015年8月21日，中国税务总局发出通知，从四个方面提出16项具体措施，进一步提高出口退税效率，推动对外贸易便利化。通知要求，各级税务部门要认真落实《全国税务机关出口退（免）税管理工作规范（1.0版）》和《出口退（免）税企业分类管理办法》要求，严格按照规定时限审核审批出口退（免）税和开展函调工作，所有的发函、复函及结果处理，必须通过出口货物税收函调系统网上处理，不允许网下运行。要积极开展财税库银横向联网电子退库、更正、免抵调业务推广上线工作，提高退库效率，缩短税款退付在途时间。出现出口退税计划不足时，要及时向上级税务机关反映，申请追加计划，不得以计划不足等原因拖延办理出口退税。

通知特别提出，要积极落实跨境电子商务企业税收政策，探索创新出口退税管理机制，为跨境电子商务贸易发展创造良好条件。落实好企业申报出口退（免）税时免于提供纸质出口货物报关单、逾期未申报的出口退（免）税可延期申报等便民措施，进一步减轻企业办税负担，提高退税效率。

十一、自由贸易试验区与自由贸易港建设政策

（一）设立自由贸易试验区

2013年7月3日，国务院常务会议通过《中国（上海）自由贸易试验区总体方案》，强调建设自由贸易试验区是顺应全球经贸发展新趋势，更加积极主动对外开放的重大举措，有利于培育中国面向全球的竞争新优势，构建与各国合作发展的新平台，拓展经济增长的新空间，打造中国经济"升级版"。自2013年设立上海自由贸易试验区至2018年，中国已设立了12个自由贸易试验区。

中国政府对各个自由贸易试验区的总的改革要求是"继续积极大胆闯、大胆试、自主革"，"探索不停步、深耕试验区"。具体要求则根据各个自由贸易试验区的改革要求来定位，共同性的政策改革要求包括：深化完善以负面清单管理为核心的投资

管理制度；贸易便利化为重点的贸易流程改造与高效率的监管制度；以资本项目可兑换和金融服务业开放为目标的金融创新制度；以政府职能转变为核心的事中事后监管制度；形成与国际投资、国际贸易通行规则相衔接的创新制度等。各个自由贸易试验区的改革成果，满足现行对外贸易政策规定的，均可被复制和推广。

（二）建设自由贸易港

2018 年 4 月 13 日，中国国家主席习近平在庆祝海南建省办经济特区 30 周年大会上郑重宣布，中国决定支持海南全岛建设自由贸易试验区，支持海南逐步探索、稳步推进中国特色自由贸易港建设，分步骤、分阶段建立自由贸易港政策和制度体系。

海南自由贸易港总体建设方案目前还在规划中，按中央政府的布置，海南自由贸易港要努力建设成为中国新时代全面深化改革开放的新标杆，打造成为中国全面深化改革开放试验区、国家生态文明试验区、国际旅游消费中心、国家重大战略服务保障区。海南将在城乡融合发展、人才、财税金融、收入分配、国有企业等方面加快机制体制改革；设立国际能源、航运、大宗商品、产权、股权、碳排放权等交易场所；积极发展新一代信息技术产业和数字经济，推动互联网、物联网、大数据、卫星导航、人工智能等同实体经济深度融合。

十二、中美贸易争端背景下中国对外贸易政策改革取向

中美贸易争端的起点是从 2018 年 3 月 22 日，特朗普政府宣布"因知识产权侵权问题对中国商品征收 500 亿美元关税，并实施投资限制"开始。美国受到中国的反制后，双方进入贸易谈判阶段。但是，经过 11 轮的贸易谈判，中美双方依然没有达成解决贸易纷争的协议。2019 年 5 月 10 日起，特朗普政府又宣布正式对中国出口美国的 2000 亿美元的商品征收 25% 的关税，并威胁将把剩余的 3000 亿美元的输美商品的进口关税税率从 10% 提升到 25%。两国首脑于 2019 年 6 月 29 日在 G20 大阪峰会上达成了"双方暂停加征关税，重启贸易谈判"的协议。

从 2018 年 3 月至 2019 年 6 月，在中美贸易争端的一年多时间里，中国对外贸易

的政策在改革上并没有走向退却和保守，也没有对美国或其他国家故意筑起高高的贸易保护墙。除了被动式反制美方升级贸易摩擦外，中国并没有采取极端化的贸易保护措施或抵制措施，反而采取了举办"中国国际进口博览会"① 等扩大开放和扩大进口的政策措施。中国政府的立场充分体现在 2019 年 6 月 2 日发表的《关于中美经贸磋商的中方立场》白皮书中。白皮书清楚阐明：中国希望与美国达成一个平等、公平、合理，不破坏双方发展核心利益的贸易协议。中国的主权和尊严必须得到尊重，不接受协议单方面向美方倾斜，也不接受继续保留贸易摩擦后的关税税率水平，即必须全部取消贸易摩擦后增收的关税。

　　白皮书同时表明，不管中美贸易谈判结果如何，中国将继续走深化改革开放的道路，中国的大门不会关上，只会越开越大。正如中国国家主席习近平在第二届"一带一路"国际合作高峰论坛开幕式主旨演讲中所宣布的："中国将采取一系列重大改革开放举措，加强制度性、结构性安排，促进更高水平对外开放，包括更广领域扩大外资市场准入、更大力度加强知识产权保护国际合作、更大规模增加商品和服务进口、更加有效实施国际宏观经济政策协调、更加重视对外开放政策贯彻落实。一个更加开放的中国，将同世界形成更加良性的互动，带来更加进步和繁荣的中国和世界。"

---

① 　中国首届国际进口博览会于 2018 年 11 月 5 日至 10 日在国家会展中心（上海）举办。

第四章 对外贸易发展与结构变迁 70 年

共和国对外贸易经过七十年发展，经历了幼稚产业保护、一边倒贸易模式、向西贸易拓展、计划型贸易转型和市场化贸易发展等阶段，后来居上，成长为世界贸易大国和强国。伴随着贸易规模的扩大，中国的对外贸易结构和方式也发生了明显的变化。

第一节 对外贸易自立与起步发展（1949—1952 年）

一、对外贸易发展

在国民经济恢复时期，中国通过贯彻"城乡互助、内外交流"的方针政策，国内经济包括外贸商品生产以及对外贸易联系基本恢复，独立自主的对外贸易体系初步建立。通过坚持在平等互利原则的基础上与一切国家开展贸易，通过一系列反对封锁和禁运的对策和措施，这一时期的对外贸易得到恢复和发展，贸易额有所增加，摆脱了旧中国对外贸易半殖民化的依附性。

新中国建立初期，因为大规模经济建设并未展开以及西方国家对中国的经济封锁与贸易禁运，中国贸易占世界贸易的比重稍有增加，但变化不大。从 1950 至 1952 年，世界贸易总额分别为 1260 亿美元、1720 亿美元、1700 亿美元，中国贸易总额分别为 11.3 亿美元、19.6 亿美元、19.4 亿美元，中国贸易占世界贸易的比重分别为 0.9%、1.14%、1.14%（见表 4-1）。

表 4-1 1950—1952 年中国与世界贸易额及中国所占比重

单位：亿美元，%

年份	世界贸易额	中国贸易额	中国占比
1950	1260	11.3	0.9
1951	1720	19.6	1.14
1952	1700	19.4	1.14

资料来源：世界贸易组织（WTO）数据，国研网整理。

表 4-2　1950—1952 年中国 GDP 及贸易依存度

单位：亿美元，%

年份	GDP	进出口	依存度	出口	依存度	进口	依存度
1950	173	11.3	6.53	5.5	3.18	5.8	3.35
1951	202	19.6	9.7	7.6	3.76	12	5.94
1952	239	19.4	8.1	8.2	3.43	11.2	4.69

资料来源：中国 GDP 数据来自《中国对外经济贸易年鉴（1984）》，中国对外经济贸易出版社 1984 年版；中国贸易额、世界贸易额数据来自世界贸易组织（WTO）数据，国研网整理。

1950—1952 年，中国 GDP 分别为 173 亿、202 亿、239 亿美元，进出口总额分别为 11.3 亿、19.6 亿、19.4 亿美元，贸易依存度分别为 6.53%、9.7%、8.1%，处于较低的水平。同期，中国出口额分别为 5.5 亿、7.6 亿、8.2 亿美元、出口依存度分别为 3.18%、3.76%、3.43%；进口额分别为 5.8 亿、12 亿、11.2 亿美元、进口依存度分别为 3.35%、5.94%、4.69%（见表 4-2）。这一时期，中国出口依存度始终低于进口依存度，尤其在 1951 年，两者差值为 2.18%。这说明建国伊始，相对于出口而言，进口对国民经济的增长起了更大的作用。

表 4-3 1950—1952 年中国贸易增长率、世界贸易增长率

年份	进出口增长率		中国出口增长率	中国进口增长率
	世界	中国		
1950	2.44%	—	—	—
1951	36.51%	73.45%	38.18%	106.90%
1952	−1.16%	−1.02%	7.89%	−6.67%

资料来源：中国贸易额、世界贸易额来自世界贸易组织（WTO）数据，国研网整理。

从 1951 至 1952 年，中国贸易增长率高于世界贸易增长率，两者之差分别为

36.94%、0.14%。1952 年，中国与世界贸易总额均有下降，但中国贸易总额的下降速度弱于世界贸易额下降水平。值得注意的是该年中国出口仍然是增长的，增长率达到了 7.89%，而同期世界贸易下降了 2.38%（见表 4-3）。

二、对外贸易结构

新中国成立前，中国的对外贸易掌握在洋行洋商手中，出口产品基本为迎合西方国家的需要，如丝、茶、皮毛、油脂、棉花、草帽辫等；进口商品一方面为满足于国内市场需求，另一方面为迎合西方国家商品输出的要求，大多是日用消费品和奢侈品，如棉布、糖、酒、烟、煤油、纸张、木材、呢绒、化妆品等。新中国对外贸易的一个根本转变，是独立自主，改变了贸易需求、贸易结构，以满足本国生产和消费的需要。

新中国成立后，外贸部门有计划地组织进出口，大力推销农副产品及国内滞销产品，大量进口国内急需的生产资料、工业原料及部分生活必需品。经济恢复时期，中国进口商品主要是机床、工程机械、五金材料、工具、金属器材、橡胶、棉花、化肥、化工原料、船舶、汽车及零件、农用机械、运输工具、器材仪器、燃料、农药、西药及医疗器械等；出口商品主要是农副产品及其加工品，以及国内生产有余的物品，如大豆、大米、食用油、桐油、煤、矿产品、猪鬃、肠衣、皮毛、羊绒、蛋品、丝绸、茶叶、手工艺品、盐、蛋、肉等。

表 4-4 1950—1952 年中国进口商品构成

单位：亿美元，%

年份	进口总额	I		II		III		IV		V	
		进口	比重	进口	比重	进口	比重	进口	比重	进口	比重
1950	5.83	0	0.1	0.68	11.6	0.8	13.8	1.4	24.1	0	
1951	11.98	1.33	11.1	1.72	14.4	1.82	15.2	2.28	19.1	0	
1952	11.18	2.94	26.3	1.55	13.9	1.15	10.3	1.03	9.2	0	

年份	进口总额	VI		VII		II		IX		X	
		进口	比重	进口	比重	进口	比重	进口	比重	进口	比重
1950	5.83	0		0		0		0		2.94	50.4
1951	11.98	0		0		0		0		4.83	40.2
1952	11.18	0		0		0		0		4.51	40.3

注：I：成套设备和技术　II：机械仪器　III：五金矿产　IV：化工　V：轻工　VI：工艺
VII：纺织品　VIII：粮油食品　IX：土产畜产　X：其他

资料来源：沈觉人等：《当代中国对外贸易》，当代中国出版社 1992 年版。

这一时期的中国进口产品中，化工产品在 1950、1951 两年中位居进口第一位，成套设备和技术在 1953 年位居进口第一位。同期，中国对国内紧缺的五金矿产的进口始终位居第二位，一直高达 10% 以上（见表 4—4）。

新中国成立初期，中国急需恢复和发展工业生产，而中国工业基础薄弱，因而进口了大量的各类机器，同时也进口了一些国内供给不足的钢铁和有色金属。从 1950 年至 1952 年的三年内，中国进口的大宗物资主要包括：汽车 11057 辆、起重机 2525 台、拖拉机 394 台、机床 10577 台、飞机 10 架、船舶 5 艘、钢材 149.83 万吨、铁道器材 18.97 万吨、有色金属 10.69 万吨。

这一时期，由于中国工业落后，加工能力很差，因此出口商品大多是以原材料为主的初级产品。中国出口商品中：粮油食品一直位居出口比重的第一位，占历年出口比重的一半左右；土产畜产一直位居出口比重的第二位；五金矿产有两年位居出口比重的第三位；至于机械产品的出口额则相当小。这由当时中国以农业、矿业为主的经济结构所决定。

表 4-5 1950—1952 年中国出口商品构成

单位：亿美元，%

年份	出口总额	I		II		III		IV		V	
		出口	比重	出口	比重	出口	比重	出口	比重	出口	比重
1950	5.52	2.79	50.4	0.33	5.9	1.81	32.8	0		0.06	1
1951	7.57	3.28	43.4	0.45	6	1.79	23.6	0		0.04	0.5
1952	8.23	3.89	47.3	0.54	6.5	2.13	25.8	0		0.02	0.3

年份	出口总额	VI		VII		VIII		IX		X
		出口	比重	出口	比重	出口	比重	出口	比重	
1950	5.83	0.44	8	0.1	1.8	0.01	0.1	0	0	
1951	11.98	0.88	11.7	1.03	13.6	0.08	1	0.02	0.2	
1952	11.18	1.12	13.6	0.26	3.2	0.25	3	0.02	0.3	

注：I：粮油食品 II：纺织品 III：土产畜产 IV：工艺 V：轻工 VI：五金矿产 VII：化工 VIII：机械 IX：其他

资料来源：沈觉人等：《当代中国对外贸易》，当代中国出版社 1992 年版。

1950 年，中国出口总额为 5.52 亿美元，粮油食品、土产畜产、五金矿产是当年出口额的前三位，分别为 2.79 亿、1.81 亿、0.44 亿美元，各占当年出口的 50.4%、32.8%、8%。1952 年，中国出口总额为 8.23 亿美元，粮油食品、纺织品、土产畜产是当年出口的前三位，其出口额分别为 3.89 亿、0.54 亿、2.13 亿美元，各占当年出口的 47.3%、6.5%、25.8%（见表 4-5）。

三、对外贸易方式

1951 年 1 月，中国召开对外贸易管理会议，确立了以 "先进后出" 的易货贸易方式为主、结汇贸易等多种贸易方式并存的贸易政策框架。随着形势的变化，针对不同国家，不同经营成分，政府提倡采用灵活多变的贸易方式。

（一）易货贸易

这一时期中国的易货贸易的方式有四种：(1) 直接易货。进出口商根据先进后出的原则，确定每次进出口货物的品种、数量和估价，按期办理货物进出口。(2) 记账易货。货物先进口，后于一定期限内办理进口手续。(3) 联销易货。货物先出口，后于一定期限内办理出口手续。(4) 对开信用证易货。中国进出口商同时确定进出口货物的品种、数量、估价及期限，与国外贸易商互开有关联的信用证，按期办理货物进出口。

在对西方国家的贸易中，中国实际采用的易货贸易方式主要是记账易货和联销易货，直接易货比重很小。在经营成分上，私营贸易商大于国营贸易商。例如 1951 年对西方国家的易货贸易中，私营易货进口占比 37%，出口占比 32%；国营易货出口占比 24.5%，进口仅占比 3.3%。而在对苏联及东欧国家的贸易中，95.67% 为易货贸易，而且大部分为直接易货贸易。

在 1949 至 1952 年短短三年多时间里，中国的主要贸易方式曾由于形势的变化而反复更替，经历了易货→结汇→易货→多种方式并用等转换过程。转换的基本原因是为了应对不同的贸易形势，减少损失、扩大贸易。其中以易货为主的贸易方式除对苏联及东欧国家长期采用以外，对西方国家采用的时间主要集中在 1951 年上半年，即"封锁"和"禁运"最严厉的时期。为了克服易货困难，贸易管理部门和人民银行都采取了多种措施应对。当外围环境一宽松，结汇贸易和记账易货的比重就迅速增加，尽可能减少易货方式给贸易带来的诸多不便和困难。

（二）对香港、澳门的直接贸易和转口贸易

中国内地同港澳地区之间的经济贸易关系不仅有历史渊源，而且具有互相补充、互相支持和互相依附的性质。20 世纪 50 年代，中国政府即把开展内地同港澳地区的贸易，作为发展中国对外贸易的一个重要窗口。

1950 年，美国为首的西方国家对中国实施"禁运"和"封锁"之后，为了输入中国建设的急需物资，中国充分利用香港的转口贸易开展对外贸易，从西方各国购进了一批有利于建设的物资，在一定程度上缓解了对中国的封锁。1951 年，在香港逐渐加紧实施"禁运"的形势下，中国努力通过澳门突破"封锁"，对澳门的贸易额一度显著增加。1951 年 1 月对澳门的贸易总额为 886 万元，从 2 月到 6 月，每月贸易额在 350 万到 800 万元之间。6 月 25 日香港实施新管制法令以后，对澳门的贸易总额从 7 月起即陡增至 1255 万元，9 月达到 2230 万元。除去以往经常从澳门输入的石油和润滑油外，新增加的进口货物有钢铁材料、汽车轮胎、药品、硫酸铵、汽车零件、橡胶、棉布、机器等。

新中国成立初期，中国内地对港澳出口每年基本上维持 1 亿多美元的水平。出口商品以副食品和土特产品为主。当时港澳地区的进口是以供居民消费的农副产品和转口商品为主。中国出口商品在供应港澳本地市场为主的基础上，也利用港澳市场的有利条件，将一些出口农副产品转销到一些尚未同中国建立外交关系和直接有贸易往来的国家，以扩大对外经济贸易联系，促进双边贸易关系的发展。内地供货在香港转口贸易中一直居第一位。[1]

---

① 吴承明、董志凯：《中华人民共和国经济史》（第一卷），中国财政经济出版社 2001 年版。

第二节 对外贸易在曲折中逐步多元化发展（1953—1978 年）

朝鲜战争结束后，由于美国为首的西方国家继续对新中国实行经济封锁和贸易禁运的歧视政策，使得中国同西方发达国家的对外交往与经济合作受到极大的限制。从 1953 年到 1978 年召开党的十一届三中全会之前的这段时间里，中国的对外经济交流与合作基本上处于半封闭状态。而且"文革"期间，由于林彪集团、"四人帮"的干扰和破坏，十多年来生产停滞不前，中国国民经济面临重重困难，对外贸易受到很大的抑制，经历了停滞下降→较快发展→趋向回落这样极不稳定的曲折过程。①

一、国民经济发展、困难与调整时期（1953—1966 年）

（一）对外贸易发展

1953—1966 年，中国对外贸易总额保持了较快的增长速度，但外贸总体规模依然不大，年均贸易额仅为 106.8 亿元人民币，占世界贸易额的年均比重仅为 1.27%。从贸易平衡表看，从 1956 年开始，中国除 1960 年贸易轻微逆差外一直保持贸易顺差状态。此时期，由于国内经济波动强烈，中国对外贸易波动也很大，总体情况是前期发展良好，中期负增长，后期又恢复快速增长（见表 4-6）。

---

① 沈觉人等：《当代中国对外贸易》，当代中国出版社 1992 年版，第 37 页。

表 4-6 1953—1966 年中国进出口贸易总额

年 份	人民币（亿元）				美元（亿元）			
	进出口总额	出口总额	进口总额	差额	进出口总额	出口总额	进口总额	差额
1953	80.9	34.8	46.1	−11.3	23.7	10.2	13.5	−3.3
1954	84.7	40.0	44.7	−4.7	24.4	11.5	12.9	−1.4
1955	109.8	48.7	61.1	−12.4	31.4	14.1	17.3	−3.2
1956	108.7	55.7	53.0	2.7	32.1	16.5	15.6	0.9
1957	104.5	54.5	50.0	4.5	31.0	16.0	15.0	1.0
1958	128.7	67.0	61.7	5.3	38.7	19.8	18.9	0.9
1959	149.3	78.1	71.2	6.9	43.8	22.6	21.2	1.4
1960	128.4	63.3	65.1	−1.8	38.1	18.6	19.5	−0.9
1961	90.7	47.7	43.0	4.7	29.4	14.9	14.5	0.4
1962	80.9	47.1	33.8	13.3	26.6	14.9	11.7	3.2
1963	85.7	50.0	35.7	14.3	29.2	16.5	12.7	3.8
1964	97.5	55.4	42.1	13.3	34.7	19.2	15.5	3.7
1965	118.4	63.1	55.3	7.8	42.5	22.3	20.2	2.1
1966	127.1	66.0	61.1	4.9	46.2	23.7	22.5	1.2

资料来源：国家统计局国民经济综合统计司编：《新中国五十年统计资料汇编》，

中国统计出版社 1999 年版，第 60 页。

1960 年，随着中苏关系的恶化，中国对苏联和东欧国家的贸易急剧下降，新中国的对外贸易遭遇了第一次较大的挫折。在这一局势下，中国在坚持对港澳地区长期稳定供应和贸易，积极发展同亚非拉民族独立国家开展贸易的同时，积极打开对西方国家的贸易通道。在此时期，中国同日本和西欧的贸易取得了突破性进展。1963 年，中国同日本签订了第一个采用延期付款方式进口维尼纶成套设备合同，打开了西方国家从技术上封锁中国的缺口。1964 年，中国与法国建交，中法两国间贸易迅速发展，带动了西欧国家的对华贸易。为了抵偿从西方国家的进口，中国改进了出口商品的生产工艺，使商品的品质、规格、花色、品种等方面能适应西方国家市场的需要，逐渐在日本、西欧等国家市场上打开了销路。除新增加出口搪瓷制品、球鞋、皮件、闹钟、洗衣粉、人棉纱布、涤纶布、珠宝首饰等外，原本出口的棉纱、棉布、针棉织品、罐头、缝纫机、自行车等的出口数量大幅度增长。重工业产品出口也有所发展，增加了部分化工产品和拖拉机、工具、小五金、煤炭等的出口。至 1965 年，中国与西方国家的贸易总额占中国贸易总额的比重，已经由 1957 年的 17.9% 上升到 52.8%；中国对外贸易总额也迅速回升到 42.45 亿美元，比处于低谷期的 1963 年增长了 59.0%，贸易的地区结构和商品结构也发生了明显的变化。有了出口增长的保障，中国提前还清了对苏联的全部债务。

（二）对外贸易结构

在此时期，中国的出口商品构成发生了显著的变化，由建国初期以出口农副产品为主，转变为以出口工矿产品、农副产品加工品为主。1953 年，中国出口商品中农副产品仍占 55.7%，工矿产品和农副产品加工品占 44.3%。1957 年，中国出口商品中，工矿产品和农副产品加工品占 59.9%，农副产品占 40.1%。至 20 世纪 60 年代中期，农副产品出口总金额虽然保持增长，但在出口值中所占的比重进一步下降。1965 年，中国出口商品中，工矿产品和农副产品加工品占 66.9%，农副产品下降到 33.1%。中国出口商品构成虽然发生了上述明显变化，但在工矿产品的出口中，机械设备和化工产品所占的比重很小，出口的工业制成品中主要是轻纺产品，诸如：棉布、棉织品、棉针织品、服装、绸缎、搪瓷制品、皮件等。出口的矿产品除了石油外，主要是有色金属和燃料，如煤炭、钨砂、锡等。"一五计划"期间，中国的出口商品主要集中在农产品、副食品、日常用品等这些初级产品上，比重超过八成。这表明中国当时的经济结构和生活水平还是比较落后。

整体上看，1965 年之前，初级产品出口所占比重在逐步下降，由 1953 年的 79.4% 下降到 1957 年的 63.6% 和 1965 年的 51.2%；而工业制成品出口的比重逐步上升，同期占比分别为 20.65%、36.4%、48.8%。1965 年以后，工业制成品出口的比重有所下降，但基本稳定（见表 4-7）。

表 4-7 部分年份中国出口商品构成

单位：亿美元，%

年份			1953	1957	1965	1966
出口总额			10.22	15.97	22.28	23.66
初级产品	金额		8.11	10.15	11.41	14.27
	比重		79.4	63.6	51.2	60.3
工业制成品	全部	金额	2.11	5.82	10.87	9.39
		比重	20.6	36.4	48.8	39.7
	重化工业品	金额	0.85	1.61	3.96	2.78
		比重	8.3	10.1	17.8	11.7
	轻纺工业品	金额	1.26	4.21	6.91	6.61
		比重	12.3	26.3	31.0	28.0

注：商品构成按《国际贸易标准分类》划分。

资料来源：《中国对外贸易年鉴（1989）》，中国展望出版社 1989 年版，第 307-308 页。

1961—1965 年，中国对外贸易在进出口商品结构和国别地区方向上进行了大幅度调整，坚持"吃饭第一、建设第二"的方针。为配合国民经济的进一步调整，对外贸易部门积极开拓出口资源，努力扩大工矿产品出口，在主要农副产品出口减少、侨汇收入减少、苏联逼债的情况下，多渠道增加工业加工产品的出口，保持了外汇收支平衡。

新中国成立以来，进口商品一直以生产资料为主。从 1952 年到 1966 年，在冶金、机械、汽车、石油、电力、电讯、化工、矿山、电子和精密机械等方面进口的成套设备和引进的技术，对形成中国工业基础和提高生产能力，起到了重要的促进作用。在此时期，中国还进口了大量的工农业发展所需的生产资料，诸如机械、船舶、钢材、拖拉机、铁砂、铝、铜、橡胶、纸浆、化肥、农药等。

"一五计划"时期，进口什么、进口多少完全由政府根据国内经济建设的需要来决定，贸易企业没有自主权。这一时期，进口仅以调剂余缺为目的。其后，为了满足人们不断增长的物质和文化生活的需要，支援国内市场，生活资料的进口在数量和品种方面都有所增加。1950—1959 年，进口商品中生产资料大约占 91.5%，生活资料约占 8.5%。1960-1969 年，进口商品中生产资料大约占 71.6%，生活资料约占 28.4%。相比之下，建国第二个十年，生活资料的进口有了一定程度的增加，说明政府日益认识到改善群众生活的必要性和重要性。

（三）对外贸易方式

"一五"计划期间，一般贸易是中国对外贸易的主体方式，达到 90% 以上（见表 4-8）。此时，中国刚建国不久，经济基础十分薄弱，除了资源类产品可以出口外，其他的制造品没有剩余出口，也没有出口竞争力。加之与国外的经济合作不多，加工业不发达，结果自然是出口产品集中在农产品、资源类初级产品上。

表 4-8　中国对外贸易方式结构

年份	1953	1954	1955	1956	1957
一般贸易	99.3%	98.5%	98.5%	98.0%	97.3%
其他贸易（包括加工贸易）	0.7%	1.5%	1.5%	2.0%	1.7%

资料来源：张曙霄：《中国对外贸易结构问题研究》，东北师范大学，2002 年增士论文。

1961—1965 年期间，中国开始重视加工贸易，准确说是重视进料加工出口的加工贸易。期间，国家给予加工贸易许多优惠支持政策。1961 年财贸办公室向中共中央报送的《关于 1961 年对外贸易工作安排的意见》中阐述：1961 年的进出口贸易，要贯彻执行中央确定的"吃饭第一，建设第二"的精神。出口方面，考虑农业已连续两年减产，将大幅降低主要农产品的出口数量，大幅增加用进口原料加工出口的商品，即增加"以进养出"的商品。1963 年 1 月 2 日，中共中央批转国务院财贸办公室《关于1963 年财政、信贷、外汇、市场平衡问题的汇报提纲》指出：1963 年要适当扩大对外贸易，以进养出，利用记账外汇余额，再多进口棉花 2 万吨，加工成商品棉，用来出口；或者用这些棉纺织品在国内换购农副产品出口。

二、"文革"十年时期（1966—1976 年）

（一）对外贸易发展

"文革"十年期间，中国对外贸易虽然没有出现明显的滑坡，但与世界其他国家相比，却进入了相对的低潮期。如表 4-9 所示，1966-1976 年，中国对外贸易进出口总额从 46.2 亿美元增加到了 134.3 亿美元，年均增速虽然达到了 11.3%，明显快于此前十年（1956-1965 年）间年均 3.9% 的增速。与此对应的是，1966-1976 年世界商品贸易总额年均增速为 16.9%，中国比世界平均增速慢了 5.6 个百分点，这导致中国在国际贸易中的地位明显下降。1966 年中国贸易进口额、出口额占世界货物进口总额、出口总额的比重分别为 1.14%、1.03%，到 1976 年这两个比重分别下降到了 0.68% 和 0.64%。从国别排序来看，1966 中国贸易进口额、出口额分别位居世界第 20 位和第 16 位，到 1976 年分别下降到第 33 位和第 35 位。

表 4-9 十年"文革"期间中国对外贸易规模及增速

年份	商品进口（亿美元）	同比增速（%）	商品出口（亿美元）	同比增速（%）	外贸总额（亿美元）	同比增速（%）	进出差额（亿美元）	同比增速（%）
1966	22.5	11.4	23.7	6.3	46.2	8.7	1.2	−42.9
1967	20.2	−10.2	21.4	−9.7	41.6	−10.0	1.2	0.0
1968	19.5	−3.5	21	−1.9	40.5	−2.6	1.5	25.0
1969	18.3	−6.2	22	4.8	40.3	−0.5	3.7	146.7
1970	23.3	27.3	22.6	2.7	45.9	13.9	−0.7	−118.9
1971	22	−5.6	26.4	16.8	48.4	5.5	4.4	−728.6
1972	28.6	30.0	34.4	30.3	63.0	30.2	5.8	31.8
1973	51.6	80.4	58.2	69.2	109.8	74.3	6.6	13.8
1974	76.2	47.7	69.5	19.4	145.7	32.7	−6.7	−201.5
1975	74.9	−1.7	72.6	4.5	147.5	1.2	−2.3	−65.7
1976	65.8	−12.2	68.5	−5.7	134.3	−9.0	1.7	−173.9

资料来源：国家统计局编：《中国统计年鉴 1984》，中国统计出版社 1994 年版。

在这十年中，中国对外贸易划分为衰落的五年和振兴的五年两个阶段。在第一个阶段中，中国对外贸易陷入了完全停滞，在"文革"的文攻武卫冲击下，中国进出口贸易总额从 1966 年的 46.2 亿美元下降到 1970 年的 45.9 亿美元，年均下降 −0.2%，其中进口在此期间年均增长 0.9%，出口在此期间年均下降 −1.2%。

1971 年是个重要的转折，在这一年中，中国抓住联合国合法席位得以恢复、布雷顿森林体系崩溃以后国际经济秩序重整、经济全球化和世界经济多极化等有利时机，积极发展对外贸易和对外经济合作，在对外贸易领域掀起了一个迅速发展的小高潮。据统计，1971—1976 年间，中国商品进出口总额、进口额、出口额分别取得了年均 22.6%、24.5% 和 21% 的高增速。其中 1973 年中国对外贸易进出口总额、进口额和出口额同比增速分别实现了 74.3%、80.4% 和 69.2% 的超常规增长。1975—1976 年，中国对外贸易随着政治混乱的加剧再次进入衰退期，进出口贸易总额、进口额和出口额在这两年后分别下降了 7.8%、13.7% 和 1.4%。

（二）对外贸易结构

"文革"时期，中国的进出口商品结构仍然比较落后，出口多以农副产品和纺织业为主，进口则以机械设备、五金矿产为主，属于一个典型的农业国的贸易结构。

如表 4-10 所示，在 1966—1976 年间，粮油食品几乎一直占据了中国第一大类出口产品的地位，纺织品仅居其后，土产畜产则稳居第三位，这三类出口商品合计占中国出口商品的 50% 以上。数据显示，中国在此期间的出口商品结构也出现了一定程度的优化。例如，上述三类商品出口比重在 1966—1969 年间和 1973 年都维持了 70% 以上比重，但在 1974 年后该比重迅速下降，1976 年已经降至 58.4%。在此时期，化工、轻工和工艺类商品出口则呈现明显提高的趋势，其中化工类产品出口比重已经从 1966 年的 3.6% 稳步提高到"文革"末期的 15% 以上。这说明，新中国成立以来为保障国家安全而重点发展的"重化工业化"，在此期间终于显现出作用和优势。

表 4-10 1966—1976 年中国出口商品结构

单位：%

年份	粮油食品	纺织品	土产畜产	工艺	轻工	五金矿产	化工	机械
1966	35.1	21.9	13.5	4.4	6.3	11.5	3.6	3.7
1967	36.9	22.1	13.2	5.0	6.8	9.9	3.6	2.5
1968	34.8	23.1	15.5	6.1	6.8	7.7	3.1	2.9
1969	30.5	23.5	17.1	7.0	7.4	7.8	3.3	3.4
1970	30.7	23.0	16.1	6.5	8.0	8.9	3.5	3.3
1971	29.6	21.4	16.2	6.1	8.0	10.4	4.5	3.8
1972	28.5	24.6	15.2	6.6	7.5	9.0	5.2	3.4
1973	33.6	23.5	13.6	6.4	7.2	7.4	5.3	3.0
1974	32.7	14.7	13.5	5.3	7.4	8.5	12.1	2.8
1975	26.6	19.4	12.5	5.6	7.3	8.4	17.1	3.1
1976	21.5	21.6	15.3	6.7	7.7	8.7	15.9	2.6

资料来源：《中国对外经济贸易年鉴》编纂委员会：《中国对外经济贸易年鉴（1981）》，中国对外经济贸易出版社 1981 年版。

进口方面，如表 4-11 所示，粮油食品、五金矿产、化工、机械类产品一直占据了中国进口商品70%以上的绝大多数比重。工艺、成套设备和技术类产品的进口则不太稳定，1970年后工艺品进口已经降低到零；而成套设备和技术类产品在1970—1971年进口降低到零以后又迅速增加，1976年甚至上升到17.6%的高比重，这反映了1976年开始的盲目引进国外机械设备的"洋跃进"运动对进口贸易的不良影响。

采用联合国SITC产品分类标准，可以看出中国进出口商品结构的优化趋势。1966—1976年，中国初级产品出口比重已经从60.1%降至45.5%，工业制成品出口比重从39.9%升至54.5%；中国初级产品进口比重从29%降至11.8%，工业制成品出口比重则从71%升至88.2%。这"两升两降"正凸显了新中国成立以来中国工业化的成就和国际竞争力的提升。

表4-11 1966—1976年中国进口商品结构

单位：%

年份	成套设备和技术	机械仪器	五金矿场	化工	轻工	工艺	纺织品	粮油食品	土产畜产
1966	4.5	18.8	22.1	16.7	1.7	0.4	6.8	24.9	4.1
1967	5.3	15.8	26.8	18.3	2.4	0.3	7.3	21.1	2.7
1968	4.0	14.9	27.1	22.7	2.2	0.1	5.8	20.8	2.4
1969	0.4	16.0	31.8	26.4	1.4	0.2	6.5	15.5	1.8
1970		17.5	39.9	18.9	1.4		4.8	15.4	2.1
1971		23.0	33.8	18.3	1.8		7.3	13.6	2.2
1972	0.6	20.0	30.7	17.4	2.6		9.0	17.9	1.8
1973	1.4	14.6	32.9	14.2	2.6		11.5	20.9	1.9
1974	4.1	16.9	27.9	13.5	2.6		11.1	21.9	2.0
1975	13.0	19.2	29.2	16.5	2.4		5.9	12.5	1.3
1976	17.1	14.0	31.6	15.0	2.2		8.3	10.0	1.8

资料来源：《中国对外经济贸易年鉴》编纂委员会：《中国对外经济贸易年鉴（1981）》，中国对外经济贸易出版社1981年版。

（三）对外贸易方式

1966—1976年，中国的对外贸易基本是单一的一般贸易模式，加工贸易遭遇较大的挫折。1966年"文革"爆发后，从1961年开始即作为加工贸易政策实施的"以进养出"政策不再实施，"以进养出"业务也被迫停止，这给国家的外汇收入和外贸发展都带来很大损失。1963年和1964年，"以进养出"的出口额均占当年全国出口额的 30%，其中 1963 年上海市"以进养出"的外汇收入甚至占全部外汇收入的 45%。
1967 到 1969 年的三年间，外贸总额连续出现 −10%、−2.6% 和 −0.5% 的负增长，显示
出"以进养出"业务取消的负面后果。直到 1971 年开始，在周恩来总理的指导下才
恢复了"以进养出"业务。这一时期，"以进养出"业务领域除了原有的轻纺工业外，
还扩展到机械工业领域，进口了某些机械主件和零配件加工后出口 [①]。

三、拨乱反正时期（1976—1978 年）

（一）对外贸易发展

粉碎"四人帮"以后，随着中国现代化建设步伐的加快，1976—1978 年成为一个
特殊的历史转折时期，即对外开放的酝酿与起步阶段。中国以前所未有的姿态开展国际
经济活动，对外贸易开始进入了一个新的发展时期。1977—1978 年，中国进出口贸易
额快速增长，尤其是 1978 年，被称作"中国外贸活动的一个活跃的春天"，（如表 4-12
所示）。从统计数据来看，1977 年中国对外贸易扭转了 1976 年负增长的状况，进出口
总额超过了新中国成立以来的最高水平，比 1976 年增长 10.2%。1978 年，通过对发达
国家的实际考察，结合发展经济的客观需要，中国加快了引进先进技术和设备的步伐，
全年进口总额大幅增长 39.4%。这两年的快速增长，带有恢复性质，但是 1978 年的超高
速增长主要是由于进口激增 51%，是不正常的。

表 4-12 1976—1978 年中国进出口状况

单位：亿美元，%

年份	进出口		出口		进口	
	总额	增长率	总额	增长率	总额	增长率
1976	134.33	−8.9	68.55	−5.6	65.78	−12.1
1977	148.04	10.2	75.90	10.7	72.14	9.7
1978	206.38	39.4	97.45	28.4	108.93	51.0

资料来源：《中国对外经济贸易年鉴》编纂委员会：《中国对外经济贸易年鉴（1986）》，中
国对外经济贸易出版社 1986 年版。

剔除国际市场物价上涨和汇率变动因素，1976—1978 年间，中国出口贸易量比

[①] 孙玉琴、孙倩、王辉："我国加工贸易的历史考察"，《国际贸易问题》，2013 年第 4 期。

1970 年分别增长 63%、53.1%、82.2%，而进口贸易量则比 1970 年分别增长 77.1%、93.1%、164.4%（见表 4-13），特别是 1978 年由于急于求成导致盲目引进，进口大增，带来较大贸易逆差，出现所谓的"洋跃进"现象，加剧了国民经济的比例失调。[1]

表 4-13　1976—1978 年中国进出口各项指数

年份	贸易额指数		贸易量指数		价格指数	
	出口	进口	出口	进口	出口	进口
1970	100.0	100.0	100.0	100.0	100.0	100.0
1976	303.3	282.8	163.0	177.1	186.0	159.7
1977	335.8	310.1	153.1	193.1	219.3	160.7
1978	431.2	468.3	182.2	264.4	236.7	177.1

资料来源：联合国贸易与发展委员会《国际贸易和发展统计手册》、联合国《统计月报》。

1976—1978 年期间，中国对外贸易领域出现了前所未有的发展局面，扭转了"文革"时期的下降趋势。但也必须看到，这一时期中国的对外贸易还处于恢复和起步阶段。1976—1978 年，中国出口贸易额占世界出口总额的比重从 1953 年的 1.23% 下降到年均 0.7% 左右，在世界出口贸易中的排名从 1953 年的第 17 位下降到 1978 年的第 32 位，说明过去二十多年中国对外贸易的发展速度明显低于世界贸易的平均发展速度。1978 年中国出口总额 97.5 亿美元，尚不及日本当年汽车一项的出口额 156.3 亿美元。1978 年，世界进出口总额已达 26573 亿美元，而中国进出口总额只有 206.4 亿美元，仅占世界进出口贸易总额的 0.78%。[2]　可以说是个微不足道的水平。

（二）对外贸易结构

出口商品结构反映了一国的经济发展水平和商品在国际市场上的竞争力。中国不同时期的出口商品结构变化基本上反映了不同时期的生产力发展水平和竞争力的变

---

　①由于这一时期的经济快速发展是建立在引进的基础上，人们称之为"洋跃进"或"洋冒进"，其表现是在对外开放方面引进规模庞大、速度太急，超出已有的外汇支付能力和配套能力。到 1978 年底，中国的物资、信贷、财政和外汇支出均出现了较大的不平稳，给经济建设带来新的困难。
　②李康华、王寿椿《中国社会主义初级阶段的对外贸易》，对外贸易教育出版社 1989 年版，第 18 页。

化。新中国成立以来，中国出口商品构成发生了显著变化：农副产品及其加工品出口所占比重，1953 年为 81.6%，1978 年下降为 62.6%，工矿产品出口比重则从 18.4% 上升为 37.4%。1976—1978 年期间中国出口商品的构成按不同分类标准如表 4-14、表 4-15 所示。

表 4-14 1976—1978 年中国出口商品的构成（1）

单位：亿美元，%

年份	出口总额	农副产品		轻工业产品		重工业产品	
		金额	比重	金额	比重	金额	比重
1976	68.55	19.46	28.4	30.45	44.4	18.64	27.2
1977	75.90	20.96	27.6	34.92	46.0	20.02	26.4
1978	97.45	26.91	27.6	45.69	46.9	24.85	25.5

资料来源：《中国对外经济贸易年鉴》编纂委员会：《中国对外经济贸易年鉴（1986）》，中国对外经济贸易出版社 1986 年出版。

表 4-14 是中国出口商品按农副产品、轻工业产品和重工业产品的分类构成。可以看出，这一时期中国出口商品的结构正在逐步发生变化，如轻工业产品的出口比重有所上升，而农副产品和重工业产品的出口比重则略有下降。同时，除了传统轻工业产品外，中国已经能够出口部分化工产品和拖拉机等机械及运输设备，而这些商品以前是进口品。例如，1976—1978 年，中国分别出口药品 4861、4844、7370 万美元，出口机床 4366、4292、4805 台，出口汽车 706、2482、1004 辆。[1] 因此，进口替代战略的实施使中国的出口商品结构有所优化，有利于中国建立比较完整的民族工业体系，提高工业品的国产化程度。但是，由于进口替代战略并不是按照比较优势为原则来发展对外贸易，而且高度集中的计划经济体制使外贸企业普遍缺乏竞争意识和效率观念，因此中国在这个时期的对外贸易没有发挥其优化资源配置的作用，也无法获取国际贸易的各种静态效益。

---

[1] 资料来源：《中国对外经济贸易年鉴》编纂委员会：《中国对外经济贸易年鉴 1986》，中国对外经济贸易出版社 1986 年版。

表 4-15　1976—1978 年中国出口商品的构成（2）

单位：亿美元，%

年份	出口总额	初级产品		工业制成品	
		金额	比重	金额	比重
1976	68. 55	37. 44	54. 6	31. 11	45. 4
1977	75. 90	40. 65	53. 6	35. 25	46. 4
1978	97. 45	52. 16	53. 5	45. 29	46. 5

注：表中初级产品包括食品、饮料及烟草、非食用原料、矿物燃料、动植物油、脂及腊；工业制成品包括重化工业产品和轻纺工业产品，其中重化工业品又包括化学品及有关产品、按原料分类的制成品、机械及运输设备。

资料来源：《中国对外经济贸易年鉴》编纂委员会：《中国对外经济贸易年鉴（1986）》，中国对外经济贸易出版社 1986 年版。

表 4-15 是按《国际贸易标准分类》（即划分为初级产品和工业制成品）的出口商品构成。可以看出，这一时期中国出口商品中初级产品所占比重高于工业制成品，说明中国的经济发展水平相对较低，出口商品还处于比较落后的状态。不过，工业制成品的出口比重呈上升趋势，说明出口商品结构有所改善。出口贸易额的增长和出口商品结构的变化说明中国社会主义建设取得了较大的进步。

进口商品结构不仅能在某种程度上反映一国的工业基础和生产状况，而且能反映该国的市场需求特点和人们的生活水平。新中国成立以来，中国进口贸易迅速增长，进口商品结构不断改善。这与中国不同时期的经济发展、工业化进程、产业结构调整和经济发展战略有着密切的关系。

表 4-16　1976—1978 年中国进口商品的构成

单位：亿美元，%

年份	进口总额	生产资料		生活资料	
		金额	比重	金额	比重
1976	65. 78	57. 11	86. 8	8. 67	13. 2
1977	72. 14	54. 92	76. 1	17. 22	23. 9
1978	108. 93	88. 64	81. 4	20. 29	18. 6

注：表中生产资料包括机械设备和生产原料，其中生产原料又包括工业原料和农业生产物资。

资料来源：《中国对外经济贸易年鉴》编纂委员会：《中国对外经济贸易年鉴（1986）》，中国对外经济贸易出版社 1986 年版。

从 1976—1978 年中国进口商品的构成来看，生产资料的进口占据绝大部分比重（如表 4-16 所示）。这一时期，中国主要进口工业制成品，特别是技术含量高的机械和运输设备等生产资料以及其他重要的物质资料，例如钢材、化工原料、橡胶、机床、拖拉机、挖掘机、汽车、船舶、飞机、化肥、石油等。进口的生产资料以机械设备和工业原料为主，所占比重在 90% 以上，而农业生产用物资所占比重不足 10%。主要原因是，中国经历了"文化大革命"的十年浩劫之后，社会生产受到严重破坏，国民经济各部门之间比例严重失调，生产力发展水平相对落后，人民生活水平较低。因此，中国急需引进各种生产资料，如机械设备和生产原料等，迅速恢复和发展国民经济，建立起相对完整的工业体系，发展社会生产力，加快社会主义现代化建设。

这一时期，进口贸易除了优先进口生产资料外，根据国内需要也进口了相当数量的生活必需品，起到了调剂国内市场供应的作用。如粉碎"四人帮"后，针对"四人帮"破坏生产所造成的市场物资短缺以及为调换品种，有计划地进口了一些粮、糖、棉、油等物资。同时，为满足人民文化生活的需要，在国内生产不足的情况下，还进口了一些电视机、录音机、手表等产品。通过进口一些生活物资，补充了国内市场，改善了人民生活。

（三）对外贸易方式

1. 主要贸易方式

由于不同时期各国经济发展水平不同，对外开放程度不一，以及所处的国际经济背景的差异，国与国之间商品贸易往来方式与途径会有很大差异。中国对外贸易的方式则随着外贸体制和贸易对象的变化而发生变化。20 世纪 50 年代，中国与苏联、东欧等社会主义国家普遍采取记账贸易。1960 年代以后，中国主要贸易对象逐渐转向西方发达国家，现汇贸易方式越来越普遍。1966—1976 年期间，林彪、"四人帮"将中国坚持原则前提下的一些灵活的贸易方式和做法诬蔑为"丧权辱国""屁股坐在外国资本家一边"，对中性包装、接受商标和定牌、来样加工等做法，强行规定一律不准再实施。

粉碎"四人帮"后，通过分清是非，拨乱反正，中国贸易恢复了 1966 年以前采用过的一些做法，如定牌、寄售、展销、中性包装、进料加工、以进养出等，还积极采用了国际贸易中早已通行的来料加工、补偿贸易、延期付款、分期付款等方式，政府间与非政府间的贷款也在积极酝酿。

对外贸易方式一般指一国或地区同别国或地区进行货物交易时所采用的各种具体做法，包括一般贸易、加工贸易、易货贸易、补偿贸易等。[①] 从当时中国出口商品的结构来看，是以资源型商品和劳动密集型商品为主。因此在这一时期，一般贸易是中国出口贸易的主要方式，其他贸易方式所占比重很小。中国对一些缺乏现汇支付能力的发展中国家的贸易，采用了易货贸易的方式。对发展中国家的易货贸易是由双方政府签订贸易协定，规定好双方的贸易额，并附有进出口商品货单，对货单中的主要商品列明数量或金额，由缔约国政府保证实现。易货贸易采用记账结算方式，在缔约国双方国家银行中互设清算账户，对有关贸易条款及其从属费用采用记账冲抵。这一时期中国还积极开展以进养出业务。以进养出的形式有：进料加工，即进口全部原材料或主原材料，加工为成品出口；进口主件或配件，加工为装配产品出口；以国产原材料为主，进口辅助材料，加工为成品出口；进口饲料、肥料、种子、种畜等养殖、种植农副土特畜产品出口；以及用进口商品，调换国内农副土特产品出口。1977 年，以进养出的货源占外贸收购总额的 24.3%。[②] 1978 年十一届三中全会以后，中国大力鼓励发展"两头在外""大进大出"的加工贸易，以充分发挥中国劳动力成本的比较优势。

由于这一时期中国进口贸易的策略是引进先进技术和关键设备，同时进口生产建设所需的短缺物资以及"以进养出"物资和国内市场需要的物资，因此中国进口的商品主要是成套设备和技术、机械仪器、五金矿产、化工、粮油食品等，进口贸易的方式也以一般贸易方式为主。

2. 中国内地对香港的转口贸易

1976—1978 年间，内地与香港的对外贸易占香港对外贸易总额的比重居第二位，

①　这里的对外贸易方式仅指对外货物贸易方式。
②　李康华、王寿椿：《中国社会主义初级阶段的对外贸易》，对外贸易教育出版社 1989 年版，第 73 页。

内地对香港出口居香港进口总额的位次同样是第二位，表示内地是香港最大的商品供应市场之一。

内地与香港贸易和其他国别地区不同的是转口贸易占很大比重，香港在历史上就是内地最重要的转口贸易港。香港地少人多，自然资源贫乏，进料加工和来料加工类工业发达，交通便捷，是世界最大的转口贸易港区。长期以来，内地利用香港转口与尚无外交关系的国家以及中国台湾开展贸易，同时还避开了巴黎统筹委员会的某些贸易禁运限制，采购回中国建设社会主义现代化所需要的紧缺器材和物资。

中华人民共和国成立之初，香港一度是新中国与西方通商的唯一渠道，两地贸易出现过"蜜月期"。粉碎"四人帮"后，内地对香港的转口贸易迅速增长。据香港政府统计，1978 年内地经香港转口商品总额为 36.6 亿港元，比 1970 年增加 5.3 倍，占内地对香港出口额的 34.7%。[①] 中国内地自香港地区的进口历来以转口贸易为主。内地经香港地区转口购进的商品主要是纺织品及其制品和原料、半制成品等大宗商品，主要来源地是日本、中国台湾、美国和联邦德国等。

内地通过香港的转口贸易在香港转口贸易中的地位和作用日益重要。1978 年，内地经香港转口贸易额占香港转口贸易总额的 27.7%。中国内地对香港市场转口贸易的发展，不但促进了香港地区对外贸易的发展和经济繁荣，而且为内地扩大出口和引进技术设备开辟了更多的渠道，发展了同许多国家和地区的贸易联系。1978 年内地实施改革开放政策，两地贸易终于排除了各种干扰，开始了真正的"蜜月期"，出现了高速发展的局面。

第三节 对外贸易快速成长（1978—2019 年）

中国对外贸易真正的发展与壮大是在 1978 年改革开放之后的四十年，被称为中

---

① 　沈觉人等：《当代中国对外贸易》，当代中国出版社 1992 年版，第 473-474 页。

国对外贸易"走向巅峰时期"。期间,中国对外贸易在体制改革、政策放松的大环境下,贸易方式创新得到充分释放,加工贸易兴起并蓬勃发展,贸易结构得到了进一步优化。特别是中国加入 WTO 后,对外贸易进入新的发展阶段,充分展现了成为贸易大国的潜力。

一、经济体制初步改革时期(1978—1984 年)

(一)对外贸易发展

改革开放政策确立以后,中国在努力拓展外交关系的同时积极拓展对外贸易。中央政府部门对外贸管理体制进行了初步改革,外贸部门和外贸公司有了更多的自主权,开始积极扩大进出口贸易。在宽松政策的激励下,中国的进出口贸易迅速有了起色,取得了明显增长。这一时期,整个外贸发展的步伐越走越快,对外贸易总额占世界贸易的比重不断增加(见表 4-17)。

表 4-17 1979—1984 年中国与世界进出口总额及相应比重

单位:亿美元 ,%

1979	33530	293.3	0.87
1980	41090	381.4	0.93
1981	40760	440.3	1.08
1982	38240	416.1	1.09
1983	37360	436.2	1.17
1984	39700	535.5	1.35

资料来源:世界贸易组织(WTO)数据,国研网整理。

这一时期,中国进出口依存度均值分别为 10.11%、9.98%,两者相当;对外贸易依存度的均值为 20.08%,且多数年份保持在这一水平。表明对外贸易在国民经济中的地位稳步提高。

在这六年中，除 1982、1983 两年外，中国对外贸易增长率均远高于中国 GDP 的增长率，表明对外开放政策已发挥积极的引导作用，改革开放使中国更广泛地融入世界经济，对外贸易发展步伐正在加快。在此阶段内，中国每年的对外贸易增长率均大于世界贸易增长率（见表 4–18）。

表 4–18 1979—1984 年中国 GDP、进出口贸易与世界贸易的增长率

单位：%

年份	中国 GDP	进出口		中国出口	中国进口
		世界	中国		
1979	19.18	25.82	42.10	40.10	43.89
1980	7.22	22.55	30.04	32.65	27.76
1981	2.50	−0.80	15.44	21.47	9.99
1982	4.73	−6.18	−5.50	1.41	−12.40
1983	12.51	−2.30	4.83	−0.40	10.89
1984	12.64	6.26	22.76	17.59	28.14

资料来源：中国 GDP 数据来自《新中国五十年统计资料汇编》，中国统计出版社 1999 年版。中国贸易额、世界贸易额数据来自世界贸易组织（WTO）数据，国研网整理。

（二）对外贸易结构

这一时期，中国大力发展劳动密集型产业，促使劳动力资源和工业基础的比较优势很快地转化为出口优势，推动中国商品出口从资源密集型为主向劳动密集型为主转变。

改革开放政策确立后，中国充分利用和进口现代科技成果来装备传统产业，并与廉价劳动力相结合，短时间内迅速地扩大了劳动密集型产业的生产规模。在此时期，中国进口的显著特点是工业制成品的进口始终占据主导地位。

在此期间，中国工业制成品进口占年度进口总额的比重很高（见表4-19）。从1983年开始，中国工业制成品进口开始迅猛增加。1983、1984年，工业制成品进口额分别为155.82亿、222.02亿美元，各占当年全国进口额的72.85%、81%。这个变化说明，随着改革开放的推进，中国对工业制成品的需求迅速增加，特别是机械及运输设备、轻纺产品、橡胶制品、矿冶产品，一直在总进口中维持高占比。

表4-19 1979—1984 年进口商品构成（SITC）

单位哦：亿美元 ，%

年度	进口额	初级产品		I		II		III		IV		V	
		进口	比重	进口	比重	进口	比重	进口	比重	进口	比重	进口	比重
1979	157	44.2	28.2	22.6	14.5	0.22	0.14	18.5	11.8	0.99	0.63	1.88	1.2
1980	200	69.6	34.8	29.3	14.6	0.36	0.18	35.5	17.8	2.03	1.01	2.39	1.19
1981	220	80.4	36.5	36.2	16.5	2.13	0.97	40.3	18.3	0.83	0.38	0.99	0.45
1982	193	76.3	39.6	42.0	21.8	1.30	0.67	30.1	15.6	1.83	0.95	1.08	0.56
1983	214	58.1	27.2	31.2	14.6	0.46	0.22	24.6	11.5	1.11	0.52	0.7	0.33
1984	274	52.1	19.0	23.3	8.5	1.16	0.42	25.4	9.27	1.39	0.51	0.8	0.29

年度	进口额	工业制成品		VI		VII		VIII		IX		X	
		进口	比重	进口	比重	进口	比重	进口	比重	进口	比重	进口	比重
1979	157	113	71.8	10.4	6.64	—	—	25.9	16.5	—	—	—	—
1980	200	131	65.2	29.1	14.5	41.5	20.8	51.2	25.6	5.42	2.71	3.34	1.67
1981	220	140	63.5	26.1	11.8	40.4	18.3	58.7	26.6	5.58	2.53	9.06	4.11
1982	193	117	60.4	29.4	15.2	39.1	20.3	32	16.6	4.86	2.52	11.20	5.8
1983	214	156	72.9	31.8	14.9	62.9	29.4	39.9	18.6	7.82	3.66	13.40	6.26
1984	274	222	81.0	42.4	15.5	73.2	26.7	72.5	26.4	11.8	4.31	22.20	8.10

注：I：食品及主要供食用的活动物　II：饮料及烟类　III：非食用原料　IV：矿物燃料、润滑油及有关原料　V：动植物油、脂及蜡　VI：化学品及有关产品 VII：轻纺产品、橡胶制品、矿冶产品及其制品　VIII：机械及运输设备　IX：杂项制品 X：未分类的商品

资料来源：中经网统计数据库。

在此阶段，中国初级产品进口先增后降。1982年，初级产品进口占比达到改革开放以来的峰值39.57%，其后呈现下降趋势。说明改革开放初期，中国农业及养殖业发展水平尚未能跟上国民经济的发展和人民消费水平的提高。1979—1982 年，中国进口

糖 521.37 万吨、小麦 4628.59 万吨、大米 86.38 万吨、玉米 684.73 万吨、大豆 200.81 万吨、动植物油及籽 101.58 万吨（折油）。

改革开放以后，中国以新加坡、中国香港、韩国和中国台湾（亚洲）为榜样，采纳和推行了出口导向战略。随着这一战略的实施，工业制成品出口有了长足发展，中国出口产品结构呈现不断优化的演进趋势。

表 4-20 1979—1984 年出口商品构成（SITC）

单位：亿美元，%

年份	出口额	初级产品		I		II		III		IV		V	
		出口	比重	出口	比重	出口	比重	出口	比重	出口	比重	出口	比重
1979	136.6	73.2	53.59	—	—	—	—	—	—	—	—	—	—
1980	181.19	91.14	50.3	29.85	16.47	0.78	0.43	17.11	9.44	42.8	23.62	0.6	0.33
1981	220.1	102.48	46.56	29.24	13.28	0.6	0.27	19.48	8.85	52.28	23.75	0.88	0.4
1982	223.2	100.5	45.03	29.08	13.03	0.97	0.43	16.53	7.41	53.14	23.81	0.78	0.35
1983	222.3	96.2	43.27	28.53	12.83	1.04	0.47	18.92	8.51	46.66	20.99	1.05	0.47
1984	261.4	119.34	45.65	32.32	12.36	1.1	0.42	24.21	9.26	60.27	23.06	1.44	0.55
年份	出口额	工业制成品		VI		VII		VIII		IX		X	
		出口	比重	出口	比重	出口	比重	出口	比重	出口	比重	出口	比重
1979	136.6	63.38	46.4	—	—	—	—	—	—	—	—	—	—
1980	181.19	90.05	49.7	11.2	6.18	39.99	22.07	8.43	4.65	28.36	15.65	2.07	1.14
1981	220.1	117.59	53.43	13.42	6.1	47.06	21.38	10.87	4.94	37.25	16.92	8.99	4.08
1982	223.2	122.71	54.98	11.96	5.36	43.02	19.27	12.63	5.66	37.05	16.6	18.05	8.09
1983	222.3	126.06	56.71	12.51	5.63	43.65	19.64	12.21	5.49	38.04	17.11	19.65	8.84
1984	261.4	142.05	54.34	13.64	5.22	50.54	19.33	14.93	5.71	46.97	17.97	15.97	6.11

注：I：食品及主要供食用的活动物　II：饮料及烟类　III：非食用原料　IV：矿物燃料、润滑油及有关原料　V：动植物油、脂及蜡　VI：化学品及有关产品　VII：轻纺产品、橡胶制品、矿冶产品及其制品　VIII：机械及运输设备　IX：杂项制品　X：未分类的商品

资料来源：中经网统计数据库。

新中国成立以来，中国初级产品的出口比重长期超过工业制成品的比重。例如，1979 年初级产品出口额占当年出口比重为 53.59%，工业制成品出口比重只有 46.4%；1980 年，初级产品出口额占当年出口比重为 50.3%，仍高于工业制成品出口占比（见表 4-20）。

这一现象在 1981 年出现了历史性的转变。这一年，中国出口总额为 220.1 亿美元，其中初级产品出口额为 102.48 亿美元，占当年出口总额的 46.56%；工业制成品出口额为 117.59 亿美元，占当年出口总额的 53.43%。工业制成品出口额首次超过了初级产品出口额，这在出口结构升级上具有里程碑式的意义。其后在 1982、1983、1984 年，工业制成品出口占比分别为 54.98%、56.71%、54.34%，形成了超越初级产品出口占比的发展趋势。

中国政府根据本国要素禀赋的特点，大力发展具有比较优势的劳动密集型产业，尤其是大力发展加工贸易，加速了中国出口导向的产业化进程，面向国际市场的轻纺、机电类劳动密集型产业发展迅速。这一时期，轻纺产品、橡胶制品、矿冶产品及其制品的出口占比提高到 20% 左右，位居工业制成品出口占比的第一位。工业制成品的出口构成中，机械及运输设备出口比重虽然并不大，但增长趋势明显。1980—1984 年，机械及运输设备年度出口额分别 8.43 亿、10.87 亿、12.63 亿、12.21 亿、14.93 亿美元，占当年出口比重分别为 4.65%、4.94%、5.66%、5.49%、5.71%。1983 年，中国出口了机床 5690 台、汽车 1892 辆、缝纫机 49.51 万架、自行车 139.2 万辆。化学品及有关产品的出口占比在 6% 左右。这一年，中国还出口了烧碱 1 万吨、纯碱 0.47 万吨、硫化碱 4.68 万吨、石蜡 11.51 万吨。

（三）对外贸易方式

这是一个加工贸易崛起的阶段。改革开放前，中国的对外贸易方式主要是以一般贸易为主。自 20 世纪 70 年代末开始，"三来一补"形式的加工贸易开始起步，对中国的国际贸易及宏观经济产生了重大影响。

在中国渐进式外贸体制改革伊始，为推动出口贸易发展及避免对国内市场的过多冲击，中国政府制定实施了"两头在外，大进大出"的外贸政策，对外商投资企业做出"规定出口比例限制"。并且，由于实行价格双轨制，外商投资企业在使用中国所产的原材料上不能享受优惠的计划内价格，由此推动其投资加工贸易业。由于加工贸易产品出口销售渠道畅通、出口创汇额较为稳定，短时间内即成为中国出口创汇的主力军，进而迅速扩大了中国对外贸易的规模。在此时期，中国政府对加工贸易实施了一系列优惠政策，主要有：(1) 对加工贸易料件实行保税政策；(2) 对加工贸易进口料件实行宽松的贸易政策，除极少数敏感商品外，对加工贸易进口料件出口，不实行进口数量限制；(3) 除国家规定不予免税的少数进口商品外，对外商提供的加工贸易进口设备免征关税和进口环节增值税。[①]

1979 年 9 月，国务院正式发布了《开展对外加工装配和中小型补偿贸易办法》。随后，各有关部委和省市地方政府也推出了一系列相关的配套鼓励政策和措施。在这些政策的推动和鼓励之下，加工贸易迅速地发展壮大，并很快扩展到其他沿海地区，成为当时利用外资、扩大出口的一种主要贸易方式之一。1980 年，全国对外加工贸易出口额达到14.2 亿美元，占当年全国对外贸易出口总值（180.5 亿美元）的 7.9%。

20 世纪 70 年代末到 80 年代中期可视为中国加工贸易的崛起时期。这一时期，加工贸易基本上是在广东、福建为主的沿海地区迅速兴起，然后逐步向沿海省份和内地推广。显然，这与政府的鼓励政策有关。1979 年 7 月，中央政府决定在对外经济活动中对广东、福建两省实行"特殊政策"和"灵活措施"，并在两省试办深圳、珠海、汕头和厦门 4 个经济特区。政策加上这些地区的独特优势——侨胞众多和与港澳邻近，这两个省在发展加工贸易中一马当先，取得了巨大成功。粤闽两省成为当时中国沿海地区开展对外加工装配业务的主要基地。起初，两省主要承接一些纺织、服装等少数产品的简单加工，但它们很快就发展到加工一百多类一千多种产品，涉及行业有纺织、服装、玩具、人造花、电子、家用电器、鞋帽、工艺品、塑料等。不少外商为了提高经济效益，一改过去只在内地安排产品后期工序加工装配的做法，逐步把一些产品的前期加工工序也引入内地，加工中的技术含量有所提高。[②]

---

① 孙玉琴：《中国对外贸易体制改革的效应》，对外经济贸易大学出版社 2005 年版。
② 郭建宏著：《中国加工贸易问题研究》，经济科学出版社 1999 年版。

表 4-21 1981-1984 年进出口分贸易方式总额及比重

单位：亿美元，%

年份	一般贸易					
	进出口	比重	出口	比重	进口	比重
1981	411.66	93.52	208	94.5	203.66	92.53
1982	411.3	98.83	222.45	99.66	188.85	97.85
1983	389.28	89.24	201.6	90.69	187.68	87.74
1984	470.11	87.79	231.62	88.61	238.49	87.01
年份	加工贸易					
	进出口	比重	出口	比重	进口	比重
1981	26.35	5.99	11.31	5.14	15.04	6.83
1982	3.29	0.79	0.53	0.24	2.76	1.43
1983	42.16	9.67	19.44	8.74	22.72	10.62
1984	60.76	11.35	29.29	11.21	31.47	11.48
年份	其他贸易					
	进出口	比重	出口	比重	进口	比重
1981	2.19	0.5	0.79	0.36	1.4	0.64
1982	1.6	0.38	0.22	0.1	1.38	0.72
1983	4.76	1.09	1.26	0.57	3.5	1.64
1984	4.63	0.86	0.49	0.19	4.14	1.51

资料来源：傅自应：《中国对外贸易三十年》，中国财政经济出版社 2008 年版。

一般贸易在中国对外贸易中仍位居主导地位。1981—1984 年，一般贸易占当年贸易总额的最低比率依然高达 87.79%（见表 4-21）。从 1981—1984 年，一般贸易总额分别为 411.66 亿、411.3 亿、389.28 亿、470.11 亿美元，占当年贸易总额的比重分别为 93.52%、98.83%、89.24%、87.79%。

加工贸易在中国对外贸易中的地位开始迅速上升。1981—1984 年，加工贸易额分别为 26.35 亿、3.29 亿、42.16 亿、60.76 亿美元，占当年贸易总额的比重分别为 5.99%、0.79%、9.67%、11.35%，增长明显。

一般贸易及加工贸易以外的其他贸易方式在中国对外贸易中的比重很小，变化也不大。1981—1984 年，其他贸易方式实现的交易额分别为 2.19 亿、1.6 亿、4.76 亿、4.63 亿美元，分别占当年贸易总额的 0.5%、0.38%、1.09%、0.86%。

二、城市经济改革时期（1984—1989 年）

（一）对外贸易发展

1984—1989 年，中国经济改革进入城市改革阶段。在此时期，国家财政对外贸企业的补贴尚未取消，外贸经营主体尚未确立真正的市场主体地位，外商投资企业的出口导向型特征初具雏形。从表 4-22 可以看出，对外贸易虽有很大增长，特别是 1988 年对外贸易总额迈上了千亿美元台阶，但外商投资企业的出口比重还很低，多数年份的对外贸易都出现逆差状况，只有两个年份有少量顺差。说明在此阶段，中国出口贸易整体上看比较优势尚不够强大。1984—1989 年，中国的外贸依存度逐年上升，从 1984 年的 17.08％ 上升到 1988 年的 27.34％。由于国际环境的影响，中国在 1989 年的外贸依存度较 1988 年有所下降。

表 4-22　1984—1989 年中国对外贸易情况

单位：亿美元

年份	进出口总额	增长率（％）	外贸依存度	出口	进口	差额	外资企业出口	比重（％）
1984	535.49	22.77	17.08	261.4	274.1	− 12.7	0.69	0.264
1985	696.02	29.98	24.18	273.5	422.5	− 149	2.97	1.086
1986	738.46	6.10	26.66	309.4	429.0	− 119.6	5.82	1.881
1987	826.53	11.93	27.31	394.4	432.2	− 37.8	12.1	3.068
1988	1027.84	24.36	27.34	475.2	552.7	− 77.5	24.61	5.179
1989	1116.78	8.65	26.09	525.4	591.5	− 66.0	49.14	9.353

资料来源：根据 1984—1990 年各年的海关统计及《中国统计年鉴》整理。

与此同时，中国出口贸易在世界贸易中所占比重稳步提高。1984 年，中国对外贸易占世界贸易总额的 1.34%；到 1989 年，已上升到 1.70%。

从表 4-23 可以看出，这一阶段劳动密集型产品已成为中国的比较优势产品，初级产品的出口比重大大降低，从而实现了出口结构从资源型向轻型化、劳动密集化的转变。

表 4-23 中国出口的比较优势形成情况

	农产品	矿产品	劳动密集型产品	资本密集型产品	制造业
1985 年					
商品比重	21.7	28.8	35.5	12.9	50.4
世界市场份额	2.3	1.9	5.2	0.4	1.2
比较优势指数	1.50	1.30	3.30	0.26	0.78
1989 年					
商品比重	12.4	9.1	50.8	26.8	80.1
世界市场份额	2.4	1.6	10.3	1.2	2.8
比较优势指数	0.93	0.61	4.02	0.47	1.08

注: 比较优势指数（RCA），为中国出口商品比重与世界出口商品平均比重的比值。

资料来源：宋立刚："贸易自由化与商品结构变化"，北京学术研讨会论文，1996 年 10 月。

（二）对外贸易结构

中国对外贸易的发展与进出口商品结构的优化相辅相成。得益于出口产业结构的优化，有越来越多体现中国比较优势的产品成功进入国际市场，创造了中国外贸持续的高增长。

改革开放之初的 1978—1984 年，中国内地的出口主要依赖初级产品，其中石油一直是中国最主要的外汇收入来源。工业制成品的比重在 50% 以下，其中主要又是加工程度较低的纺织品（如棉布、纺纱等）和矿冶产品。这种较低层次的出口结构，并没有发挥出中国劳动力丰富的比较优势。

20 世纪 80 年代，中国在巩固发展轻纺产品出口的同时，大力发展机电产品出口，出口商品结构进一步改善，工业制成品出口比重达到 80%，其中机电产品、纺织品及服装占出口总额的比重分别上升到 15.8% 和 25%。为了鼓励出口，1984 年底，中国开始积极采取措施。经过一两年的外贸体制改革政策刺激后，外贸领域逐渐打破行政"条块"，地方外贸公司自负盈亏，外贸领域进入了竞争年代。这种竞争使企业开始重新审视"以产定销"的贸易形式，经营理念逐步从"卖方市场"朝着"买方市场"转变。1985 年之后，中国内地的出口结构开始出现新的发展趋势，逐渐走上了一条能发挥劳动力优势的出口劳动密集型产品的轻型化转轨之路。中国出口产品经历的第一次大的结构性转变发生在 1986 年，以纺织服装出口首次超过石油出口为重要标志，中国出口产品由20世纪70年代的资源密集型产品为主转变为劳动密集型产品为主。1986—1989年，初级产品出口逐年下降，1989年比重降低到28.7%；而工业制成品（低加工的纺织品、服装、鞋等典型劳动密集产品）出口逐年上升，1989年出口占比71.3%，比1984年提高了近17个百分点。中国出口实现了资源密集型向轻型化和劳动密集型的演变（见表4-24、表4-25）。

表4-24　1984—1989年中国出口商品构成

单位：亿美元

年份	1984	1985	1986	1987	1988	1989
出口总值	261.40	273.50	309.40	394.40	475.20	525.38
初级产品	119.34	138.28	112.72	132.31	144.06	150.78
食品及活动物	32.32	38.03	44.48	47.81	58.90	61.45
饮料及烟类	1.10	1.05	1.19	1.75	2.35	3.14
非食用原料	24.21	26.53	29.08	36.50	42.57	42.12
矿物燃料、润滑油及有关原料	60.27	71.32	36.83	45.44	39.50	43.21
动、植物油脂及蜡	1.44	1.35	1.14	0.81	0.74	0.86
工业制成品	142.05	135.22	196.70	262.06	331.10	374.60
化学品及有关产品	13.64	13.58	17.33	22.35	28.97	32.01
按原料分类的制成品	50.54	44.93	58.86	85.70	104.89	108.97
机械及运输设备	14.93	7.72	10.94	17.41	27.69	38.74
杂项制品	46.97	34.86	49.48	62.73	82.68	107.55
未分类的其他商品	15.97	34.13	60.09	73.87	86.87	87.33

资料来源：根据1984—1990年各年的海关统计数据及《中国统计年鉴》整理。

表 4-25 1984—1989 年初级产品出口额和工业制成品出口额的比重

单位：万美元

年份	出口总额	初级产品出口额	比重（％）	工业制成品出口额	比重（％）
1984	2614000	1193400	45.65	1420500	54.34
1985	2735000	1382800	50.56	1352200	49.44
1986	3094000	1127200	36.43	1967000.	63.57
1987	3944000	1323100	33.55	2620600	66.45
1988	4752000	1440600	30.32	3311000	69.68
1989	5253800	1507800	28.70	3746000	71.30

资料来源：根据 1984—1990 年各年的海关统计数据及《中国统计年鉴》整理。

这一时期商品结构的变化，清晰地折射在素有外贸"晴雨表"之称的广交会上：一批适销对路的服装、玩具、鞋类等成为广交会上的主打产品，缝纫机、自行车、日用五金百货等开始取代传统的农副土特产品。反过来，通过广交会这个对接国际市场的窗口，国内企业可以直接参与国际竞争，进一步促进了产品形式和种类的创新。必须指出，这一时期的商品技术含量和附加值仍然较低，在国际上能叫得响牌子的产品数量屈指可数。

引领中国产品转型升级的外来关键因素，则是外资企业的带动和影响。20 世纪 80 年代，中国的加工贸易主要是与香港和东南亚投资企业合作的轻加工制成品，如服装、纺织品、箱包、鞋类产品的出口。境外企业利用与国际市场的联系、技术和管理经验，与中国低成本的劳动力和土地资源相组合，形成了新的出口竞争优势。

表 4-26 显示了这段时期中国进口商品的结构。从表中可以看出以下规律：

（1）1985 年和 1986 年中国进口的初级产品所占比重略有下降，但从 1985 年开始，初级产品出口占比依次上升，在 1989 年达到最高的 19.8%。

（2）1985 至 1989 年中国进口的工业制成品所占比重不断下降，由 1985 年的 87.4% 下降至 1989 年的 80.1%。

（3）在中国进口的初级产品中，呈现明显上升趋势的商品类别是矿物燃料、润滑油及有关原料，其比重从 1984 年的 1.5% 增加到 1989 年的 7.5%。

（4）中国进口的工业制成品中，呈现明显下降趋势的商品类别是化学品及有关产品和按原料分类的制成品。化学品及有关产品的比重从 1984 年的 19% 下降到 1989 年的 10.52%。按原料分类的制成品的比重从 1984 年的 32% 下降到 1989 年的 26%。而机械运输设备的进口则从 1984 年代 32.6% 上升到 1989 年的 38.4%。其他商品类别的比重变化不明显。

表 4-26 1984—1989 年中国进口商品构成

单位：亿美元

年份	1984	1985	1986	1987	1988	1989
进口总值	274.10	422.50	429.10	432.10	552.70	591.40
初级产品	**52.08**	**52.89**	**56.49**	**69.15**	**100.68**	**117.54**
食品及活动物	23.31	15.53	16.25	24.43	34.76	41.92
饮料及烟类	1.16	2.06	1.72	2.63	3.46	2.02
非食用原料	25.42	32.36	31.43	33.21	50.90	48.35
矿物燃料、润滑油及有关原料	1.39	1.72	5.04	5.39	7.87	16.50
动、植物油脂及蜡	0.80	1.22	2.05	3.49	3.69	8.75
工业制成品	**222.02**	**369.63**	**372.55**	**363.01**	**452.07**	**473.86**
化学品及有关产品	42.37	44.69	37.71	50.08	91.39	75.56
按原料分类的制成品	73.18	118.98	111.92	97.30	104.10	123.35
机械及运输设备	72.45	162.39	167.81	146.07	166.97	182.07
杂项制品	11.82	19.02	18.77	18.78	19.82	20.73
未分类的其他商品	22.20	24.55	36.34	50.78	69.79	72.15
初级产品占比	19%	12.5%	13.16%	16%	18.2%	19.8%
工业制成品占比	80.99%	87.49%	86.8%	84.01%	81.79%	80.13%

资料来源：根据 1984—1990 年各年的海关统计数据及《中国统计年鉴》整理。

（三）对外贸易方式

1. 加工贸易

加工贸易是中国对外贸易发展最快的贸易方式。改革开放以来，加工贸易从无到有、从小到大，实现了高速度跨越式发展，取得了举世瞩目的巨大成就，对国民经济和工业化进程起到了重要的推进作用。加工贸易在推动国民经济和社会发展、推进产业结构调整和技术进步、优化中国出口商品结构、扩大利用外资、扩大就业、密切台港澳关系等方面发挥了重要的作用。从改革开放初期以轻纺等劳动密集型产品出口为主到后来以机电、高新技术产品等资本、技术密集型产品为主的出口,加工贸易的发展,推动中国对外贸易实现了从以初级产品为主向制成品为主的出口结构的转变,为促进产业结构升级、改善出口商品结构、促进中国经济增长(包括促进就业、税收、创汇等方面以及推进中国工业化进程都有着功不可没的贡献。

改革开放初期,国家主要将加工贸易作为解决创汇和就业问题的权宜之计,所以采取的政策主要是,"对用于加工贸易的进口实行保税政策,免征进口关税;除少数敏感商品外,对绝大多数商品的进口取消配额等非关税。"这种开放式的信任管理模式,发挥了中国在国际分工中的比较优势,加之不断活跃的投资政策,中国的加工贸易迅速发展起来。

加工贸易以来料加工为主,进料加工逐步兴起。从 20 世纪 80 年代开始,外经贸体制改革的重大政策调整之一是将"三来一补"的外贸业务扩大到各种类型的企业,鼓励设立三资企业并容许其进行自营产品出口和自用料、件及设备的进口。从制度创新方面看,"三来一补"的加工贸易开始只是一种贸易方式,但由于对内执行的贸易合同对象可以是国营企业、集体企业、乡镇企业甚至个体企业或个人,其制度上的创新程度大大超前于当时的国内整体经济改革。"三来一补"贸易与吸引外资政策的结合,发挥了中国劳动力资源丰富的优势,改善了由于资金短缺而无法发挥劳动力优势的瓶颈效应,而且节省了学习成本,避开了中国开拓国际市场能力不足带来的经营风险。1988 年《以进养出试行办法》《关于加强综合管理促进对外加工装配业务发展的通知》等政策的出台,明确了对进料加工的鼓励和扶持,放宽了对进料加工的限制。随着鼓励性政策的出台和加工贸易生产、加工、装配能力的增强,进料加工业务得以迅速发展。加工贸易进出口值及其在全国进出口总值中所占比重快速上升(见表 4-27)。

表 4-27 1984—1989 年加工贸易进出口统计数据

单位：亿美元

年份	进出口 全国		进出口 加工贸易			出口 全国		出口 加工贸易			进口 全国		进口 加工贸易			加工贸易增值率%	加工贸易顺差额
	进出口	同比%	进出口	同比%	占比%	出口	同比%	出口	同比%	占比%	进口	同比%	进口	同比%	占比%		
1984	535	22.7	59	40.5	11.0	261	17.6	29	52.6	11.1	274	28.0	30	30.4	10.9	-3.3	-1
1985	697	30.3	75	27.1	10.8	274	5.0	34	17.2	12.4	423	54.4	41	36.7	9.7	-17.1	-7
1986	738	5.9	123	64.0	16.7	309	12.8	56	64.7	18.1	429	1.4	67	63.4	15.6	-16.4	-11
1987	826	11.9	190	54.5	23.0	394	27.5	88	57.1	22.3	432	0.7	102	52.2	23.6	-13.7	-14
1988	1028	24.5	287	51.1	27.9	475	20.6	140	59.1	29.5	553	28.0	147	44.1	26.6	-4.8	-7
1989	1116	8.6	362	26.1	32.4	525	10.5	198	41.4	37.7	591	6.9	164	11.6	27.7	20.7	34

资料来源：根据中国国家统计局：《中国统计年鉴》（1984—1990）整理。

2. 补偿贸易

补偿贸易一般是指甲方在信贷的基础上，从乙方买进设备、技术，约定在一定的期限之内，用其生产出来的产品（包括半成品），或者用其他商品或劳务来分期清偿贷款（包括商定的利息）的一种贸易方式。中国从 20 世纪 70 年代中期特别是在 1979 年实行对外开放政策以后，开始把补偿贸易作为利用外资、引进技术的一种方式，并取得了一定的成效。补偿贸易的基本特征是进口与出口相结合，以出口抵付进口。截至 1985 年，中国通过补偿贸易方式吸收国外直接投资达 7.68 亿美元，其中广东、北京分别占 25% 和 19.7%。但总的来说，此阶段中国补偿贸易项目的金额都比较小，期限也比较短。

3. 边境贸易

边境贸易作为国家对外贸易的一种特殊形式，在改善边民生活、促进边疆建设、繁荣边远地区经济过程中，为缩小落后地区与发达地区的差距，起到了积极的综合平衡作用。中国有 2 万多公里的国境线，陆上同 12 个国家接壤。并且中国的 30 个行政区划中，边境行政区就有 9 个，面积占全国面积的 50% 以上，人口约占全国的 15%；除去东北三省，其余均为中国"七五"计划中划定的西部落后地区。三中全会后，改革和开放政策带来了边境贸易的生机。1982 年中苏两国外贸部长换文后，内蒙古和黑龙江率先被外贸部批准恢复同苏联的边境贸易。1985 年内蒙古开始同蒙古国开展边境贸易。1986 年新疆同苏联的边境贸易达成了协议。在此阶段，中国有辽宁、古林、黑龙江、内蒙古、新疆、西藏、云南七个边境省区，同朝鲜、苏联、巴基斯坦、尼泊尔、缅甸、老挝六个国家开展了边境贸易。据估计，从 1984 年至 1987 年 6 月，仅内蒙古和黑龙江两省区，边境贸易额已达 3 亿以上瑞士法郎，实现税利约 1.3 亿元人民币。边境贸易对中国对外贸易而言绝非可有可无、被动补充或一种权宜措施，而是中国对外开放战略的必要组成部分。

三、市场化改革初步探索时期（1989—1992 年）

（一）对外贸易发展

1989—1992 年，是中国市场化改革前夕，也是内外政治相对不稳定时期。1989 年，全球进口额和出口额均突破了 3 万亿大关，分别达到 31900 亿美元和 30890 亿美元，并在接下来的几年持续增长。1989 年，因为政治风波，美国为首的西方国家对中国的对外贸易进行了一定的制裁或限制，对当年和第二年 (1990 年) 中国的经济与贸易产生一定的影响，导致当年中国进口额超过出口额，贸易呈现逆差。此后，随着国内外政治经济形势的趋缓与稳定，出口额有了很大的增长，1990 年为 2985.8 亿元人民币，实现顺差 411.5 亿元人民币。1991-1992 年延续了这个好形势，出口额持续高速增长（见表 4-28），这三年平均增速达 14.29%，其中 1992 年贸易增速高达 22.04%，且开创了此后连续多年的贸易顺差。1989—1992 年，中国进口增速分别为 7.0%、-9.8%、19.6%、26.3%；出口增速分别为 10.6%、18.2%、15.8%、18.1%。

表 4-28 1989—1992 年进出口贸易发展变化

年份	人民币（亿元）				美 元（亿元）			
	进出口总额	出口总额	进口总额	差额	进出口总额	出口总额	进口总额	差额
1989	4155.9	1956.0	2199.9	-243.9	1116.8	525.4	591.4	-66.0
1990	5560.1	2985.8	2574.3	411.5	1154.4	620.9	533.5	87.4
1991	7225.8	3827.1	3398.7	428.4	1356.3	718.4	637.9	80.5
1992	9119.6	4676.3	4443.3	233.0	1655.3	849.4	805.9	43.5

资料来源：国家统计局编：《中国统计年鉴 1993》，中国统计出版社 1993 年版。

（二）对外贸易结构

在这一阶段，比较优势发展战略取得了巨大成功，中国的劳动密集型产品的国际竞争力稳步提高，出口比重迅速上升，资本和技术密集型产品的出口也在不断上升。相应地，资源密集型产品出口比重则迅速下降。这一时期中国出口商品结构的改善是非常显著的，劳动密集型、资本密集型和技术密集型产业都得到了很大的发展（见表 4-29）。中国在出口贸易规模迅速扩大的同时，开始重视出口商品技术含量的提升。到 1992 年，劳动密集型产品的出口占据了总出口的大部分比重，达到 57.6%，传统的纺织品出口占 7.3%，低技术含量的服装、杂项制品、鞋靴的出口比重分别为 20.3%、14.4%、7.6%。与此同时，资本和技术密集型产品的出口比重由 1983 年的 10.2% 上升到 25.5%，尤其是某些产品开始实现重点突破，在国际市场上占据重要地位。例如电信及声音录制重放设备和电力机械的出口比重大幅上升到 6.8% 和 5.6%，这为出口结构的进一步调整升级奠定了基础。

在此阶段，中国的进口商品结构没有发生大的变动，进口商品依然以工业制成品为主，初级产品为辅。进口的工业制成品中，机械及运输设备、轻纺产品、橡胶制品矿冶产品及其制品、化学品及有关产品为进口大类；进口的初级产品以食品、非食用原料、矿物燃料等为主（见表 4-30）。

表 4-29 1989—1992 年中国贸易商品分类出口值

单位：亿美元

年份	总额	初级产品	食品及主要供食用的活动物	饮料及烟类	非食用原料	矿物燃料润滑油及有关原料	动、植物油脂及油蜡	工业制成品	化学品及有关产品	轻纺产品、橡胶制品矿产品及其制品	机械及运输设备	杂项制品	未分类的其他商品
1989	525.38	150.78	61.45	3.14	42.12	43.21	0.86	374.60	32.01	108.97	38.74	107.55	87.33
1990	620.91	158.86	66.09	3.42	35.37	52.37	1.61	462.05	37.30	125.76	55.88	126.86	116.25
1991	718.43	161.45	72.26	5.29	34.86	47.54	1.50	556.98	38.18	144.56	71.49	166.20	136.55
1992	849.40	170.04	83.09	7.20	31.43	46.93	1.39	679.36	43.48	161.35	132.19	342.34	

资料来源：国家统计局编：《中国统计年鉴 1993》，中国统计出版社 1993 年版。

表 4-30 1989—1992 中国贸易商品分类进口值

单位：亿美元

年份	总额	初级产品	食品及主要供食用的活动物	饮料及烟类	非食用原料	矿物燃料润滑油及有关原料	动、植物油脂及油蜡	工业制成品	化学品及有关产品	轻纺产品、橡胶制品矿产品及其制品	机械及运输设备	杂项制品	未分类的其他商品
1989	591.40	117.54	41.92	2.02	48.35	16.50	8.75	473.86	75.56	123.35	182.07	20.73	72.15
1990	533.45	98.53	33.35	1.57	41.07	12.72	9.82	434.92	66.48	89.06	168.45	21.03	89.90
1991	637.90	108.34	27.99	2.00	50.03	21.13	7.19	529.57	92.77	104.93	196.01	24.39	111.47
1992	805.85	132.55	31.46	2.39	57.75	35.70	5.25	673.30	111.57	192.73	131.12	55.88	

资料来源：国家统计局编：《中国统计年鉴 1993》，中国统计出版社 1993 年版。

（三）对外贸易方式

这段时期，随着国内经济的迅速发展和对外开放的逐步扩大，加工贸易（包括进料加工、来料加工和出料加工等）出口方式在中国外贸出口中的地位不断上升，成为与一般贸易并驾齐驱的主要贸易方式。在此期间，传统的一般贸易方式继续保持增长。此外，随着中国与周边国家关系的改善、沿海对外开放格局的形成，中国的边境贸易也得到了较快发展。租赁贸易、补偿贸易等贸易方式均得到了一定程度的发展。期间，对外经济合作呈现多元化与组合化，对外贸易与对外经济技术合作、利用外资、对外投资等相互结合，创造出综合性的经济贸易合作方式，形成了商品、技术、资金、劳务密切结合、相互促进形势，较好地提高了总体效益和竞争力。

1990 年，中国一般贸易出口和进口的比重仍高于加工贸易，分别高出 16.1 和 13.9 个百分点。其中，一般贸易出口占全部出口的 57.1%；一般贸易进口的比重（49.1%）虽略低于 50%，但仍然是最主要的进口方式（见表 4-31、表 4-32）。

表 4-31　出口贸易方式统计表

单位：亿美元

年份	合计	一般贸易	加工贸易	其他贸易
1989	525.40	315.52	197.85	12.03
1990	620.90	354.60	254.20	12.10
1991	719.10	381.20	324.30	13.60
1992	849.40	436.80	396.20	16.40

资料来源：国家统计局：《新中国五十年统计资料汇编》，中国统计出版社 1999 年版。

表 4-32　进口贸易方式统计表

单位：亿美元

年份	合计	一般贸易	加工贸易	其他贸易
1989	591.40	356.14	171.64	63.62
1990	533.50	262.00	187.60	83.90
1991	637.90	295.40	250.30	92.20
1992	805.90	336.20	315.40	154.30

资料来源：国家统计局：《新中国五十年统计资料汇编》，中国统计出版社 1999 年版。

综合分析贸易数据，可以归纳出这一时期中国对外贸易方式的特点：（1）加工贸易发展迅速，一般贸易发展相对缓慢。加工贸易的崛起使一般贸易与加工贸易的地位发生了很大变化，加工贸易有超越一般贸易的趋势。（2）在加工贸易中，进料加工贸易发展尤为迅猛，来料加工装配贸易的发展则相对缓慢。（3）外商投资进口设备在中国进口中已占有重要的地位。中国良好的投资环境和巨大的市场潜力对外商来华投资产生了强大的吸引力。（4）贸易方式更加多样。中国20世纪90年代的贸易方式除一般贸易、来料加工贸易、进料加工贸易和易货贸易外，边境贸易、租赁贸易、保税仓库进出口贸易、出料加工贸易等发展也十分迅速。

四、经济体制市场化改革与加入WTO冲刺时期（1992—2001年）

（一）对外贸易发展

表 4-33 1992—2001 年中国进出口情况

单位：亿美元

年份	进出口总额	出口额	进口额	差额
1992	1 655.3	849.4	805.9	43.5
1993	1 957.0	917.4	1 039.6	−122.2
1994	2 366.2	1 210.1	1 156.1	54.0
1995	2 808.6	1 487.8	1 320.8	167.0
1996	2 898.8	1 510.5	1 388.3	122.2
1997	3 251.6	1 827.9	1 423.7	404.2
1998	3 239.5	1 837.1	1 402.4	434.7
1999	3 606.3	1 949.3	1 657.0	292.3
2000	4 742.9	2 492.0	2 250.9	241.1
2001	5 096.5	2 661.0	2 435.5	225.5

资料来源：国家统计局：《中国贸易外经统计年鉴2008》，中国统计出版社2008年版。

在经历了1989年春夏之交的政治风波之后，中国确立了改革开放不动摇的国策和建设社会主义市场经济的改革目标，进一步加强了中国同世界的联系，更大力发展对外贸易。1992年邓小平南方视察讲话给了国内外投资者极大的信心，外经贸领域出现了一次规模较大的投资与贸易热潮。1992年，中国进出口总额比1991年增长了 22.0%，其中出口增长了 18.12%，进口增长了 26.34%。与此同时，伴随着争取加入 WTO 和外贸领域的不懈努力，中国的对外贸易取得了良好发展，对外贸易额逐年提高。特别是，出口额由 1992 年的世界排名第 11 位提升到 2001 年的第 6 位。

表 4-33 显示：1992 年以来中国进出口总额逐年上升；贸易差额仅 1993 年为逆差，其余年份都是顺差。市场经济目标的确立对中国外经贸的发展起到了极大的推动作用。这一阶段，中国经济取得了快速发展，人民生活水平不断提高。

表 4-34 显示，中国出口额占世界出口额的比重逐年上升，排名也平稳提升。中国经济发展速度超过了世界平均发展速度，中国经济正处于快速发展时期。

表 4-34 1992—2001 年中国出口占世界出口的比重

年份	世界出口额（亿美元）	中国出口额（亿美元）	中国出口总占世界出口额的比重（%）	中国出口额在世界出口中的位次
1992	37 000	849	2.3	11
1993	36 870	917	2.5	11
1994	41 683	1 210	2.9	11
1995	50 200	1 488	3.0	11
1996	52 540	1 511	2.9	11
1997	55 364	1 827	3.3	10
1998	53 750	1 837	3.4	9
1999	53 595	1 949	3.6	9
2000	62 201	2 492	4.0	7
2001	61 624	2 661	4.3	6

资料来源：国家统计局：《中国贸易外经统计年鉴 2008》，中国统计出版社 2008 年版。

（二）对外贸易结构

随着对外贸易的持续增长和贸易额的逐年递增，对外贸易在国内生产总值中所占的比重即贸易依存度也越来越高。作为对外贸易的基础，出口对中国经济增长所起的作用愈加明显。贸易是经济增长的"三驾马车"之一，出口结构优化和出口增长对经济增长有着直接的动力。表 4-35 显示，自改革开放政策深入推行以来，经济的高速增长为中国的国际贸易创造了一个稳定的环境，出口导向战略使得出口总规模不断扩大的同时，出口商品中工业制成品的比重在显著提高。中国出口商品中，初级产品比重逐年下降，由 1992 年的 20.02% 降至 2001 年的 9.90%；工业制成品比重逐年上升，由 1992 年的 79.98% 上升至 2001 年的 90.1%。

统计数据显示，此时期中国出口商品结构变化除了出口总额中初级产品与工业制成品比重的变化外，还有工业制成品内部构成的变化。以轻纺产品、橡胶制品、矿冶产品及其制品为代表的劳动密集型产品所占比重在逐年下降，以化学品、机械和运输设备为代表的资本和技术密集型产品所占比重在逐年上升，大大改变了以往主要倚重资源密集型和劳动密集型产品扩大出口的局面。

表 4-35 1992—2001 年中国出口商品的构成

单位：亿美元，%

年份	出口总额	初级产品出口		工业制成品出口	
		金额	比重	金额	比重
1992	849.40	170.04	20.02	679.36	79.98
1993	917.44	166.66	18.17	750.78	81.83
1994	1 210.06	197.08	16.29	1 012.98	83.71
1995	1 487.80	214.85	14.44	1 272.95	85.56
1996	1510.48	219.25	14.52	1 291.23	85.48
1997	1 827.92	239.53	13.10	1 588.39	86.90
1998	1 837.09	204.89	11.15	1 632.20	88.85
1999	1 949.31	199.41	10.23	1 749.90	89.77
2000	2 492.03	254.60	10.22	2 237.43	89.78
2001	2 660.98	263.38	9.90	2 397.60	90.10

资料来源：根据中经网统计数据库数据整理。

进口商品结构是指一定时期内一国进口贸易中各种商品的构成，可以间接说明一国在资源、要素配置及技术等方面对国外市场的依赖程度。自 1992 年起，中国进口总额稳步增长。表 4-36 显示，1992 年进口总额仅约为 805.85 亿美元，到 2001 年增长至 2435.53 亿美元。其中，初级产品和工业制成品进口分别从 132.55 亿美元和 673.30 亿美元发展到 457.43 亿美元和 1978.10 亿美元，都有了显著增加。在结构变化方面，工业制成品在进口总额中的比重起伏不定，但总体水平发展相对比较平稳，维持在 80% 左右。初级产品在进口总额中的比重与工业制成品相对应，也比较平稳。

根据相关统计数据，1992—2001 年，在初级产品进口构成中，非食用原料、矿物燃料、润滑油及有关原料为主要进口商品，比重一般在70%左右。在工业制成品进口构成中，最主要的进口项目是机械及运输设备等资本密集型、科技含量高的产品，其次是轻纺产品、橡胶制品、矿冶产品及其制品。这些项目的进口可能属于加工贸易的范畴，进口是为了更好地出口，比重一般维持在75%左右。

表4-36 1992—2001年中国进口商品的构成

单位：亿美元，%

年份	进口总额	初级产品进口		工业制成品进口	
		金额	比重	金额	比重
1992	805.85	132.55	16.45	673.30	83.55
1993	1 039.59	142.10	13.67	897.49	86.33
1994	1 156.14	164.86	14.26	991.28	85.74
1995	1 320.84	244.17	18.49	1 076.67	81.51
1996	1 388.33	254.41	18.32	1 133.92	81.68
1997	1 423.70	286.20	20.10	1 137.50	79.90
1998	1 402.37	229.49	16.36	1 172.88	83.64
1999	1 656.99	268.46	16.20	1 388.53	83.80
2000	2 250.94	467.39	20.76	1 783.55	79.24
2001	2 435.53	457.43	18.78	1 978.10	81.22

资料来源：根据中经网统计数据库数据整理。

（三）对外贸易方式

20世纪90年代，中国对外贸易方式主要是一般贸易和加工贸易。改革开放以来，对外贸易获得了高速发展，加工贸易的增长尤为迅速。1992年，加工贸易在中国贸易构成表中所占比重上升到43%，可以说是占据了"半壁江山"。在1996—1999年是超过了一般贸易和其他贸易的总和，占据主导地位。最高的1998年占比达到了53%。即便是1999年之后，加工贸易所占的比重也稳定在47%左右的水平。说明此时，中国的对外贸易已由加工贸易"一枝独秀"进入到一般贸易与加工贸易"比翼齐飞"的阶段（见表4-37）。

表 4-37　中国国际贸易贸易方式构成

单位：亿美元

年份	进出口总值	一般贸易、其他贸易	加工贸易	一般贸易、其他贸易比重	加工贸易比重
1992	1655	944	711	57%	43%
1993	1957	1150	807	59%	41%
1994	2366	1320	1046	56%	44%
1995	2809	1488	1321	53%	47%
1996	2898	1432	1466	49%	51%
1997	3252	1554	1698	48%	52%
1998	3239	1508	1731	47%	53%
1999	3606	1761	1845	49%	51%
2000	4743	2441	2302	51%	49%
2001	5098	2683	2415	53%	47%

资料来源：根据中经网统计数据库数据整理。

五、经济国际化的"黄金七年"时期（2001—2008 年）

（一）对外贸易发展

中国加入 WTO，带来了诸多"红利"，包括贸易伙伴的增加、贸易空间的打开、出口关税的显著降低、相当部分出口壁垒的消失、贸易制度与规则执行的规范化等。因此，加入 WTO 后中国进出口贸易发展非常迅速。加入第二年（即 2002 年），进出口贸易增长速度就提高到 21.8%，比 2001 年拔高了 14.3 个百分点，增速几乎翻了两倍。此后七年，进出口贸易增长速度都在 20% 以上，最高的 2003 年增速为 37.1%。而且，期间伴随着贸易顺差的迅速增加，从 2001 年的 225.45 亿美元增加到 2008 年的 2954.59 亿美元，上涨了 10 余倍。对外贸易呈现"黄金七年"，几乎是顺风顺水（见表 4-38）。

表 4-38 2001—2008 年中国进出口总体情况

年份	进出口		出 口		进 口		差额（亿美元）
	总额（亿美元）	同比增速（%）	金额（亿美元）	同比增速（%）	金额（亿美元）	同比增速（%）	
2001	5096.51	7.5	2660.98	6.8	2435.53	8.2	225.45
2002	6207.66	21.8	3255.96	22.4	2951.70	21.2	304.26
2003	8512.07	37.1	4383.71	34.6	4128.36	39.9	255.34
2004	11547.92	35.7	5933.69	35.4	5614.23	36.0	319.46
2005	14221.18	23.2	7619.99	28.4	6601.18	17.6	1018.81
2006	17606.86	23.8	9690.73	27.2	7916.14	20.0	1774.59
2007	21738.33	23.5	12180.15	25.7	9558.18	20.8	2621.96
2008	25616.32	17.8	14285.46	17.2	11330.86	18.5	2954.59

资料来源：根据中经网统计数据库数据整理。

（二）对外贸易

这段时期，中国的进口商品结构有下列几个特点（见表 4-39）：

（1）除 2002 和 2003 年中国进口的初级产品所占比重略有下降外，从总体上看，2001 至 2008 年中国进口的初级产品所占重呈现不断上升趋势，从 2001 年的 18.78% 上升至 2008 年的 32.02%。

（2）2001 至 2008 年中国进口的工业制成品所占比重不断下降，由 2001 年的 81.22% 下降至 2008 年的 67.98%。只是在 2009 年一季度略有上升，但这一上升是由于初级产品的价格大幅度下降引起的，而非由产业结构变动所引起。

（3）在中国进口的初级产品中，呈现明显上升趋势的商品类别是矿物燃料、润滑油及有关原料，其比重由 2001 年的 7.17% 上升至 2008 年的 14.92%，其他商品类别的变化不是特别明显，这与石油价格迅速飙升明显相关。

（4）在中国进口的工业制成品中，呈现明显下降趋势的商品类别是化学品及有关产品和按原料分类的制成品。化学品及有关产品的比重由 2001 年的 13.18% 下降至 2008 年的 10.52%，按原料分类的制成品的比重由 2001 年的 17.22% 下降至 2008 年的 9.46%，其他商品类别的变化不大。

表 4-39　2001—2008 年中国进口商品结构

单位：%

年份	2001	2002	2003	2004	2005	2006	2007	2008
总值	100	100	100	100	100	100	100	100
初级产品	**18.78**	**16.69**	**17.63**	**20.892**	**22.383**	**23.64**	**25.42**	**32.02**
食品及活动物	2.04	1.77	1.44	1.632	1.42	1.26	1.20	1.24
饮料及烟类	0.17	0.13	0.12	0.10	0.12	0.13	0.15	0.17
非食用原料	9.09	7.70	8.262	9.86	10.64	10.51	12.34	14.76
矿物燃料、润滑油及有关原料	7.17	6.53	7.08	8.55	9.69	11.24	10.97	14.92
动、植物油脂及蜡	0.31	0.55	0.739	0.75	0.52	0.50	0.77	0.93
工业制成品	**81.22**	**83.31**	**82.37**	**79.11**	**77.63**	**76.36**	**74.58**	**67.98**
化学品及有关产品	13.18	13.22	11.86	11.71	11.78	11.00	11.25	10.52
按原料分类的制成品	17.22	16.43	15.48	13.19	12.29	10.99	10.765	9.46
机械及运输设备	43.94	46.42	46.72	45.0	44.03	45.11	43.16	39.00
杂项制品	0.06	0.07	8.0	8.93	9.22	9.01	9.15	8.62
未分类的其他商品	0.69	0.53	0.31	0.27	0.30	0.26	0.26	0.39

资料来源：根据中经网统计数据库数据整理。

这段时期，中国的出口商品结构有下列几个特点（见表 4-40）：

（1）从总体上看，2001 至 2008 年中国出口的初级产品所占比重呈现不断下降趋势，从 2001 年的 9.97% 下降至 2008 年的 5.45%。

（2）2001 至 2008 年中国出口的工业制成品所占比重不断上升，由 2001 年的 90.10% 上升至 2008 年的 94.55%。

（3）在中国出口的初级产品中，呈现明显下降趋势的商品类别是食品及活动物、饮料及烟类、非食用原料、矿物燃料、润滑油及有关原料。其中，食品及活动物的比重由 2001 年的 4.80% 下降至 2008 年的 2.29%，饮料及烟类的比重由 2001 年的 0.33% 下降至 2008 年的 0.11%，非食用原料的比重由 2001 年的 1.57% 下降至 2008 年的 0.79%，矿物燃料、润滑油及有关原料的比重由 2001 年的 3.16% 下降至 2008 年的 2.21%，而动、植物油脂及蜡的比重变化不是特别明显。

（4）在中国出口的工业制成品中，呈现明显上升趋势的商品类别是按原料分类的制成品、机械及运输设备。其中，按原料分类的制成品的比重由 2001 年的 16.46% 上升至 2008 年的 18.32%，机械及运输设备的比重由 2001 年的 35.66% 上升至 2008 年的 47.13%。呈现明显下降趋势的商品类别是杂项制品和未分类的其他商品。化学品及有关产品的变化不明显。

表 4-40 2001—2008 年中国出口商品结构

单位：%

年份	2001	2002	2003	2004	2005	2006	2007	2008
总值	100	100	100	100	100	100	100	100
初级产品	**9.97**	**8.76**	**7.94**	**6.83**	**6.44**	**5.46**	**5.05**	**5.45**
食品及活动物	4.80	4.49	4.0	3.18	2.95	2.65	2.52	2.29
饮料及烟类	0.33	0.30	0.23	0.20	0.16	0.12	0.11	0.11
非食用原料	1.57	1.35	1.15	0.98	0.98	0.81	0.75	0.79
矿物燃料、润滑油及有关原料	3.16	2.59	2.53	2.44	2.31	1.83	1.64	2.21
动、植物油脂及蜡	0.04	0.03	0.03	0.024	0.04	0.04	0.02	0.04
工业制成品	**90.10**	**91.23**	**92.06**	**93.17**	**93.56**	**94.54**	**94.95**	**94.55**
化学品及有关产品	5.02	4.71	4.47	4.44	4.69	4.60	4.96	5.55
按原料分类的制成品	16.46	16.26	15.75	16.96	16.95	18.04	18.05	18.32
机械及运输设备	35.66	39.0	42.86	45.21	46.23	47.09	47.39	47.13
杂项制品	32.74	31.07	28.77	26.36	25.48	24.56	24.37	23.43
未分类的其他商品	0.22	0.20	0.22	0.19	0.211	0.25	0.181	0.12

资料来源：根据中经网统计数据库数据整理。

（三）对外贸易方式

这一时期，贸易方式依然以一般贸易和加工贸易为主导，一般贸易持续增长，所占的比重也有所上升，由 2001 年的 44.21% 上升至 2008 年的 48.22%。加工贸易中，补偿贸易出现萎缩，来料加工装配贸易的比重明显下降，由 2001 年的 13.95% 下降至

2008 年的 7.83%。而进料加工贸易和出料加工贸易占比相对稳定（见表 4-41、表 4-42）。

其他贸易方式中，易货贸易和免税外汇商品的贸易量趋于萎缩。加工贸易进口设备、外商投资企业作为投资进口的设备物品在贸易总额中所占的比重也有所下降，加工贸易进口设备的比重由 2001 年的 0.32% 下降至 2008 年的 0.11%，外商投资企业作为投资进口的设备物品的比重由 2001 年的 2.85% 下降至 2008 年的 1.08%；而对外承包工程出口货物和保税仓库进出境货物在贸易总额中所占的比重有所上升，由 2001 年的 0.09% 上升至 2008 年的 0.43%。

表 4-41　2001—2008 年一般贸易变化情况

年份	2001	2002	2003	2004	2005	2006	2007	2008
金额（亿美元）	2253.9	2653.3	3697.3	4918.62	5948.1	7495.0	9672.2	12352.6
比重（%）	44.21	42.74	43.44	42.59	42.83	42.57	42.49	48.22

注：比重根据一般贸易进出口总额与全部进出口总额之比计算。

资料来源：根据中经网统计数据库数据计算整理。

表 4-42　2001—2008 年加工贸易变化情况

贸易方式 年份	补偿贸易 金额（千美元）	比重（%）	来料加工装配贸易 金额（千美元）	比重（%）	进料加工贸易 金额（千美元）	比重（%）	出料加工贸易 金额（千美元）	比重（%）
2001	18501	0.00	71095564	13.95	170341184	33.42	42389	0.01
2002	68776	0.01	81659716	13.155	220493586	35.52	45935	0.01
2003	16866	0.00	93456906	10.98	311327725	36.57	43108	0.01
2004	9366	0.00	122290283	10.59	427438711	37.01	50915	0.00
2005	770	0.00	150998814	10.62	539508509	37.94	59974	0.00
2006	920	0.00	168317185	9.56	663554286	37.69	57350	0.00
2007	410	0.00	205208548	9.44	780840734	35.92	83219	0.00
2008	19	0.00	200681399	7.83	852905497	33.30	278415	0.01

注：比重根据各类加工贸易进出口总额与全部进出口总额之比计算。

资料来源：根据中经网统计数据库数据整理。

六、贸易摩擦增多的转型发展时期（2009—2019 年）

（一）对外贸易发展

2009 年以来，中国为应对世界金融危机和扩大对外开放，积极推进外贸体制改革，根据世界经济形势变化调整和完善外贸发展战略，有效地激发了外向型企业的积极性和创造性。中国对外贸易总体保持了较快发展，对外贸易结构不断优化，对外贸易总额上了新台阶中国跃居世界货物贸易第一大国。

中国货物贸易进出口总额从 2009 年的 2.2 万亿美元增至 2018 年的 4.6 万亿美元，增长了一倍有余，年均增速达到 7.1%，这在全球经济和贸易增速放缓的情况下是一份较好的成绩单。改革开放初期，中国货物贸易出口占国际市场份额尚不足 1%，而 2009 年中国货物贸易出口总额超过德国，成为世界第一大货物贸易出口国。2017 年，中国成为世界货物贸易第一大国。其中货物贸易出口额占世界的 12.8%，居第一位；货物贸易进口额占世界的 10.2%，居第二位。

2009 年以来，中国的贸易伙伴稳步增长，2018 年已经发展到 231 个。欧盟、美国、东盟、日本、金砖国家等是中国主要的贸易伙伴。2009 年以来，中国与新兴市场国家和发展中国家的贸易持续较快增长。2009—2018 年，东盟在中国出口市场中的占比从 8.9% 提高到 12.6%，非洲地区从 2.0% 提高到 4.6%，达到 992.8 亿美元。"一带一路"沿线国家与中国的贸易也明显增长，截至 2019 年 6 月，中国与"一带一路"沿线国家的贸易指数上升到 129.01。

2009—2019 年，中国对外贸易波动较大，对外贸易在曲折中保持增长。期间，除了金融危机之后的 2009 年以及转型期的 2015、2016 年，中国对外贸易出现了负增长，其他年份都保持了正增长，其中 2010、2011 年呈现大幅度增长。与贸易增长率不同的是，对外贸易差额每年都保持顺差，总体上呈上升之势（见表 4-43）。

表 4-43　2009—2018 年中国进出口总体情况

单位：亿美元

年份	进出口		出口		进口		差额
	总额	增速（%）	总额	增速（%）	总额	增速（%）	
2009 年	22075.4	−13.9	12016.1	−16.0	10059.2	−11.2	1956.9
2010 年	29740.0	34.7	15777.5	31.3	13962.4	38.8	1815.1
2011 年	36418.6	22.5	18983.8	20.3	17434.8	24.9	1549.0
2012 年	38671.2	6.2	20487.1	7.9	18184.1	4.3	2303.1
2013 年	41589.9	7.5	22090.0	7.8	19499.9	7.2	2590.1
2014 年	43015.3	3.4	23422.9	6.0	19592.3	0.4	3830.6
2015 年	39530.3	−8.0	22734.7	−2.9	16795.6	−14.2	5939.0
2016 年	36855.6	−6.8	20976.3	−7.7	15879.3	−5.5	5097.0
2017 年	41045.0	11.4	22635.2	7.9	18409.8	15.9	4225.4
2018 年	46230.4	12.6	24874.0	9.9	21356.4	15.8	3517.6

资料来源：中国海关统计年鉴。

表 4-44 给出了 2009—2018 年中国出口占世界出口总额的比重及中国出口在世界出口中的排名情况。数据表明，中国出口占世界出口总额的比重呈现出上升趋势，在世界各国中始终排在首位，领先第二名的优势也在加大。这说明中国在世界贸易中发挥了越来越重要的作用。

表 4-44　2009—2018 年中国出口在世界贸易中的位置

年份	世界出口总额（亿美元）	中国出口总额（亿美元）	占比（%）	中国出口在世界出口中的位次
2009	125220.0	12016.1	9.60	1
2010	152370.0	15777.5	10.35	1
2011	182910.0	18983.8	10.38	1
2012	184040.0	20487.1	11.13	1
2013	187840.0	22090.0	11.76	1
2014	189350.0	23422.9	12.37	1
2015	164467.0	22734.7	13.82	1
2016	154600.0	20976.3	13.57	1
2017	177299.0	22635.2	12.77	1
2018	194750.0	24874.0	12.77	1

资料来源：世界贸易组织数据库。

（二）对外贸易结构

2009—2018 年，对外贸易结构不断优化。中国出口商品结构在 20 世纪 80 年代实现了由初级产品为主向工业制成品为主的转变，90 年代实现了由轻纺产品为主向机电产品为主的转变。2009 年以来，以电子和信息技术为代表的高新技术产品出口占比不断提高。2009—2018 年，中国机电产品出口从 7131 亿美元增加到 1.46 万亿美元，占总出口的比重达 58.7%，年均增速达 7.4%，远高于全球平均水平，占世界市场的份额从 13.4% 上升至 17% 以上。2018 年，中国高新技术出口 7468.66 亿美元，高新技术产品占中国出口比重从 17.1% 左右提高到 30.02%。

在此时期，中国初级产品出口所占比重保持相对稳定，呈现出先下降后上升的小幅波动，其比重从 2009 年的 5.25% 逐渐下降到 2015 年的 4.57%，然后又上升到 2018 年的 5.42%。相应地，工业制成品在出口商品中所占比重呈现出先上升后下降的小幅波动，其比重从 2009 年的 94.75% 逐渐上升到 2015 年的 95.43%，然后又下降到 2018 年的 94.58%（见表 4-45）。

在初级产品出口中，食品和活动物、饮料及烟类、动植物油脂及蜡的比重总体上呈现小幅上升。其中，食品和活动物在出口商品中所占比重从 2009 年的 2.72% 平稳波动到的 2018 年的 2.63%，饮料及烟类在出口商品中所占比重从 2009 年的 0.14% 上升到的 2018 年的 0.15%，动植物油脂及蜡在出口商品中所占比重从 2009 年的 0.03% 上升到的 2018 年的 0.04%。矿物燃料、润滑油及有关原料的比重总体上呈现小幅下降，其在出口商品中所占比重从 2009 年的 1.70% 平稳波动到的 2018 年的 1.88%。非食用原料的出口比重基本保持不变。

在工业制成品出口中，化学品及有关产品、按原料分类的制成品、未分类的其他商品的比重总体上呈现上升趋势。其中，化学品及有关产品在出口商品中所占比重从 2009 年的 5.16% 上升到的 2018 年的 6.734%，按原料分类的制成品在出口商品中所占比重从 2009 年的 15.38% 上升到的 2018 年的 16.27%，未分类的其他商品在出口商品中所占比重从 2009 年的 0.14% 上升到的 2018 年的 0.23%。机械及运输设备、杂项制品的比重总体上呈现出小幅下降。其中，机械及运输设备在出口商品中所占比重从 2009 年的 49.12% 下降到的 2018 年的 48.56%，杂项制品在出口商品中所占比重从 2009 年的 24.95% 下降到的 2018 年的 22.74%。

表 4-45 2009—2018 年中国出口商品结构

单位：%

年份	2009	2010	2011	2012	2013	2014	2015	2016	2017	2018
总计	100	100	100	100	100	100	100	100	100	100
初级产品	**5.25**	**5.18**	**5.30**	**4.91**	**4.86**	**4.81**	**4.57**	**5.01**	**5.20**	**5.42**
食品及活动物	2.72	2.61	2.66	2.54	2.52	2.52	2.56	2.91	2.77	2.63
饮料及烟类	0.14	0.12	0.12	0.13	0.12	0.12	0.15	0.17	0.15	0.15
非食用原料	0.68	0.74	0.79	0.70	0.66	0.68	0.61	0.62	0.68	0.72
矿物燃料、润滑油及有关原料	1.70	1.69	1.70	1.51	1.53	1.47	1.23	1.28	1.56	1.88
动、植物油脂及蜡	0.03	0.02	0.03	0.03	0.03	0.03	0.03	0.03	0.04	0.04
工业制成品	**94.75**	**94.82**	**94.70**	**95.09**	**95.14**	**95.19**	**95.43**	**94.99**	**94.80**	**94.58**
化学品及有关产品	5.16	5.55	6.05	5.54	5.41	5.74	5.70	5.81	6.24	6.73
按原料分类的制成品	15.38	15.79	16.83	16.26	16.32	17.09	17.20	16.74	16.26	16.27
机械及运输设备	49.12	49.45	47.50	47.07	47.01	45.70	46.59	46.92	47.84	48.56
杂项制品	24.95	23.94	24.20	26.15	26.31	26.56	25.84	25.24	24.20	22.74
未分类的其他商品	0.14	0.09	0.12	0.07	0.08	0.10	0.10	0.27	0.25	0.23

资料来源：根据国家统计局数据库和商务部官方网站整理。

2009—2018 年，中国初级产品进口所占比重呈现小幅上升趋势，从 2009 年的 28.81% 上升到的 2018 年的 35.64%。与此同时，工业制成品在进口商品中所占比重总体上呈现小幅下降趋势，从 2009 年的 71.19% 下降到的 2018 年的 64.36%（见表 4-46）。

在进口的初级产品中，食品和活动物、饮料及烟类与矿物燃料、润滑油及有关原料的比重总体上呈现出上升趋势。其中，食品和活动物在进口商品中所占比重从 2009 年的 1.47% 上升到的 2018 年的 3.35%，饮料及烟类在进口商品中所占比重从 2009 年的 0.19% 上升到的 2018 年的 0.35%，矿物燃料、润滑油及有关原料在进口商品中所占比重从 2009 年的 12.33% 上升到的 2018 年的 18.32%。动植物油脂及蜡在进口商品中所占比重总体上呈现出下降趋势，从 2009 年的 0.76% 下降到的 2018 年的 0.46%。

在进口的工业制成品中，化学品及有关产品、按原料分类的制成品、机械及运输设备、杂项制品的比重总体上呈现小幅下降。其中，化学品及有关产品在进口商品中所占比重从 2009 年的 11.14% 下降到的 2018 年的 11.05%，按原料分类的制成品在进口商品中所占比重从 2009 年的 10.71% 下降到的 2018 年的 7.06%，机械及运输设备在进口商品中所占比重从 2009 年的 40.54% 下降到的 2018 年的 37.37%，杂项制品在进口商品中所占比重从 2009 年的 8.47% 下降到的 2018 年的 6.85%。未分类的其他商品在进口商品中所占比重总体上呈现稳定，从 2009 年的 0.33% 小幅波动到的 2018 年的 1.99%。

表 4-46 2009—2018 年中国进口商品结构

单位：%

年份	2009	2010	2011	2012	2013	2014	2015	2016	2017	2018
总计	100	100	100	100	100	100	100	100	100	100
初级产品	**28.81**	**31.07**	**34.66**	**34.92**	**33.75**	**33.02**	**28.11**	**27.78**	**31.35**	**35.64**
食品及活动物	1.47	1.54	1.65	1.94	2.14	2.39	3.01	3.10	2.95	3.35
饮料及烟类	0.19	0.17	0.21	0.24	0.23	0.27	0.34	0.38	0.38	0.35
非食用原料	14.05	15.19	16.34	14.83	14.69	13.76	12.49	12.76	14.14	13.15
矿物燃料、润滑油及有关原料	12.33	13.54	15.82	17.22	16.16	16.17	11.82	11.12	13.46	18.32
动、植物油脂及蜡	0.76	0.63	0.64	0.69	0.53	0.43	0.45	0.42	0.42	0.46
工业制成品	**71.19**	**68.93**	**65.34**	**65.08**	**66.25**	**66.98**	**71.89**	**72.22**	**68.65**	**64.36**
化学品及有关产品	11.14	10.72	10.39	9.86	9.76	9.86	10.20	10.34	10.52	11.05
按原料分类的制成品	10.71	9.40	8.62	8.03	7.58	8.80	7.92	7.68	7.34	7.06
机械及运输设备	40.54	39.35	36.17	35.91	36.42	36.96	40.63	41.43	39.92	37.37
杂项制品	8.47	8.13	7.33	7.51	7.12	7.13	8.02	7.94	7.29	6.85
未分类的其他商品	0.33	1.32	2.84	3.78	5.37	4.22	5.13	4.84	3.59	1.99

资料来源：根据国家统计局数据库和商务部官方网站整理。

（三）对外贸易方式

2009—2018 年，中国对外贸易方式中，一般贸易交易额及其占全部贸易方式的比重均呈现出上升趋势。其中，所占比重由 2009 年的 48.19% 上升至 2018 年的 57.85%，表明中国的贸易方式有所改善（见表 4-47）。

表 4-47 2009—2018 年中国一般贸易交易额及比重

单位：亿美元，%

年份	2009	2010	2011	2012	2013	2014	2015	2016	2017	2018
金额（亿美元）	10637.1	14887.1	19245.9	20098.3	21972.5	23131.9	21388.8	20300.6	23128.5	26749.2
比重（%）	48.19	50.06	52.85	51.97	52.83	53.78	54.11	55.08	56.35	57.85

资料来源：根据国研网统计数据库整理。

2009—2018 年，中国对外贸易方式中，加工贸易呈现小幅回落，所占比重从 2009 年的 41.2% 下降到 2018 年的 27.4%。加工贸易构成中，进料加工贸易所占比重最高，来料加工装配贸易次之，出料加工贸易和补偿贸易所占比重基本可以忽略不计。此外，进料加工贸易和来料加工装配贸易所占比重呈现出明显的逐步下降趋势（见表 4-48）。

表 4-48 2009—2018 年中国加工贸易交易额及其比重

单位：千美元，%

年份	补偿贸易		来料加工装配贸易		进料加工贸易		出料加工贸易	
	金额（千美元）	比重（%）	金额（千美元）	比重（%）	金额（千美元）	比重（%）	金额（千美元）	比重（%）
2009	142	0.00	169415997	7.67	739903199	33.52	123560	0.01
2010	455	0.00	211611487	7.12	946151084	31.81	310993	0.01
2011	242	0.00	201288070	5.53	1103924286	30.31	270767	0.01
2012	–	0.00	183325389	4.74	1160623058	30.01	432191	0.01
2013	–	0.00	180021780	4.33	1177784728	28.32	451287	0.01
2014	224	0.00	188229269	4.38	1220511674	28.37	542397	0.01
2015	54	0.00	175666568	4.44	1069125918	27.05	504951	0.01
2016	–	0.00	161301060	4.38	950989165	25.80	485763	0.01
2017	–	0.00	164438591	4.01	1025614073	24.99	533020	0.01
2018	–	0.00	179373952	3.88	1089650530	23.57	5085344	0.11

资料来源：根据国研网统计数据库整理。

2009—2018 年，中国对外贸易方式中，其他贸易方式占比从 2009 年的 4.59% 上升到 2018 年的 14.72%，有逐步扩大的趋势，特别是"保税监管场所进出境货物"

和"海关特殊监管区域进口设备"两种形式的贸易,随着自由贸易试验区的扩大而明显增长。新的贸易方式随着自由贸易试验区和跨境电子商务的发展而出现,如"海关特殊监管区域物流货物"贸易方式,在 2018 年的贸易占比中达到 6.87%。在其他贸易方式内部构成中,"加工贸易进口设备"的比重由 2009 年的 0.04% 下降至 2018 年的0.02%,"对外承包工程出口货物"的比重由 2009 年的 0.61% 下降至 2018 年的 0.37%,租赁贸易的比重由 2009 年的 0.16% 下降至 2018 年的 0.09%,"外商投资企业作为投资进口的设备物品"的比重由 2009 年的 0.69% 下降至 2018 年的 0.07%。"保税监管场所进出境货物"和"海关特殊监管区域进口设备"所占比重呈现明显上升趋势。其中,前者的比重由 2009 年的 3.68% 上升至 2018 年的 4.18%,后者的比重由 2009 年的 0.10%上升至 2018 年的 0.18%。"易货贸易"和"免税外汇商品"所占比重较小,易货贸易基本可以忽略不计(见表 4-49)。

表 4-49 2009—2018 年中国其他贸易方式交易额及占比

单位:千美元,%

年份	加工贸易进口设备	对外承包工程出口货物	租赁贸易	外商投资企业作为投资进口的设备物品	易货贸易	免税外汇商品	保税监管场所进出境货物	海关特殊监管区域进口设备
2009	953159	13356869	3565077	15176074	9218	5452	81185446	2113394
	0.04	0.61	0.16	0.69	0.00	0.00	3.68	0.10
2010	1212197	12617320	5772536	16311768	2491	10280	96464867	3994233
	0.04	0.42	0.19	0.55	0.00	0.00	3.24	0.13
2011	885440	14922785	5625280	17507899	3140	13384	122952227	4892375
	0.02	0.41	0.15	0.48	0.00	0.00	3.38	0.13
2012	911623	14781886	7322477	13429048	584	25460	126446173	6093760
	0.02	0.38	0.19	0.35	0.00	0.00	3.27	0.16
2013	968871	16011207	8961196	9834509	3149	27562	131353426	3993167
	0.02	0.38	0.22	0.24	0.00	0.00	3.16	0.10
2014	686530	16326085	10538857	9059376	6319	19923	153158285	5133206
	0.02	0.38	0.25	0.21	0.00	0.00	3.56	0.12
2015	634556	16131703	9306055	6160907	5175	14603	137951373	6543791
	0.02	0.41	0.24	0.16	0.00	0.00	3.49	0.17
2016	463120	13304471	3052200	4066792	9723	22496	135181082	4893902
	0.01	0.36	0.08	0.11	0.00	0.00	3.67	0.13
2017	749563	15391352	2125031	4449777	112119	21280	156632836	6440781
	0.02	0.37	0.05	0.11	0.00	0.00	3.82	0.16
2018	924608	17105248	4160736	3421049	103752	2496442	193243072	8321472
	0.02	0.37	0.09	0.07	0.00	0.05	4.18	0.18

资料来源:根据海关总署统计资料、国研网统计数据库整理。

第五章　服务业开放与服务贸易发展 70 年

改革开放前，中国在半封闭国际环境下发展计划经济，对外贸易以货物贸易为主，服务业发展十分缓慢落后，行业规模和领域也很小。1978 年改革开放后，中国的服务业及服务贸易才开始起步并快速发展阶段。回顾中国服务业开放及服务贸易发展 70 年，可将其划分为三个发展阶段：1949—1978 年酝酿起步阶段、1978—2007 年逐步开放发展阶段、2008-2019 年加大开放发展阶段。

第一节　服务业和服务贸易酝酿起步（1949—1978 年）

新中国成立之初，产业结构十分简单，工业生产水平十分低下。1949 年，中国社会总产值中农业产值的比重达到了 58.5%，整个工农业总产值中农业的比重达到了 70%。随着经济的发展和生产的扩大，中国的产业结构也发生了相应的变化。中国以当年物价计算的社会总产值由 1949 年的 557 亿元增至 1977 年的 6003 亿元，增加了近 10 倍，年均增长率为 8.86%。三十年间，在社会总产值中农业产值的平均比重约为 32.5%，工业约为 48.9%，建筑业约为 7.6%，运输业约为 3.3%，商业则约为 8.5%。经过近三十年的演变，农业产值在社会总产值中的比重降至 1977 年占 20.87%，年均下降 3.62%；工业和建筑业的比重在上升，分别上升至 1977 年占 62.05% 和 7.7%，年均上升率分别为 3.28% 和 8.83%；运输业的比重基本未发生变化，1977 年为 2.98%；商业的比重在下降，1977 年为 6.4%，年均下降 2.28%。由此可见，在 1949—1978 年中，农业比重下降较多，工业比重上升较快，第三产业服务业的发展较为滞后，在国民经济中的比重由 1949 年的 19.6% 下降至 1977 年的 17.08%。

1949—1978 年，中国经济建设思路与体制主要承接苏联模式，重视工业发展而忽视对服务业的扶持与发展。同时，这一时期的经济指导思想深受"服务不创造价值，只参与价值分配"的理论影响，使服务业成为人们眼中的"享受产业"而受到轻视。服务业发展重点只在生产和基本生活领域，消费型服务业和创新型服务业发展极其缓慢和微小，由此严重制约了服务贸易的成长，主要的服务贸易只局限为运输服务贸易、旅游服务贸易、技术服务贸易以及少部分的金融服务贸易和教育服务贸易。主要的服务贸易对象国是苏联和东社会主义国家，对于其他国家则以转口贸易、加工贸易等货物贸易为主，服务贸易规模几乎可以忽略不计。而且，这一时期的服务贸易统计没有建立，除少数几个行业如货运、旅游、银行有不完整的统计外，其他行业的服务贸易统计处于空白状态。因此，对于 1949—1978 年中国服务贸易发展，只能根据不完整的数据做相关行业的贸易分析。

一、运输服务贸易

1949-1959 年，由于对苏联和东欧国家的贸易占中国对外贸易的立体，因此铁路运输成为当时我国进出口货物的主要运输方式。在这段时期，国际铁路货运量平均占我国进出口货运总量 45% 以上，最高年份是 1952 年，达到了 56%。1951 年 4 月，中国与苏联缔结了《中苏铁路货物联运协定》。1954 年 1 月，中国参加了包括苏、朝、蒙、越、捷、波、匈、罗、保、东德、阿尔巴尼亚在内的十二国《国际铁路货物联运协定》，实行进出口货物一票直达的国际货物铁路联运。

1960—1966 年，中国对外进出口货运量逐年增长，1966 年达到了 3487 万吨，是 1950 年 634 万吨的 5.5 倍。其中海运 2,653 万吨，是 1950 年 391 万吨的 6.8 倍。在海运方面，1961 年 4 月中国远洋运输公司 (简称中远公司) 成立。当时国轮船队虽有发展，但运力较小，海运任务主要由租轮承担，租轮的货运量占中国派船货运量的 70% 左右。发展到 1977 年，国轮承运外贸货运量已占中国派船货运总量的 83%，租轮只占 11.7%，外国班轮占 3.3%，合营船占 2.0%。

在国际陆路运输贸易方面，由于对苏联和东欧国家的贸易锐减，进出口铁路货运量由五十年代平均占进出口货运总量 45% 以上，下降到 28% 左右，且其中对朝鲜、越南的运输量占较大比重。此外，在六十年代初，外贸部门建立了汽车队，作为外贸物资国内短途运输的工具。当时外贸部门在全国 24 个省、市、自治区共拥有 4400 多辆卡车的短途运输队伍，为外贸出口货物的收购和发运做了大量的服务工作，起到了重要的作用。

1966—1976 年是"十年文革"时期。从 1967 年开始，外贸进出口货运量连续五年下降，到 1971 年只有 3230 万吨，低于 1966 年水平。1969 年的货运量是 2600 万吨，仅相当于 1963 年水平。1972 年货运量开始回升，到了 1975 年外贸进出口货运量已增加到 5200 万吨，比 1962 年增长了近 50%。

在航空运输贸易方面，从 1976 年中国开始组织鲜活商品航空运输。1978 年，大批租赁包机专程空运外贸进出口货物。1978 年以后，随着中国对外贸易和民航事业的发展，外贸进出口航空货物运输有了较大发展。北京、上海、天津、沈阳、大连、青岛、广州、昆明、南宁和乌鲁木齐十个国际航空站所在地的外运分公司承担了各地外贸进出口货物航空货运工作。

在管道运输贸易方面，1975 年 12 月，中朝友谊输油管道建成，把我国丹东至朝鲜新义州连接起来，使石油从丹东通过油管源源输送过境。

从 1977 年开始，为了满足外贸发展的需要，外运公司首先引进了国外先进的国际运输组织技术和运输工具，开展了陆海／陆空联运、多式联运、大陆桥和小陆桥运输等多种形式的运输；发展了采用滚装船承运车辆并扩大了集装箱运输的运输方式；组建了拥有约百万吨自营船舶的船公司；开办了航空货运代理和船务代理业务；筹建了数十家从事空运、码头、仓库、集装箱租赁和制造、船舶经营和船务代理，以及消防器材、包装供应等业务的国内外合营企业。

二、技术贸易

中国在 1949—1978 年技术引进工作的基本特点是以引进大型先进技术设备为主。

引进工作基本上由中央各部委直接组织，对外工作则由中国技术进口总公司负责。根据统计资料，这一时期签订的技术与设备引进合同金额累计达 129 亿美元 (其中成套设备项目总额为 120 亿美元，约占 93%)。

20 世纪 50 年代，新中国刚刚成立，西方各国对中国采取敌对态度，经济上实行封锁禁运。当时为尽快恢复经济，中国接受了来自苏联和东欧各国的经济技术援助，通过政府间签约，由援助国提供贷款、设计、技术、设备和专家为我国兴建新企业或改造老企业。在这阶段，中国引进了 156 个大型成套项目，用汇约 27 万美元。同时，还派出了大量人员赴苏联和东欧各国学习和培训，造就了一大批技术骨干，为中国工业化奠定了基础。

60 年代，苏中关系恶化之后，苏联中断了对中国提供技术和设备援助。自 1963 年起，中国转而从日本、西欧各国引进技术和设备，引进的重点领域是冶金、化纤、石油、纺织、化工、机械等行业。这一阶段虽然引进规模不大，但引进了不少中国急需的先进技术，填补了一些重点行业技术上的空白，提高了工业生产能力。

1973—1977 年，中国扩大了从美国、联邦德国、法国、日本和英国等国的技术引进规模。这一时期中国共引进项目 222 项，用汇约 43 亿美元，其中主要是成套设备 (占用汇总额的 90％以上)。这些项目的建成，提高了中国的生产能力，改善人民的生活水平，加快了中国经济发展的步伐。

三、金融服务贸易

1949—1978 年，从事对外金融贸易的主要机构是中国人民银行领导下的各大银行。1952 年，新中国已经形成了以新成立的证券交易所为核心，票据市场和外汇市场并存的市场结构。

从具体对外贸易金融服务业务上看，在外汇汇兑及结算方面，中华人民共和国成立后政府接管了旧中国的金融机构，将私营银行、钱庄改组成了公私合营银行，并指定中国银行为外汇专业银行，加强了金融市场的管理；取缔了外商银行在中国的金融垄断特权，清理了外商银行，外汇由国家集中管理、统一经营；宣布人民币为唯一合法的货币，规定了人民币同其他货币的比价，限期兑换。人民币不准带出境外，外币和外国资本不准自由流入境内。任何单位、个人之间不得私自买卖外汇，不得私自将国内资金、财产或权益转到国外；除经批准者外，一切外汇收入必须交售给中国银行；需用时，按国家批准的计划和规定向中国银行申请购买。1968年以前，我国对外贸易只能使用外国货币结算。从1968年开始，对港澳的贸易试用人民币计价结算，1970年已逐步扩大到对英、法、瑞士、西德等国家的贸易。

在国内外资金融通方面，中国的银行长期来没有发挥应有的作用。直至20世纪60年代末，才开始扩大与外国银行间的相互存款业务，并利用银行的外汇资金贷款给国内一些企业，进口必要的关键设备。例如，中国银行用自己的外汇资金贷款给交通部门，向国外购买货轮，组建了一支远洋运输船队。可惜，1966—1976年"文革"期间，对外金融业务受到了较大限制。

四、旅游服务贸易

中国国际旅游服务贸易起步较晚，开始于20世纪50年代中期。1954年4月15日中国国际旅行社正式成立，并在上海等14个城市建立了分社，当时的业务范围只是在苏联、东欧国家和蒙古人民共和国之间办理自费旅游业务。1964年7月22日，中国旅行游览事业管理局正式成立，标志着中国国际旅游贸易开始进入正常发展的轨道。

1949—1979年的旅游接待即入境旅游在性质上未作为经济事业看待，而是作为外事工作的一部分。其主要特点是：第一，接待对象局限在外国友好团体及其成员和华侨、港澳同胞，其他类型游客受到限制。旅游接待规模很小，最高年份也不过接待外国游客5万多人次；第二，旅游接待不计成本，各接待单位多为事业性质，接待的目的不是为了经营，而是作为政治任务来完成；第三，旅游主管部门与旅游接待单位合为一体。因此，这个时期只能说是我国旅游业的初始时期。

该阶段中国旅游业大体上可以分为三个发展时期：(1)1954年以前，当时的旅游机构主要是为华侨回国探亲、访友、参观、旅游提供服务。(2)1954年中国国际旅行社成立后，开始接待苏联和东欧各国的自费旅游者。(3)1964年中国旅行游览事业管理局成立，中国的旅游事业开始进入一个新的历史阶段，来自西方国家的旅游者逐年增加，1965 年接待了 12877 名国际入境旅游者。

五、教育服务贸易

新中国成立后的教育服务贸易主要是与苏联和东欧社会主义国家展开，与中国历史上的历次留学活动不同的是，新中国派遣留学生计划与国家工业建设计划密切结合。1949 年 3 月七届二中全会决议指出："在革命胜利以后，迅速恢复和发展生产，对付国外的帝国主义，使中国稳步地由农业国转变为工业国，由新民主主义国家转变为社会主义国家。"

在 20 世纪五六十年代中国共计派出留学生 18000 人。从 1950 到 1952 年，中国先后与苏联和东欧各国达成了交换留学生协议并陆续开始执行。由中国教育部门派出的留学生，1950 年是 35 名，1951 年是 381 名，1952 年是 231 名，1953 年是 675 名，1954 年是 1518 名，1955 年是 2093 名，1956 年是 2401 名。1957—1960 年期间每年减少至 400~500 名。60 年代初中苏关系紧张后，派出人数进一步减少，1964 年以后基本停止向苏联派遣，而改向西方各国。据教育部统计，1950-1963 年中国共派出留学生 9299 人，其中苏联是 8357 人，东欧共 925 人，东德 273 人，捷克 238 人，波兰160 人，匈牙利 88 人，罗马尼亚 75 人，保加利亚 68 人，阿尔巴尼亚 23 人，西欧和亚洲各国 17 人。

除前述教育部门派出的以外，还有 20 世纪 50 年代军委系统派出的军事留学生800 人，共青团中央派出 138 人。为执行各项苏、欧援建计划，"一五计划"期间由工业部门独立派出 7820 人去苏联、东欧的工厂、矿山对口实习工程技术和管理，其中管理人员 609 人、工程技术人员 4876 人、工人 2291 人、其他人员 44 人。

1971 年 10 月中国恢复了在联合国的地位，打开了与西方各国经济技术交流的大门，为开展教育服务贸易创造了有利条件，为学习和吸收国外先进科学技术、经营管理经验及其他有益的文化，以及向世界开放、加速培养人才提供了坚实的基础。

第二节 服务业与服务贸易逐步开放与发展(1978—2007 年)

一、服务贸易发展概况

1978 年改革开放直至 2008 年世界金融危机前，中国服务业及服务贸易有了起步发展的经济环境，并随经济的迅速成长而得到相应的快速发展。随着经济全球化的深入，服务贸易如今已成为世界贸易发展的新引擎。1982—2007 年，世界服务贸易出口额从 7673.5 亿美元扩大到 65077.6 亿美元，25 年间增长了 8.48 倍；中国国际服务贸易进出口总额从 44 亿美元增长到 2509.0 亿美元，25 年间增长了 57.0 倍（其中服务贸易出口增长 48.7 倍，服务贸易进口增长 68.0 倍）[①]。

（一）服务贸易份额变化

1982—2007 年中国服务贸易进出口，伴随着中国对外改革开放的深化、服务市场的对外开放范围和程度不断增大而不断扩大（见表 5-1），服务贸易进出口总额以年均 17.55% 的年均增长率（复合增长率）的速度飞快增长，明显高于同期世界服务贸易年均增长率 10.09% 的增长速度。随着引进外资、引进技术和货物贸易的发展，服务业和服务贸易领域均得到充分拓展，与货物贸易相关的商业服务(如运输、国际结算)以及通信、金融、保险、技术服务、咨询、人员培训等服务贸易随之迅速发展。

2001 年 12 月 11 日，中国加入 WTO，为中国服务贸易发展创造了良好的国际市场环境，服务贸易进出口额以及增长速度持续上升。据 WTO 统计资料显示，与 2000 年相比，2007 年中国服务贸易出口额由 301.5 亿美元增加到 1216.5 亿美元，占世界服务出口总额的比重由 2.03% 增加到 3.59%，中国成为世界上第九大服务贸易出口国。与此同时，服务贸易进口由 358.6 亿美元增加到 1292.6 亿美元，占世界进口总额的比重由 2.46% 增加到 4.13%(见表 5-1)，中国成为世界第八大服务进口国。

---

① 　来自 WTO 和国家商务部统计数据，1982 年前我国服务贸易数据统计不完全。

表 5-1 1982—2007 年中国服务贸易进出口情况

单位：亿美元

年份	服务贸易进出口额	同比增长（%）	占世界服务贸易比重（%）	服务贸易出口额	同比增长（%）	占世界服务贸易出口比重（%）	服务贸易进口额	同比增长（%）	占世界服务贸易进口比重（%）
2007 年	2509.00	30.8816	3.8554	1216.54	33.0701	3.5980	1292.55	28.8337	4.1342
2006 年	1917.00	22.0242	3.5140	914.21	23.6933	3.2438	1003.27	20.6250	3.8046
2005 年	1571.00	17.5019	3.2446	739.09	19.1020	2.9764	831.73	16.1601	3.5262
2004 年	1337.00	31.9842	3.0800	620.56	33.8130	2.7948	716.02	30.5357	3.3766
2003 年	1013.00	18.4795	2.8042	463.75	17.7587	2.5307	548.52	19.0369	3.0816
2002 年	855.00	18.8595	2.7095	393.81	19.6906	2.4669	460.80	18.0597	2.9554
2001 年	719.34	8.9904	2.4320	329.03	9.1441	2.2158	390.31	8.8496	2.6499
2000 年	660.00	15.3846	2.2476	301.46	15.2153	2.0346	358.58	15.7980	2.4648
1999 年	572.00	13.4921	2.0722	261.65	9.5695	1.8758	309.66	16.9930	2.2679
1998 年	504.00	−3.4483	1.8997	238.80	−2.5487	1.7811	264.68	−4.5331	2.0168
1997 年	522.00	21.3953	2.0171	245.04	18.9528	1.8743	277.25	23.7721	2.1652
1996 年	430.00	0	1.7184	206.00	11.9565	1.6392	224.00	−8.9431	1.7983
1995 年	430.00	33.5404	1.8271	184.00	12.1951	1.5694	246.00	55.6962	2.0828
1994 年	322.00	42.4779	1.5508	164.00	49.0909	1.5862	158.00	36.2069	1.5156
1993 年	226.00	23.4973	1.1893	110.00	20.8791	1.1677	116.00	26.0870	1.2105
1992 年	183.00	69.4444	0.9783	91.00	31.8841	0.9845	92.00	135.8974	0.9723
1991 年	108.00	10.2041	0.6448	69.00	21.0526	0.8367	39.00	−4.8780	0.4587
1990 年	98.00	20.9877	0.6122	57.00	26.6667	0.7304	41.00	13.8889	0.4998
1989 年	81.00	1.2500	0.6039	45.00	−4.2553	0.6855	36.00	9.0909	0.5258
1988 年	80.00	23.0769	0.6529	47.00	11.9048	0.7829	33.00	43.4783	0.5280
1987 年	65.00	16.0714	0.6048	42.00	16.6667	0.7904	23.00	15.0000	0.4233
1986 年	56.00	7.6923	0.6185	36.00	24.1379	0.8039	20.00	−13.0435	0.4371
1985 年	52.00	−3.7037	0.6644	29.00	3.5714	0.7600	23.00	−11.5385	0.5734
1984 年	54.00	25.5814	0.7088	28.00	12	0.7659	26.00	44.4444	0.6561
1983 年	43.00	−2.2727	0.5833	25.00	0	0.7056	18.00	−5.2632	0.4701
1982 年	44.00	0	0.5734	25.00	0	0.6857	19.00	0	0.4717

资料来源：WTO 国际贸易统计数据库、国家商务部网站。

（二）服务贸易主要对象国

2007 年，中国实现服务贸易进出口总额 2509.0 亿美元，比上年增长 30.9%。中国内地对中国香港、美国、欧盟、日本和东盟等主要贸易伙伴的服务贸易进出口均实现增长。其中，中国香港、美国、欧盟、日本和东盟为中国内地前五大服务贸易伙伴。如图 5-1 所示，2007 年中国与前五大贸易伙伴实现了服务贸易进出口额 1695.6 亿美元，占中国服务贸易进出口总额的 66.8%。其中香港居第一，进出口总额为 515.3 亿美元，占比 20.5%。

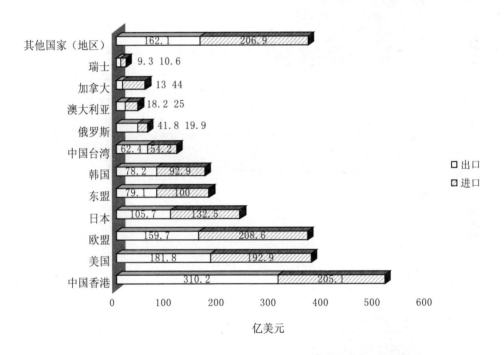

图 5-1　2007 年中国与主要国家（地区）服务贸易进出口情况

如图 5-2、图 5-3 所示，2007 年，中国内地对香港地区服务贸易出口 310.2 亿美元，占服务贸易出口总额的 25.5%，香港为中国内地服务贸易第一大出口市场。其后为美国、欧盟和日本，中国对它们的服务贸易出口分别占比 14.9%、13.1% 和 8.7%。

欧盟、中国香港、美国和日本为中国内地服务贸易前四大进口来源地。2007 年，中国从上述四地进口的服务贸易额均超百亿美元，占服务贸易进口总额的比重分别为 16.1%、15.9%、14.9% 和 10.3%。

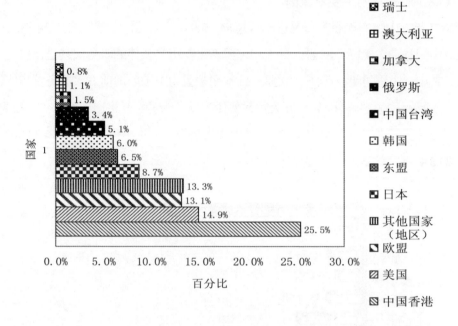

图 5-2 2007 年中国服务贸易出口目的地

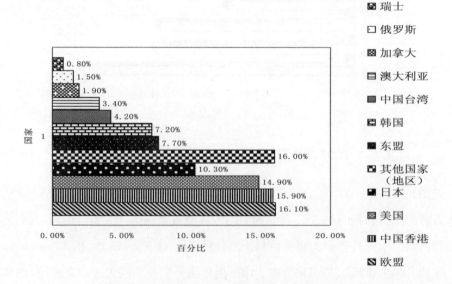

图 5-3 2007 年中国服务贸易来源地

　　2007 年，中国内地对香港地区服务贸易顺差最大，为 105.1 亿美元，远高于对其他国家（地区）。逆差最大的是欧盟，澳大利亚和日本位居其后。中国对欧盟、澳大利亚、日本和东盟的服务贸易逆差额分别为 48.8 亿、31 亿、26.8 亿和 20.9 亿美元，对美国的服务贸易逆差也超过了 10 亿美元。

　　香港地区是中国内地运输服务第一大出口市场，约占 30% 的份额；其次是美国，占比接近 20%。运输服务第一大进口来源地是美国。中国内地运输服务进出口除与香港地区是顺差外，与他国（地区）基本呈逆差，这与贸易合同签订时的运输方式选择有较大的关系。中国内地旅游出口市场集中于中国香港、中国台湾、韩国、日本等亚洲国家和地区，上述四地占有六成的份额。其中香港地区为中国旅游最大的出口市场和进口来源地。香港地区也是中国建筑服务第一大出口市场，其次是美国和加拿大；进口主要来源于东盟、香港地区和美国。

　　中国对主要国家（地区）的保险服务贸易均呈现逆差，其中对日本、欧盟、东盟、韩国的逆差额较大，均在 10 亿美元以上，对美国逆差超过 7 亿美元。美国是中国计算机和信息服务最大的出口市场，其次是东盟和欧盟。2007 年，中国对这三大市场计算机和信息服务出口额合计占比 70%。欧盟在中国计算机和信息服务进口市场中占有最大份额，其次是美国和香港地区。美国是中国咨询服务的第一大出口市场，其次是香港地区和欧盟，占比均超过 20%。中国对其他国家（地区）咨询服务的出口份额较小。中国咨询服务进口集中于欧盟和日本，这两大市场占比近 50%。

二、服务贸易结构变化

　　通过对历年中国国际收支平衡表的分析可知，中国服务贸易的统计自 1997 年开始与国际接轨。下面就比照 WTO 的国际服务贸易门类并结合中国国情对中国的国际服务贸易进行分类，并对 1997—2007 年中国服务贸易结构进行分析。从表 5-2 可知，1997—2007 年，中国服务贸易出口总额中，旅游服务一直居首位，其比重均在 30% 以上，最高年份达 59.3%（1999 年）；运输服务的比重有所上升，由 12.1% 升为 23.05%；其他商业服务占比 20%~30%；金融服务比重较低，只有 0.3% 左右；计算机和信息、咨询、专利权利费等服务占比也较低。所以，中国服务贸易收入相对而言主要集中在旅游、运输和其他商业服务。

根据相关资料，1997—2007 年服务贸易总体结构中，旅游服务所占比重为 40% 左右；运输所占比重为 20% 左右；通信、建筑、咨询、专利权利费、计算机和信息、金融服务等只有很低的比重，从 0.10%~5% 不等。因此，中国服务贸易在这些年中虽然取得了巨大的进步，服务贸易业务范围不断扩大，在通信、金融、保险、计算机和信息、电影、音像以及咨询服务等知识、技术密集型的服务贸易产业中有所发展，但在一些以信息技术为基础的新兴服务业以及知识密集型和技术密集型的服务行业中依然处于弱势（见表 5-2）。

表 5-2 1997—2007 年中国服务贸易出口结构

单位：%

年份项目	1997	1998	1999	2000	2001	2002	2003	2004	2005	2006	2007
运输	12.1	10.2	10.2	12.1	13.9	14.4	16.9	19.33	20.73	22.84	23.05
旅游	49.1	52.4	59.3	53.3	53.4	51.3	37.2	41.23	39.37	36.9	34.05
通信服务	1.1	3.4	2.5	4.4	0.8	1.4	1.4	0.7	0.65	0.8	0.92
建筑服务	2.4	2.5	4.2	2.0	2.5	3.1	2.8	2.35	3.49	2.99	3.56
保险服务	0.7	1.6	0.8	0.4	0.7	0.5	0.7	0.61	0.74	0.6	0.51
金融服务	0.1	0.1	0.7	0.3	0.3	0.1	0.3	0.15	0.19	0.16	0.19
计算机和信息	0.3	0.5	1.1	1.2	1.4	1.6	2.4	2.62	2.47	3.22	4.25
专有权利费	0.2	0.2	0.3	0.3	0.3	0.2	0.2	0.38	0.21	0.22	0.31
咨询	1.4	2.2	1.2	1.2	2.6	3.2	4.0	5.05	7.15	8.52	9.82
广告、宣传	1.0	0.9	0.9	0.7	0.8	0.9	1.0	1.36	1.45	1.57	1.85
电影、音像	0.04	0.1	0.03	0.03	0.08	0.07	0.07	0.07	0.18	0.15	0.12
其他商业服务	31.2	25.8	18.5	23.3	21.8	22.0	32.2	25.55	22.69	21.41	20.6
政府服务	0.3	0.1	0.3	0.9	1.3	0.9	0.7	0.61	0.67	0.63	0.58

资料来源：根据 1997—2007 年中国国际收支平衡表整理。

从国内发展情况看，地区发展也不平衡。上海、北京和广东等地区服务贸易规模较大，中西部地区服务贸易规模较小。服务贸易行业、规模在地区的分布很不均衡，形成了中国服务贸易地区结构不平衡、结构瓶颈短期内难以突破的格局。由于服务贸易的多元化程度不够，中国服务贸易抗冲击能力相对较弱，易受国内外经济形势变化的影响。

劳动力资源丰富是中国的比较优势，虽然这一时期中国服务贸易结构有明显的变化，但服务贸易仍以传统的劳动密集型的商业服务业为主。以 2007 年为例，旅游、其他商业服务和运输服务依旧是服务贸易出口的主要收入来源，分别为 414.3 亿、250.6 亿和 280.4 亿美元，分别占服务贸易出口的 34.05%、20.6% 和 23.05%；这三项合计占服务贸易收入的 77.7%。

三、服务业及服务贸易开放路径

这一时期，与改革开放的渐进性特征相对应，中国服务业及服务贸易开放选择了一条试点先行、逐渐加力到进一步拓展领域的路径，经历了"引进来"为主、到"引进来"与"走出去"相结合的发展变化，完成了从部分开放到自主开放，再到制度改革与政策创新开放的转型，层级性和阶段性特征明显。

（一）初期少数服务业零星开放

1978 年改革开放后，中国在相当长时间内保持偏重农业与制造业的惯性，服务业在开始阶段仍未得到应有的重视，只有零星的开放。其实中国最早的三家中外合资企业都归属于服务业：第一家是 1980 年中国民航北京管理局与中国香港航空食品公司合资成立的"北京航空食品公司"，自此拉开了中国吸引外资的序幕；第二家是中美合资的建国饭店，1980 年 6 月开工建设，1982 年 3 月底正式营业；第三家是长城饭店，初建于 1980 年，1985 年正式工营业。餐饮、旅游饭店、以外销为主的房地产开发也是这一时期开放的主要领域。可以说，旅游饭店是服务业中最早向国际市场开放的行业。随着吸引外资、引进技术和货物进出口的发展，服务进出口的领域越来越宽，相关的货物追加服务以及通信、金融、保险、技术服务、经营管理咨询、人员培训等服务进出口也随之迅速发展。

（二）中期试点开放

20 世纪 80 年代中后期，伴随着发达国家进入后工业化和信息化社会，世界经济结构加速调整，产业发展明显向服务业倾斜，服务业对经济增长的贡献率也迅速超过第一、第二产业，成为推动世界经济发展的"引擎"。顺应世界经济结构发展的这一形势，中国也开始加大产业结构调整，将服务业发展摆上了重要位置：一是加快服务业和服务贸易发展的法规政策集中出台。1992 年 6 月 16 日，中共中央、国务院做出《关于加快发展第三产业的决定》，这是中国促进服务业发展的第一个重要文件，提出了加快发展第三产业的 13 条政策和措施；1997 年 9 月，党的十五大对服务业开放的定调是"有步骤地推进服务业的对外开放"。二是参与服务贸易谈判并做出初步承诺。中国作为发展中国家参加了乌拉圭回合谈判，1991 年 7 月第一次提交初步承诺开价单，对银行、航运、旅游、近海石油勘探、专业服务和广告 6 个行业的市场开放做出了初步承诺；1992 年 10 月，又把保险、陆上石油服务、商业零售、建筑工程和计算机服务等领域列入初步承诺开价单；1993 年 4 月，中国又对开价单做了调整，初步承诺开放银行、保险、旅游等服务市场；1993 年 9 月，再次修改初步承诺开价单，进一步加大了服务业对外开放程度，并于同年 11 月提交了服务贸易减让表草案；1998 年 7 月，在 WTO 中国工作组第 8 次会议上，中国就电信、金融、零售、法律、会计、专业服务领域的开放提出了许多实质性建议。三是试点开放向深度和广度进军，服务贸易进入快速增长期。1991—2001 年，中国大部分服务业都在试点基础上有限度地对外开放。虽然不同服务业门类的开放形式和开放力度有较大差别，但整体上看服务业市场对外商投资的限制在逐步放松，外商以商业存在方式进入中国服务业市场的部门和领域不断扩大，形成了覆盖金融、保险、交通运输、仓储、建筑业、商业、房地产、科研、教育、卫生、信息咨询等十几个部门的对外开放格局。中国运输业中的海运业务和速递业务、会计服务、分销业中的零售服务等此时已有了较高的开放度，零售服务实际的开放水平已超过"入世"承诺的初期水平，外资银行进入数量也在明显增加[①]。

（三）后期履行 WTO 承诺逐步开放

2001 年 12 月 20 日，国务院办公厅转发国家计委的《关于"十五"期间加快发展服务业若干政策实施意见》指出：加快发展服务业是国民经济持续快速健康发展的重

---

① 金泽虎.《国际贸易学》，中国人民大学出版社 2011 年版。

要保障，是提高国际竞争力和国民经济整体素质的有力措施。加入世界贸易组织后，中国加快形成服务业开放发展新战略和新的政策体系，履行"加入 WTO"承诺逐步形成服务贸易整体开放的新格局，服务贸易特别是新兴服务贸易部门发展迅猛，内地与港澳服务领域开放合作成为亮点。

加入世界贸易组织承诺减让表对中国各服务行业的市场准入程度做出了规定，表明中国的服务市场对外开放是由有限范围和领域的开放转变为多方位的开放；由以试点为特征的政策主导下的开放转变为法律框架下可预见的开放；由单方面为主的自我开放转变为与世界贸易组织成员间的相互开放。具体规定简单介绍如下：

（1）银行服务

加入 WTO 时允许外资银行向所有中国客户提供外汇服务，加入 WTO 后 5 年内允许外资银行逐步在全国向所有中国客户提供人民币本币业务，允许外资非银行金融机构提供汽车消费信贷。

（2）保险服务

加入 WTO 时允许设立外资占比不超过 50% 的合资寿险公司，加入 WTO 后两年内允许设立外商独资非寿险公司，加入 WTO 后 3 年内取消地域限制，加入 WTO 后 4 年内取消强制分保要求，加入 WTO 后 5 年内允许设立外商独资保险经纪公司。

（3）证券服务

加入 WTO 时允许设立合资证券投资基金管理公司，加入 WTO 后 3 年内允许外资比例达到 49%；加入 WTO 后 3 年内允许设立合资证券公司，外资比例不超过 33%，可以从事 A 股的承销，B 股和 H 股、政府和公司债券的承销，及交易基金的发起。

（4）电信服务

在增值电信和寻呼业务方面，加入 WTO 后两年内取消地域限制，外资比例不超过 50%；在基础电信业务方面，移动话音和数据服务在加入 WTO 后 5 年内取消地域限制，其他业务在加入 WTO 后 6 年内取消地域限制，外资比例不超过 49%。所有国际通信业务必须经由中国电信主管部门批准设立。

（5）分销服务

加入 WTO 后 3 年内，取消对外资参与佣金代理及批发服务（盐及烟草除外）

和零售服务（烟草除外）的地域、股权、数量限制，取消对外资参与特许经营的所有限制；加入 WTO 后 5 年内取消对外资参与分销领域的所有限制。但销售多个供货商提供的不同种类和品牌产品的连锁店，如其分店数量超过 30 家，且销售粮食、棉花、植物油、食糖、图书、报纸、杂志、药品、农药、农膜、成品油、化肥，则不允许外资控股。

（6）海运服务

加入 WTO 时允许外资从事班轮运输以及散货、不定期和其他国际运输；允许外资设立注册公司，经营悬挂中国国旗的船队，但外资比例不应超过合营企业注册资本金的 49%；海运附属服务以及集装箱堆场服务，允许设立合资企业，允许外资控股；船务代理服务允许设立合资企业，但外资比例不应超过 49%。

（7）建筑服务

在建筑及相关工程服务方面，加入 WTO 时允许设立合营企业，允许外资控股；加入 WTO 后 3 年内允许设立外商独资企业，但外资企业的业务范围仅限于 4 种建筑项目。在房地产服务方面，除高档房地产项目（包括高档公寓和高档写字楼，但不包括豪华饭店）不允许外商独资外，没有其他限制。高档房地产项目是指单位建筑比同一城市内平均单位建筑成本高两倍以上的房地产项目。

（8）法律和会计服务

在法律服务方面，外国律师事务所可以在北京、上海、广州、深圳、海口、大连、青岛、宁波、烟台、天津、苏州、厦门、珠海、杭州、福州、武汉、成都、沈阳、昆明设立代表处；每一家外国律师事务所在华只能设立一个代表处；加入 WTO 后 1 年内，上述地域限制和数量限制将取消，但对外国律师事务所的业务范围以及外国律师事务所在华代表处的代表身份有所限制。在会计服务方面，加入 WTO 时允许获得中国主管部门颁发的中国注册会计师执业许可的人在华设立合伙会计师事务所或有限责任会计公司。[①]

---

① 《中国入世议定书》翻译组：《中国入世议定书》，上海人民出版社 2001 年版。

四、服务贸易开放政策

（一）法律服务贸易政策

2002 年 1 月 1 日起施行的《外国律师事务所驻华代表机构管理条例》（国务院第 338 号令，以下简称《条例》）是规范外国律师事务所驻华代表机构的主要国内法规。《条例》以及《司法部关于执行 (外国律师事务所驻华代表机构管理条例) 的规定》对外国律师事务所驻华代表机构的设立、变更、注销，以及代表的派驻、代表机构的业务范围和规则、代表处的监督管理及法律责任等事项做出了明确规定。根据《条例》的授权，司法部于 2002 年颁布了《香港、澳门特别行政区律师事务所驻内地代表机构管理办法》，专门就香港、澳门律师事务所在内地设立代表机构和开展法律服务活动的相关事项做出了规定。

根据国务院批准的《内地与香港关于建立更紧密经贸关系的安排》和《内地与澳门关于建立更紧密经贸关系的安排》(以下简称 CEPA)，以及此后 4 个 CEPA 的《补充协议》，内地向香港、澳门进一步扩大了法律服务领域的开放。为落实 CEPA，司法部于 2003 年颁布了《香港特别行政区和澳门特别行政区律师事务所与内地律师事务所联营管理办法》《取得内地法律职业资格的香港特别行政区和澳门特别行政区居民在内地从事律师职业管理办法》等行政规章。根据 CEPA 及上述行政规章的规定: (1) 在内地设立代表机构的香港、澳门律师事务所 (行) 可以与内地律师事务所联营，但联营组织不得以合伙形式运作，联营组织的香港、澳门律师不得办理内地法律事务; (2) 内地律师事务所可以聘用香港法律执业者和澳门执业律师担任法律顾问，被内地律师事务所聘用的香港法律执业者和澳门执业律师不得办理内地法律事务; (3) 香港特别行政区和澳门特别行政区永久性居民中的中国公民可以按照《国家司法考试实施办法》参加内地统一司法考试，取得内地法律职业资格，并在内地律师事务所从事非诉讼法律事务及涉港、澳婚姻和继承案件的代理活动; (4) 香港大律师和澳门律师可以公民身份担任内地民事诉讼的代理人。

（二）教育服务贸易政策

《中华人民共和国教育法》第 67 条规定："教育对外交流与合作坚持独立自主、

平等互利、相互尊重的原则，不得违反中国法律，不得损害国家主权、安全和社会公共利益。"在中国加入 WTO 之前，中外合作办学、中外合作举办教育考试等形式已经出现。为适应形势发展的需要，加强对涉外教育活动的管理，1995 年 1 月和 1996 年 5 月，原国家教育委员会先后发布《中外合作办学暂行规定》和《中外合作举办教育考试暂行管理办法》。

2003 年 3 月，国务院颁布《中外合作办学条例》。随后，教育部出台了《中外合作办学条例实施办法》和一系列规范性文件；2006 年又出台了《关于当前中外合作办学若干问题的意见》，进一步细化了有关管理制度和措施，对相关政策性问题做出了更加明确的规定。

中国政府坚持实行"支持留学，鼓励回国，来去自由"的方针。加入 WTO 以后，中国施行了进一步为公民出国留学提供便利的政策措施。2002 年 11 月，教育部废除了向自费出国留学人员收取高等教育培养费的制度；从 2003 年起设立了国家优秀自费留学生奖学金，并在 28 个国家实施。国家外汇管理局还扩大了对自费出国留学人员供汇的范围，并且供汇额度进一步提高。为了帮助广大自费出国留学人员正确选择外国学校，维护自费出国留学人员的合法权益，自 2003 年 6 月起，教育部先后分三批通过教育涉外监管信息网和中国留学网公布了 33 个国家和地区的部分学校名单，累计 15000 所学校，基本涵盖中国公民主要留学目的地。针对一些出国留学中介违规问题和境外机构在华非法招生案件，教育部会同有关部门加大查处力度，建立了留学预警制度。教育涉外监管信息网已成为中国教育部在留学中介工作中联系社会、向广大留学人员提供服务，并对自费出国留学中介服务机构进行日常监管的最有效渠道和手段之一。

（三）文化服务贸易政策

中国财政部、商务部、文化部、中国人民银行、海关总署、税务总局、广电总局、新闻出版署等部委在促进文化出口方面采取了以下措施：第一，降低门槛，为文化产品和服务"走出去"营造良好外部环境。鼓励和支持各种所有制文化企业积极开展、参与和从事文化产品和服务的出口业务。对从事文化产品和服务出口的文化企业销售人员、演出人员，简化因公出境审批手续，实行"一次审批、全年有效"的办法。海关为文化产品和服务出口提供通关便利。第二，加强对文化产品和服务"走出去"的指导和服务。制定《文化产品和服务出口指导目录》，完善文化产品和服务进出口统计，加强对文化企业"走出去"的指导。鼓励文化企业在境外设立出版社、广播电视网、出版物营销机构等，支持广播电视在境外落地，鼓励文化企业在境外购买媒体播出时段、或开办广播电视频率频道。第三，帮助企业解决出口资金短缺问题。利用中央外贸发展基金支持文化产品和服务出口。利用中小企业国际市场开拓资金支持文化企业在境外进行参展、宣传推广、培训研讨和境外投标等市场开拓活动。中国进出口银行、国家开发银行等政策性银行均把文化产品和服务出口纳入业务范围。第四，完善文化产品和服务出口奖励机制。对出口规模较大、出口业务增长较快的文化企业，对积极引进中国版权的国外文化机构和企业，对将中国文化产品推向海外市场做出贡献的国内外媒体、中介机构和友好人士，给予相应的表彰和奖励。

（四）广告服务贸易政策

根据《外商投资广告企业管理规定》（2004年3月2日中国国家工商行政管理总局、商务部令第8号）和《外国投资者并购境内企业暂行规定》（2003年3月7日中国对外贸易经济合作部、国家税务总局、国家工商行政管理总局、国家外汇管理局令第3号），2006年4月国家工商行政管理总局、商务部联合下发了《关于外国投资者通过股权并购举办外商投资广告企业有关问题的通知》，明确指出外国投资者可以依据这两个"规定"等有关文件，通过购买境内广告企业的部分股权设立中外合营广告企业，通过购买境内广告企业的全部股权设立外资广告企业，同时就外国投资者通过并购设立外商投资广告企业有关问题进行规范。

（五）计算机及其相关服务贸易政策

2000年以来，中国政府制定了促进软件及信息服务发展的专项政策和行动纲要，从投融资、知识产权保护、信息化应用、推动贸易发展、人才培养、规范市场秩序等方面创造了良好的商务环境。2006年9月19日，中国商务部、信息产业部等六部门联合发布了《关于发展软件及相关信息服务出口的指导意见》，从培育出口促进服务体系、完善税收和金融政策、促进人才培养等方面出台了多个政策措施，为促进软件和信息服务及贸易的发展创造了良好的条件。

（六）金融服务贸易政策

2006 年 4 月 17 日，中国人民银行发布了《商业银行开办代客境外理财业务管理暂行办法》，进一步推进人民币资本项目可兑换，满足境内机构和个人对外金融投资和资产管理的合理需求，促进国际收支平衡。

在银监会的积极推动下，国务院于 2006 年 11 月 11 日修订并颁布了《外资银行管理条例》。与原《外资金融机构管理条例》相比，修订内容涉及五个方面：兑现加入 WTO 承诺的修订；加强审慎监管的修订；体现中、外资银行统一监管标准的修订；适用范围的调整；以及体现国家区域经济发展战略的修订。2006 年 11 月 24 日银监会颁布了《外资条例实施细则》，同时按照《银监法》的授权，陆续出台了一批银行业稳健发展所急需的部门规章和规范性文件。自 2006 年 12 月 11 日起，取消对外资银行经营人民币业务的地域和客户限制，取消对外资银行在华经营的非审慎性限制。根据新修订的《外资银行管理条例》，在允许外资银行自主选择商业存在形式的前提下，鼓励机构网点多、存款业务规模较大并准备发展人民币零售业务的外资银行分行转制为在中国注册的法人银行。转制后，外资法人银行在注册资本、设立分支机构、营运资金要求以及监管标准方面，完全与中资银行相同。外资银行分行转制为法人银行后，可以继续保留一家分行。

（七）旅游服务贸易政策

为适应中国加入 WTO 后的发展形势、扩大旅游业对外开放、促进旅行社业发展，2003 年 6 月 12 日，国家旅游局、商务部颁布了《设立外商控股、外商独资旅行社暂行规定》(国家旅游局第 19 号令)，确定了外商在中国境内设立外商控股或外商独资旅行社的有关条件。2005 年 2 月 17 日，对此"规定"进行了修订(国家旅游局第 20 号令)；2005 年 12 月 29 日，又对此"规定"做出了补充规定(国家旅游局第

25 号令）。

根据国务院批准的《（内地与香港关于建立更紧密经贸关系的安排）及补充协议一、二、三、四》和《〈内地与澳门关于建立更紧密经贸关系的安排〉及补充协议一、二、三、四》做出的具体承诺包括：（1）允许香港和澳门服务提供者以独资形式在内地建设、改造和经营饭店、公寓楼和餐馆设施。（2）香港和澳门旅行社与内地合资设立的由内地拥有多数股权的合资旅行社无地域限制。（3）降低香港和澳门旅行社进入内地的准入条件，即：在内地设立独资旅行社的旅游企业的年旅游经营总额不低于 1500 万美元，在内地设立合资旅行社的旅游企业的旅游经营总额不低于 800 万美元。（4）允许在广东省、北京市、上海市、天津市、重庆市、成都市、济南市、南宁市、海口市、长沙市、贵阳市、昆明市、南昌市，以及浙江省的杭州市、宁波市、台州市，福建省的福州市、泉州市、厦门市，辽宁省的沈阳市、大连市，江苏省的南京市、无锡市、苏州市的居民个人赴港澳旅游。（5）允许在广东、广西、湖南、海南、福建、江西、云南、贵州和四川等省、自治区的香港和澳门独资或台资旅行社，申请试点经营具有该省、自治区正式户籍的居民前往香港、澳门的团队旅游业务。

（八）通信服务贸易政策

中国在加入 WTO 时承诺开放快递服务 (CPC75121)，但"现由中国邮政部门依法专营的服务除外"。按照现行《邮政法》规定，信件及其他具有信件性质的物品的寄递业务由邮政企业专营。因此，中国仅承诺开放物品类的快递服务。但考虑到外资企业在中国经营国际信件快递业务的现实情况，允许外资企业在办理邮政委托手续后，继续经营国际信件快递业务。

2005 年 12 月 11 日起，中国已允许外国快递企业设立独资公司。中国认真履行 WTO 承诺，着力建立健全相关法规和制度，按照有序、可控的原则逐步开放市场。2006 年 2 月，国务院出台关于国家邮政局职责、机构和人员编制的"三定方案"，再次明确重组后的国家邮政局作为国家邮政监管机构，对包括邮政普遍服务和快递服务在内的邮政市场实行统一监管，主要职责是：保障邮政普遍服务，保障国家通信与信息安全，依法监管邮政市场和集邮市场，对快递等邮政业务实行市场准入制度。2007 年，在国务院法制办的主持下，《邮政法》的修改工作继续抓紧进行。新的《邮政法》将贯彻国务院有关文件精神，切实保障邮政普遍服务，加强对快递等邮政业务的市场监管，保证邮政市场公平竞争。修订工作将继续坚持 WTO 透明度原则，依照《中华人民共和国立法法》的有关规定，采用各种必要的形式充分征求相关方面的意见。

（九）建筑服务贸易政策

加入 WTO 后，中国出台的关于建筑服务贸易的文件有：《外商投资建筑业企业管理规定》《外商投资工程设计企业管理规定》及其补充规定、《关于外国企业在中华人民共和国境内从事建设工程设计活动的管理暂行规定》等。以上规定，在工程设计和施工领域确定了以下准入原则：外国企业在中国境内开展工程设计和施工活动需设立企业法人，并取得建筑业企业资质证书或工程设计企业资质证书。外商独资、合资、合作设计企业以及中外合资、合作建筑企业承包工程范围同国内企业同等待遇。外商投资设计、建筑企业以及工程服务企业的资质取得标准实行国民待遇。

在项目管理方面，按照《建设工程项目管理试行办法》(2004 年建设部 200 号)，推行工程总承包和项目管理是一项工程建设项目组织实施方式的改革，旨在加快与国际工程承包和管理方式接轨，提高中国工程建设企业的国际竞争力。对上述两种方式不再设立新的市场准入许可，允许专业机构在承担任务方式上有多种探索，引导企业在更高层面发展。中外企业只要具有设计、施工、监理、招标、造价等任何一项资质，就可以开展工程项目管理业务。工程项目管理也是外国公司在中国境内开展业务的主要方式。这种做法对中国企业和外国企业都是有益的积极的，也是顺应国内外发展潮流的。

（十）保险服务贸易政策

关于外资保险公司设立条件：（1）投资者应是在 WTO 成员境内有超过 30 年经营历史的外国保险公司；（2）必须连续 2 年在中国设立代表处；（3）在提出申请前

一年的年末总资产不低于 50 亿美元。但保险经纪公司除外：2001 年 12 月 11 日起，申请设立公司的最低年末总资产要求为 5 亿美元，以后每年递减 1 亿美元；2005 年 12 月 11 日起，申请设立公司的最低年末总资产要求为 2 亿美元。

关于外资保险公司企业设立形式：①寿险：2001 年 12 月 11 日起，允许外国寿险公司在华设立合资公司，外资比例不超过 50%，外方可以自由选择合资伙伴。②非寿险：2001 年 12 月 11 日起，允许外国非寿险公司在华设立分公司或合资公司，合资公司外资比例可以达到 51%。2003 年 12 月 11 日起，允许外国非寿险公司设立独资子公司，取消企业形式限制。③再保险：2001 年 12 月 11 日起，允许外国保险公司以分公司、合资公司或独资子公司的形式提供寿险和非寿险的再保险业务。④经纪：2001 年 12 月 11 日起，允许设立合资保险经纪公司，外资比例不超过 50%，2004 年 12 月 11 日起，外资股比可以达到 51%，2006 年 12 月 11 日起，允许设立全资外资子公司。

关于业务经营范围限制：外资保险公司不允许经营法定保险业务：①寿险：2001 年 12 月 11 日起，允许外资寿险公司向外国公民和中国公民提供个人（非团体）寿险服务；2004 年 12 月 11 日起，允许其向中国公民和外国公民提供健康险、团体险和养老金／年金服务。②非寿险：2001 年 12 月 11 日起，允许外国非寿险公司跨境从事国际海运、航空和运输保险业务，允许外资非寿险公司从事没有地域限制的"统括保单"和大型商业险保险业务，允许提供境外企业的非寿险业务、在华外商投资企业的财产险、与之相关的责任险和信用险服务；2003 年 12 月 11 日起，允许向外国客户和中国客户提供全面的非寿险服务。③保险经纪：允许外国保险经纪公司跨境从事大型商业险经纪，国际海运、航空和运输保险经纪及再保险经纪业务。允许外资保险经纪公司从事大型商业险经纪、再保险经纪以及国际海运、航空和运输保险及其再保险经纪业务；同时允许其在国民待遇的基础上提供"统括保单"经纪业务。④再保险：2001 年 12 月 11 日起，允许外国保险公司跨境从事再保险业务。允许外国（再）保险公司以分公司、合资公司或独资子公司的形式提供寿险和非寿险的再保险业务，没有地域限制或发放营业许可的数量限制。

第三节 服务业加大开放与服务贸易加快发展（2008—2019年）

2008 年发生的世界性金融危机，导致当年的世界服务贸易大幅度波动，中国服务业和服务贸易也经受了考验。由于这一年不是经济常态，而是经济发展的转折，因此可以把这一年视作前后两个阶段的"节点"。

一、服务贸易概况

受金融危机影响，2009 年，中国服务贸易进出口规模出现自 2001 年以来的首次缩减。商务部公布的数据显示，这一年中国服务贸易进出口额为 3025 亿美元，比上年下降 6.1%。其中，出口 1436 亿美元，同比下降 12.1%；进口 1589 亿美元，与 2008 年持平。出口和进口分别居世界第 5 位和第 2 位。2010 年，中国服务贸易实现恢复性增长，进出口总量创历史新高，贸易逆差明显缩减，服务出口居世界第四位（前三位依次为美国、德国、英国），进口居世界第三位（前两位依次为美国、德国），进出口排名均比 2009 年上升一位。2011 年，中国服务贸易进出口规模扩大，总额达 4489 亿美元，比上年增长 20.8%，超过世界服务贸易进出口平均增幅 5 个百分点，占当年世界服务贸易进出口总额的 5.2%。2012 年中国服务贸易稳步增长，贸易规模持续扩大，中国服务贸易增长了 7.6%，服务贸易占中国对外贸易总额的比重进一步提高。2013 年，面对复杂的国内外形势和经济下行的压力，中国积极优化服务贸易结构，着力扩大高附加值服务出口、服务贸易呈现稳中有升的发展态势，进出口总额突破 5000 亿大关，达到 5376 亿美元，增速达到 11.3%。2014 年中国服务贸易规模再创历史新高，进出口总额突破 6000 亿大关，达到 6520 亿美元，增速达到 21.3%，继续稳居世界前列。2015—2017 年,中国服务贸易进入平稳增长阶段(见表 5–3)。

表 5-3　2008—2018 年中国服务贸易进出口状况

单位：亿美元

年份	中国进出口额		中国出口额		中国进口额		差额
	金额	同比（%）	金额	同比（%）	金额	同比（%）	
2018	7915	13.8	2667	16.9	5248	12.2	−2581
2017	6957	5.1	2281	8.9	4676	3.4	−2395
2016	6616	1.1	2095	−4.2	4521	3.8	−2426
2015	6542	0.3	2186	−0.2	4355	0.6	−2169
2014	6520	21.3	2191	5.9	4329	30.9	−2137
2013	5376	11.3	2070	2.7	3306	17.5	−1236
2012	4829	7.6	2016	0.3	2813	13.5	−797
2011	4489	20.8	2010	12.7	2478	28.2	−468
2010	3717	22.9	1783	24.2	1934	21.7	−151
2009	3025	−6.1	1436	−12.1	1589	0.0	−153
2008	3223	21.4	1633	20.7	1589	22.1	44

资料来源：国家商务部商务数据中心。

二、服务贸易结构逐步优化

这一时期，一方面中国服务贸易保持了较快增长，另一方面服务贸易的行业结构也得到了优化，表现在传统服务业贸易稳步下降，新兴服务业贸易逐步提升。据商务部统计，2017 年三大传统服务行业（运输、旅行、建筑）进出口总额为 30810.2 亿元，占服务贸易总额的 65.6%，比 2016 年下降 1.1 个百分点。新兴服务进出口普遍快速增长。其中，电信、计算机和信息服务进出口增长 22%，个人、文化和娱乐服务增长 23.8%，维护和维修服务增长 16.2%。知识产权使用费服务进出口额增长 34.7%，知识产权使用费进口额接近出口额的 6 倍，逆差规模扩大至 1608.5 亿元，比上年增长 6%。[①]

2010 年，中国服务贸易以旅游业为主，其次是其他商业服务和运输业，而电信、计算机和信息服务业以及保险金融服务业、知识产权使用费等服务行业的占比偏低。2010 年后，中国服务贸易行业结构发生了明显的变化，知识含量高的新技术服务业出

---

① 　商务部网站：《中国服务贸易状况》，2017 年。

现上升的势头。2018 年中国服务贸易行业结构中，电信、计算机和信息服务业占比由 2010 年的 5.4% 增加至 8.9%，知识产权费占比由 2010 年的 0.5% 增加至 5.2%。尽管如此，中国的服务贸易行业结构依然以传统的服务行业为主，运输业、旅游业、建筑业、加工服务业等总体占比较大，电信、计算机和信息服务业、知识产权使用费等技术密集型服务行业总体占比偏低（见表 5-4）。

表 5-4 2008—2018 年中国服务贸易行业结构

年份 服务类型	1997	2005	2010	2015	2017	2018
运输业	12.10	20.90	20.10	18.94	18.69	19.02
旅游业	49.30	39.60	36.90	45.06	42.19	39.94
建筑业	2.40	3.50	8.50	4.10	4.67	4.44
保险服务业	0.70	0.70	1.00	2.11	2.08	2.12
金融服务业	0.10	0.20	0.80	0.76	0.76	0.71
电信、计算机和信息服务业	0.30	2.50	5.40	5.66	6.74	8.94
知识产权使用费	0.20	0.20	0.50	3.53	4.79	5.20
个人、文化和娱乐服务	1.00	1.50	1.70	0.40	0.50	0.58
维护和维修服务业	0.00	0.70	0.70	0.75	1.18	1.23
加工服务业	1.20	7.20	3.28	3.15	2.63	2.23
其他商业服务	31.30	22.80	20.90	14.96	15.01	14.80
政府服务	1.40	0.20	0.22	0.55	0.75	0.79

资料来源：商务部公共信息服务中心。

三、服务贸易区域发展不平衡，差距有所缩小

这些年来，中国沿海地区的服务贸易水平明显高于中西部地区，内陆沿边地区的服务贸易水平也较低。2018 年中国服务贸易区域分布中，东部地区占比 84.8%，长江经济带沿线、京津冀地区、珠三角经济圈服务贸易进出口额占全国服务贸易总额的 77%，其中"北上广"（北京、上海和广东）占比 65%。东部沿海地区服务贸易集中于金融保险、计算机和信息服务、广告咨询服务以及运输服务，中西部则主要以劳动密集型服务贸易为主。

据商务部统计，2017 年，东部沿海 11 个省市的服务贸易进出口合计 39986.8 亿元，

占全国的比重为 85.9%。其中上海、北京和广东的服务进出口额分别为 10200.5 亿元、9677.5 亿元和 8316 亿元，居全国前三位。中西部地区服务贸易进出口合计 6575.7 亿元，同比增长 8%，高于全国增速 1.2 个百分点，其中出口增速达 23.5%。这主要得益于中西部地区服务产业实力的稳步提升，各地积极探索服务贸易发展新模式与新思路，为服务贸易发展奠定了坚实基础。此外，随着服务贸易创新试点工作逐步深化，试点地区的服务贸易快速发展。2017 年，15 个服务贸易创新试点地区服务进出口合计 24405.5 亿元，进出口、出口和进口同比分别增长 8%、11.1% 和 7.4%，均高于全国平均水平。试点地区对全国服务贸易创新发展的引领作用不断增强[①]。

四、服务贸易地位不断提升

服务贸易在对外贸易（货物贸易与服务贸易之和）中的占比持续提升，由 2011 年的 10.3% 上升到 2015 年的 15.3%，2016 年升至 18%，达到阶段性峰值。随后的 2017、2018 年占比有所下降，但依然保持了较以往更高的水平。服务贸易的快速发展得益于中国服务业日益成长壮大和服务业进一步扩大开放，以及服务贸易创新支持政策所发挥的效应。1982 — 2017 年，中国服务出口世界排名由第 28 位上升至第 5 位；进口由第 40 位上升至第 2 位。1982 年，中国服务贸易出口额为 27 亿美元，占世界比重不足 1%；2017 年，中国服务贸易出口 2281 亿美元，占世界比重已上升至 4.3%。2018 年，中国服务进出口总额 52402 亿元，增长 11.5%，规模创历史新高，连续第五年位居全球第 2 位。其中，出口 17658 亿元，增长 14.6%；进口 34744 亿元，增长 10%。[②]

五、服务外包发展势头良好

2008 年以来，中国服务外包的发展速度明显加快，对服务贸易的贡献日益加大。2016 年，中国企业新签订服务外包合同金额首次突破 1 万亿元大关，达到了 10213 亿元人民币，增长了 20.1%；执行金额 7385 亿元，增长了 17.6%。其中离岸服务外包合

---

① 商务部网站：《中国服务贸易状况》，2017 年。
② 商务部网站：《中国对外贸易形势报告（2019 年春季）》，2019 年。

同额 6608 亿元，执行额 4885 亿元，分别增长了 16.6% 和 16.4%。中国离岸服务外包规模约占世界市场的 33%，位居世界第二。离岸外包执行金额占中国服务出口总额的 1/4。2017 年，中国服务外包继续保持良好的增长态势。中国企业全年承接服务外包合同额 12182.4 亿元人民币，执行金额 8501.6 亿元，同比分别增长 26.8% 和 20.1%。截至 2017 年底，中国服务外包企业的业务范围已遍及五大洲 200 多个国家和地区，服务外包执行金额超亿元的国家和地区达到 130 个。外包市场日渐多元化。2017 年，中国研发、设计、维修维护服务等生产性服务外包执行金额 2902.6 亿元，同比增长 24%。一批领军 IT 企业提供的云外包服务达到 200 亿元。服务外包正成为推动"中国制造"向"中国智造"迈进的重要因素。2018 年，中国服务外包执行额 1450.3 亿美元，同比增长 15.0%。

第四节 服务业和服务贸易进一步开放

一、服务业与服务贸易进一步开放的必要性

（一）顺应全球服务贸易发展趋势的需要

20 世纪 80 年代以来，在各种因素的共同推动下，全球服务贸易发展迅猛。1981 年，全球服务贸易进出口总额 8760 亿美元，2017 年这一数值已攀升至 10.58 万亿美元，增长了近 12.08 倍。作为服务业跨国转移的重要方式和内容之一，服务业对外直接投资近年来发展迅猛。UNCTAD 最新发布的《2017 年世界投资报告》显示，2017 年全球对外直接投资流量约为 1.42 万亿美元，其中服务业对外直接投资流量为 8323 亿美元，占总流量的 58.61%。服务外包蓬勃发展，知识流程外包（KPO）、信息技术外包（ITO）以及商业流程外包（BPO）等形式的服务外包在世界各地得到推广并成为服务外包的主流模式。随着经济服务化与智能化的发展，服务业及服务贸易在经济发展中的作用越来越大，服务贸易在世界贸易中的比重势必越来越大。中国是贸易大国，应顺应这一经济贸易发展趋势。

（二）产业结构转型升级需要

改革开放后，中国制造业经历了数年的高速增长，成为全球第一的制造业大国，但服务业和服务贸易发展相对缓慢。形成这一现状的原因是改革开放的主要领域集中于制造业，服务业开放相对不足。世界经济产业结构转型升级的大趋势是产业中心逐渐由有形的货物生产转向无形的服务产品提供。作为全球开放型经济大国，中国的产业结构调整优化，也将遵循这一规律。

（三）服务贸易逆差调整的需要

统计数据显示，改革开放四十年来中国货物贸易一直处于顺差状态，而服务贸易一直处于逆差状态，且有逆差居高不下的趋势。2018 年，服务贸易逆差达到峰值2581 亿美元。这不利于中国外贸的进一步开放和经济发展层次的提升。扩大服务贸易开放，短时间内可能会使服务贸易逆差扩大，但从较长的贸易周期考察，将有利于扭转服务贸易长期逆差的状态，带动经济产业结构升级和高质量发展。

（四）制造业向智能高端化发展需要

社会分工和产业演进的规律表明，制造业和服务业尤其是生产性服务业之间的融合越来越深，服务业深刻地影响着制造业的转型升级及产业结构的软化。从全球制造业视角观察，以美国、英国、德国、日本等国为代表的发达国家的制造业结构日趋软化，智能化的步伐正在加快。而中国、巴西、墨西哥等中间层经济体的制造业，依然更多处于传统工业化深化发展时期，服务业尤其是高级生产性服务业发展还明显落后，没有很好地发挥其引领制造业智能化转型升级的需要。因此，应大力开放和发展生产性服务业及其贸易，带动制造业产业结构软化和效率提升。

（五）维护多边贸易体制发展的需要

当前世界贸易进入了摩擦多发期，中美贸易尤甚。随着中国改革开放的深化，中国在货物贸易与一、二产业投资方面的开放度与市场准入度方面越来越宽松，但服务业与服务贸易方面目前还相对较谨慎，虽然开放的步伐已迈出一大步。为维护 WTO多边贸易机制、平衡中美贸易、理顺与主要贸易伙伴之间的贸易投资关系，中国需要进一步的全方位开放，尤其是在服务业与服务贸易方面。

二、服务业与服务贸易扩大开放的策略与措施

中国服务业和服务贸易进一步开放，是自身发展的需要，也是中国经济高质量发展的需要。目前，中国服务业和服务贸易高端开放还存在一些制约因素，包括主动开放的意识不够，市场机制体系还有待进一步完善，新兴服务业竞争力还待进一步提升，知识产权执法还需要进一步严格执行，市场的营商环境还需要进一步提升等。因此，应在做好内功的基础上，采取积极的开放策略与措施。

（一）扩大市场准入，积极开放服务业市场

统筹兼顾，重新审视服务业市场准入条款和条件，采取积极主动的开放措施，对一些与国内制造业、农业及新兴服务紧密相连又具有广阔市场发展空间的服务业行业扩大市场准入与对外开放，更多吸引外国投资。这些行业包括金融、电信、信息服务、知识产权服务、各类生产性服务等。应降低准入门槛，打破行业垄断，放宽市场准入，降低重点领域对于外资企业注册资本、持股比例等的限制标准，引入竞争机制，提高服务市场的效率，推行"非禁即入"的宽松准入模式。为加快服务产业与服务贸易升级，应加大现有自由贸易试验区和自由贸易港的服务业和服务贸易开放，大力引进外国直接投资，加大技术服务等新兴服务贸易进口，利用技术溢出效应促进中国本土服务企业技术创新，提高企业软实力。此外，还应进一步落实《关于实行市场准入负面清单制度的意见》。

（二）完善市场体系，创造良好的营商环境

比起制造业和农业，服务业和服务贸易对市场机制与营商环境更为敏感和依赖，良好的市场体系与营商环境不仅是服务业和服务贸易健康成长的基础，更是增强外商投资信心，加大"走出去"力度的基础。中国服务业和服务贸易发展相对落后，国际竞争力不足，市场机制体系和营商环境是主要的制约因素之一。因此，政府部门应进一步放权，加快市场机制改革，建设起完善的市场机制体系和信用度美誉度均较高的营商环境。主要措施包括：一是简政放权，实行负面清单制度。由事前审批为主的传统模式过渡到事后监管为主的审核机制。下放审批权限，制定服务行业进入的负面清单，将符合规定标准的外资企业审批权限下放至各辖区行政单位。二是简化审批手续。将审批要求按照

部门和环节分门别类，将详细的要求送达各个投资者，保持信息透明度；完善网上申报审批系统，设置便利的网上申报通道和网上预审环节，有效缩短审批时间，提高审批效率。三是严格执法，强化法律保障。服务业和服务贸易都需要信用先行，因为服务业和服务贸易在运营过程中容易出现投机取巧、违背信用、侵犯知识产权等违法行为，更需要法律在此过程中护航与保障。政府应加强对服务业及服务贸易的监管力度，积极采取多点监管的创新管理模式，建立风险预警机制，维护产业的开放与安全。

（三）加快服务业领域国际化人才培养，支撑产业创新发展

服务业及服务贸易都是专业性很强的领域，需要大量的专业人才进入才能推动发展，服务贸易尤其如此。目前，中国缺乏服务贸易方面的高素质人才，包括服务贸易的研究人员、金融家、会计师、律师、软件编程工程师、文化创作人等。人才缺乏是服务贸易发展中的突出问题，应多方培养服务行业与服务贸易核心人才，全面推进服务业职业资格证制度，建立服务业职业资格标准体系，以满足市场对服务人才的需要、支撑行业发展。应重视服务业和服务贸易研究型人才的培养，支持智库和专业咨询公司发展是途径之一。专业性经营人才和行业工程师则有待高校的人才培养和行业发展中的"干中学"。政策在人才建设上的支持和行业的集群化发展，都有利于这两类人才的培育。

（四）加大服务业"走出去"力度，协同货物贸易共同发展

中国是世界货物贸易大国，但货物贸易的出口成本偏高，这与货物贸易相关的服务产业发展不足有关目前国际物流、跨国营销、新产品研发等国际货物贸易高附加值服务环节基本上都掌握在西方有实力的跨国公司手中。中国服务业对外投资尚在发展阶段，更多是以国有企业为主导，民营跨国企业参与国际服务业投资尚处于尝试进入阶段，因此服务业国际化经营还是个短板。应采取鼓励政策让更多民营企业"走出去"参与全球布局与竞争，设立研发中心、物流中心、营销网络和海外仓库，为货物贸易提供更多中间性服务和生产性服务，提升进出口商品的附加值。鼓励措施包括：简化服务企业走出去程序，在对国际并购、国际投资等方面给予便利措施和资金支持；优先促进金融、保险、民航、物流等生产性服务业走出去；鼓励建筑、旅游、分销、教育等服务领域有潜力的企业开展对外投资；积极参与双边、多边和区域合作，为服务

业"走出去"提供市场与制度空间；积极签订双边或多边国际服务贸易与投资协定，为服务企业"走出去"争取公平的国际商务环境。

（五）发展服务外包，开拓离岸市场

国际实践经验表明，服务业外包是促进服务业对外开放，实现产业升级的有效途径之一，是服务贸易新的增长点，能够增加高技术附加值产品出口，提高服务贸易出口质量，促进对外贸易增长方式的转变和服务贸易规模的扩大。我国应该把握住经济全球化的历史机遇，大力发展服务外包，全方位融入全球价值链的高端部分，实现服务业高效率的对外开放。具体措施包括：一是争取重点领域实现突破。面向离岸外包和在岸外包市场需求，积极发展各种形式的服务外包，重点发展信息技术外包（ITO）、业务流程外包（BPO）和知识流程外包（KPO）。二是提升服务外包企业接包能力。支持企业率先应用信息技术国际标准，提升信息技术国际服务水平和能力。鼓励外包企业争取获得外包国际资质认证，增强外包企业的接包及发包管理能力。鼓励服务外包企业"走出去"，在外设立子公司、分支机构，增强在境外接单能力。三是支持服务外包产业集群发展。在服务外包核心节点城市推动服务外包产业集聚和互动互补发展，打造服务外包产业核心城市和外延城市，鼓励外包核心城市的服务外包企业在外包外围城市设立卫星接包交付中心，推广"核心外包城市接单、外围城市交付"的服务外包合作运营模式，加快效率面对国际市场的外包产业分工供给体系。四是积极承接离岸外包。降低对离岸比例设置的最低门槛限制，对承接国际服务外包的企业给予相应的政策便利和资金支持；拓展离岸外包市场和接包方式，逐步提高离岸接包业务水平；完善服务外包示范基地城市建设，推动有条件的城市成为国际高端服务业集聚中心；加大外包基地城市的建设力度，健全配套离岸外包服务体系；加强离岸外包服务人才的培养，提高离岸外包人力资本的效率和质量。

（六）积极发展数字贸易

随着全球数字经济的快速发展，数字贸易为世界服务贸易发展注入了新动能，开辟了新空间。要发展数字贸易，首先应加强政策协调，统筹规划数字贸易的发展。数字贸易产业分属于不同的垂直产业，与服务外包、文化贸易、软件与信息产业均有一

定的重合。因此要制定我国数字贸易相关产业的发展规划。其次，应加强数字贸易产业基金建设，推动资本招商，引入资本招商模式，吸引有国际竞争力的数字贸易企业在国内落户和投资。第三，完善进出口单一窗口建设，促进数字贸易便利化。第四，加大对数字贸易业务以及相关企业的扶持力度。从财政、税收、金融、人才、贸易便利化等方面加大对数字贸易的支持，并在出口流量补贴方面支持服务企业积极拓展国际数字服务贸易市场。

第六章 国际投资与对外贸易互促发展 70 年

国际投资和对外贸易通常是经济建设中联系紧密、互相促进的经济链环，在一国经济发展中发挥着重要的作用。建国七十年来，中国的对外贸易取得了长足的发展，在建国初期就改变了旧中国长期存在的外贸逆差，加入 WTO 后很快成长为世界贸易大国。在这背后，国际投资发挥着重要的支撑与促进作用，无论是贸易伙伴的增多、对外贸易商品的扩大，还是贸易方式的转变、贸易产业的结构升级等，中国吸收国际直接投资和对外直接投资，都起到了十分重要且显著的促进作用。中国国际投资对国际贸易的促进，从影响程度与作用机制上可划分为 1978 年改革开放前和改革开放后两个阶段。

第一节 1949—1978 年的国际投资与对外贸易

一、利用外资的渠道与方式 [①]

在此阶段，中国的国际投资形式主要是通过援建等几个重要渠道利用外来投资；对外直接投资很少，尚处于摸索阶段。为了支持进出口贸易以及开拓国际市场，中国

注：由于历史原因，我国利用外资的统计工作自 1983 年起才有年度序列数据，这使我们无法了解此前利用外资的年度具体数据和变化。因此，1949—1978 年我国利用外资的概况，只能根据不完整的数据做一般性阐述。

在境外以政府投资为主设立了金融、贸易和海洋运输企业。此外，中国的各个外贸公司也先后在巴黎、汉堡、伦敦、纽约、东京、新加坡、香港等地设立了分支机构，成立了一批贸易企业。这些投资活动的主要目的是为中国进出口贸易服务。尽管这些企业投资规模普遍较小，但是这些境外投资企业为新中国对外贸易的发展起到了积极的推动作用，同时对中国的对外经济技术援助、对外工程承包和劳务输出发挥了积极的促进作用。在利用外资方面，中国主要采取以下的渠道与方式：

（一）改造和利用外资企业

新中国成立前，外资企业曾在中国长期从业经营和布局，因此在经济上占有重要的地位。例如公用事业几乎全部由外商经营，电车、自来水、煤气一度由英商、法商垄断经营。1936 年，外国资本占中国产业资本的 57.22%。经过 1937—1945 年的抗日战争，外国在华企业的资本有较大减少，只占全国资本的 7.8%。随着解放战争的节节推进，外资企业纷纷收缩和转移资金。

新中国成立初期，中国开始对外资企业进行改造。以上海为例，上海外资企业改造始于 1949 年 5 月，终于 1962 年。大致可以分为四个阶段：1949 年 5 月至 1950 年 12 月为第一阶段，主要是监督和利用在华外资企业；1950 年 12 月至 1952 年为第二阶段，受朝鲜战争爆发的影响，政府开始大量军管、征用、代管、转让外资企业，对于守法的其他外资企业依然采用保护政策；1953 年至 1956 年为第三阶段，上海外资企业全部纳入改造轨道，政府以对价转让的方式对外资企业进行改造，使外资企业转变成为社会主义性质的国民经济的一部分；1957 年至 1962 年为第四阶段，基本完成对价转让，外资企业改造进入尾声。[①]

（二）引进社会主义国家的资金、技术和投资

20 世纪 50 年代，中国从苏联、东欧国家引进资金 26 亿美元，投资建设冶金、机械、汽车、石油、煤炭、电力等重点基础项目。中国引进的这些外国资金，对当时的国民经济发展起到了较大的辅助作用，但因主要是借用利率高、还款期短的国外商业

---

① 宋仲福："建国初期党和国家对外资在华企业的政策"，《中共党史研究》，1990 年第 4 期。

贷款来发展重工业，引进成本过高，加之当时中国科技落后，国内配套资金严重不足，一些利用外资项目被迫下马调整。利用外资的总体效益不高，引进资金建设的有些项目未能发挥应有的效益。此外，在既缺资金也缺技术的情况下，建国初期我国通过利用苏联等友好社会主义国家的直接投资建立起合资公司，先后创办了中苏石油股份公司、中苏有色及稀有金属股份公司、中苏民用航空公司、中苏轮船修理建造股份公司、中波轮船股份公司等中外合资企业。①

（三）接受苏联等国援建工程项目

主要的援建项目是 1950 年代由苏联等国援助中国建设的一系列工业项目，统称"156 项工程"，分三批进行。

第一批项目，源自 1950 年毛泽东主席访问苏联期间签订的《关于苏联贷款给中华人民共和国的协定》。该协定生效后，中国便接受了苏联帮助，利用这笔贷款新建和改建了第一批 50 个大型工程项目，涉及煤炭、电力等能源工业，钢铁、有色、化工等基础工业，以及国防工业等国民经济最重要部门。

第二批项目，源自 1953 年中苏两国签订的《关于苏维埃社会主义共和国联盟政府援助中华人民共和国中央人民政府发展中国国民经济的协定》，该协定确定在1953—1959 年间由苏联增援中国新建和改建 91 个企业，目的是帮助中国有效落实第一个五年计划和促进中国工业化建设。

第三批项目，源自 1954 年 9 月赫鲁晓夫来中国参加国庆五周年庆典期间双方的会谈。双方商定，苏联给予中国 5.2 亿卢布长期贷款，帮助中国重建 15 项中国工业项目，同时扩大原先协定规定的 141 项企业设备供应范围。至此，中苏分三次共签订了 156 项援建工程项目。②

（四）鼓励华侨回国投资

新中国成立初期，国家积极鼓励华侨回国投资，支持家乡建设。华侨投资支持家

---

① 石广生主编：《中国对外经济贸易改革和发展史》，人民出版社 2013 年版，第 103~107 页。
② 孙国梁、孙玉霞："'一五'期间苏联援建'156 项工程'探析"，《石家庄学院学报》，2005 年第 5 期。

乡建设的主要领域是生产建设和公益事业，由此创办了各种工商企业，推动了经济发展。[①]此外，侨汇也是当时利用外资的一个重要途径。

二、国际投资与对外贸易的相互关系

1949 年新中国成立至 1978 年改革开放这三十年的时期内，建设资金短缺一直是制约中国经济发展的重要因素。为此，积极利用外资引进国外先进的技术设备和管理经验，扩大出口，加速经济增长，成为我国对外开放的一项重要内容和发展策略。但是，由于西方国家的封锁，及中苏关系后来的恶化，中国利用外资的渠道一直没有真正打开，利用外资的规模处于非常低的水平。20 世纪 70 年代，中欧关系取得了良好进展，中美关系开始解冻，为引进外商直接投资创造了条件与可能。但当时利用外资的立法还不健全，国内基础设施尚不完善，外商对华投资还心存顾虑，因而外商直接投资基本上还处于试探阶段，中国引进和利用的外资数量并不大，且主要是贷款等间接资本。

尽管如此，新中国成立以来中国对外资的多种形式的引进和利用，还是对新中国的建设发挥了积极作用，同时对促进外贸发展发挥了积极作用。新中国成立后，积极利用以苏联为首的社会主义国家的资本和援建，弥补了国民经济发展存在的资金、技术、设备、人才等方面的严重不足。苏联援建中国的 156 项工程涉及军事工业、冶金工业、化学工业、机械加工、能源工业，以及轻工业和医药工业等。围绕这些重点工程，中国兴建了一系列配套工程，形成规模巨大的工业基地，如鞍山钢铁、长春汽车、沈阳飞机、富拉尔基重型机械加工等等，初步建起了中国的工业经济体系，为中国工业化的进一步发展奠定了基础，实现了自近代洋务运动以来的中国第一次迅速、集中、全面、系统的真正工业化行动。[②]

伴随着援助项目的建设，苏联技术也在向中国转移。其中既包括基础技术，也包括中国过去没有或基础差而又急需的技术，还包括中国现代科技体制的建立和科技队伍

---

① 林金枝："侨汇对中国经济发展与侨乡建设的作用"，《南洋问题研究》，1992 年第 2 期，第 21~34 页。
② 沈志华："新中国建立初期苏联对华经济援助的基本情况"（上），《俄罗斯研究》，2001 年第 1 期，第 53-56 页。

的建设。这些技术的转移既弥补了中国在汽车、拖拉机、采油炼油设备、化肥、化学纤维、光学仪器、照相胶片、喷气式飞机、航空发动机、坦克、核武器、火箭、计算机、半导体、精密仪器等技术领域的空白，也为中国科技和现代工业的发展奠定了基础。[①]

这些工业化项目的投资建设与技术引进，一方面为中国的进口替代政策发挥了强有力的支撑作用，另一方面也为中国原料与工业品出口起到了促进与提升的重要作用。而中国对外贸易的增长，又为中国的工业建设起到了原料、技术、资本支持等重要的支持作用，二者形成了互相促进，共同发展的良性关系。正是由于引进外资、引进项目和引进技术的支持，此时期中国的对外贸易得以维持一个中等增长速度，中国进出口额从 1950 年的 11.35 亿美元扩大到 1978 年 206.4 亿美元。1952-1978 年这 26 年间，进出口年均增长速度为 9.5%，进出口总额增长了近 20 倍[②]。

第二节 利用外商直接投资与对外贸易（1978—2019 年）

FDI（Foreign Direct Investment）指外国资本对本国的直接投资，这里的外国，不一定是另一国家，而是海关境外，即经济性的海关境外。由于我国港、澳、台的特殊性，我们把来自港、澳、台的投资也称为 FDI。因此，中国的 FDI 习惯上称为"外商直接投资"，包括来自外国的直接投资和本国海关境外的港、澳、台直接投资。四十年来，FDI 对中国经济的开放与增长发挥了重大影响，无论是贸易伙伴和可贸易品的扩大，还是贸易规模的大幅增长、外向型经济的产业结构升级等，都是这种影响的结果。

一、1978—1991 年的外商直接投资

1978 年 12 月，中共中央十一届三中全会在北京举行，这次会议的主要成就是结束了以阶级斗争为纲的内耗路线，国家政策的重心转向了经济工作，经济体制改革和

---

① 沈志华："新中国建立初期苏联对华经济援助的基本情况"（上），《俄罗斯研究》，2001 年第 1 期，第 49-58 页。
② 沈觉人等：《当代中国对外贸易（上）》，当代中国出版社 1992 年版。

对外开放被确定为基本国策。自此，中国经济发展进入了一个崭新的阶段。

在改革开放初期，由于基础设施、投资法规、市场体系等尚不完善，外商对于向中国内地投资还心存顾虑，FDI基本还处于加工型小项目尝试投入的试探阶段。虽然这一时期中国整体经济增长形势不错，连年保持了两位数的经济增长速度，粮棉油等连续多年保持了快速增长，农村改革取得了历史性的突破，工业改革也在开始启动，但中国引进外商投资项目的数量和额度并不大，且主要是贷款等间接资本，外商直接投资较少。

为了加大对外商直接投资的管理力度，我国对外商直接投资实行了"借用国外资金计划"和"吸收国外投资计划"两种管理体制，将外国政府和国际金融机构的贷款划归财政部和中国人民银行统一管理、分别使用，实行国家统借统还、国家统借部门自还、部门自借自还的办法进行管理；将外商直接投资划归国家计委、财政部、经贸部和中国人民银行分工管理、共同负责，建立了严格的项目可行性研究报告评估制度。在这一阶段，外商对我国直接投资的项目数和实际使用外资金额年度数据如表6-1所示。

表6-1　1979—1991年外商对我国直接投资情况

年度	项目数（个）	实际使用外资金额（亿美元）
总计	42503	250,58
1979-1982	920	17.69
1983	638	9.16
1984	2，166	14.19
1985	3，073	19.56
1986	1，498	22.44
1987	2，233	23.14
1988	5，945	31.94
1989	5，779	33.93
1990	7，273	34.87
1991	12，978	43.66

资料来源：商务部外资统计数据。

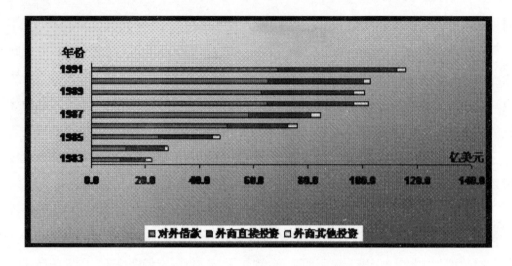

图 6-1 1983—1991 年我国利用外资结构

资料来源: 国家商务部外资统计数据。

从图 6-1 可以看出, 在此阶段, 中国利用外资结构中对外借款始终占主导地位, 吸引的外商直接投资不仅项目少, 规模也偏小。外商直接投资来源中, 地区和行业分布高度集中。1979-1986 年, 中国引进的外商直接投资项目 8295 个, 实际吸引外商直接投资额 83.04 亿美元, 年均仅 1037 项、10.38 亿美元, 每项平均金额仅为 100 万美元。资金来源地主要是港澳台地区, 以劳动密集型的 "三来一补" 项目和宾馆、服务设施等第三产业为主, 且主要集中在改革初期中国设立的四个经济特区。为加快利用外商直接投资的步伐, 1986 年 10 月, 国务院颁布实行了《鼓励外商投资的规定》, 1987 年起又制定了外商直接投资产业目录, 对先进技术企业和出口企业给予更多的税收优惠, 以促进外商直接投资产业结构的改善。1988 年国家决定将沿海经济开放区从东南沿海扩展至辽东半岛、山东半岛等地区, 并设立海南经济特区。1990 年决定开发和开放上海浦东新区, 并加大了对基础设施的投入力度。这些措施有效地改善了外商直接投资环境。在 20 世纪 80 年代后期, 虽然中国政治风波断续出现, 但流入内地的外商直接投资不仅在规模上明显扩大, 而且投资结构和区域均有了明显的改善。1987—1991 年间, 中国内地共批准外商直接投资 34208 项, 实际吸引外商直接投资 167.54 亿美元, 年均吸引项目升至 6841 个, 每项平均金额为 48.97 万美元。

二、1992—2009 年外商直接投资

1992 年，邓小平南方讲话发表之后，中国社会主义市场经济体制得以初步确立。国务院决定进一步开放 6 个沿江港口城市、13 个内陆边境城市和 18 个内陆省会城市，全方位开放格局正式形成，利用外商直接投资在广度和深度方面都有了突破性的发展，改革开放进入了新阶段。

除确立社会主义市场经济体制这件大事外，这一阶段国际经济领域还有四件大事发生：一是始于 1997 年，传染扩大于 1998—1999 年间的亚洲金融危机；二是 2001 年发生的"9·11"恐怖袭击事件；三是中国加入世界贸易组织（WTO）；四是始于 2007 年美国次贷危机，危害到 2008 年后数年的世界金融危机。这些事件对于外商直接投资的流向起着不同的影响，使外商直接投资流向出现明显的阶段变化特征。

这一时期，中国的外商直接投资可分为三个阶段：第一阶段为 1992—1997 年，第二阶段为 1998—2005 年，第三阶段为 2005—2009 年（见图 6-2）。

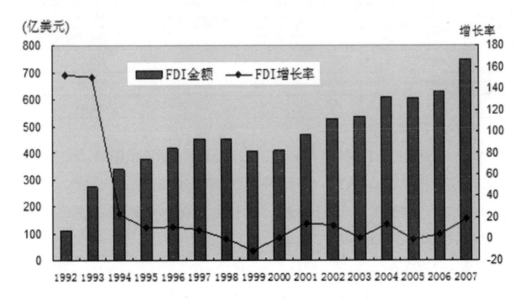

图 6-2　1992—2007 年外商直接投资金额及增长率

资料来源：国家统计局数据

表 6-2 1992—2008 年中国外商直接投资

年度	项目数（个）	实际使用外资金额（亿美元）
1992	48,764	110.08
1993	83,437	275.15
1994	47,549	337.67
1995	37,011	375.21
1996	24,556	417.26
1997	21,001	452.57
1998	19,799	454.63
1999	16,918	403.19
2000	22,347	407.15
2001	26,140	468.78
2002	34,171	527.43
2003	41,081	535.05
2004	43,664	606.30
2005	44,019	724.06
2006	41,496	727.15
2007	37,892	835.21
2008	—	952.53

资料来源：商务部外资统计数据。

　　1992—1997 年间，是中国利用外商直接投资急剧增长阶段。利用外商直接投资自 1992 年起超过对外借款，成为中国利用外资的最主要方式，其占比在 1992 年跃升到 57.3%，此后一直维持在 70% 以上的水平。对外借款则迅速降至占二成左右。其他外商投资方式继续处于辅助地位。

　　从表 6-2 可以看出，在这一阶段外商直接投资增长幅度相当可观。1992 年当年批准外商直接投资项目 48764 个，超过此前 13 年的总和，实际到位资金连续两年保持了 150% 以上同比增速，推动中国外商直接投资国际排名迅速上升。自 1993 年起，中国实际引进外商直接投资金额一举跃居世界第二位，仅次于美国。在投资方式上，外商独资经营比重日渐增加，并出现了诸如 BOT、证券投资等新的利用外商直接投资形式。

为优化投资结构，改变各地外商直接投资产业结构严重趋同化趋势，自 1995 年起，中国对利用外商直接投资政策进行了适当调整。1995 年 6 月，国家计委、经贸委和对外经贸部联合颁布了《指导外商投资方向暂行规定》和《外商投资产业目录》，将外商投资项目划分为鼓励、允许、限制和禁止四类，并从 1996 年 4 月起，逐步取消外商投资企业资本性货物进口的税收优惠政策，试点加工贸易的台账制度。1997 年 7 月，这一制度在全国全面推行。受此影响，1995 年后，中国批准的外商直接投资项目数量明显减少，外商直接投资实际到位金额增速也显著下降，1994—1996 年虽仍维持了两位数增速，但到 1997 年只有 8.5%。

尽管如此，这一阶段中国共批准外商直接投资项目 262318 个，实际使用外资金额达 1967.94 亿美元，均创造了历史纪录。虽然增速方面，后三年比前三年明显下降，但外资的实际到位率却从 28.4% 提高至 57.8%，平均每项实际到位金额也从 40.2 万美元提高至 150.8 万美元。数据表明，越来越多的大型跨国公司在争取进入中国市场进行投资，资金来源结构日益改善。随着外商直接投资项目规模不断扩大，投资的产业分布和地区结构也在不断优化，不仅资本、技术密集型项目增多，并且第三产业也开始了利用外资的试点。外商直接投资在这一阶段开始开拓中西部市场。

1998—2005 年是中国利用外商直接投资相对缓慢的发展时期。1997 年亚洲金融危机爆发后，实际流入中国的外商直接投资在 1998 年维持了 0.5% 的微弱增长，而 1999 年下降了 11.3%。这次金融危机的消极影响很大，导致流入中国的外商直接投资连续数年保持在低位，到了 2000 年也只有 1% 的微弱增长。在 1998—2000 年间，中国累计签订外商直接投资项目 59064 个，合同利用外资 1557 亿美元，均远低于 1992—1994 年和 1995—1997 年两个阶段。唯一的亮点是外商直接投资实际到位率进一步提高至 81.2%，平均每项实际到位金额也增加到 214 万美元。这说明跨国大公司的外商直接投资比小企业的投资稳定，外商直接投资比其他资本流动形式稳定。2001 年发生"9·11"事件后，美国作为国际资本"最安全地方"的国际地位明显下降，国际资本流向开始出现流出美国，流入新兴市场的倾向。2001 年 11 月中国加入 WTO，改革开放进入新阶段，实际利用外资重新进入快速增长轨道。

需要指出的是，由于中国利用外资的统计口径出现了一些变化，自 2000 年起，对外借款不再包括在实际利用外资中，导致 2000 年后利用外商直接投资数据与之前的数据没有直接可比性。尽管如此，从外商直接投资的几个统计指标来看，中国利用外资工作基本保持了稳定增长态势。2001—2005 年间，中国累计签订外商直接投资项目 189057 个，年均增速 13.9%；合同利用外商直接投资额 4205.11 亿美元，年均增速 30.4%；实际到位的外商直接投资额 2740.15 亿美元，年均增速 6.5%。

2006—2009 年是中国利用外商直接投资的不稳定时期。如表 6-2 所示，中国 2006 年较 2005 年实际利用外商直接投资的金额相当，2007 年较 2006 年增长了 14.9%，2008 年较 2007 年增长了 21.59%，波动相对较大。各季节波动也较大，例如 2008 年全年实际利用外商直接投资金额呈明显的高开低走，第一、二、三季度较上年同期分别增长 59.13%、26.1%、26%，第四季度较上年同期减少 15.82%。2008 年第一季度的超常增长主要是因为人民币升值预期高涨，而美国发生了次贷危机，致使国际资本绕开美国，大量流向中国等新兴市场经济国家。第四季度负增长是因为次贷危机在第三季度末已经蔓延为全球金融危机，全球资本流动大幅缩水，流向中国的外商直接投资自然也跟着减少。2009 年上半年，流向中国的外商直接投资较上年同期继续减少，负增长 18.07%。这一时期的波动性主要是受到美国次贷危机以及后来的金融危机的影响。

三、2010—2019 年外商直接投资

2010 年后，世界金融危机趋缓，全球资本市场逐渐恢复流动弹性，更多的国际资本选择了新兴市场经济国家，中国因其经济发展的活力和加入 WTO 后的经济开放动能的推动，持续在全球直接投资流动中保持在最受欢迎国家的行列。

据联合国贸易与发展会议发布的《2018 世界投资报告》显示，2017 年在全球外商直接投资总体规模下降 23% 的情况下，中国利用外商直接投资达到 1360 亿美

元，创历史新高，世界排位仅次于美国，是利用外商直接投资最多的新兴市场经济国家。

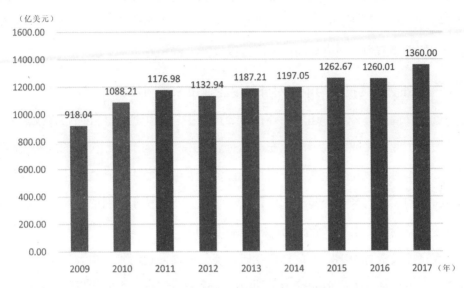

图 6-3　2009—2017 年中国利用外资规模变化图

资料来源：中国统计年鉴（历年）。

如图 6-3 所示，中国利用外商直接投资除少数年份外，一直保持稳定持续增长态势。这种态势得益于中国加入 WTO 后的市场进一步开放，制造业进一步增长和服务业的迅速发展，也得益于产业结构的转型升级、高科技产业的快速发展和全国利用外商直接投资的区域竞争。

四、外商直接投资对中国对外贸易的显著影响

在 1949—1978 年计划经济时代，中国实行相对封闭的经济发展政策，与国际市场接轨有限，交流不足，几乎没有获得外国企业直接投资，港、澳、台直接投资也甚少。因此，国内的外向型企业很少获得国际市场上的新技术，远离产业发展的最新方向，产业链发展明显与国际脱节。这导致中国的外向型经济停滞不前，企业设备和技术相对落后，对外贸易停留在低水平的原材料为主的状态。改革开放后，中国能够在短短

四十后内实现经济腾飞，原因在于通过招商引资，中国企业在相当程度上已掌握了发达国家上百年积累的技术创新，企业经营能够较好地融入全球供应链、价值链和创新链，对外贸易不仅实现了大面积的进口替代，而且出口贸易不断扩大规模和实现升级，这与全方位多渠道积极引进和利用外商直接投资紧密相连。

（一）外商直接投资为中国对外贸易企业带来了新技术

不管是外商独资公司，还是中外合资公司、中外合作企业，外商直接投资均为中国对外贸易企业直接或间接带来了先进的行业技术，带动了中国企业的技术更新和技术创新。中国对外贸易企业在与外商直接投资企业的竞争中，通过干中学、模仿创新等途径，学到了新的产业经验和知识，在竞争压力下加快了自身的技术革新。因此，外商直接投资能够产生技术溢出的良好外部正效应。

外商直接投资对中国对外贸易企业研发能力的提升也起到了重要作用。外商直接投资企业有不少是实力一流的跨国公司或国际企业，它在中国的研发活动通过外部产业集群效应，为中国企业的研发进步带来了大量溢出效应。外商直接投资企业在中国设立研发中心、开展独立创新研究、培训研究人员、连续开发新产品，这些都为当地的外贸企业提供了良好的实践示范。外商直接投资企业的研发经验还有：赞助定向需求研究项目，建立重点实验室研发核心技术，为技术员工开设学术、技术和职业教育培训课程，对接著名大学或研究院，在特定科技领域建立战略联盟等，这些都激励了中国对外贸易企业和企业家去努力进行技术研发与科技创新，紧随世界技术创新的潮流和模式。

（二）外商直接投资显著推动了中国产业和中国对外贸易结构的转型升级

1949—1978 年，中国依靠自力更生建立了门类相对齐全的工业体系，但整个产业结构偏重工业，工业内部偏重重工业，加工工业发展不足，且工业技术革新缓慢。外商直接投资的进入对中国产业结构的调整和产业技术更新都起到了积极的推动作用。轻工业是外商直接投资推动中国产业升级的早期亮点。改革开放初期，香港、台湾企业大量投资内地的服装、鞋类、玩具和塑料制品等传统加工业，带来了新的加工技术、国际标准及工厂生产管理，有力地带动了中国传统加工业的升级换代。随着外商直接投资企业引入与建设的制造业生产线越来越多，中国逐步成为"世界工厂"。由此，中国的加工贸易和制造业出口中的一般贸易得到蓬勃发展，对外贸易方式和贸易结构得到优化与升级（见图6-4、表6-3）。随着外商直接投资推动下的中国工业化进程加速，工业制成品已结成为中国出口贸易中的主要产品。1980年到2016年，出口商品中初级产品所占比重逐年下降，从50.3%下降到5%，同时工业制成品比重从49.7%上升到95%，工业制成品已占据出口商品的绝对主导地位。

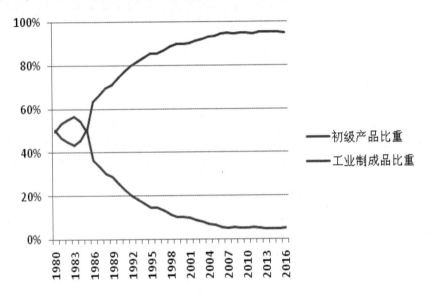

图6-4 按加工程度分类的贸易结构

表 6-3 中国初级产品与制成品出口贸易结构的演变

单位：亿美元

年度	出口总额	初级产品出口额	初级产品出口占比	工业制成品出口额	工业制成品出口占比
1980	181.19	91.14	50.30%	90.05	49.70%
1981	220.07	102.48	46.57%	117.59	53.43%
1982	223.21	100.50	45.02%	122.71	54.98%
1983	222.26	96.20	43.28%	126.06	56.72%
1984	261.39	119.34	45.66%	142.05	54.34%
1985	273.50	138.28	50.56%	135.22	49.44%
1986	309.42	112.72	36.43%	196.70	63.57%
1987	394.37	132.31	33.55%	262.06	66.45%
1988	475.16	144.06	30.32%	331.10	69.68%
1989	525.38	150.78	28.70%	374.60	71.30%
1990	620.91	158.86	25.59%	462.05	74.41%
1991	719.10	161.45	22.45%	556.98	77.46%
1992	849.40	170.04	20.02%	679.36	79.98%
1993	917.44	166.66	18.17%	750.78	81.83%
1994	1210.06	197.08	16.29%	1012.98	83.71%
1995	1487.80	214.85	14.44%	1272.95	85.56%
1996	1510.48	219.25	14.52%	1291.23	85.48%
1997	1827.92	239.53	13.10%	1588.39	86.90%
1998	1837.09	204.89	11.15%	1632.20	88.85%
1999	1949.31	199.41	10.23%	1749.90	89.77%
2000	2492.03	254.60	10.22%	2237.43	89.78%
2001	2660.98	263.38	9.90%	2397.60	90.10%
2002	3255.96	285.40	8.77%	2970.56	91.23%
2003	4382.28	348.12	7.94%	4034.16	92.06%
2004	5933.26	405.49	6.83%	5527.77	93.17%
2005	7619.53	490.37	6.44%	7129.16	93.56%
2006	9689.36	529.19	5.46%	9160.17	94.54%
2007	12177.76	615.09	5.05%	11562.67	94.95%
2008	14306.93	779.57	5.45%	13527.36	94.55%
2009	12016.12	631.12	5.25%	11384.83	94.75%
2010	15777.54	816.86	5.18%	14960.69	94.82%
2011	18983.81	1005.45	5.30%	17978.36	94.70%
2012	20487.14	1005.58	4.91%	19481.56	95.09%
2013	22090.04	1072.68	4.86%	21017.36	95.14%
2014	23422.93	1126.92	4.81%	22296.01	95.19%
2015	22734.68	1039.27	4.57%	21695.41	95.43%
2016	20976.31	1051.87	5.01%	19924.44	94.99%

资料来源：中国统计年鉴（1980-2017 年）。

（三）外商直接投资带动中国对外贸易企业融入全球产业链体系

1978 年中国对外开放后，进入中国的外商直接投资企业"从小变大"，从原先的代工小企业到后来的国际大企业，直至现在常见的大型跨国公司。尤其是中国加入 WTO 以后，外商直接投资企业更多、更广泛地进入中国内地，使中国对外贸易企业有更多机会参与全球产业链大分工，进入更多的产业链工序分工体系。许多跨国公司与中国的供应商进行全面合作，对中国的分销网络进行了大量投资，使中国的产业内企业与国际市场和国际供应链实现了"无缝对接"。跨国公司产业链竞相布局中国，使中国的产业特别是制造业全方位融入了全球产业链体系，部分产业甚至主导了全球产业链体系。

改革开放以来，中国不仅向世界市场出口了诸多的实惠廉价商品，而且在外商直接投资企业的带动下，在产业技术标准、生产流程、物流营销体系等方面都实现了与国际产业接轨。总结改革开放以来中国成为"世界工厂"的经验，其中重要的一条是积极与外商直接投资企业合作，或积极参与产业内竞争，全面融入国际产业供应链。中国许多产业的出口产品之所以具有国际竞争力，除了具有劳动力成本优势等要素禀赋优势外，另一个重要因素是积极有效地利用了外商直接投资。通过外商投资，引进了技术和新产品，引进了管理知识，打通了国际市场，使中国潜在的要素禀赋优势转化成为竞争优势。

（四）外商直接投资成为推动中国对外贸易发展的重要推动力。

自 1978 年以来，中国通过中外合资企业、中外合作经营企业和外商独资企业三种形式，大量引进国外直接投资，到 2017 年引进外商直接投资规模达 1310 亿美元。同期，中国的对外贸易额也从 1978 年的 206.38 亿美元，上升到 2017 年的 41052 亿美元，其中出口额从 1978 年的 97.45 亿美元上升到 2017 年的 22635.22 亿美元。陈鑫和王长江（2013）通过实证方法研究了 2001—2010 年间中国外商直接投资与进口和出口的关系，研究结果表明，中国的进出口贸易额与外商直接投资不存在长期的稳定关系，但中国的出口贸易额和外商直接投资存在双向的格兰杰因果关系，并且这种双向关系是互补的。中国进口贸易额与外商直接投资存在一定正向关系，但这种关系没有达到显著性。[①]可见，外商直接投资对中国出口产业的成长起到了重要的推动作用。

---

① 陈鑫、王长江："外商直接投资与对外贸易相互关系的实证研究"，《江苏商论》，2013 年第 4 期，第 42—46 页。

（五）外商直接投资与对外贸易相辅相成

20世纪八九十年代，外商直接投资中国内地有相当部分是利用中国丰富的劳动力，实行劳动力密集型产业转移，生产出口劳动密集型产品。因此，这时期的对外直接投资是为出口产品而来的投资。中国加入 WTO 后，资本型投资和技术型投资开始进入中国内地，产业转移升级到产业链分工阶段。尽管投资的产业形态发生了明显的改变，但外商对中国内地的直接投资，主要服务于外商的产业链配套，服务于产业链产品的出口。改革开放以来，外资企业出口增速很少出现负增长，即便在亚洲金融危机期间（1997—1999 年）也不例外，这表明 FDI 对促进中国商品出口起到了重要的推动作用，外资企业也早已成为中国出口的重要的组成部分。

从发展形势看，中国利用外资和对外贸易基本方向一致。从图 6-5 可知，在 1986—2017 年的 32 年间，中国利用外资除了在 1989、1998、1999、2001、2005、2009、2012、2016 年这八年间出现负增长，其他年份都是正增长；同期中国对外贸易除了在 1998、2009、2015、2016 年这四年间出现过微弱的衰退，其他年份均是正增长。统计数据表明，中国利用外商直接外资和对外贸易出口在改革开放后均呈持续快速增长，且两者保持协同性与正相关性。1986-2017 年这 32 年间，中国利用外商直接投资与对外贸易的年均增长速度分别达到了 12.91% 和 14.28%。

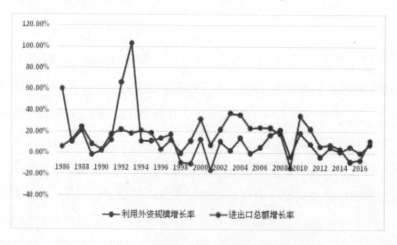

图 6-5 1986—2017 年中国利用外商直接投资与进出口贸易总额情况

资料来源：根据《中国统计年鉴》（1986—2018 年）数据计算。

第三节 对外直接投资与对外贸易（1978—2019 年）

一、中国对外直接投资回顾

在 20 世纪 80 年代的开放初期，中国就明确提出对外开放中发展跨国经营、对外直接投资的方向目标。尽管在开放的前 20 年，对外直接投资发展非常缓慢，但进入 21 世纪后，中国对外直接投资的步伐不断加快。整体上看，中国"走出去"对外直接投资可划分为两个阶段：一是 1978-2001 年的起步发展阶段，二是 2002 年后的快速发展阶段。

（一）1978—2001 年对外直接投资的状况和特点

改革开放初期，对外直接投资是尝试性的极为有限的。当时的对外直接投资项目，无论以何种方式出资，无论投资金额大小，一律都需要报请国务院审批。从 1983 年起，国务院授权外经贸部为中国境外投资企业审批和管理部门。外经贸部在 1984 年 5 月发布了《关于在境外开办非贸易性合资经营企业审批权限和原则的通知》，1985 年 7 月颁布了《关于在境外开办非贸易性企业的审批程序和管理办法的试行规定》，中国对外直接投资审批开始有了法律依据。1993 年后，对外直接投资的管理得到加强，单一部门的审批和管理发展为各部门详细分工，管理程序走向规范。1997 年亚洲金融危机后，为了扩大出口，国家实行了鼓励企业开展境外带料加工装配业务的措施，对外直接投资支持政策初步成形。1999 年 2 月，国务院转发了外经贸部、国家经贸委、财政部《关于鼓励企业开展境外带料加工装配业务的意见》，提出了支持中国企业以境外加工贸易方式"走出去"直接投资的具体政策措施。2000 年 10 月召开的党的十五届五中全会审议通过了《中共中央关于制定国民经济和社会发展第十个五年计划的建议》，指出"十五"时期中国对外开放将进入新的阶段，一项重大举措就是要实施"走出去"直接投资的开放战略。

这一阶段，对外直接投资的主体起步于中央部委的大型外贸公司和省市外贸企业，后来逐步有民营企业加入，慢慢形成了一支对外直接投资的产业大军。1979~1998 年，经过近 20 年发展，经外经贸部批准或备案的中国海外非金融类企业达到 5539 家，中方累计协议投资额为 61.8 亿美元。中国的海外企业从开放初期以贸易公司为主发展到涉及境外资源开发、机电产品组装、加工制造、交通运输、工程承包、医疗卫生、旅游餐饮等广泛领域，遍布世界 160 个国家和地区。从行业构成看，这一时期的中国对外直接投资主要集中在贸易、资源开发、生产加工、交通运输等领域（见图 6-6），其中贸易企业累计对外直接投资 37.7 亿美元，占 61%；资源开发企业累计对外直接投资 12 亿美元，占 19.4%；生产加工企业累计对外直接投资 7.1 亿美元，占 11.5%。三者构成了中国企业海外直接投资主体。从投资企业的地区分布看，中国企业海外直接投资区域构成是港澳 2054 家、亚洲 1033 家（港澳地区除外）、欧洲 963 家、北美洲 658 家、拉丁美洲 236 家、大洋洲 234 家、非洲 361 家。中方投资金额的区域构成参见图 6-6。

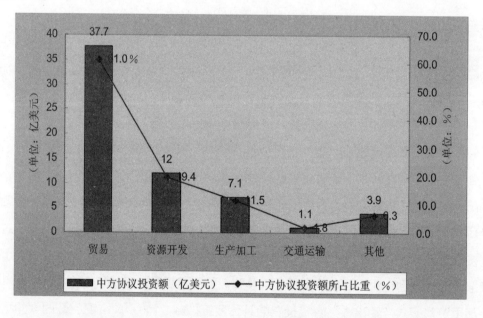

图 6-6　截至 1998 年上半年中国企业海外直接投资行业构成情况

资料来源：《中国对外经济贸易白皮书 1999 年》。

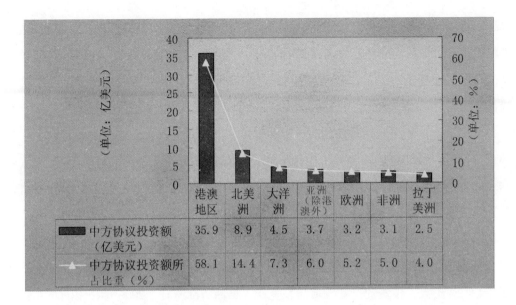

	港澳地区	北美洲	大洋洲	亚洲（除港澳外）	欧洲	非洲	拉丁美洲
■ 中方协议投资额（亿美元）	35.9	8.9	4.5	3.7	3.2	3.1	2.5
▲ 中方协议投资额所占比重（%）	58.1	14.4	7.3	6.0	5.2	5.0	4.0

图 6-7　截至 1998 年上半年中国企业海外直接投资区域构成情况

资料来源：《中国对外经济贸易白皮书 1999 年》

这一阶段中国对外直接投资有以下特点：一是跨国经营的企业规模以中小型企业为主。非贸易型企业对海外直接投资平均投资额仅为 120 万美元左右，如果扣除少数大型项目，平均投资额将下降到几十万美元。二是海外投资企业主体逐渐多元化。投资主体已从开始阶段的纯国有大企业扩展到专业外贸公司、非银行的金融企业、工业企业集团和部分民营企业。三是对外直接投资的国家或地区相对集中。投资东道国或地区主要集中在亚太地区，特别是港澳地区。四是对外直接投资的产业分布趋于多样化。跨国经营涉及的产业包括制造业、资源开发、交通运输、餐饮、旅游、科技开发、咨询服务、贸易金融、房地产业等领域。五是企业对外直接投资受到较多的体制束缚。"走出去"企业缺乏海外融资、项目立项、生产经营、市场营销等方面的经营自主权，计划经济时代企业经营管理理念依然占据主导，缺乏跨国经营管理与监督的经验。

（二）2002—2019 年对外投资的状况与特点

中国加入 WTO 是中国对外直接投资加速发展的分水岭。2002 年后，中央和地方政府积极采取措施支持企业"走出去"实行跨国经营。国务院制定了相关的管理法规和配套措施，涉及简化审批程序、提供资金支持、扩大进出口经营权范围、财税管理、外汇管理、外派人员审批、海外经营保险等，为全面实施"走出去"跨国经营打好了制度与政策支持的基础。2002 年 11 月，党的第十六次代表大会通过了《全面建设小康社会，开创中国特色社会主义事业新局面》报告，再次明确要坚持"引进来"和"走出去"相结合，全面提高对外开放水平，鼓励和支持有比较优势的各种所有制企业对外直接投资，带动商品和劳务出口，形成一批有实力的跨国企业。2007 年 11 月，党的十七大报告《高举中国特色社会主义伟大旗帜 为夺取全面建设小康社会新胜利而奋斗》明确提出，支持企业在研发、生产、销售等方面开展国际化经营，加快培育中国的跨国公司和世界品牌。

一系列的对外直接投资鼓励政策的实施，使中国自 2002 年后的对外直接投资规模开始迅速扩大，投资的产业领域日益宽泛。据商务部统计，2006 年，中国对外直接投资 211.6 亿美元，较上年增长 73%；中国非金融类对外直接投资 161 亿美元，增长 32%；其中：股本投资 77 亿美元，占对外直接投资额的 48%（见图 6-8）。2006 年，中国对外直接投资的一年流量几乎等于 1979-1999 年全部流量的总和。

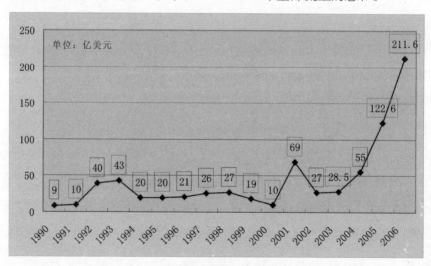

图 6-8 1990—2006 年中国对外直接投资流量情况

资料来源：《2006 年中国对外直接投资统计公报》。

截至 2006 年底，中国 5000 多家境内投资主体设立对外直接投资企业近万家，分布在全球172个国家（地区），对外直接投资累计净额（以下简称存量）906.3亿美元，其中非金融类对外直接投资750.2亿美元，占82.8%；金融类对外直接投资156.1亿美元，占17.2%（见图6-9）。

根据联合国贸发会议（UNCTAD）发布的《2006年世界投资报告》，2005年全球外国直接投资流量为7787亿美元，存量为106719亿美元。以此数据计算，2006年中国对外直接投资分别占世界对外直接投资流量和存量的2.72%和0.85%，排名世界第13位。由此来看，虽然中国改革开放后对外直接投资取得了巨大进展，但与世界主要发达国家相比，仍然存在较大差距。

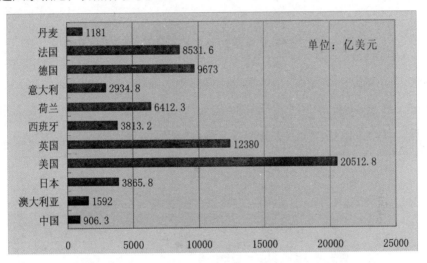

图6-9 截至2006年中国与主要发达国家对外直接投资存量比较

资料来源：《2006年中国对外直接投资统计公报》。

2006年，中国对外直接投资方式不断拓展和创新，境外收购投资、参股投资、重组性投资等成为对外投资的重要方式。其中，通过收购、兼并实现的直接投资占到当年流量的近四成。并购主要集中在资源、电信、家电、石化、纺织、汽车等领域，越来越多的国内企业通过并购国外企业或者在海外建立研发中心发展自身的核心技术能力，增强品牌的全球影响力。这一年，中国对外直接投资区域重点由港澳、北美转向亚太、非洲、拉美、东欧等发展中国家转移，多元化的对外经营格局正在形成（见图6-10）。

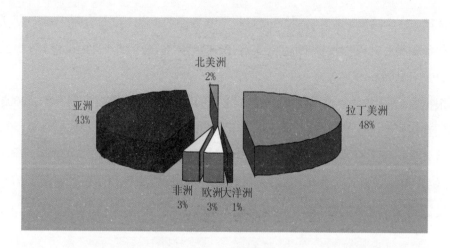

图 6-10 2006 年中国对外直接投资流量的地区分布

2006 年，中国对外直接投资所涉及的产业领域分布广泛，涵盖了贸易、生产加工、资源开发、交通运输、承包工程、农业及农产品综合开发、医疗卫生、旅游餐饮、咨询服务等，其中采矿业、商务服务业、金融业的投资占比较大（见图 6-11）。

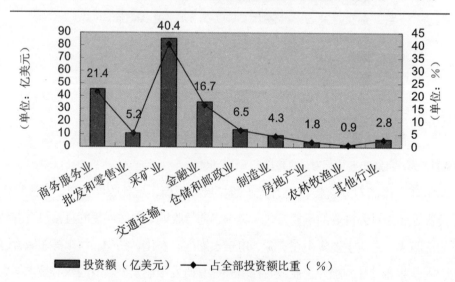

图 6-11 2006 年中国对外直接投资流量行业分布

2007 年，中国的对外直接投资继续快速发展。加入 WTO 以来，中国企业对外直接投资一直保持快步走的趋势。2002 年，中国对外直接投资仅有 27 亿美元，到 2007

年已经上升到 265 亿美元，2002—2007 年六年间年均增速 25.1%。截至 2007 年底，境内 7000 多家投资主体设立的境外直接投资企业已超过 1 万家。同时，对外直接投资的领域不断拓宽，对外投资的层次和水平不断提升。2007 年，亚洲地区占我国对外直接投资流量的比重为 62.6%，拉丁美洲占 18.5%，欧洲、北美和大洋洲合计占 13%。

不仅采掘业、制造业和商务服务业继续加大对外投资，金融业也开始了境外投资试点。截至 2006 年底，中国工商银行等五大国有商业银行海外总资产达 2268 亿美元。国有商业银行在美国、日本、英国、澳大利亚、俄罗斯、巴西等 29 个国家和地区共设有 47 家分行、31 家附属机构和 12 家代表处。到 2008 年 4 月底，我国已批准 10 家证券公司、6 家期货公司在香港设立分支机构，31 家境内企业获准从事以套期保值为目的的境外期货交易。

表 6-4 2009-2017 年中国对外直接投资状况

年份	当年对外直接投资			累计对外直接投资	
	金额（亿美元）	全球排名（位）	同比增速（%）	金额（亿美元）	全球排名（位）
2009	565.30	5	1.1	2457.50	16
2010	688.10	5	21.7	3172.10	17
2011	746.50	6	8.5	4247.80	13
2012	878.00	3	17.6	5319.40	13
2013	1078.40	3	22.8	6604.80	11
2014	1231.20	3	14.2	8826.40	8
2015	1456.70	2	18.3	10978.60	8
2016	1961.50	2	34.7	13573.90	6

资料来源：《中国对外直接投资统计公报》（2009—2016 年）。

随着中国经济规模效应的扩散，制造业的升级改造，2008 年的国际金融危机也没能阻挡住中国企业对外直接投资的步伐，当年对外直接投资额为 559.1 亿美元。2009 年后中国"走出去"投资的速度一直在加快。国家统计局、商务部和外汇管理局每年发布的《中国对外直接投资统计公报》显示，自 2010 年以后，中国对外直接投资走上了快车道，平均每年以两位数的速度快速增长，对外直接投资在全球的排名也迅速上升（见表 6-4）。从流量看，中国对外直接投资排名从 2009 年的全球第 5 位上升为 2016 年的第 2 位；从存量看，从 2009 年的 16 位上升到 2016 年的第 6 位。

2017 年，中国对外直接投资继续保持良好的发展势头，虽然投资总额为负增长，但仍以 1582.9 亿美元排名全球第 3 位。截至 2017 年底，中国 2.55 万家境内投资者在国（境）

外共设立对外直接投资企业 3.92 万家，分布在全球 189 个国家和地区，境外企业资产总额达 6 万亿美元，对外直接投资存量达 18090.4 亿美元。自 2002 年中国建立对外直接投资统计制度以来，中国对外直接投资流量持续快速增长达 15 年（见图 6-12）。

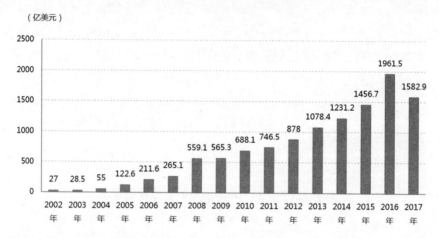

（亿美元）

图 6-12　2002—2017 年中国对外直接投资流量

资料来源：《中国对外直接投资统计公报》（2002—2018 年）。

2018 年，中国对外投资稳中有进，对外直接投资流量的全球占比创历史新高，位列全球第二，连续第三年对全球外国直接投资流出量的贡献度超过一成，投资存量全球占比进一步提高，对全球外国直接投资的影响力进一步扩大。根据《2018 年度中国对外直接投资统计公报》，2018 年中国对外直接投资流量 1430.4 亿美元，同比下降 9.6%。尽管对外直接投资规模有所收缩，但投资结构进一步优化，投资质量和效益得到提升[①]。

这一阶段中国对外直接投资有以下特点：（1）私营企业成为对外直接投资的新生力量，投资方式多样化；（2）跨国并购成为中国企业对外直接投资的一种重要方式，一批具有相当实力的大型跨国公司初具雏形；（3）对欧洲和东盟投资实现了较快增长，对美国的直接投资则显著下降；（4）对外直接投资主要流向第三产业，投资主体主要是有限责任公司；（5）中部和西部地区对外投资占比增加，显示全国都在全球布

---

① 商务部：《中国对外投资发展报告 2019》，http://images.mofcom.gov.cn/fec/202106/20210630083446194.pdf

局产业链；（6）中央企业非金融类对外投资大幅增长，显示央企在加大全球实体投资布局；（7）实体经济和新兴产业对外投资表现良好，对外直接投资行业结构持续优化；（8）"一带一路"成为投资重点，境外经贸合作区建设步伐加快。

二、对外直接投资与对外贸易的互相促进

（一）对外直接投资有利于促进原材料产品进口

中国当前需要加快经济增长方式转变，大力推进产业结构转型升级，更加注重提高自主创新能力，提高整体经济的发展质量和国际竞争力，实现国民经济又快又好发展。但是摆在中国经济未来发展面前的瓶颈和困难不少，尤其是面临着资源、环境、能源和重要核心技术的严重制约。解决这些矛盾和问题一方面需要深化改革，另一方面需要加大对外直接投资，更充分地利用两个市场、两种资源，提高参与全球范围内经济合作与优化资源配置的程度。中国是资源相对贫乏的国家，伴随着工业化城市化的深化，中国对资源需求的刚性也在加大。近年来，中国鼓励对外直接投资推动了能源、资源类企业更多"走出去"寻求合作机会，加强了海外资源的合作开发与利用，布局资源类产品国际化生产与经营，较大程度地增加了我国能源、资源类原材料进口的规模和弹性。

（二）对外直接投资有利于规避对外贸易摩擦

近年来由于出口激增、出口结构调整不及时、出口渠道还存在一定的路径依赖等原因，使中国的出口贸易进入贸易摩擦高发期。虽然实施了供给侧改革，中国目前还存在一定的产能过剩，部分产业还存在高投资低消费的产业结构特征，对外部市场的需求仍然存在较强的依赖性。面对贸易保护主义的抬头，中国对外直接投资在出口对象国投资设厂，就地生产与供应，能较好地规避东道国贸易保护政策及各类保护措施，加大与东道国的投资与经营合作，缓解与有关国家的贸易不平衡。

（三）对外直接投资有利于产业结构与出口结构的升级优化

对外直接投资一般伴随着产业结构的转型与升级，带动着出口结构的转型与升级。中国目前需要缓释国内部分过剩产能，这需要加大制造业企业寻找对外直接投资的机

会与市场，不仅需要劳动密集型产业转型升级走出去，也需要技术密集型产业、高新技术产业、新兴服务产业、数字智能产业转型升级走出去。只有充分参与全球产业链的分工与竞争，才能使中国的产业技术进步与世界同步。

中国机电产品出口占工业制成品的比重在 1980—1984 年一直在 10% 左右，此后有所下降，但从 1989 年的 10.3% 起一直保持上升趋势，1995 年开始取代纺织品成为中国出口产品第一大类，到 2010 年最高达 52%，之后一直在 50% 左右。从贸易竞争力指数上看，机电产品的贸易竞争力指数在 1980—2003 年长期为负数，说明中国机电产品的出口不具有比较优势，从 2004 年开始贸易竞争力指数转为正数，经历了 2004-2007 的快速增长后，数值稳定在 0.1 左右，亦说明其比较优势并不大。

高技术产品占工业制成品出口比重在 1985 年只有 3.85%，之后在波动中不断上升，1997 年超过了 10%，2002 年超过了 20%，2005 年超过了 30%，金融危机中的 2009 年达到了最高的 33.1%，随后也一直保持在 30% 左右。贸易竞争力指数在 2003 年之前一直为负数，显示出口缺乏竞争力；之后开始变为正数，说明具有一定的出口竞争力（见图 6-13，表 6-5）。

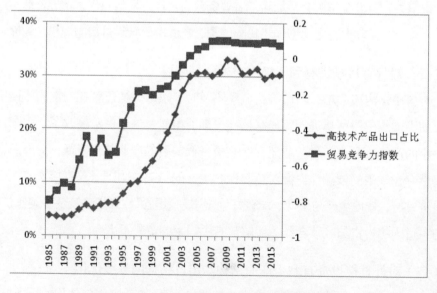

图 6-13 中国高新技术产品出口比重及其竞争力

表 6-5　中国高新技术产品进出口及其竞争力指数

金额单位	年份	工业制成品（亿美元）	高技术产品出口额	高技术产品进口额	高技术产品出口占比	贸易竞争力指数
千美元	1985	135.22	520855	4733833	3.85%	−0.80176
千美元	1986	196.70	718136	4985020	3.65%	−0.74816
千美元	1987	262.06	917710	5319409	3.50%	−0.70573
千美元	1988	331.10	1285892	8131760	3.88%	−0.72692
千美元	1989	374.60	1848057	6852573	4.93%	−0.57519
千美元	1990	462.05	2686035	6966991	5.81%	−0.44348
百万美元	1991	556.98	2877	9439	5.17%	−0.5328
百万美元	1992	679.36	3996	10712	5.88%	−0.45662
百万美元	1993	750.78	4676	15909	6.23%	−0.54569
百万美元	1994	1012.98	6342	20595	6.26%	−0.52912
百万美元	1995	1272.95	10091	21827	7.93%	−0.36769
百万美元	1996	1291.23	12663	22469	9.81%	−0.27912
百万美元	1997	1588.39	16310	23893	10.27%	−0.18862
百万美元	1998	1632.20	20251	29201	12.41%	−0.18098
百万美元	1999	1749.90	24704	37598	14.12%	−0.20696
百万美元	2000	2237.43	37043	52507	16.56%	−0.17269
亿美元	2001	2397.60	464.52	641.07	19.37%	−0.15969
亿美元	2002	2970.56	678.55	828.39	22.84%	−0.09943
亿美元	2003	4034.16	1103.2	1193.00	27.35%	−0.03911
亿美元	2004	5527.77	1654	1613.00	29.92%	0.01255
亿美元	2005	7129.16	2182.48	1977.08	30.61%	0.04938
亿美元	2006	9160.17	2814.5	2473.00	30.73%	0.064586
亿美元	2007	11562.67	3478	2870.00	30.08%	0.095778
亿美元	2008	13527.36	4156.06	3418.20	30.72%	0.097417
亿美元	2009	11384.83	3769.3	3098.53	33.11%	0.097668
亿美元	2010	14960.69	4923.792	4126.55	32.91%	0.088089
亿美元	2011	17978.36	5488	4632	30.53%	0.084585
亿美元	2012	19481.56	6011.7	5068.60	30.86%	0.085115
亿美元	2013	21017.36	6603.00	5582.00	31.42%	0.083792
亿美元	2014	22296.00	6605.00	5514.00	29.62%	0.090024
亿美元	2015	21695.41	6552.97	5492.91	30.20%	0.088001
亿美元	2016	19924.44	6041.74	5237.24	30.32%	0.071327

资料来源：根据《中国统计年鉴（1986—2017年）》数据整理。

注：金额单位主要针对高技术产品进口、出口额。

跨国公司的实践经验表明，对外直接投资能较快地提高企业的自主创新能力。近二十年,中国企业通过加大对外投资合作、设立产品设计和研发中心、开展海外并购等,充分地利用了外部智力和研发资源,借助国外高端人才,打造了自己的核心技术竞争力,从而推动了中国产业和对外贸易结构的转型与升级。

(四)对外直接投资有利于打造国际知名品牌,提升贸易的国际化水平

对外直接投资需要打造国际知名品牌。品牌是企业的生命力,更是提升国际贸易水平的促动力。品牌的地域特征决定了只有通过国际化经营才能获得国际市场的认可。中国加大对外直接投资有利于企业的国际化品牌打造,有利于中国制造向中国创造转变,提升中资企业在国际分工中的地位。

(五)对外直接投资有利增强与区域合作国家的贸易往来

加大对外直接投资,有利于中国加强与区域经济合作国家的投资和贸易关系。建立双边或多边的直接投资合作关系,有利于与投资对象国签订经济合作、投资保护、海关互助、税费征收、司法协助、领事条约、人员往来、社会保险、检验检疫等方面的政府间双边协定,从而推动与投资地东道国的沟通与协调,及时处理合作中出现的新问题,通过制度规范和标准流程,强化合作区的高标准建设及协调文明运营。打牢这些经贸基础,将有利于减少中国企业进入投资地东道国市场的壁垒,加强双边的贸易合作。中国投资"一带一路"国家的实践经验表明,中国与"一带一路"国家双边贸易的增长率,明显高于与非"一带一路"国家。2013—2018 年,中国对"一带一路"相关国家的对外投资累计 986.2 亿美元。2018 年,中国对"一带一路"沿线国家进出口贸易增长 13.3%,增速分别高于进出口总体贸易增速 3.6 个百分点。中国与"一带一路"沿线国家的贸易合作潜力不断释放,成为拉动中国对外贸易发展的新动力。其中,对俄罗斯、沙特阿拉伯和希腊进出口分别增长 24.0%、23.2% 和 33.0%。[①]

---

① 商 务 部:《 对 外 贸 易 形 势 报 告, 2019 年 春 》, http://images.mofcom.gov.cn/zhs/201905/20190524182054485.pdf

第七章　国际经济合作与对外贸易发展 70 年

第二次世界大战后，各国间的经济联系日趋紧密，除传统的商业贸易、商业投资外，国家之间的各类经济合作不断涌现，既有各国政府间的合作，也有企业与企业间、企业与个人间的跨国合作，这种以"国家之间经济合作协调、生产要素跨国移动与再配置"的新型经济合作模式，统称为国际经济合作 ①。国际经济合作的内容包括国际区域合作、国家（地区）之间紧密型经济合作安排，国际投资合作 ②、国际信贷合作、国际技术合作、国际工程承包与劳务输出、国际经济援助等。本章主要阐述新中国建立以来中国的国际区域经济合作、对外工程承包、国际技术合作和国际经济援助，以及它们对中国对外贸易的促进作用。

第一节　持续拓展区域经济合作

1978 年改革开放前，由于朝鲜战争暴发等原因，美国为首的西方国家对新中国实行了全面的经济封锁，中国的国际经济合作的区域范围被严重压缩，主要的合作对象仅限于苏联和东欧国家。改革开放后，中国的国际经济环境得到明显的改善，国际经

---

　　①　　对外商业性股权投资是否应纳入国际经济合作的范畴，理论界对此尚有争议。笔者认为，正常的国际商业股权投资，其性质与国际贸易一样，属于正常的国际商业经济活动，因此应置在国际经济合作的研究领域之外。国际经济合作一般具有政府间合作推动或是企业间合作推动的特征，强调"合作后的商业"。
　　②　　这里的投资指非一般商业股权的政府项目投资、企业合作项目投资、工程承包投资等。

济合作，特别是区域经济合作进入了全面的拓展时期。

一、1949—1978 年中国的区域经济合作

（一）二十世纪五六十年代中苏经贸合作

新中国成立后，苏联是中国第一个建立了紧密的国际经济合作关系的伙伴与经济支援国。受政治关系变化的影响，中苏经贸合作经历了 20 世纪 50 年代的大发展和 60 年代的大滑坡阶段。

1950 年 4 月，中苏双方代表在莫斯科签订的两国政府间的贸易协定，对中苏贸易做了具体详细的规定，成为后来中苏开展经济贸易往来的根本依据。1953 年，李富春率领代表团赴莫斯科谈判，5 月双方签订了《关于苏维埃社会主义共和国联盟援助中华人民共和国发展国民经济的协定》等八个文件。在相关协定和议定书中，苏联承诺援助中国建设 91 个项目，再加上 1950 年协议中确定的 50 个项目，共计 141 个。1954 年 10 月 12 日，中苏双方又签订了《中苏关于苏联帮助中华人民共和国政府新建 15 项工业企业和扩大原有协定规定的 141 项企业设备的供应范围的议定书》等一系列协定。至此，苏联援建的项目共有 156 项，统称"156 项工程"。

中国从 1953 年起实行第一个五年计划，集中精力进行经济建设，力争建立新中国的工业化基础。为了实现这一目标，中国把经济建设的主要力量放在由苏联帮助设计的 156 项援建工程上。这种大规模地从苏联引进机器设备和其他物资的做法，极大地带动了两国贸易的发展。这一时期，中国从苏联进口了大批机械设备特别是成套设备，主要包括冶金、机械、汽车、煤炭、石油、电力、化工等项目的设备。1950 年，中国从苏联进口的机械设备在中国进口总额中占 10.6%，其中成套设备仅占 0.2%；但到了 1959 年，中国从苏联进口的机械设备占中国进口总额的比重已上升到 62.6%，其中成套设备占 41.9%。中国向苏联主要出口大豆、大米、茶叶、花生、食用植物油、肉类、服装等生活必需品。此外，中国还向苏联提供了一些重要的战略物资，如制造尖端武器必不可少的矿石原料和稀有金属等。[1]

---

[1] 陆南泉、刘宝荣等：《对苏贸易指南》，中国财政经济出版社 1991 年版，第 76 页。

　　赫鲁晓夫上台后，中苏政治关系升温，从而大大促进了苏联对华援助的规模和双边贸易。1954 年 9 月赫鲁晓夫访华期间，宣布废除斯大林时代双边经济关系中强加给中国的不平等条件，从而使中苏双边贸易额逐年增加，至 1959 年达到最高峰值。根据 1953 年夏天中苏双方签订的协定，对于苏方向中方所提供的机器设备和各种援助，中方将不付现金，而是将苏方所需要的原料和农副产品，如有色金属、羊毛、黄麻、大米、猪肉、烟草等，以补偿贸易方式输往苏联。至于 1954 年 10 月苏联政府给予中国的 5.2 亿卢布的贷款，中国仍然用各种物资、黄金和现汇偿还。从 1953 年起，中苏双边贸易的特点是不仅贸易总额增加，而且在进出口商品的品种构成上也发生了质的变化。[①]

　　如表 7-1 所示，1953 年至 1959 年中苏贸易持续大幅度增长。1955 年，中国对苏贸易总额增长到约 17.89 亿美元，增幅达 56.9%。1956—1958 年，中国对苏贸易额年略有下降，但 1959 年又有大幅增长，达到 20.97 亿美元，中国对苏贸易占当年贸易总额的 47.9%。

表 7-1　20 世纪 50 年代中苏贸易一览表

单位：万美元

年份	进出口总额	出口额	进口额	占中国进出口总额 %
1950	33844	15325	18519	29.8
1951	80860	31129	49371	41.4
1952	106421	41204	65217	54.8
1953	125823	48061	77762	53.1
1954	129124	58663	70461	53.1
1955	178985	67021	111964	56.9
1956	152377	76168	76209	47.5
1957	136470	74697	61773	44.0
1958	153857	89887	63970	39.8
1959	209700	111794	97906	47.9

　　资料来源：《中国对外经济贸易年鉴》编纂委员会：《中国对外经济贸易年鉴 1984》，中国对外经济贸易出版社 1984 年版，第 889 页。

　　随着两国间经济贸易关系的日益密切，根据苏联商业部的提议，1957 年下半年开

---

　　① 罗伯特沃尔特斯：《美苏援助对比分析》，商务印书馆 1974 年版，第 199 页。

始，两国开展商业部之间的日用消费品交换业务，日用消费品交换在两国对外贸易协定之外进行，且基于交换商品进出口总额平衡的原则，不占用国家外汇。这是中国对外进出口贸易的一种补充，也是社会主义国家之间一种新的贸易方式。1958 年，在中苏双方签订的货物交换议定书中规定：苏联将供应中华人民共和国工业设备、仪器和工具、汽车、拖拉机、农业机械、石油和石油产品、黑色和有色金属压延材、电缆、化学产品和其他货物；中华人民共和国将供应苏联锡、水银、钨砂、铝砂、硫黄、绒毛、生丝、呢绒、绸缎、成衣和针织品、茶叶、烟叶、相桐油、大豆、水果和其他货物。换货贸易促进了中苏双边贸易的进一步发展，1958 年中苏贸易额持续增加。1953—1959 年间，我国对苏贸易总额一直保持在 50% 以上。苏联方面，1959 年同我国的贸易额已占其外贸总额的 20%，进出口总额也从 1953 年的 12.58 亿美元增至 1959 年的 20.94 亿美元。[①]

进入 20 世纪 60 年代后，国际国内政治经济形势发生了很大变化。一方面，国际上逐渐形成美、苏两个超级大国争夺世界霸权的格局；另一方面，中国与苏联的关系恶化。1960 年 7 月 16 日，苏联突然照会中国政府，单方面决定全部召回在华苏联专家。在一个多月的时间内，苏联将在华担负重要任务的 1390 名专家全部撤回国，同时撕毁了两国政府签订的 12 项协定和两国科学院签订的 1 个议定书以及 343 个专家合同和合同补充书，废除了 257 个科学技术合作项目[②]。中苏关系的骤冷导致中国对苏联的经济合作急剧下降，贸易也急剧下降。1965 年，中国对苏联的出口占同年出口总额的比重分别降至 9.9%，进口比重则降为 9.2%[③]；1968 年，两国贸易额低于 1 亿美元。与此同时，双方经济技术合作也全部中断。两国的经济合作关系直至 70 年代后期才逐步恢复正常。

（二）二十世纪五六十年代中国与东欧国家的经贸合作

新中国建立后的五六十年代，中国对外经济合作的重点除苏联外，东欧的社会主

---

① 《中国对外经济贸易年鉴》编纂委员会：《中国对外经济贸易年鉴 1984》，中国对外经济贸易出版社 1984 年版，第 926 页。
② 澎湃政务在线：《党史上的今天 /7 月 16 日》，https://m.thepaper.cn/baijiahao_13614241，2021-07-16
③ 沈觉人等：《当代中国对外贸易（下）》，当代中国出版社 1992 年版，第 5 页。

义国家也是重要的经济合作伙伴。这一时期，中国对社会主义国家的贸易额占全国对外贸易总额的比重, 1950 年为 32.4%,, 1952 年达到 72%, 此后一直到 50 年代末均保持在 70% 以上，其中对东欧国家的贸易额约占全国对外贸易总额的 20%。在国际技术合作方面，东欧社会主义国家是中国技术引进的重要对象国。20 世纪 50 年代，中国通过签订协议的方式从东欧总共引进成套设备 116 项，其中完成和基本完成的有 108 项；引进单项设备 88 项，其中完成和基本完成的有 81 项（见表 7-2）。[①]

表 7-2　中国从东欧社会主义国家技术引进情况表

国别	成套设备项目（项）	单项设备（项）
民主德国	39	15
捷克	32	32
波兰	24	7
罗马尼亚	9	12
匈牙利	10	16
保加利亚	2	6
总计（项）	116	88

资料来源：当代中国丛书编辑部辑：《当代中国基本建设（上）》，中国社会科学出版社 1989 年版，第 53 页。

在此时期，中国加强与东欧国家的合作，一方面向其中条件较好的国家寻求帮助，另一方面积极援助比我们更困难的东欧友好国家。这些国家既包括经济落后的社会主义国家，也包括经济落后的友好的非社会主义国家。当时中国向东欧一些社会主义国家提供了一系列经济援助，援助的力度相当大，对个别国家的援助甚至超过了当时中国的国力和财力水平。针对这种情况，中央适时调整了对外援助的规模、布局和结构。此后，中国同东欧社会主义国家继续进行多种形式的经济合作，其中技术合作是重点。由此，中国与东欧社会主义国家的双向贸易在平等互利、互通有无的原则上迅速发展，双边贸易额不断上升。

---

① 武力：《中国人民共和国经济史 1949—1999（上）》，兰州大学出版社 1999 年版，第 175 页。

（三）20 世纪五六十年代中日民间贸易

新中国成立后，在没有建立邦交的情况下，中日两国都有对外贸易的需求及条件，双方出于国家利益的考虑，都想推动中日间非邦交国家的"民间贸易"。为了实现日本战后振兴、国民经济倍增目标，在不触犯美国、台湾当局容忍底线的前提下，鸠山内阁和池田内阁时期大力推动日中民间贸易发展。中国为改变对苏东贸易渠道的单一化、推动国家工业化进程、改善与周边国家关系，也寄希望与发展中日民间贸易以帮助实现上述目标。

1950 年 10 月，日本各界进步人士成立了"日中友好协会"，这是日本最早成立的日中友好民间团体。但由于美国政府的干涉，1950 年 12 月 9 日，日本通商产业大臣横尾龙颁布了《日本通产省禁止装运向中国本土等地运送货物的命令》。该条命令将中国暂时不能生产但又不得不购入的战略物资纳入禁运范围，同时也为今后中日之间可能的经济交往预留了空间，保留了通商产业大臣特批许可的权力。据日本通关统计，此条命令出台后，日方对华出口由 1950 年 0.19 亿美元下降至 1951 年的 0.05 亿美元，进口由 0.39 亿美元下降至 0.21 亿美元，合计由 0.68 亿美元下降至 0.26 亿美元，同比分别下降了 73.6%、46.1%、53.4%。[①]

1952 年 4 月莫斯科国际经济会议期间，日本代表帆足计、宫腰喜助、高良富毅然接受中国代表团的邀请，克服重重困难前来中国访问，这是战后中日关系史上一次开拓性的突破。1952 年 6 月 1 日，中日贸易协议在北京签字。代表中方签字的是中国国际贸易促进委员会主席南汉宸，帆足计、高良富、宫腰喜助分别代表日方三个民间贸易团体签字。协议规定双方在以货易货的基础上每方购入与售出各为 3000 万英镑的货物。在美日两国政府对中国实行禁运政策的情况下，中日第一个民间贸易协定执行得很不顺利，只完成原计划的约 5%。

1953 年，朝鲜战争结束后，日本的经济不景气。在这种情况下，日本一部分经济界人士和劳动团体等要求恢复中日贸易的呼声日益高涨，成立于 1952 年底的日中贸

---

① 一桥大学经济研究所编：《解说日本经济统计》（经济研究业书别册）中译本，岩波书店出版社 1961 年版。

易议员联盟甚至策动国会在众议院、参议院先后通过了"日中贸易促进决议案"。中国贸促会抓住这一有利时机，邀请自民党议员池田政之辅访华，商谈签订贸易协定事宜。1953年10月29日，双方签订了第二次中日民间贸易协定。这次协定的执行情况有了明显好转，完成了总金额的38.8%。

1954年底，新上台的鸠山内阁表示要改善中日关系，促进同苏联、中国的贸易。中国方面当即表示愿意同日本建立正常的关系。中日政治关系的松动为签订新的贸易协定提供了机遇。1956年，中国贸易代表团访问日本，于1955年5月4日签订了第三次中日民间贸易协定。这次协议执行情况最好，第一年完成了协定进出口总额的67.2%。据统计"从1955年到1957年，中日贸易额连续三年超过1亿美元，其中1956年达到1.5亿美元"，创下20世纪50年代中日民间贸易额最高纪录。1957年，中日民间贸易在三次协定的基础上，日本向中国出口总额约6048万美元，从中国进口总额为8048万美元，贸易总额达到约为了1.41亿美元，超过当时日本对韩国、墨西哥、新加坡、沙特、荷兰、法国、意大利、比利时的贸易额（见表7-2）。[①]

表7-3　中日贸易关系一览表（1957—1960年）

单位：千美元

年度	中日贸易额	增长率	日本输出		日本输入		贸易收支
			金额	所占比重	金额	所占比重	
1957	140967	-6.6%	60485	42.9%	80482	57.1%	-19997
1958	105032	-25.5%	50605	48.2%	54427	51.8%	-3922
1959	22565	-78.5%	3648	16.2%	18917	83.8%	-15269

资料来源：程水明、石其宝：《中日经贸关系六十年（1945-2005）》，天津社会科学院出版社2005年版，第97页。

然而，此后中日民间贸易发展并非一帆风顺。1957年，新上台的日本首相岸信介公然支持蒋介石、诬蔑新中国，虽然经济上有意与中国大陆保持一定的民间贸易，但政治上全力配合美国与中国台湾当局。在这种情况下，第四次中日贸易协定被撕毁，接着又发生了长崎的少数暴徒侮辱中国国旗事件。中国政府向日本提出了严正抗议，

---

① 日本国势图会财团法人矢野恒太纪念会编：《日本100年》中译本，时事出版社1984年版。

并宣布废除刚刚签字《中日钢铁贸易长期协定》、停止中日民间组织互访等强硬措施，中日贸易几乎完全中断。至 20 世纪 50 年代末，中日民间贸易直落谷底（参见表 7-3）。

20 世纪 60 年代，中日之间建立了友好贸易和备忘录贸易两条民间贸易渠道。其主要特征是中日双方都有官员参与，两国的经济贸易有了突破性的发展，且两国互设了常驻办事处。

1960 年，周总理提出了"政府协定、民间合同和特别照顾"三原则。这在日本引起了极大的反响，不到三个月，就有十几家日本公司被核准为友好企业。1961 年 4 月，日方 38 家友好企业首次参加了广交会。1962 年，友好企业成倍增加，许多大企业也加入了友好企业的行列。1962 年 12 月，中日双方还签订了"友好贸易议定书"。此时，包括日本大公司银行在内的友好企业已达 181 家。

1962 年 10 月 26 日，中日双方以廖承志与高崎达之助的个人名义签署了《中日长期综合贸易备忘录》，即"LT 贸易"。这一备忘录形式上虽是民间协定，事实上已接近政府协定。1964 年，中日双方又同意在各自首都设立备忘录贸易办事处，互派常驻记者。自此，中日关系进入"半官半民"的联系渠道，向中日关系正常化迈出了重要的一步。然而，就在两国人民都期待着中日关系继续缓和之时，美国政府、台湾当局和日本国内右翼势力同时向日本政府施加压力，出现了所谓"吉田书简"，使已经开始的成套设备贸易又告停止。日本还中止履行向中国出口万吨货轮、成套纺织设备的合同。尽管如此，除了大宗成套设备贸易外，其他贸易仍然在两国政治关系陷于僵局后继续增长。1966 年备忘录贸易达到 2 亿美元，友好商行贸易超过 4 亿美元。这个数字比日苏之间的贸易额还大，更是远远超过了与台湾的贸易[①]。60 年代后期，中日贸易以友好贸易和备忘录贸易作为特殊的贸易方式进行，不仅促进了双方的经济交流，而且为中日双方提供了互相联系和了解的渠道。这是在两国在非邦交情况下努力实施的经济合作模式。

二、1978—2019 年中国的区域经济合作

1978 年改革开放后，中国积极拓展国际区域合作，把贸易、项目投资、对外承包

---

① 杨正光：《当代中日关系四十年》，时事出版社 1993 年版，第 97 页。

工程、对外劳务输出、国际技术合作等与区域合作结合在一起，区域经济合作在空间与内容上都得到全面的拓展。

（一）中国参与共同制定合作机制的国际区域经济合作组织

1.图们江地区次区域合作组织

图们江地区次区域合作组织是东北亚地区同时并存的三个小区域经济合作圈（又称为"增长三角"）中最重要的一个。1991 年 7 月，联合国开发计划署（UNDP）提出一个开发图们江三角洲的计划。同年 10 月，UNDP 召开了图们江开发会议，正式成立图们江开发项目，并成立了项目管理委员会等机构，图们江地区开发正式启动。1995年 12 月，中、朝、韩、俄、蒙五国就建立图们江经济开发区和东北亚开发协商委员会等问题达成了三个协议，次年各签署国政府正式批准该三项协议。由此，东北亚区域经济合作利益协调机制初步建立，并开始投入运行。2004 年 7 月，在长春召开的UNDP图们江区域开发项目第七次政府间协商协调会议上，UNDP 的官员表示，UNDP将继续发挥牵头和协调作用，促进图们江区域各国实现经济互利与共同繁荣。

2.澜沧江 – 湄公河地区的次区域经济合作机制。

澜沧江 – 湄公河次区域腹地涉及东南亚和南亚的许多国家和地区，大约 20 亿人口，是当今世界经济最具活力的地区之一，也是世界重要的战略物资补给地，有望成为 21 世纪亚洲乃至世界新兴的巨大市场。中国是这个开发合作计划的核心国，已与湄公河沿岸各国在交通、能源、电信、环境、旅游、人力资源、贸易和投资等众多领域开展了合作。

（二）中国参与具有实质性优惠安排的国际或国家间经济合作

中国目前参与的具有实质性优惠安排的国际区域经济合作组织以区域多边自由贸易协定或双边自由贸易协定（FTA）为主，已签订的自由贸易协定如下：

（1）曼谷协定（亚太贸易协定）

1994 年中国申请加入"曼谷协定"，2001 年 5 月正式成为曼谷协定成员国。2005年 11 月曼谷协定第一次部长级理事会在北京举行，曼谷协定更名为"亚太贸易协定"。作为中国参加的第一个区域性多边贸易组织，曼谷协定在中国关税史上具有重要地位，是中国加入的第一个具有实质性优惠安排的区域贸易协议。曼谷协定的宗旨是通过该协议的成员国对进口商品相互给予关税和非关税优惠，不断扩大成员国之间的经济贸易合作和共同发展。

（2）内地与港澳更紧密经贸关系安排

2003 年，内地与香港、澳门特区政府分别签署了内地与香港、澳门《关于建立更紧密经贸关系的安排》（以下简称 "CEPA"）。2004、2005、2006 年又分别签署了《补充协议》《补充协议二》和《补充协议三》。CEPA 是 "一国两制" 原则的成功实践，是内地与港澳制度性合作的新路径，是内地与港澳经贸交流与合作的重要里程碑，是国家主体与香港、澳门单独关税区之间签署的自由贸易协议。

（3）中国 – 巴基斯坦自由贸易区

2005 年 4 月，温家宝总理在访问巴基斯坦期间，与阿齐兹总理共同宣布启动中巴自贸区谈判。胡锦涛主席 2006 年 11 月访巴期间，中国商务部部长和巴商务部部长签署《中巴自贸协定》，双方同时宣布启动服务贸易谈判。2007 年 7 月 1 日协定正式生效。

（4）中国 – 智利自由贸易区

2004 年 11 月 18 日，胡锦涛主席与智利前总统拉戈斯共同宣布启动中智自贸区谈判。2005 年 11 月 18 日，在韩国釜山 APEC 领导人非正式会议期间，在胡锦涛主席和拉戈斯总统的见证下，双方签署《中智自贸协定》。2006 年 9 月，吴邦国委员长访智期间，与智总统巴切莱特共同宣布自 2006 年 10 月 1 日起开始实施《中智自贸协定》，并正式启动服务贸易和投资谈判。

（5）中国 – 新西兰自由贸易区

2008 年 4 月 7 日，《中华人民共和国政府与新西兰政府自由贸易协定》在两国总理的见证下正式签署。这是中国与发达国家签署的第一个自由贸易协定，也是中国与其他国家签署的第一个涵盖货物贸易、服务贸易、投资等多个领域的自由贸易协定。目前，中新双方均已完成各自国内法律程序，协定已于 2008 年 10 月 1 日开始生效。

（6）中国 – 新加坡自由贸易区

2008 年 10 月 23 日，在温家宝总理和新加坡李显龙总理见证下，商务部部长陈德铭与新加坡贸工部长林勋强代表各自政府在北京人民大会堂签署了《中华人民共和国政府和新加坡共和国政府自由贸易协定》。同时，双方还签署了《中华人民共和国政府和新加坡共和国政府关于双边劳务合作的谅解备忘录》。

（7）中国 - 秘鲁自由贸易区

中秘自贸协定谈判始于 2007 年 9 月，国家主席胡锦涛主席在悉尼出席 A P E C 领导人非正式会议期间，与秘鲁总统加西亚共同宣布启动。经过 8 轮谈判和一次工作组会议，2008 年 11 月 19 日，胡锦涛主席在对秘鲁进行国事访问期间，与加西亚总统共同宣布中国—秘鲁自贸协定谈判成功结束。2009 年 4 月 28 日中国与秘鲁两国在北京正式签署《中国—秘鲁自由贸易协定》。该协定涵盖货物贸易、服务贸易、投资、原产地规则、海关程序、技术性贸易壁垒、卫生和植物卫生措施、争端解决、贸易救济、机构问题、知识产权、地理标识、合作等内容，是我国与拉美国家达成的第一个一揽子的自由贸易协定。

（8）中国 - 哥斯达黎加自由贸易区

2010 年 4 月 8 日，中国与哥斯达黎加签署《中国 - 哥斯达黎加自由贸易协定》，中哥双方将对 90% 以上的产品分阶段实行零关税。

（9）中国 - 冰岛自由贸易区

2013 年 1 月 30 日结束自由贸易协定谈判，《中国 - 冰岛自由贸易协定》于 2014 年 7 月 1 日正式生效这是中国与欧洲国家签署的第一个自由贸易协定。

（10）中国 - 瑞士自由贸易区

2014 年 5 月 27 日结束自由贸易协定谈判，从中国进口的 99.7% 的产品立即执行零关税，从瑞士进口的 84.2% 的产品执行零关税。

（11）中国 - 韩国自由贸易区

中韩自由贸易协定谈判于 2012 年 5 月启动，2015 年 12 月 20 日正式签订。中国 - 韩国自由贸易区是中国对外商谈的覆盖领域最广、涉及国别贸易额最大的自贸区。在开放水平方面，双方货物贸易自由化比例均超过"税目 90%、贸易额 85%"。协定范围涵盖货物贸易、服务贸易、投资和规则等 17 个领域，其中包含电子商务、竞争政策、政府采购、环境等"21 世纪经贸议题"。

（12）中国 - 澳大利亚自由贸易区

2015 年 6 月 17 日中国与澳大利亚正式签署自由贸易协定，双方各有占出口贸易额 85.4% 的产品将在协定生效时立即实现零关税。

（13）中国－格鲁吉亚自由贸易区

2017 年 5 月 13 日中国与格鲁吉亚正式签署自由贸易协定，格对中国 96.5% 的产品立即实施零关税，中国对格鲁吉亚 93.9% 的产品实施零关税。

（14）中国－马尔代夫自由贸易区

中国－马尔代夫自由贸易协定谈判始于 2015 年 12 月，于 2017 年 12 月 7 日正式签订。《协定》涵盖货物贸易、服务贸易、投资、经济技术合作等内容，实现了全面、高水平和互利共赢的谈判目标，为双方贸易投资自由化和便利化提供坚实的制度保障。

（15）中国－毛里求斯自由贸易区

2019 年 10 月 17 日，中国与毛里求斯签署自由贸易协定。这是我国商签的第 17 个自贸协定，也是我国与非洲国家的第一个自贸协定。协定涵盖货物贸易、服务贸易、投资、经济合作等内容。中方和毛里求斯最终实现零关税的产品税目比重分别达到 96.3% 和 94.2%，占自对方进口总额的比重均为 92.8%。

三、参与国际区域经济合作对中国对外贸易的积极作用

国际经济合作与经济全球化已成为世界经济的潮流，国家间加强合作、相互协调已经成为共识。中国七十年来的对外贸易实践表明，只有坚持对外开放、扩大合作，才能使经济有更大的发展空间，对外贸易有更多的发展机会，这不仅有利于贸易的多元化发展，而且有利于经济安全体系的建立，避免过度依赖于某个国家或经济体。实践同时表明，超越政治分歧的经济合作是可能的也是存在的，只要不违背彼此的核心利益，在求同存异的外交思想下，应坚持拓展区域经济合作。区域经济合作对中国对外贸易的积极作用体现在以下几点：

第一，有利于促进外向型经济向市场化转型。国家间的区域经济合作建立在市场经济规则之上，中国的参与要求自身的市场经济体制随之做出协议规定的调整，从而适应国际区域经济合作中普遍接受的国际规则。在实践中，这将有利于推动中国的外向型经济体制向国际规范和市场化方向发展。

第二，有利于中国扩大对外贸易发展空间，充分利用两种资源和两个市场。通过国际区域经济合作达成的双边或多边协议，以自身的市场开放换取参与成员国向中国

对等地开放市场，意味着中国越来越主动地参与到国际经济合作进程中去，使中国对外经贸关系越来越转向平等、公平和合理，越来越有利于国际市场的拓展和对外贸易的多元化。

第三，有利于中国规避贸易争端，绕开贸易保护主义。当今世界经济在不断加深全球化的同时，贸易保护主义也在不断抬头。通过加强区域经济合作，签订双边或多边的自由贸易协定，将有利于中国与签约国家建立稳定、公平、可持续的贸易关系，促进签约国家的经济合作走向深化。

第二节　对外工程承包

对外工程承包是施工企业在国际市场上通过投标、议标、接受询价和委托等多种方式，按照一定条件同发包单位就某项工程的建设签订合同，据以组织施工的工程建设承包。对外承包工程是中国对外开放，积极"走出去"的重要组成部分。

一、中国对外承包工程发展回顾

中国对外承包工程始于 1978 年底，是十一届三中全会以后随着改革开放不断发展壮大起来的一项开放事业。四十多年来，这一事业从无到有、从小到大，稳步发展，取得了显著的成果和进步。回顾对外工程承包的发展历程，大致可分为四个阶段。

（一）起步阶段（1978—1982 年）

20 世纪 70 年代末，国际石油市场上原油价格两次大幅上涨，阿拉伯石油输出国因此获得了巨大的石油外汇收入。一些石油输出国投入巨额资金，在该地区掀起空前的、大规模的经济开发和建设高潮。由于这些中东国家缺乏劳动力，施工力量也不足，吸引了众多的国际承包工程公司和外籍劳务人员涌入该地区开展相关业务。

1978 年，当时的对外经济联络部分析了国内国际形势，联合国家基本建设委员会向国务院上报了《关于拟开展对外承包工程的报告》，提出应抓住国际承包工程市场的有利时机，利用我国通过对外援助与中东各国建立起来的友好合作关系，尽快组织我国建筑力量进入国际市场。国务院很快批准了这一报告。根据中央的批示精神及国内国外的具体情况，中国建筑工程总公司、中国公路桥梁工程公司、中国土木工程公司以及中国成套设备出口公司率先开展了对外承包工程业务。1979 年，这四家企业在伊拉克、埃及、索马里等国和香港地区共签订工程承包合同 36 项，合同金额 5117 万美元，揭开了我国对外承包工程业务的序幕[①]。

为了大力开拓对外承包工程业务，1982 年，按照国务院关于"每个省市、每个部委设立一家公司"进行试点的指示精神，在原有四家企业的基础上，国务院及外经贸部又先后批准成立了港湾、中航技、中水电、石油、化工、冶金等专业公司及一些省市的"窗口"型企业，如四川、江苏、北京、天津、上海等国际经济技术合作公司，享有对外承包工程经营权的企业增加到近 30 家。在国家和有关部门的关怀指导下，中国对外承包工程企业克服了资金短缺、经验不足、人才缺乏等困难，较好地完成了工程承包业务，做出了好榜样。

1978—1982 年，中国共批准了 29 家企业从事对外工程承包和劳务合作业务，累计签订对工程承包和劳务合作合同 755 项，合同额 12.5 亿美元，完成营业额 5.6 亿美元，外派劳务 10.26 万人次，1982 年年末在外劳务人数 3.16 万人。业务发展到 45 个国家和地区，其中西亚和北非为重点市场。工程项目主要是房建和筑路，项目规模较小，承揽方式以分包和承包施工为主。

（二）稳步发展阶段（1983—1989 年）

1983—1989 年，随着中国对外开放的不断扩大，中国对外工程承包和劳务合作进入稳步发展阶段。从 1983 年起，国际承包市场受全球经济不景气的影响，市场成交额大幅下滑，中东和北非地区的发包额急剧收缩，各主要工程发包国和劳务进口国陆续颁布了限制外国公司和外籍劳务进入本国市场的规定。国际承包工程公司之间的竞争日趋激烈，工程业主越来越多地以带资承包、延期付款和实物支付作为发包条件，使刚起步不久的中国对外工程承包业务面临着严峻的考验。

1985 年开始，中国对外承包公司积极采取措施，努力开拓业务。在经营项目上，注重薄利多销，保证质量，树立和维护信誉；在经营方式上，注意因地制宜，灵活多样，

---

① 石广生：《中国对外经济贸易改革和发展史》，人民出版社 2013 年版。

讲求实效，既积极承揽现汇支付项目，也接受以实物支付工程款的项目。在拓展区域方面，除西亚地区外，积极开拓南亚、东南亚、非洲、拉美、西欧和南太平洋等地区的业务。1983—1985 年，中国公司同 71 个国家和地区签订了 1952 项承包、劳务合同，总金额 37.84 亿美元，相当于前 4 年的 3.2 倍。[①]

1983—1989 年，中国累计签订对外工程承包和劳务合作合同额 115.6 亿美元，完成营业额 72.2 亿美元，外派劳务 24.4 万人次，享有对外经营权的企业增加到近百家。对外工程承包的市场进一步扩大，业务扩展到 130 多个国家和地区。合作领域更加广泛，除住房、路桥等土建工程外，对外承包工程开始承揽一些技术含量较高的项目如电站、糖厂、化肥厂等。

（三）快速发展阶段（1990—2008 年）

1990 年海湾战争爆发，给中东承包工程市场带来严重冲击。中国对外工程承包企业及时调整市场格局，加大了对苏联、东欧、东北亚、东南亚、非洲和拉美市场的开拓力度。1992 年邓小平南方视察讲话后，中国改革开放的步伐加快，中国对外工程承包业务步入了快速增长时期。

1990—1999 年间，中企业累计签订对外承包工程合同额 836.6 亿美元，完成营业额 617.9 亿美元。1999 年年末在外劳务人员 38 万人。享有对外承包工程经营权的企业增加到近千家，其中不但有过去的"窗口"型企业，还有大量的专业实体，整体实力明显增强。中国对外承包工程业务已遍及世界 180 多个国家和地区。1999 年对外承包工程营业额在上年首次突破 100 亿美元大关的基础上，再创新高达到 130 亿美元。其中，营业额较大的国家和地区主要有：香港、新加坡、苏丹、巴基斯坦、伊朗、美国、澳门、尼日利亚、日本、科威特等。外派劳务人员最多的国家和地区是：新加坡、韩国、台湾、澳门、日本、香港、美国、毛里求斯、俄罗斯、科威特、苏丹、以色列等。

进入 20 世纪，中国对外工程承包无论是完成营业额还是新签合同额都保持了稳步增长。2008 年，中国对外承包工程营业额为 566 亿美元，是 1990 年的 34.5 倍；新签合同额 1046 亿美元，同比增长 34.8%。截至 2008 年底，我国累计签订对外承包工程合同额 4341 亿美元，完成营业额 2630 亿美元。在业务总量规模快速增长的同时，

---

① 石广生：《中国对外经济贸易改革和发展史》，人民出版社 2013 年版。

我国对外工程承包的单项规模也在急剧增大，单项合同金额屡创新高，先后突破了 1 亿、5 亿、10 亿、60 亿和 80 亿美元大关。从事国际工程承包的企业达 1600 多家，许多企业已跻身于世界 225 家国际大承包商行列，基本形成了一支门类齐全、具有较强竞争实力的经营队伍。

为了进一步引导、支持和规范对外工程承包业务的发展，增强工程承包企业在国际市场上的竞争力，中国陆续出台了一系列的对外工程承包管理制度。2007 年出台了《财政部 商务部关于 2006 年对外承包工程项目贷款贴息有关问题的通知》，2008 年先后出台了《对外承包工程管理条例》《对外承包工程国别产业导向目录》《对外承包工程业务统计制度》和《对外劳务合作和境外就业业务统计制度》。2007 年 12 月，中国正式成立了"对外承包工程商会工程技术标准委员会"，其宗旨是在现有技术标准的基础上，建立统一的中国工程技术标准英文版体系，对外打造中国工程技术统一标准。这大大提升了中国企业在对外承包工程上的国际竞争力，更好地为"走出去"战略服务。

（四）规范管理和有序发展阶段（2009—2019 年）

尽管这个阶段初期，中国的对外承包工程业务受到全球金融危机的冲击，但对外承包工程仍然进入了新的发展阶段。2010 年，对外承包工程合同数为 9544 项，合同金额达 1343.67 亿美元，完成营业额为 1034.24 亿美元，完成营业额占合同金额的比重为 73%。新阶段的中国对外承包工程，不仅在海外积极拓展业务，传播中国工程技术标准，将更加优质的建设工程提供给世界各国，而且中国对外承包工程公司还积极地将社会责任放在更加重要的位置，积极为东道国的公益事业服务。2012 年 9 月，商务部与中国对外承包工程商会共同发布了对外承包工程行业的第一个"自愿性社会责任标准"，即《对外承包工程社会责任指引》。该指引针对质量安全、员工发展、业主权益、供应链管理、公平竞争、环境保护和社区发展七个核心议题，对企业履行社会责任提出了具体工作要求，明确了社会责任管理的工作要点。该指引借鉴了联合国全球契约和 ISO 26000 指南等国际共识的核心思想，结合我国承包工程行业的业务现状和最佳实践，明确了中国对外承包工程行业对社会责任的共同理解，提供了对外承包工程企业可参考的行为框架。

2010—2016 年，中国对外承包工程累计合同数为 69772 项，合同金额 12506.98 亿美元，合同完成营业额达 9052.36 亿美元，分别是 1992 年和 2009 年的 2.3 倍和 2.7 倍，完成营业额占合同金额的比重为 72%。① 在世界各大洲主要的对外承包工程发包国中，中国是业务额增长最大的国家。表 7-4 列举了 2011—2015 年新签合同金额在 5000 万美元和 1 亿美元以上项目数。

表 7-4 2011—2015 年对外承包工程新签金额在 5000 万和 1 亿美元以上项目

年份	新签合同金额 5000 万美元以上项目				新签合同金额 1 亿美元以上项目			
	项目（个）	合同额（亿美元）	同比（%）	占比（%）	项目（个）	合同额（亿美元）	同比（%）	占比（%）
2011	491	1096.5	5.0	77.0	258	932.7	5.5	64.9
2012	580	1244.6	13.5	79.5	324	1064.1	14.1	68.0
2013	684	1344.0	8.0	78.3	390	1134.5	6.6	66.1
2014	662	1578.2	17.4	82.3	365	1357.8	19.7	70.8
2015	721	1758.5	11.4	83.7	434	1558.5	14.8	74.2

资料来源：中国对外承包工程商会：《2015-2016 年中国对外承包工程发展报告》。

2016 年，中国对外承包工程完成营业额达 22.22 亿美元，是 2009 年的 2.57 倍。2017 年商务部公布了中国对外承包工程完成营业额和新签合同额前 100 家企业②。完成营业额超过 100 亿美元的有 2 家，分别是华为技术有限公司和中国建筑工程公司。新签合同超 100 亿美元的有 6 家，分别是中国建筑工程总公司、中国水电建设集团国际工程有限公司、华为技术有限公司、中国交通建设股份有限公司、中国港湾工程有限责任公司、中国葛洲坝集团股份有限公司。其中：中国建筑工程总公司新签合同金额达到 281.3 亿美元。

2017 年，我国对外承包工程业务完成营业额 11382.9 亿元人民币，同比增长 7.5%（折合 1685.9 亿美元，同比增长 5.8%），新签合同额 17911.2 亿元人民币，同比增长 10.7%（折合 2652.8 亿美元，同比增长 8.7%）。③2018 年 1—7 月，对外工程承包新签合同主要集中在交通运输、电力工程和建筑行业，合计占新签合同总额的 68.2%；新签合同额在 5000 万美元以上的项目 418 个，合计 1067.4 亿美元，占新签合同总额的 85.2%；对

---

① 资料来源：国家统计局编：《中国统计年鉴 2017》，中国统计出版社 2018 年版。
② 期刊编辑部："2017 我国对外承包工程业务百强名单出炉"，《中国勘察设计》，2018 年第 3 期。
③ 中华人民共和国商务部官网："2017 年我国对外承包工程业务简明统计"，网址：http://fec.mofcom.gov.cn/article/tjsj/ydjm/gccb/201801/20180102699449.shtml.

外工程承包带动货物出口 103.6 亿美元，同比增长 22.5%。[①]

　　2018 年我国对外承包工程新签合同额 2418.0 亿美元，完成营业额 1690.4 亿美元。截至 2018 年末，对外承包工程行业已累计签订合同额 2.3 万亿美元，完成营业额 1.6 万亿美元，成为当前中国企业参与共建"一带一路"、推动国际基础设施互联互通建设和产能合作的主要方式。[②] 截至 2018 年底，对外承包工程业务累计签订合同额 2.3 万亿美元，完成营业额 1.6 万亿美元。加入 WTO 以来，中国对外承包工程行业发展情况如图 7-1 所示：

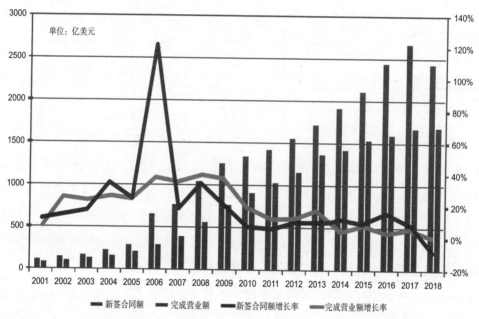

图 7-1 中国加入 WTO 以来对外承包工程业务发展走势

　　中国对外承包工程重点国别市场格局相对稳定。2018 年，新签合同额排名前十的国别（地区）市场合计 922.4 亿美元，占同期总额的 38.1%，完成营业额排名前十的国别（地区）市场合计 624.8 亿美元，占同期总额的 37%。从新签合同额看，尼日利亚、

　　① 中华人民共和国商务部官网："商务部对外投资和经济合作司负责人谈 2018 年 1—7 月我国对外投资合作情况"，网址：http://www.mofcom.gov.cn/article/ae/ag/201808/20180802776641.shtml.

　　② 商务部：《2018—2019 中国对外承包工程发展报告》，http://fec.mofcom.gov.cn/article/tzhzcj/tzhz/

印度尼西亚、马来西亚位居前三名，其中尼日利亚由 2017 年的第三名上升到第一名，而马来西亚市场由于政府更迭造成诸多大型合作项目被搁置，市场份额从 2017 年的9.4% 下降到 3.9%；从完成营业额看，巴基斯坦、马来西亚、阿尔及利亚位居前三名，孟加拉国、中国香港、埃及、沙特阿拉伯、阿联酋等市场也有不错的表现。中国在世界各洲的对外承包工程占比参见图 7-2。

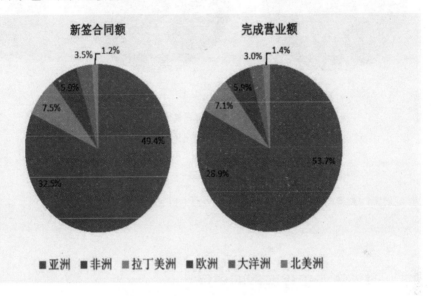

图 7-2　2018 年中国对外承包工程各地区业务占比

资料来源：商务部《2018-2019 中国对外承包工程发展报告》，http://fec.mofcom.gov.cn/article/tzhzcj/tzhz/

2018 年，中国对外承包工程各专业领域集中度仍保持相对稳定，交通运输建设、一般建筑和电力工程建设领域继续位列各专业领域前三强。这三个领域新签合同额虽然同比下降，但合计仍占业务总量的 66.5%。工业建设、水利建设和制造加工设施建设项目增幅明显，特别是工业建设业务同比增长超七成。而交通运输建设、电力工程和通信工程领域较上年略有下降，石油化工和一般建筑领域新签合同额同比下降较大，分别下降了 35.8% 和 21.6%。对外承包工程各专业领域业务占比参见图 7-3。

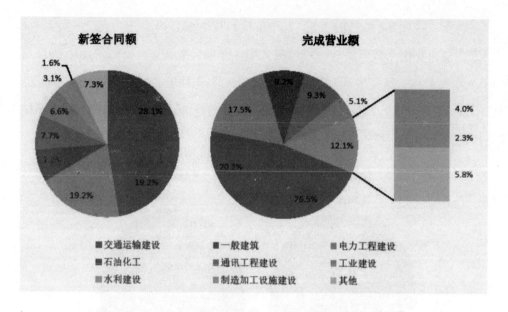

图 7-3　2018 年中国对外承包工程各专业领域业务占比

资料来源：商务部《2018—2019 中国对外承包工程发展报告》，http://fec.mofcom.gov.cn/article/tzhzcj/tzhz/

二、对外承包工程取得的进展

综观中国对外承包工程 41 年的发展，虽然过程中有困难和波折，但整体保持了强劲增长，取得了明显的进步与成果。

（一）对外承包工程领域不断拓宽，大型项目增多

中国对外承包工程已从最初的房屋建筑和交通工程建设领域发展到涉及建筑、冶金、石油、化工、交通、电力、通讯、轻工、农业、渔业以至航空、航天、和平利用原子能等高科技领域，几乎涉及国民经济各个行业。虽然中国对外承包工程的核心目前仍然以土木工程为主，但在各类工业项目、农业项目、能源项目和其他基础设施建设上都有很大的突破。近年来，更是广泛涉足石化、电力、电子通信和航空航天等新兴领域，已逐步形成了承包技术密集型的成套工程与劳动密集型的基础设施并举的局面。另外，对外承包大工程项目逐年增多。2000 年以来，每年上亿美元的大项目均在

10 个以上。

（二）对外承包工程合作方式向高端发展

进入国际承包工程市场初期，中国企业以土建项目工程的劳务分包起家。从土建分包到土建总承包，中国对外承包工程事业实现了第一次业务升级。然而，初期阶段依然是以土建施工为主的低端项目。为推动对外承包工程的业务升级，顺应国际工程市场产业内分工的要求，中国政府先后批准了 100 多家工程设计院所进入国际工程设计市场，并取得了明显成效，实现了对外承包工程业务的第二次升级。2007 年，中国对外设计咨询业务完成营业额 4.9 亿美元，同比增长 48.5%；新签合同额 10.3 亿美元，同比增长 151%%。截至 2007 年底，我国对外设计咨询累计完成营业额 22.2 亿美元，签订合同额 37.8 亿美元。

中国成功进入国际工程设计咨询领域，带动了对外承包工程企业在全产业链分工地位的变化，承揽的工程业务环节逐渐向业务链的上游移动，越来越多的中国企业涉足承包工程项目的规划、勘探、设计、管理等领域。中国对外承包工程企业开展高端业务进一步带动了整个工程承包产业链的发展，工程承包的模式随之发生重大变化。中国承包商正在实现向 EPC（设计、采购、施工）总承包模式的升级。据统计，目前总承包项目已经占到了中国对外投标项目总数的一半以上，其中 EPC 交钥匙工程显著增多。近年来，中国对外承包工程企业还探索出承包工程换资源等新合作模式，以多种路径进入对外承包工程高端业务领域，取得了新的成效。

（三）对外承包工程业务走向多元化

过去四十余年，中国对外承包工程事业历经数次重大的市场战略调整，每一次调整都基于对国际承包工程市场发展走势的客观判断，以及对承包工程市场机遇的有效把握。中国对外承包工程事业起源于中国政府对非洲国家提供的经济技术援助项目，起步于 20 世纪 70 年代末如火如荼的中东工程建设市场。20 世纪 80 年代中期，在中东市场发生严重衰退后，中国的对外承包工程大军实现了向亚洲市场进军的战略转移。1998 年亚洲金融危机后，又开始了面向全球市场的市场多元化征程。进入 21 世纪，中国对外承包工程业务的多元化格局已初步实现。中国对外承包工程企业不仅在非洲市场占据有利地位，而且在开拓亚洲、拉美、欧洲和北美市场中都取得了实质性进展。目前，中国对外承包工程业务已遍及世界 180 多个国家和地区，基本形成了"亚洲为主，发展非洲，恢复中东，开拓欧美和南太"的市场格局。

（四）对外承包工程企业群体不断壮大

20 世纪 70 年代末，中国进入对外承包工程国际市场的企业只有 4 家（中国建筑工程公司、中国公路桥梁工程公司、中国土木工程公司和中国成套设备出口公司），而目前有资格开展对外承包工程和劳务合作的公司已有超千家，其中大型专业工程公司所占比重不断加大，经营水平不断提高，现已基本形成了一支门类齐全、具有较强竞争实力的经营队伍。与此同时，对外承包工程业务在中国对外经贸关系中的地位得到提升和肯定，国家的支持政策在持续加大。

（五）对外承包工程业务创新实践见成效

2018 年，中国对外承包工程企业开拓创新、大胆实践，在推动业务模式转型升级和创新方面取得了积极进展。越来越多的中国对外承包工程企业在夯实 EPC+F 业务的同时，积极探索以 BOT、PPP 等方式参与项目，以参股、并购境外企业的方式拓展市场。中国对外承包工程企业与发达国家开展第三方合作也初见成效。中国与英国、西班牙等发达国家加强在第三方市场的合作，通过优势互补，实现共赢发展。例如山东电建三公司与西班牙、美国、韩国等知名企业合作开发和建设了沙特延布三期燃油电站项目，中国交建与英国 Atkins 在蒙内铁路进行站点设计、与法国公司在喀麦隆码头开展合作等。中国政府还积极寻求与发达国家政府以及国际金融机构设立相关合作投资基金，有力促进了第三方市场合作的开展。例如，丝路基金与欧洲开发银行建立了第三方合作市场基金，中韩两国政府出资成立了中韩投资合作基金，中国与法国、英国、日本、新加坡等发达国家达成了共设第三方市场合作基金的协议。

三、对外工程承包对贸易的积极作用

中国对外承包工程是改革开放后中国在国际经济合作领域较早推进的符合国情优

势的国际经济合作方式，在带动商品、技术和服务出口，加快转变对外贸易方式以及丰富国际经济合作内容与模式等方面发挥了重要作用。对外承包工程对中国国际贸易的促进作用主要体现在以下方面：第一，直接带动对外贸易的增长。对外工程承包需从国内采购设备、材料、零配件和施工机具，因而可直接促进中国原材料和机械设备等出口，并带动相关的劳务输出，对经济外向型发展起到了积极的促进作用。第二，有利于推进中国的技术出口。积极开展对外承包工程，有利于向国外输出中国工程技术标准，扩大中国企业的国际影响力，进而提升中国工程技术的竞争力，带动中国技术贸易的发展。第三，有利于提升中国对外贸易的产业链和价值链水平。中国对外承包工程经营模式的不断升级，促使对外承包工程企业向世界高端承包项目水平发展，在不断提升承包工程企业行业价值链层次和地位的同时，带动了相关产业的产业链拓展，提升了产业贸易价值链水平。第四，有利于扩大服务对象国与中国的贸易投资交流。中国的对外工程承包经过多年的发展，已从开始阶段的建筑工程承包拓展到产业工程、产业服务、工程设计等高端承包，部分项目与后续的投资贸易紧密结合在一起。而这有利于促进工程承包对象国与中国的投资贸易关系，增强双边的国际产业分工合作，扩大产业链分工与国际贸易交流。

第三节　国际技术合作

国际技术合作是国际经济合作的重要内容之一，包含技术的引进与输出、技术设备的进出口、技术项目援助等内容。中国的国际技术合作在改革开放前以引进技术为主，改革开放后逐步实现了技术进出口的双向流动和平衡。

一、1949—1978 年中国的技术引进

中国的技术引进始于 1950 年，70 年来取得了巨大成就，并为促进工农业技术进步、提高科学技术水平、增强我国自力更生能力、缩小与发达国家的技术水平差距、加快社会主义现代化建设发挥了重要的作用。1978 年改革开放前，中国的技术引进大致可

分为三个阶段：

第一阶段（1950—1959 年）。新中国成立后，中国国民经济经过 3 年恢复后开始实施第一个五年计划。由于当时西方国家对中国实施经济技术封锁，中国只能从苏联和东欧社会主义国家引进技术设备、生产线及少量的单项技术，成交的项目约 450 项，总金额约 37 亿美元。其中，与苏联签订了引进 304 个项目的成套设备和 64 个单项车间设备装置合同[1]，与东欧各国签订了成套设备建设项目 116 项。"一五"期间，从苏联引进的"156 项"是这个时期引进的重点建设项目，涉及的行业有煤炭、电力、石油、冶金、化工、机电、航空、汽车、轻工、纺织、军工等领域。

除了成套设备的引进，苏联还向中国进行了大量的技术转让。1953 年 5 月中苏签订了《中苏经济合作议定书》，其中包含一项苏联无偿向中国提供技术文件的独立条款。根据该条款，苏联向中国提供国内相关援助领域里的最新技术。除了向中国提供完整的技术资料外，苏联还向中国派遣大量的专家和技术人员，同时还通过接受中国留学生和技术干部实习的方式帮助中国培养自己的技术力量。此外，苏联还与中国一起建设合资企业。中苏双方按"平权合股"原则组建若干股份公司，即合资企业的股份双方各占 50%，双方均享利润，共担风险。除了股份公司，还有一些中苏合营公司。1955 年，上述股份公司与合营公司均按照相关协定全部移交给中国，成为中国的国营企业。[2]

第二阶段（1960—1969 年）。20 世纪 50 年代末 60 年代初，中苏关系恶化，中国自苏联的技术引进随即被迫终止。此时随着国际关系的缓和，中国与西方国家的关系逐渐回暖，中国开始从西方一些发达国家引进技术和设备，先后从西欧、日本进口了石油、化工、化纤、冶金、电子等方面的成套设备和关键设备，合同数为 84 项，合同总金额 14.5 亿美元[3]。1966 年以后，受"文化大革命"的影响，技术引进工作未能正常进行。

---

① 宿世芳："关于 50 年代我国从苏联进口技术和成套设备的回顾"，《当代中国史研究》，1998 年第 5 期。
② 石广生：《中国对外经济贸易改革和发展史》，人民出版社 2013 年版，第 110 页。
③ 对外经济贸易大学技术贸易课题组："中国技术贸易 50 年"，《国际贸易问题》，1999 年第 10 期。

第三阶段（1970—1978 年）。1971 年，中国恢复了在联合国的合法席位。1972年美国总统尼克松访华，同年中日实现邦交正常化。这些事件，大大改善了中国在世界的经济环境，中国从西方发达国家引进技术与设备不再受到严格限制。在此时期，中国抓紧机会出台了"43 方案"和"78 计划"，前者即计划引进 43 亿美元的成套技术设备，后者即 1978 年 9 月与国外签订了一系列技术引进合同，使 1978 年引进技术协议金额达到 78 亿美元。中国先后从日本、联邦德国、英国、法国、美国、荷兰、瑞典等十几个国家引进设备（包括化肥、化纤、综合采煤机组、冶金等技术和成套设备、关键设备），成交项目 310 项，合同总金额 68.2 亿美元。主要包括化肥、化纤、冶金等技术和成套设备，其中成套设备的引进占用汇总额的 90 % 以上。这批项目技术比较先进成熟，自动化程度较高。建成投产后，我国有关领域的生产能力和技术水平有了很大提高，对增强我国经济实力、增加市场有效供给发挥了重要作用。尤其是冶金、化肥、石油化学工业的发展，在很大程度上解决了中国人民的吃穿用问题，为中国后续的经济建设奠定了较好的物质基础。但是这个时期的技术引进工作，由于引进规模过大，超过了当时国家财力、物力的承受限度，一些项目不得不停建或缓建。这不仅使国家在经济上遭受损失，在国际技术合作中也造成了不良影响。

二、1978—2019 年中国的技术引进

1978 年党的十一届三中全会确立了以经济建设为中心，对内实行改革、对外实行开放，加快社会主义现代化建设的路线，进一步明确了引进吸收世界先进技术和设备的政策方针。在 20 世纪 80 年代，中国利用改革开放政策创建了 5 个经济特区，即深圳、珠海、汕头、厦门、海南经济特区，开放沿海、沿江城市，并在内陆省会实施沿海开放城市的政策。其中，沿海开放城市的主要任务之一是引进国外先进生产技术。80 年代后期，中国政府积极设立经济技术开发区、国家级高新技术产业开发区。截至 1991 年，中国共设立 14 个经济技术开发区，22 个国家级高新技术产业开发区。高新技术产业开发区是国家科委火炬计划的重要组成部分，是中国对外展开经济技术合作的"窗口"，其主要任务是吸引优质资金和高级人才到开发区创办高新技术企业，发展高新技术产

业。截至 1991 年底，中国签订引进先进技术合同 444 项，金额 281 亿美元。[①] 技术引进的形式从此前引进成套设备为主，逐步转向以许可证贸易、联合设计、合作生产、顾问咨询、技术服务等多种方式。

随着改革开放的进一步深入，中国技术引进呈现出新特点。如表 7-5 所示，此时期中国技术引进主要集中在成套设备和关键设备，成套设备合同占比从 1991 年的 74.3% 下降至 1999 年的 15.5%，关键设备从 1991 年的 9.6% 上升至 1999 年的 24.9%，技术转让和技术服务占比则从 1998 年开始大幅提升。

表 7-5 1991—1999 年中国技术引进合同成交金额及分类

年份	1991	1995	1996	1997	1998	1999
成交金额（亿美元）	34.59	130.33	152.57	159.23	163.75	171.62
技术转让占比（%）				4.8	15.9	18.7
技术许可占比（%）	13.8	11.3	11.0	6.0	6.8	9.0
技术咨询占比（%）	0.1	0.9	0.3	1.5	0.5	3.5
技术服务占比（%）	0.4	1.5	3.3	0.9	5.0	14.1
成套设备占比（%）	74.3	76.7	43.4	49.2	33.1	15.5
关键设备占比（%）	9.6	16.6	38.1	36.7	35.5	24.9
合作生产占比（%）	1.5		2.5	0.1	0.03	1.6
合资技术许可占比（%）				0.1	1.6	9.4
合资技术设备入股占比(%)				0.2	0.02	
独资技术许可占比（%）				0.4	0.8	2.2

资料来源：根据《中国科技统计年鉴》（1991—2000）相关数据整理。

据统计，1979—1998 年，中国技术引进进入相对快速的发展轨道，共引进技术 27829 项，合同总金额 1054.8 亿美元（详见表 7-6）。技术进口的项目数和合同总金额分别是改革开放前 30 年总和的 32.93 倍和 8.8 倍。1999 年以后，特别是进入 21 世纪以来，中国技术引进管理更为规范，规模也日益扩大。

---

① 石广生主编：《中国对外经济贸易改革和发展史》，人民出版社 2013 年版，第 192 页。

表 7-6 1950—1998 年中国各阶段技术引进统计

年份	项目数（个）	金额（亿美元）
1950-1959	450	37.00
1960-1969	84	14.50
1970-1980	521	110.60
1981-1985	1552	51.92
1986-1990	2326	151.93
1991-1995	5429	333.02
1996	6074	152.57
1997	5984	159.23
1998	6254	163.75
合计	28674	1174.52

资料来源：对外经济贸易大学技术贸易课题组："中国技术贸易 50 年"，《国际贸易问题》，1999 年第 10 期。

随着科技兴贸战略的实施与中国技术实力的增强，中国技术引进方式也发生了重要改变。如表 7-7 所示，成套设备、关键设备、生产线等的技术引进，从 2001 年的 36.9% 大幅下降至 2009 年的 7.0%，这一时期技术引进的领域主要集中在专有技术的许可或转让，以及技术咨询和技术服务。

2000 年以来，我国先后出台了《关于加强技术进口合同售付汇管理的通知》《中国禁止进口限制进口技术目录》《技术进出口合同登记管理办法》《技术进出口管理条例》等法律法规。2004 年，我国共登记技术引进合同 8605 份，同比增长 20.69%；合同总金额 138.56 亿美元，同比增长 3.01%。2007 年我国高技术产品进口更是高达 2870 亿美元，是 1986 年的 57.6 倍。

表 7-7 2001—2009 年中国技术引进合同成交金额及分类

年份	2001	2005	2006	2007	2008	2009
成交金额（亿美元）	90.91	190.43	220.23	254.25	271.33	215.72
专利技术的许可或转让占比（%）（包括专利申请权的转让）	5.3	6.7	6.4	6.6	6.5	8.4
专有技术的许可或转让占比（%）	14.1	26.8	33.0	33.8	46.6	44.3
技术咨询、技术服务占比（%）	23.5	24.8	23.5	25.5	29.3	30.6
计算机软件的进口占比（%）	7.2	2.3	3.0	3.4	3.2	5.0
商标许可占比（%）	0.5	1.4	0.4	0.7	0.5	0.7
合资生产、合作生产等占比（%）	6.9	9.1	19.5	3.4	3.5	2.9
为实施以上内容而进口的成套设备、关键设备、生产线等占比（%）	36.9	28.0	13.0	26.1	7.8	7.0
其他方式的技术进口占比（%）	5.7	1.0	1.1	0.4	2.7	1.1

资料来源：根据历年《中国科技统计年鉴》（2001—2010）相关数据整理。

2009 年至今，在中国科技体制全面改革的推动下，中国的产业技术得到了明显提升。2015 年 5 月，中国颁布实施《中国制造 2025》战略，工业技术的创新与应用进一步加，应用技术多点突破、纵深发展，在不少重要领域和关键环节取得实质性突破。但是，中国的关键核心技术创新能力同国际先进水平相比还有很大差距。[①] 表 7-8 显示，中国此时期的技术引进主要集中于专有技术的许可或转让，以及技术咨询和技术服务。其中专有技术的许可或转让，从 2009 年的 44.3% 进一步上升至 2016 年的 53.5%，而技术咨询和技术服务领域则出现了小幅下降趋势。成套设备、关键设备和生产线的技术引进比重不断下降，2016 年仅为 1.3%。

① 新华时评：聚焦科技高地决胜创新未来，网址：http://www.gov.cn/xinwen/2018-08/09/content_5312849.htm。

表 7-8　2009—2016 年中国技术引进合同成交金额及分类

年份	2009	2010	2011	2012	2013	2014	2015	2016
成交金额（亿美元）	215.72	256.36	321.59	442.74	133.64	310.85	281.54	307.28
专利技术的许可或转让占比(%)（包括专利申请权的转让）	8.4	7.4	8.0	15.3	14.6	8.4	11.0	9.7
专有技术的许可或转让占比(%)	44.3	36.7	37.1	36.4	35.8	43.4	52.5	53.5
技术咨询、技术服务占比（%）	30.6	29.2	35.9	32.2	28.1	27.5	27.6	27.4
计算机软件的进口占比（%）	5.0	9.0	9.2	6.1	7.1	9.0	3.1	1.8
商标许可占比（%）	0.7	1.6	1.0	1.2	1.0	1.3	0.9	0.6
合资生产、合作生产等占比（%）	2.9	3.2	2.5	3.1	4.6	5.4	2.6	4.5
为实施以上内容而进口的成套设备、关键设备、生产线等占比（%）	7.0	10.6	2.8	3.3	0.5	1.3	0.7	1.3
其他方式的技术进口占比（%）	1.1	2.3	3.4	2.4	3.0	3.6	1.5	1.1

资料来源：根据历年《中国科技统计年鉴》（2009—2017 年）相关数据整理。

三、1978—2019 年中国的技术出口

1978 年改革开放前，中国的生产技术相对落后，没有多少可以向外国输出。因此中国技术出口始于 20 世纪 80 年代初。经过三十多年的努力，中国技术出口的资源不断丰富，前景越来越开阔。中国技术出口大致经历了如下几个发展阶段：

（1）探索阶段 (1980—1985 年)。这一阶段属于自发阶段，国家没有明确的归口管理部门，也没有专门的法规和政策，一些技术企业自觉按市场的需要出口。此时期技术出口的内容主要以新技术、新工艺等少量的"软件"技术出口为主，主要出口对象为发达市场体公司与企业。1980-1985 年，中国技术出口 40 项，技术出口金额 0.68 亿美元。

（2）起步阶段 (1986—1990 年)。这一阶段中国开始了有组织有管理的技术出口

工作。1986 年国务院明确规定经贸部和国家科委为归口管理技术出口的部门，并规定了技术出口的政策、审批权限和程序。此外，技术出口的内容和方式也在增加，除单纯转让"软件"技术外，成套设备出口、技术服务等技术贸易方式也多被采用，技术出口的对象以发展中国家为主，同时也出口到发达国家。1986—1990 年，中国技术出口 655 项，技术出口金额 21.61 亿美元。

（3）快速发展阶段(1991—1995 年)。1990 年 6 月 26 日颁布了《技术出口管理暂行办法》，中国技术出口走上了法治化管理轨道。技术出口有法可依，促进了技术出口贸易的快速发展。这一阶段签订的技术出口合同的数量和合同金额迅速上升。1991—1995 年，中国技术出口 2233 项，技术出口金额 90.91 亿美元，以成套设备为载体的技术出口明显增多（详见表 7-9）。

表 7-9 1980-1998 年中国各阶段技术出口统计

年份	项目数（项）	金额（亿美元）
1980-1985	40	0.68
1986-1990	655	21.61
1991-1995	2233	90.91
1996	1238	46.94
1997	2532	55.21
1998	2500	66.87
合计	9198	282.22

资料来源：对外经济贸易大学技术贸易课题组："中国技术贸易 50 年"，《国际贸易问题》，1999 年第 10 期。

（4）逐渐成熟阶段(1996 年以来)。1991—1999 年，中国技术出口大幅增长，从 1991 年的 12.77 亿美元增至 1999 年的 75.46 亿美元，增长了 5 倍多。在技术进出口成交总额中，技术出口成交额占比从 1991 年的 27% 增长至 1999 年的 30.5%。出口的技术涉及机械、电力、建材、轻工、船舶、航空、电子、卫星发射、工程设计和计算机技术开发等方面。这对优化我国出口商品结构起到了促进作用。但是，技术出口主要集中在成套设备和大型设备上，纯技术的许可转让比重相对较小。

1999 年 6 月，科技部与外经贸部联合发布了《科技兴贸行动计划》，以贯彻落实科教兴国战略，发挥科技与产业优势，促进高新技术产品出口，提高传统出口产品的技术含量和附加值，加快出口商品结构的战略性调整。此外，还先后出台了一系列扶持、鼓励高新技术产品出口的优惠政策。这些措施有力地促进了中国技术出口的发展。2003 年中国又发布了《关于进一步实施科技兴贸战略的若干意见》，明确指出要不断加快高新技术产品出口促进体系建设，进一步开拓国际市场；综合运用经济手段，大力支持高新技术产品出口，提高企业技术创新能力。2007 年，中国高新技术产品出口 3478 亿美元，是 1986 年的 484.4 倍，占当年出口总额的 28.6%，比 1986 年的 2.3% 增加了 26.3 个百分点。2013 年，中国技术出口合同金额 200 亿美元，不到进口合同金额 434 亿美元的一半，表明中国的技术出口虽然进步很大，但要达到技术贸易平衡，还有较长的一段路要走。

2015 年 5 月，中国颁布实施《中国制造 2025》战略，制造业加速向智能化方向推进。2016 年 3 月，中国正式开始实施《十三五规划纲要》，科技创新再次被提上政府鼓励的议事日程。2016 年后，由于美国特朗普政府针对中国采取的部分高科技产品的出口政策，中国政府相应地审查了本国的出口技术，对一些敏感的技术与设备出口做出限制性管理。2018 年 7 月，中央政府正式成立了国家科技领导小组。领导小组的主要职责是：研究、审议国家科技发展战略、规划及重大政策；讨论、审议国家重大科技任务和重大项目；协调国务院各部门之间及部门与地方之间涉及科技的重大事项。这表明，中国已经从以往的技术引进为主，逐渐过渡到自主研发为主的阶段。2019 年，技术出口合同金额 321 亿美元，基本接近进口合同金额，中国技术贸易平衡自此翻开了新的一页。

四、国际技术合作对国际贸易的重要作用

回顾新中国成立 70 年以来的技术贸易发展历程，可以清晰地看出，中国技术贸易呈现从无到有，从成套设备引进，到技术进口，再到技术进出口齐头并进的发展趋势。中国多年的实践证明，国际技术合作是推动中国经济发展的重要手段，对中国对外贸易的发展起到了重要的支撑与促进作用。具体表现如下：

第一，技术引进促进了企业的技术改造，推动了行业的技术进步，缩短了与国外的技术差距。许多企业通过技术引进，在短期内就能够吸收、消化国外先进技术，使产品能够以最快速度达到或接近国外同类产品的先进水平，从而为企业提高提高

经济效益做出了重要贡献。许多引进技术的企业在短时间内实现了产值、利税大幅增长，为企业的产品质量提升和商品品牌塑造起到了直接的推动作用。中国电子行业通过技术引进，发展十分迅速，彩电、冰箱、洗衣机的发展就是很好的案例。第二，技术引进能显著增强外向型企业的出口竞争优势，为出口企业扩大产品出口、增加外汇收入创造了有利条件。第三，通过技术输出，出口先进技术和设备，促进了国外企业生产水平的提升和产品质量的保障，繁荣了对象国市场，同时增强了双边的贸易合作能力。第四，技术出口能带动机械设备、机电产品等技术设备、技术产品出口，提升和优化出口商品结构。近年来中国技术出口带动了机电产品出口的快速增长。从国际经验来看，技术和成套设备出口往往集商品、投资、技术、咨询和服务贸易于一身，是一项综合性业务，具有综合经济效益，是对外贸易产品技术立体化的表现。第五，技术出口能促进技术开发和技术进步，有利于提高出口产业链的整体技术水平。科学技术的发展日新月异，中国的技术要进入国际技术市场竞争，需要保持强劲的技术创新与技术开发势头，不断在竞争中提升自己的技术水平。第六，通过技术贸易，中国还能不断地向国外输出自己的高新技术产品，同时向世界输出中国工匠精神和中国文化，这将进一步增强中国的综合国力和国际竞争力，为增强中国的国际贸易话语权奠定基础。

第四节 中国对外援助

对外援助是中国对外国际外交和国际经济合作的重要组成部分，是促进中国与发展中国家友好合作关系的重要方式和渠道。对外援助同时能直接或间接地促进中国与援助对象的经济交流和贸易。新中国建立以来，中国对外援助大致经历了 1949—1978 年、1978—2000 年，2000—2019 年三个阶段。

一、1949—1978 年中国的对外援助

新中国成立之初，为支持一些国家的民族解放运动并帮助其恢复和发展经济，中国克服自身困难，先后向朝鲜、越南、阿尔巴尼亚等社会主义国家和亚洲的一些发展

中国家提供了军事援助和经济援助。

1953 年 7 月 27 日，朝鲜停战协定签定，朝鲜进入战后重建时期。中国全力以赴帮助朝鲜进行战后重建和发展经济。主要包括以下几个方面：第一，提供援款和物资。1954 至 1957 年这四年内，中国向朝鲜无偿赠送了 8 万亿人民币（旧币）。1958-1960 年，中国与朝鲜签订了 3 个无息贷款的协定。1958 至 1963 年，中国还承担了纺织、水泥、电子、无线电等的 29 个成套项目。第二，恢复交通。第三，接受实习生来华接受各种专业技术的培训。第四，向朝鲜派遣技工和技师，帮助朝鲜恢复经济和城市建设①。这一时期，除了援助朝鲜和越南外，中国援助的国家还包括蒙古、阿尔巴尼亚、匈牙利、古巴等国。

1955 年 4 月，中国参加了在印尼万隆召开的亚非会议。会上中国倡导的"求同存异""和平共处"方针受到非洲国家领导人的普遍赞扬。会议发表的《亚非会议最后公报》提出，亚非国家间应加强开展经济合作，最大程度地互相提供技术援助。自此，中国对外关系有了新的发展，对外援助从社会主义国家扩展到了亚洲、非洲的一些民族主义国家；援助的内容和方式，从物资援助发展到现汇援助、技术援助和成套项目援助。在亚洲的重点援助国家有柬埔寨、尼泊尔、也门、缅甸、巴基斯坦等国；在非洲重点援助的国家有埃及、阿尔及利亚等国。除了上述援助外，中国还向非洲派遣了援外医疗队。

1964 年 1 月 14 日，周恩来总理在同加纳总统克瓦米·恩克鲁玛会谈时，首次提出了中国对外援助的"八项原则"②，即：

（1）中国政府一贯根据平等互利的原则提供对外援助，从来不把这种援助看作是单方面的赐予，而认为援助是相互的；

（2）中国政府在对外提供援助的时候，严格尊重受援国的主权，绝不附带任何条件，绝不要求任何特权；

（3）中国政府以无息或低息贷款的方式提供经济援助，在需要的时候延长还款期限，以尽量减少受援国负担；

（4）中国政府对外提供援助的目的，不是造成受援国对中国的依赖，而是帮助

---

① 包国俊："抗美援朝战争历史不容歪曲"，《解放军报》，2000 年 11 月 1 日第 1 版。
② "在第三届全国人民代表大会第一次会议上周恩来总理作政府工作报告"，载《人民日报》，1964 年 12 月 31 日。

受援国逐步走上自力更生、经济上独立发展的道路;

（5）中国政府帮助受援国建设的项目，力求投资少，收效快，使受援国能够增加收入，积累资金;

（6）中国政府提供自己能生产的、质量最好的设备和物资，并且根据国际市场的价格议价。如果中国政府所提供的商品和物资不合乎商定的规格和质量，中国政府保证退换;

（7）中国政府对外提供任何一种技术援助的时候，保证做到使受援国的人员充分掌握这种技术;

（8）中国政府派到受援国帮助进行建设的专家，同受援国自己的专家享受同样的物质待遇，不允许有任何特殊要求和享受。

中国对外援助"八项原则"在国际经济合作领域中独树一帜，在亚非国家中产生了广泛而深远的影响。通过中国援助，饱受殖民统治的前殖民地国家更好地了解并理解了中国[1]。其后，随着中国经济的恢复和发展，中国对外援助的规模与范围也有了较大发展。从 20 世纪 60 年代中期到 70 年代初，中国对外援助支出比初始阶段增加了一倍多，项目数量增加了两倍多，援助范围也拓展到了 30 多个国家，尤其是增加了对非洲国家的援助，并给予越南大量的军事、物资和技术援助。

1971 年，随着中国在联合国合法席位的恢复，中国对外援助力度进一步加大，援助范围由 30 多个国家迅速增加到 66 个国家，援助地区从亚洲和非洲国家扩大到拉美和南太平洋国家。援助规模也急剧扩大，1971-1978 年八年间中国对外援助是 1950—1970 年二十年援助总额的 159%。这一时期中国对外援助支出的占政府同期财政收入的 5.88%，其中 1973 年高达 6.92%。[2]

这一阶段中国对外援助在为我们争取广泛的国际支持的同时，也存在缺乏可行性研究、规模过大、承诺任务超重等意识形态因素导致的违反经济规律的现象。

在此时期，中国对外援助的方式，主要包括成套项目援助、技术援助、物资援助及现汇援助。其中，成套项目援助是对外援助的主要方式，涉及的行业和门类很多，包括农业水利、轻纺工业、基础工业、能源工业、交通电信、文教卫生、社会公共设

---

① 周宏："中国对外援助与改革开放 30 年"，《世界经济与政治》，2008 年第 11 期。
② 石林:《当代中国的对外经济合作》，中国社会科学出版社 1991 年版， 第 68 页。

施等。技术援助是一种较为灵活、富有发展潜力的重要援助方式。除了在成套项目中全面提供技术援助外，中国政府还根据受援国政府的需要，在项目建成移交后派遣技术专家进行指导。此外，中国政府还就地培训人才、提供教材，接受留学生和实习生来中国学习。

二、1978—2000 年的中国对外援助

1978 年，邓小平同志根据中国的实际和当时的国际国内形势，提出了中国既要提供援助又要接受援助的思想。邓小平同志非常强调援外工作要根据自身实力，要实事求是，要注重效率。1979 年，邓小平同志进一步提出，"在援助问题上，方针要坚持，基本援助的原则还是那八个条，具体方法要修改，真正使受援国得到益处。"1983 年，中共中央对援外工作提出了四项原则，即"平等互利、讲求实效、形式多样、共同发展"。[①]其中"平等互利"与"共同发展"是"八项原则"的精髓，"讲求实效"来自邓小平的改革思想，而"形式多样"则是对邓小平效率原则的落实。

在上述援外思想的指引下，中国对援外工作的方针和政策进行了全面合理的调整。尤其是 1995 年下半年，中国对外援助的方式进行了改革，中心内容是实行援外方式的多样化和援外资金来源的多元化，推动中国企业和受援国企业直接合作。改革援外工作的目的在于提高援助效益，更有效地帮助受援国发展民族经济，促进中国同其他发展中国家的友好关系和经贸合作。为此，这一时期援外工作的重点指向是帮助受援国发展当地有需要又有资源的中小型生产项目，并与发展双边、多边经贸关系以及互利合作相结合，让有限的援外资金为受援国发挥更大的效益，促进受援国与中国更多的经贸交流，共同发展。1998 年，中国政府设立了"援外合资合作项目基金"，用于支持中国企业与受援国企业共同经营中小型合资合作项目。

2000 年中国对外援助工作取得了新的成果。中国与 96 个国家和组织签订了援款协议，在 28 个国家承担了 37 个援外成套项目，在 24 个国家承担了 31 个技术合作项目，向 46 个国家提供了 70 批物资援助；同 8 个国家新签优惠贷款框架协议；外经贸部向中

---

① 　商务部援外司：《中国对外援助基本情况》，商务部援外司官方网站 2008 年 1 月 30 日，http://yws.mofcom.gov.cn/aarticle/m/200801/20080105361773.html

国进出口银行推荐项目 17 个，通过了 16 个并签署贷款协议；中国企业还在 13 个国家实施了 13 个援外合资合作项目[①]。

在此时期，中国对外援助建成了一大批影响深远的标志性项目。继 20 世纪六七十年代援建坦赞铁路、斯里兰卡班达拉奈克国际会议大厦之后，中国于 80 年代援建的埃及国际会议中心、90 年代援建的孟中友谊会议中心和加蓬国民议会大厦等项目已成为中外友谊的丰碑[②]。

三、2000-2019 年中国的对外援助

进入 21 世纪以后，随着中国经济的发展和对外经济合作国家的增多，中国对外援助日趋活跃。2005 年 9 月，胡锦涛主席在联合国成立 60 周年首脑会议（发展筹资者级别会议）上宣布了中国支持和帮助其他发展中国家加快发展而采取的"五大举措"。2006 年伊始，中国政府又发表了《中国对非洲政策文件》，提出建立和发展政治上平等互信、经济上合作共赢、文化上交流借鉴的新型战略伙伴关系。同年 4 月和 6 月，胡锦涛主席、温家宝总理相继访问非洲。在 2006 年 11 月召开的中非合作论坛北京峰会上，我国对非洲国家做出了如下承诺：

（1）扩大对非洲援助规模，到 2009 年使中国对非洲国家的援助规模比 2006 年增加 1 倍。

（2）今后 3 年内向非洲国家提供 30 亿美元的优惠贷款和 20 亿美元的优惠出口买方信贷。

（3）为鼓励和支持中国企业到非洲投资，设立中非发展基金，基金总额逐步达到 50 亿美元。

（4）为支持非洲国家联合自强和一体化进程，援助建设非洲联盟会议中心。

（5）免除同中国有外交关系的所有非洲重债穷国和最不发达国家截至 2005 年底到期的政府无息贷款债务。

（6）进一步向非洲开放市场，把同中国有外交关系的非洲最不发达国家输华商

---

① 《中华人民共和国年鉴 2001》，中华人民共和国年鉴社 2002 年版。
② 王世春："提供无私援助 促进共同发展——改革开放以来中国对外援助取得显著成效"，《中国经贸》，2009 年第 3 期。

品零关税待遇受惠商品中 190 个税目扩大到 440 多个。

（7）今后 3 年内为非洲培训培养 15000 名各类人才；向非洲派遣 100 名高级农业技术专家；在非洲建立 10 个有特色的农业技术示范中心；为非洲援助 30 所医院，并提供 3 亿元人民币无偿援款帮助非洲防治疟疾，用于提供青蒿素药品及设立 30 个抗疟中心；向非洲派遣 300 名青年志愿者；为非洲援助 100 所农村学校；在 2009 年之前，向非洲留学生提供的中国政府奖学金名额由目前的每年 2000 人次增加到 4000 人次。

截至 2007 年底，接受中国援助的国家已有 160 多个，中国帮助其他发展中国家建成了 2000 多个项目，涉及农业、水利、纺织、造纸、化工等多个领域。除成套项目援助外，中国还在援款项下，向广大发展中国家提供了大量的物资援助和各类技术援助。自 1983 年以来，中国向 100 多个国家和 10 多个国际及区域组织提供了技术援助。截至 2007 年底，已有近 10 万名官员及管理和技术人才来华参加了培训和研修，涉及农业、畜牧业、渔业、小水电、机械、能源、医疗卫生、环保、气象、沙漠治理、粮食加工等几十个专业。

2009 年后，中国对外援助工作全面进入新的时期。不仅要应对全球金融危机的影响，更是因中国经济进入新的发展阶段决定的。2010 年 8 月，中国政府召开全国援外工作会议，对新形势下如何做好援外工作提出了四项要求：第一，着力优化对外援助结构。援助重点向最不发达国家、内陆和小岛屿发展中国家倾斜，积极推进援外方式创新，多建设民生项目，合理安排无偿援助、无息贷款和优惠贷款的规模和比例，提高资金使用效率。第二，着力提高对外援助质量。坚持科学论证，加强对项目的可行性评估，规范透明操作。对援外项目实施分类动态管理，着力培养一批高素质、专业化的骨干企业。第三，着力增强受援国自主发展能力。第四，主动完善对外援助体制机制。建立更加开放的援外体制机制，充分调动地方和民间力量支持援外事业发展，提高受援国在援外项目决策、执行、评估和后期管理等方面的能力，积极稳妥地推进国际交流与合作。

中国商务部在 2011 年发布《中国的对外援助 2011》（白皮书）的基础上，于 2014 年 7 月再次发布《中国的对外援助 2014》（白皮书）。2010—2012 年，中国对外援助资金为 893.4 亿人民币。其中，无偿援助 323.2 亿人民币，占比 36.2%；无息贷款 72.6 亿人民币，占比 8.1%；优惠贷款 497.6 亿人民币，占比 55.7%[①]。在农业、教育、

---

① 商务部，《中国的对外援助 2014》（白皮书），2014 年版。http://yws.mofcom.gov.cn/article/m/policies/201412/20141200822172.shtml。

医疗、公益设施、人道主义救援等方面，向受援国展开了全面的援助工作。2010 年至 2012 年，中国以促进贸易便利化及加入世界贸易组织为主题，举办了 18 期研修班，与发展中国家 400 余名政府官员分享经验。中国还进一步充分利用中非合作论坛、中国 – 东盟领导人会议等区域合作机制和平台，多次宣布一揽子援助举措，积极回应各地区的发展需要。

2016 年，中国政府援助实施各类工程及物资项目近 250 个，培训各类人才 2.9 万名，派出管理技术人员、医疗队员和志愿者等各类援外专家约 500 人次，惠及 156 个国家和地区以及国际组织。2016 年 9 月，李克强总理出席联合国第 71 届联大系列活动期间，正式宣布启动南南合作援助基金，专项用于减贫、农业合作、生态保护和应对气候变化等领域民生援助工作。商务部继续深化援外项目管理体制改革，2016 年 1 月 8 日起，全面启动运行项目管理新制度体系。完善援外项目立项工作程序，依法实施企业资格认定，推行 "项目管理＋工程总承包" 管理模式，推广 "受援方自建" "建营一体化" 方式，落实企业主体责任，加强项目监管和评估。自新制度运行以来，制度体系更加完备，执行效率进一步提高，企业主体责任得到落实，受援国政府参与积极性进一步提升，项目可持续发展能力持续增强[1]。2017 年，中国政府新承担各类援助项目 309 个，境内外培训各类人才近 15 万名，惠及 128 个国家和地区以及国际组织[2]。

2013-2018 年，中国稳步提高对外援助资金规模，进一步扩大援助范围，对外援助金额为 2702 亿元人民币，包括无偿援助、无息贷款和优惠贷款，共建设成套项目 423 个，重点集中于基础设施、农业等领域。其中，提供无偿援助 1278 亿元人民币，占对外援助总额的 47.30%，重点用于帮助其他发展中国家建设中小型社会福利项目以及实施人力资源开发合作、技术合作、物资援助、南南合作援助基金和紧急人道主义援助项目。

四、国际援助与发展对外贸易的关系

新中国刚成立时，国家尚处于积贫积弱状态，却能在接受苏联与东欧国家援助的同时，竭尽全力援助亚、非、拉国家，充分体现了一个新兴社会主义国家的人文关怀

---

[1] 《中华人民共和国年鉴 2017》，中华人民共和国年鉴社 2018 年版。
[2] 商务部："（2017 年商务工作年终综述之十一）积极开展对外援助，助力构建人类命运共同体"。网址：http://www.xinhuanet.com/fortune/2018-01/11/c_129788582.htm.

与国际胸襟。因此，中国深受广大发展中国家的理解与支持。正如 1964 年 1 月周恩来总理提出的对外援助八项原则所指出的那样，中国的对外援助绝不像某些西方发达国家那样附带政治、经济等各项附加条件。虽然时代在变，对外援助的领域、方式和渠道都发生了诸多变化，但中国对外援助济贫扶弱的本质并没有发生改变，且在新时期确立起新的内涵，即"顺应和平、发展、合作、共赢的时代潮流，坚持正确的义利观，尊重和支持发展中国家探索符合本国国情的发展道路，积极推动南南合作，切实帮助其他发展中国家促进经济社会发展"①。简言之，中国的对外援助不仅是经济上援助，也是国家之间的帮扶，体现了人类共同发展的理念。中国 70 年的对外援助与对外贸易实践表明，二者虽然不能在商业上画等号，但却是个相互促进的关系，表现在：

第一，对外援助能增进双方的友好关系，有利于双方的经济合作与交流，从而有利于双边贸易的增进。对外援助是建立在国际友好关系上的援助，是中国真正友好对待受援国的表现。这样的外交氛围非常有利于中国参与援建的企业走出去，一方面帮助受援助国家加强了基础设施建设或产业发展，另一方面为中国企业的技术设备和产品输出创造了条件。

第二，对外援助能使受援助国家人民更加认识和理解中国，提高中国的国际影响力，有利于中国在该国的后续投资与贸易。中国援助最多的地区是非洲、亚洲和拉丁美洲，这些地区受援助国家的经济发展水平普遍较低，融入世界市场的程度不高，经济发展基础薄弱。中国对这些地区国家的援助，如果项目得当，能够增进这些国家的经济造血能力，逐步提高经济增长的再生空间，为产业贸易打好基础。因此，这不仅有利于树立中国良好的国际形象、增强国际影响力，也有助于中国加强与这些地区的国际贸易与国际经济合作。

第三，对外援助有利于中国对外贸易的多元化发展。对外援助对象国有不少都是资源丰富的国家，中国对这些资源相对丰足但经济结构单一、生产能力薄弱的国家实施援助，一方面有利于这些国家加强经济基础建设，另一方面有利于中国矿产资源、原材料产品进口的多元化，以及轻工业产品出口的多元化。

---

① 商务部，《中国的对外援助 2014》（白皮书），2014 年版，网址：http://yws.mofcom.gov.cn/article/m/policies/201412/20141200822172.shtml.

第八章 中国对外贸易海关特殊监管区域 建设发展 70 年

各国为了更好发展对外贸易，会在国土境内设立一些特殊的对外"贸易飞地"，并给予这些"贸易飞地"特殊的海关监管政策及关税等措施，这些特殊的"贸易飞地"被称为"海关特殊监管区域"，即传统意义上的"贸易自由区"。由于这些"海关特殊监管区域"的贸易功能设置不同，其名称也有所不同，国外通常设置为"自由贸易园区""贸易加工区""保税区等"，中国则按改革创新的功能设置为"经济特区""保税区""出口加工区""保税物流园区""保税港区""综合保税区""自由贸易试验区""自由贸易港"等。

在新中国建立至 1978 年改革开放前，中国海关的监管职能是统一且单纯的，没有设立"海关特殊监管区域"，只在一些贸易基地和边贸地区做过一些特殊的海关监管安排。对中国急需的一些产品贸易，也做出了一些特殊的海关管理安排，例如与香港贸易中的一些产品贸易安排。建国初期与苏联及日本的贸易，也做过一些特殊的海关管理安排。中国的"海关特殊监管区域"，是改革开放后随着对外贸易发展的需要，借鉴西方国家贸易发展经验而设置、建设和发展的。

第一节 经济特区

中国的经济特区是为开放的窗口和出口的特区而建立。1979 年 4 月，邓小平同志首次提出要开办"出口特区"。1979 年 7 月，中共中央、国务院同意在广东省的深圳、珠海、汕头三市和福建省的厦门市试办"出口特区"。1980 年 5 月，中共中央和国务院决定将深圳、珠海、汕头和厦门这四个出口特区改称为"经济特区"。1988 年 4 月，设立海南经济特区。按其实质，经济特区也是世界自由港区的主要形式之一，它以减免关税等优惠措施为手段，通过创造良好的投资环境，鼓励外商投资，引进先进技术和科学管理方法，以达到加速特区对外投资与贸易、促进特区所在国经济技术发展的目的。经济特区实行特殊的经济政策、灵活的经济措施和特殊的经济管理体制，并坚持以外向型经济为发展目标，在海关监管上有其特殊政策。

1981 年 5 月 27 日至 6 月 14 日，国务院在北京召开广东、福建两省和经济特区工作会议。7 月 19 日，中共中央、国务院批转这次会议纪要。会议在统一认识的基础上，制订了适合特区性质和要求的 10 项政策措施，指出：深圳、珠海的特区应建成兼营工、商、农、牧、住宅、旅游等多种行业的综合性特区，厦门、汕头的特区应建成以加工出口为主、同时发展旅游等行业的特区。

根据《广东省经济特区条例》，广东省人大常委会陆续制定、施行了关于特区入境出境人员管理暂行规定、特区企业劳动工资管理暂行规定、特区企业登记管理暂行规定、深圳经济特区土地管理暂行规定、蛇口工业区海关边防管理试行办法等特区管理单行法规。根据规定，特区经营范围十分广泛，一切在国际经济合作和技术交流中具有积极意义的工业、农业、畜牧业、养殖业、旅游业、住宅和建筑业、高级技术研究制造业，以及客商与特区共同感兴趣的其他的行业，都可以投资兴办或与特区合资兴办。

特区的经营方式一般有：①合资经营。为股权式合营，由客商依照《广东省经济特区条例》和《中华人民共和国中外合资经营企业法》及其实施细则，向特区提出申请，经审核、批准后，与特区举办合营企业。企业为有限责任公司，设有董事会，人员组成、投资比例等依中国法律及合同规定。②合作经营。指由客商投资，由中方合作者提供土地（场地）、资源和劳力共同兴办事业、企业，双方权利、义务由双方以合同形式予以确定，合作期满后设备全部归特区所有。③独资经营。指外商独资经营的企业。通过与特区政府签订协议，取得企业用地，并商定使用期限、费用等事项，由客商独自经营。这种企业具有较大的独立性和自由权，但由其独自承担一切风险及经济责任。不管哪种经营，均可实施补偿贸易、来料对外加工装配等贸易方式。

在维护中国主权和国家利益的前提下，中国法律保障客商的合法利益，并贯彻平等互利的原则，提供一定的优惠条件。如特区企业所得税税率为 15%，比内地合营企业低一半；对投资额达 500 万美元以上的企业，或技术性较高、资金周转期较长的企业，给予特别优惠待遇。客商所得利润在特区内进行再投资为期 5 年以上者，可申请减免用于再投资部分的所得税。客商在纳税后所得的合法利润，特区内的外籍职工、华侨职工、港澳职工在缴纳个人所得税后的工资及其他正当收入，均可按特区外汇管理办法汇出。特区企业生产所必需的机器设备、零配件、原材料、运输工具和其他生产资料，可免征进口税。这些特殊的经济管理政策和进出口监管政策，有力地促进了经济特区外向型经济的快速发展，深圳、珠海、汕头和厦门四个经济特区的对外贸易连续多年快速发展，带领广东的贸易出口不断腾飞。

第二节 保税区与出口加工区

1990 年以来，我国在改革开放不同时期，根据外向型经济发展需要，先后设立了保税区、出口加工区、保税物流园区、保税港区、综合保税区和跨境工业区等类型的海关特殊监管区域。从对外贸易的整体功能上分类，这些海关特殊监管区域可以大体划分为保税区类和出口加工区类，其中保税区类包括保税区、保税物流园区、保税港区、综合保税区，出口加工区包括出口加工区和跨境工业区。

一、保税区类

保税区是为了发展转口贸易、中转贸易而设立，借鉴参照了国外自由贸易园区的建园模式，是中国最早出现的海关特殊监管区域。保税区能便利转口贸易业务开展，运入保税区的货物可以进行储存、改装、分类、混合、展览以及加工制造，但必须处于海关监管范围内。外国商品存入保税区，不必缴纳进口关税，还可自由进出保税区，只需交纳存储费和少量费用，如果要进入关境则需交纳关税。各国的保税区都有不同的时间规定，货物逾期未办理有关手续，海关有权对其拍卖，拍卖后扣除有关费用，余款退回货主。

1990 年 6 月，国务院批准上海创办中国第一保税区——上海外高桥保税区。此后，国务院又陆续批准设立了 14 个保税区，即天津港、大连、张家港、深圳沙头角、深圳福田、福州、海口、厦门象屿、广州、青岛、宁波、汕头、深圳盐田港和珠海保税区。经过多年的探索和实践，全国各个地区的保税区已经根据保税区的特殊功能、依据地方的对外贸易和对外开放需要，逐步发展成为当地开放型经济的重要组成部分，集中开发形成了保税物流、保税仓库、出口加工、转口贸易等经济功能。

按现行的海关管理政策，海关对保税区实行封闭管理，境外货物进入保税区，实行保税管理，境内其他地区货物进入保税区，视同出境。保税区具有进出口加工、国际贸易、保税仓储商品展示等功能，享有"免证、免税、保税"等便利政策，实行"境内关外"运作模式。

保税物流园区是为了更好推动区港联动、更好地发挥保税区的物流枢纽作用而设立的一种保税区。设立保税物流园区的主要目的是发展现代国际物流业，通过集聚多家国际物流企业，形成对外贸易物流规模效应。同时，通过配套服务功能形成连接国际、国内两个市场的物流集聚平台和区域。中国现代国际物流业快速发展，保税物流园区的设立功不可没。

保税港区是为了通过整合保税区与出口加工区的政策、功能优势以及港区的区位优势而设立的一类保税区，意在打破保税区、出口加工区和港区长期以来的分离状况和瓶颈制约，实现"区港一体"。保税港区的诞生既是我国实施建设国际航运中心战略的需要，也是推进海关特殊监管区域功能整合和政策叠加的积极尝试。保税港区的布局具有区域性特征，其主要功能有保税仓储、对外贸易、国际物流、国际中转、检测、维修、研发、商品展示、加工制造和港口作业等。

综合保税区是为了促进内陆开放型经济发展，使内陆地区的海关特殊监管区域同样享受保税港区的政策叠加优势而设立的综合功能保税区。综合保税区是目前我国开放层次最高、政策最优惠、功能最齐全的海关特殊监管区域，是国家开放金融、贸易、投资、服务、运输等领域的试验区和先行区。其功能和税收、外汇政策按照《国务院关于设立洋山保税港区的批复》的有关规定执行。即：国外货物入区保税，货物出区进入国内销售按货物进口的有关规定办理报关手续，并按货物实际状态征税；国内货物入区视同出口，实行退税；保税区内企业之间的货物交易不征增值税和消费税。综合保税区以国际中转、国际采购、国际配送、国际转口贸易和保税加工等功能为主，以商品服务交易、投资融资保险等功能为辅，以法律政务、进出口展示等服务功能为配套，具备生产要素聚散、重要物资中转等功能。2006 年 12 月，国务院正式批准设立"苏州工业园综合保税区"，明确综合保税区享受保税港区的有关税收、外汇政策。综合保税区与保税港区的区别在于，综合保税区不邻港口，但个别也有口岸作业区。

截至 2018 年，中国建立的各类保税区共有 107 个，其中一般保税区 11 个，保税物流园区 4 个，保税港区 11 个，综合保税区 78 个[①]。78 个综合保税区中，东部设立 37 个，中部设立 16 个，西部设立 20 个，东北部设立 5 个。大部分综合保税区处于东部地区，占比 47.44%，多数综合保税区分布在沿海地区。从分布类型来看，产业依托型、口岸枢纽型、边境口岸型、大项目依托型这四类综合保税区数目分别为 49、14、11、4。其中，产业依托型综合保税区数目最多，占比 63%，口岸枢纽型、边境口岸型、大项目依托型三类综合保税区的占比依次为 18%、14% 和 5%[②]。

各类保税区显著地促进了中国各地的外向型经济发展，带动各区域吸引外资企业进驻，发展加工贸易、转口贸易、物流服务、仓储服务等对外贸易中的各项业务，形成区内区外对外贸易供应链的良性循环。其中，综合保税区的带动效果更为明显。例如，苏州综合保税区在一年时间内进驻了生产企业 93 家、物流企业 23 家、贸易公司 19 家，外资项目投资额达到 27.65 亿美元，在区内实现了资本和技术的短时间聚集。根据保税区出口加工区协会数据，截至 2016 年底，我国综合保税区进出口总额达到 2293.6 亿美元，五年间为我国的对外贸易贡献了 1229.1 亿美元，复合增长达到了 16.59%[③]。

---

① 数据来自《中国开发区审核公告目录》（2018），中华人民共和国中央人民政府网，http://www.gov.cn/zhengce/zhengceku/2018-12/31/content_5434045.htm。
② 何琳：《综合保税区发展与区域经济效应》，华南理工大学硕士论文，2019。
③ 何琳：《综合保税区发展与区域经济效应》，华南理工大学硕士论文，2019。

二、出口加工区类

20 世纪 90 年代，中国内地成为劳动密集型产业转移的最佳选择地，在"世界工厂"的形成过程中，加工贸易得到迅猛发展。据统计，从 1995 年到 1999 年，我国加工贸易进出口总额增长了 5239 亿美元，增长率 39.67%，这极大地催生了中国建设出口加工区的需求。这一时期，虽然保税区吸引了大量的资金和企业，发展以转口贸易、保存仓储和出口加工功能为主的业务，但大部分保税区由于加工贸易分散经营等原因，弱化了出口加工和转口贸易功能，主要发展了保存仓储业务，出口加工功能没有得到很好的发挥。由此，2000 年 4 月 27 日，国务院批准各地设立第一批共 15 个出口加工区，包括江苏昆山、江苏苏州工业园、上海松江、北京天竺、天津、辽宁大连、山东烟台、山东威海、浙江杭州、福建厦门杏林、广东广州、广东深圳、湖北武汉、四川成都和吉林珲春。截至 2005 年 6 月，国务院分四批次审批设立了 57 个出口加工区，规划总面积 140.93 平方公里，分布在 23 个省 (市、区)，呈现沿海、沿江、内陆、沿边多点分布的格局。其中，东部沿海 43 个，占出口加工区总数的 75%；中部地区 6 个，占比 11%；西部地区 8 个，占比 14%。全国出口加工区呈现蓬勃发展的局面。

出口加工区设立的第一阶段，主要功能是承接国际产业转移，服务出口加工基地，推动企业参与国际加工产业链。出口加工区的主要优惠政策是入区退税。2008 年后，根据产业链和供应链发展的需要，各地出口加工区逐步拓展了保税、物流、服务等功能，部分出口加工区升级为综合保税区。随着中国产业结构升级和经济结构优化，中国的出口加工区也从开始的劳动密集型逐步向技术密集型和资本密集型转变。截至 2018 年，全国继续运营的出口加工区共有 27 个[①]。

跨境工业区从功能设置上来说属于出口加工区的类别。为加强中国内地与澳门、中国与哈萨克斯坦的经济合作，经国务院批准，在广东珠海、新疆霍尔果斯分别设立了跨境工业区和中哈国际边境合作中心中方配套区。这两个跨境工业区所拥有的功能政策与综合保税区有些类似，但其主要经济功能是集中服务于跨境工业合作，合作的

---

① 数据来自《中国开发区审核公告目录》（2018），中华人民共和国中央人民政府网，http://www.gov.cn/zhengce/zhengceku/2018-12/31/content_5434045.htm。

重点是加工贸易。截至 2018 年，中国除上述两个跨境工业区外，没有设置新的跨境工业区。

出口加工区在中国的对外贸易中一直起着积极的推动作用，特别是在加工贸易的发展上，是中国成为"世界工厂"的催化剂。它对中国对外贸易的促进作用体现在有利于主动承接国际产业分工与产业转移，吸引外商直接投资，引进新技术和新产业，扩大服务于国际产业链的就业，打造对接国际市场的产业链和供应链，从而形成内外产业大循环，促进加工贸易快速发展。

第三节 自由贸易试验区

中国自由贸易试验区的创建，是国家根据新一轮经济全球化演变态势所做出的重要战略决策，既满足对外开放更加市场化的要求，也适应更高标准的国际投资自由、贸易自由的多边与双边合作的潮流与规则，是中国在新的开放阶段开放领域的持续改革的试验田。

一、建立自由贸易试验区的背景

（一）国际背景

1. 多哈回合谈判受阻，WTO 多边贸易体制受到挑战

世界贸易组织于 2001 年 11 月在卡塔尔首都多哈开启的新一轮多边贸易谈判"多哈回合贸易谈判"(Doha Round of World Trade Talks)，因分歧严重，五年间无法达成协议，只能于 2006 年 7 月 22 日正式终止。多哈回合谈判失败对多边贸易体制是一次严重的打击，由于成员之间的贸易、投资、利益等冲突严重，重启新一轮的世界贸易组织成员全员谈判目前依然遥遥无期。WTO 多边贸易体制的制度安排主要包括：WTO 运行成员必须遵守的"基本规则"； WTO 是"由成员驱动的"谈判共同通过决策模式；WTO 对成员实施的纪律约束来自所有成员通过谈判都表决同意的协定。

由于 WTO 成员拥有不同的内部环境和外部发展条件，各成员在落实开放市场承诺上有不同的优先考虑与安排。这导致对同一贸易条款，不同成员会有不同的意见和评价，由此带来了不同的利益冲突，所以各成员方达成共识并形成行动是相当难以实现的任务。例如：发达国家希望提高在知识产权、劳工权益、环境保护等领域的全球保护标准，强化技术性贸易措施及放开投资领域和服务贸易的市场准入限制，而新兴市场国家更关注发达国家在农业、电讯、旅游等领域降低关税，取消对进口的数量限制，减少非关税性贸易壁垒并给予优惠措施。

2. 泛太平洋合作伙伴协定（TPP）谈判开启

2012 年奥巴马政府高调提出重返亚太地区，并设计和筹划了泛太平洋合作伙伴协定（TPP）新的区域合作谈判，把产业政策、劳工政策和知识产权等边境内市场问题均纳入协议范围，避开了 WTO 模式的多边谈判机制，即选择式的小圈子谈判。TPP 谈判涉及以下议题：农业、劳工、环境、政府采购、投资、知识产权保护、服务贸易、原产地标准、透明度等。美国把服务业列为 TPP 谈判的主要内容和重点，是由于美国服务业占其 GDP 的 80%，吸纳了 80% 的就业人口。在 TPP 谈判中，美国特别关注服务业中的快递服务、电子支付、电子商务、视听服务和知识产权等部门的市场准入、透明度和投资者保护问题。TPP 另立国际贸易新规则对中国带来的挑战是它所确立的诸多贸易投资谈判标准，涵盖服务贸易、投资、环境保护、劳工、知识产权等内容，中国在短期内难以达到或满足，因此也难以接受这些谈判条件。

3. 跨大西洋贸易与投资伙伴关系协定（TTIP）谈判

2013 年奥巴马连任以后，美国一方面极力推动 TPP（跨太平洋战略经济伙伴关系协定）谈判，另一方面又跟欧盟积极筹划跨大西洋贸易与投资伙伴关系（TTIP）谈判。美国与欧盟进行的自由贸易区谈判是美国出口翻番、减少贸易逆差计划的组成部分，其核心意图是重新构建以美国为领导的国际贸易与投资的新规则和新标准：TTIP 谈判是美欧欲在 WTO 框架外寻求制定贸易规则的平台；TTIP 谈判有利于美欧主导制定"下一代贸易政策"，并推动其成为全球贸易的新标准和范本；TTIP 谈判有助于提振大西洋两岸分享贸易投资扩大的共同利益。

4. 服务贸易 "朋友圈" TISA 启动新的服务贸易协定谈判

美国在启动太平洋和大西洋两翼 "伙伴关系" 战略谈判的同时，在日内瓦还导演了 "朋友圈" 服务贸易协定 ① 谈判，旨在深化服务贸易开放的多边贸易体制谈判，并企图由美国和欧盟主导这个服务贸易协定（TISA）的谈判。进入 21 世纪后，全球服务贸易不断发展，《服务贸易总协定》（GATS）作为基础性协议规则在促进市场开放、推动贸易发展方面功不可没。但是，随着国际形势的变化，特别是金融危机爆发以后，WTO 各成员在共同平台上推动服务贸易继续开放的难度不断加大。为了促进服务业市场的进一步开放，美欧等主要成员开始推动出台新的国际服务贸易协定。2013 年 3 月由 23 个成员启动了首轮国际服务贸易协定（TISA）的谈判 ②。

5. 区域性自由贸易协定（FTA）谈判成为贸易投资合作新模式

区域性多双边自由贸易协定谈判（FTA）具有签订周期短、矛盾协调成本低、伙伴关系层次接近或优势互补等优点，相对于 WTO 多边机制更容易实现贸易自由化目标。因此，在区域经济一体化浪潮中，自由贸易协定（FTA）谈判缔约大量出现，尤其以区域合作的多双边 FTA 模式居多。虽然各 FTA 文本内容有所不同，但核心内容都要求相关成员方进一步消除贸易和投资壁垒，实行金融等服务业开放，促进贸易和投资的自由化和便利化。

（二）国内背景

1. 贸易和投资规则与国际接轨的压力呈现

不断涌现的 TPP、TTIP、TISA、FTA 等区域多边或双边贸易投资谈判，使经济全球化发展呈现出新趋势，区域经济一体化及其规则正部分地取代了 WTO 的多边贸易体制。在此过程中，谁掌握规则制定的主导权，谁先适应新的合作模式和规则，谁就能在新一轮的贸易投资合作变革中赢得主动。因此，这要求中国从建设开放型经济

---

① 国际服务贸易协定（英语：Trade in Service Agreement, TISA）简称服务贸易协定，是由少数 WTO 会员组成的次级团体 WTO 服务业真正之友集团（Real Good Friends of Services, RGF）展开的，导致力于推动服务贸易自由化的贸易协定。

② 截至 2013 年 6 月， TISA 拥有 48 个成员，包括美国、日本、欧盟成员国等发达国家，也吸纳了智利、巴基斯坦等发展中国家。该协定覆盖了全球 70% 的服务贸易，年贸易规模可达 4 万亿美元。但包括中国、金砖国家等在内的其他 WTO 多数成员未被邀请参加。

新体制的需求出发，在不影响国家重大领域安全的前提下主动与世界新的贸易投资开放标准与开放水平接轨，实行高自由度的贸易与投资开放。对此，需要创建中国自贸试验区，先行先试国际区域自由化贸易投资新的规则和标准，为融入新的区域合作积累经验、准备条件。

2. 加快政府职能转变的需要

面对外部新的经济形势和内部进一步的市场化改革需求，中国必须加快政府职能转变，力求从单纯的行政型、审批型政府转变为管理型、服务型政府，减少政府对微观经济主体的干预，真正使市场在资源配置中起决定性作用。设立自由贸易试验区，探索正确处理政府与市场的关系，做到简政放权和服务监管，能够帮助政府培养和形成国际化、法治化、市场化的现代治理机制和理念，摸索出加快依法行政、转变政府职能的经验并向全国推广。

3. 加快建立开放型经济体制的需要

经过多年改革开放，中国的市场经济体制已初步建立，但仍存在市场体系不完善、市场规则不统一、市场竞争不充分、市场秩序不规范等问题。这些弊端使中国的经济体制一方面在内部缺乏效率，交易成本高企，另一方面不能很好地服务经济发展方式转型，加快对外投资与贸易的机制创新。因此，需要通过创建自由贸易试验区来进行经济体制和制度的创新试验，探索面对全球贸易投资规则重构背景下的开放型经济体制建设。

二、自由贸易试验区建设的主要任务

建立自由贸易试验区的核心目的是制度试验与制度创新，通过探索开放型市场机制实践，率先试验、复制和推广国际化、市场化、法治化、便利化的市场机制与营商环境，建设为全国新一轮改革开放的先行区和试验区。

（一）布局新的开放战略的演练实践平台

中国"十三五"计划布局的开放战略是全方位深度开放，是对内对外的双向开放。加快实施自由贸易试验区建设与发展战略，能够在全球区域经济合作与贸易投资新规则谈判中赢得主动，赢得更多参与新型全球化的机会。通过多方实践、试验和创新，把自由贸易试验区建设成为面向未来和面向世界的高水平合作平台，将更好地为"走出去"战略服务。

（二）开放型市场机制改革的试验田

中国的整体改革已进入了深水区和攻坚期，深层次利益关系和矛盾成为进一步改革要突破的难点和瓶颈。如何面向国际市场，在深化市场化改革的同时深化开放型改革，建设和发展自由贸易试验区是制度破题的良好路径和突破口。自由贸易试验区建设以制度创新为核心，改变了过去各类型经济区单纯依靠财政税收、政策优惠的传统开放经济园区模式及注重规模的招商模式，强调在关税贸易政策、投资管理体制、金融市场开放、政府职能转变等方面进行制度试验和创新，构建起符合国际惯例、运行规则的开放型市场制度体系，形成国际化、市场化、法治化和便利化的贸易投资平台或飞地。自由贸易试验区试验成功的经验和措施，经再试验和论证后推广到全国，可推动构建起开放型经济新体制新机制。

（三）扩大贸易投资领域开放的新实践

自由贸易试验区建设的一个重要任务是试验开放、实践开放，重点是服务贸易领域与投资领域的扩大开放。服务贸易开放选择金融服务、航运服务、商贸服务、专业服务、文化服务以及社会服务领域扩大开放。投资领域扩大开放主要是试验实行产业投资的负面清单制度。建立与扩大开放相适应的海关监管、检验检疫、退税、跨境支付、物流等支撑系统。

（四）深化金融和资本项目领域的开放创新

金融和资本项目开放是比较复杂的工程，需要深入的制度设计和实践试验。自由贸易试验区对人民币资本项目可兑换、金融市场利率市场化、人民币跨境使用等方面均可先行先试，努力探索面向国际的外汇管理改革，设立区域性或全球性资金管理中心，金融服务业对外资和民资开放，允许金融机构设立国际化交易平台，鼓励金融市场产品创新，支持股权托管交易机构在试验区内建立综合金融服务平台等改革创新。

（五）推动贸易发展方式的转变

传统的粗放经营和低水平的对外贸易方式已与中国经济的发展不相适应，推动转变贸易发展方式是自由贸易试验区建设的任务之一。试验区鼓励发展服务贸易、高新技术贸易；鼓励创新贸易方式与形态，包括支持离岸贸易、数字贸易的发展；支持采取贸易投资便利化措施；鼓励跨国公司在中国内地设立地区总部，建立贸易、物流、结算、投资一体化的多功能的营运中心；探索设立国际大宗商品交易平台，开展能源、矿产、原材料、农产品等大宗产品国际贸易。

三、自由贸易试验区发展概述

2013 年 7 月 3 日，国务院常务会议通过《中国（上海）自由贸易试验区总体方案》，强调建设自贸区是顺应全球经贸发展新趋势，更加积极主动对外开放的重大举措，有利于培育我国面向全球的竞争新优势，构建与各国合作发展的新平台，拓展经济增长的新空间，打造中国经济"升级版"。自 2013 年设立上海自由贸易试验区截至 2019 年底，我国已设立了 1+3+7+1+6 四批共 18 个自由贸易试验区。各自由贸易试验区的战略定位、发展目标、实施范围和功能划分如下。

（一）中国（上海）自由贸易试验区

建立时间：2013 年 9 月 29 日

发展目标：按照党中央、国务院对自由贸易试验区"继续积极大胆闯、大胆试、自主改""探索不停步、深耕试验区"的要求，深化完善以负面清单管理为核心的投资管理制度、以贸易便利化为重点的贸易监管制度、以资本项目可兑换和金融服务业开放为目标的金融创新制度、以政府职能转变为核心的事中事后监管制度，形成与国际投资贸易通行规则相衔接的制度创新体系，充分发挥金融贸易、先进制造、科技创新等重点功能承载区的辐射带动作用，力争建设成为投资贸易便利、货币兑换自由、监管高效便捷、法制环境规范的开放度最高的自由贸易园区。

实施范围：上海自由贸易试验区的实施范围共有 120.72 平方公里，涵盖上海外高桥保税区、上海外高桥保税物流园区、洋山保税港区、上海浦东机场综合保税区这 4

个海关特殊监管区域（28.78 平方公里），以及陆家嘴金融片区（34.26 平方公里）、金桥开发片区（20.48 平方公里）、张江高科技片区（37.2 平方公里）。

（二）中国（广东）自由贸易试验区

建立时间：2015 年 4 月 20 日

战略定位：依托港澳、服务内地、面向世界，将自由贸易试验区建设成为粤港澳深度合作示范区、21 世纪海上丝绸之路重要枢纽和全国新一轮改革开放先行地。

发展目标：经过三至五年改革试验，营造国际化、市场化、法治化营商环境，构建开放型经济新体制，实现粤港澳深度合作，形成国际经济合作竞争新优势，力争建成符合国际高标准的法制环境规范、投资贸易便利、辐射带动功能突出、监管安全高效的自由贸易园区。

实施范围：自由贸易试验区的实施范围共有 116.2 平方公里，涵盖三个片区：广州南沙新区片区 60 平方公里（含广州南沙保税港区 7.06 平方公里），深圳前海蛇口片区 28.2 平方公里（含深圳前海湾保税港区 3.71 平方公里），珠海横琴新区片区 28 平方公里。

功能划分：按区域布局，广州南沙新区片区重点发展航运物流、特色金融、国际商贸、高端制造等产业，建设以生产性服务业为主导的现代产业新高地和具有世界先进水平的综合服务枢纽；深圳前海蛇口片区重点发展金融、现代物流、信息服务、科技服务等战略性新兴服务业，建设我国金融业对外开放试验示范窗口、世界服务贸易重要基地和国际性枢纽港；珠海横琴新区片区重点发展旅游休闲健康、商务金融服务、文化科教和高新技术等产业，建设文化教育开放先导区和国际商务服务休闲旅游基地，打造促进澳门经济适度多元发展新载体。

（三）中国（天津）自由贸易试验区

建立时间：2015 年 4 月 20 日

战略定位：以制度创新为核心任务，以可复制可推广为基本要求，努力成为京津冀协同发展的高水平对外开放平台、全国改革开放先行区和制度创新试验田、面向世界的高水平自由贸易园区。

总体目标：经过三至五年改革探索，将自由贸易试验区建设成为贸易自由、投资便利、高端产业集聚、金融服务完善、法制环境规范、监管高效便捷、辐射带动效应明显的国际一流自由贸易园区，在京津冀协同发展和我国经济转型发展中发挥示范引领作用。

实施范围：自由贸易试验区的实施范围共有 119.9 平方公里，涵盖三个片区：天津港片区 30 平方公里（含东疆保税港区 10 平方公里），天津机场片区 43.1 平方公里（含天津港保税区空港部分 1 平方公里和滨海新区综合保税区 1.96 平方公里），滨海新区中心商务片区 46.8 平方公里（含天津港保税区海港部分和保税物流园区 4 平方公里）。

功能划分：按区域布局分，天津港片区重点发展航运物流、国际贸易、融资租赁等现代服务业；天津机场片区重点发展航空航天、装备制造、新一代信息技术等高端制造业和研发设计、航空物流等生产性服务业；滨海新区中心商务片区重点发展以金融创新为主的现代服务业。

（四）中国（福建）自由贸易试验区

建立时间：2015 年 4 月 20 日

战略定位：围绕立足两岸、服务全国、面向世界的战略要求，充分发挥改革先行优势，营造国际化、市场化、法治化营商环境，把自由贸易试验区建设成为改革创新试验田；充分发挥对台优势，率先推进与台湾地区投资贸易自由化进程，把自由贸易试验区建设成为深化两岸经济合作的示范；充分发挥对外开放前沿优势，建设 21 世纪海上丝绸之路核心区，打造面向 21 世纪海上丝绸之路沿线国家和地区开放合作新高地。

发展目标：坚持扩大开放与深化改革相结合、功能培育与制度创新相结合，加快政府职能转变，建立与国际投资贸易规则相适应的新体制。创新两岸合作机制，推动货物、服务、资金、人员等各类要素自由流动，增强闽台经济关联度。加快形成更高水平的对外开放新格局，拓展与 21 世纪海上丝绸之路沿线国家和地区交流合作的深度和广度。经过三至五年改革探索，力争建成投资贸易便利、金融创新功能突出、服务体系健全、监管高效便捷、法制环境规范的自由贸易园区。

实施范围：自由贸易试验区的实施范围共有 118.04 平方公里，涵盖三个片区平：潭片区 43 平方公里，厦门片区 43.78 平方公里（含象屿保税区 0.6 平方公里、象屿保税物流园区 0.7 平方公里、厦门海沧保税港区 9.51 平方公里），福州片区 31.26 平方公里（含福州保税区 0.6 平方公里、福州出口加工区 1.14 平方公里、福州保税港区 9.26 平方公里）。

功能划分：按区域布局，平潭片区重点建设两岸共同家园和国际旅游岛，在投资贸易和资金人员往来方面实施更加自由便利的措施；厦门片区重点建设两岸新兴产业和现代服务业合作示范区、东南国际航运中心、两岸区域性金融服务中心和两岸贸易中心；福州片区重点建设先进制造业基地、21 世纪海上丝绸之路沿线国家和地区交流合作的重要平台、两岸服务贸易与金融创新合作示范区。

（五）中国（辽宁）自由贸易试验区

建立时间：2017 年 3 月 15 日

战略定位：以制度创新为核心，以可复制可推广为基本要求，加快市场取向体制机制改革，积极推动结构调整，努力将自由贸易试验区建设成为提升东北老工业基地发展整体竞争力和对外开放水平的新引擎。

发展目标：经过三至五年改革探索，形成与国际投资贸易通行规则相衔接的制度创新体系，营造法治化、国际化、便利化的营商环境，巩固提升对人才、资本等要素的吸引力，努力建成高端产业集聚、投资贸易便利、金融服务完善、监管高效便捷、法治环境规范的高水平高标准自由贸易园区，引领东北地区转变经济发展方式、提高经济发展质量和水平。

实施范围：自由贸易试验区的实施范围共有 119.89 平方公里，涵盖三个片区：大连片区 59.96 平方公里（含大连保税区 1.25 平方公里、大连出口加工区 2.95 平方公里、大连大窑湾保税港区 6.88 平方公里），沈阳片区 29.97 平方公里，营口片区 29.96 平方公里。

功能划分：按区域布局，大连片区重点发展港航物流、金融商贸、先进装备制造、高新技术、循环经济、航运服务等产业，推动东北亚国际航运中心、国际物流中心建设进程，形成面向东北亚开放合作的战略高地；沈阳片区重点发展装备制造、汽车及零部件、航空装备等先进制造业和金融、科技、物流等现代服务业，提高国家新型工业化示范城市、东北地区科技创新中心发展水平，建设具有国际竞争力的先进装备制造业基地；营口片区重点发展商贸物流、跨境电商、金融等现代服务业和新一代信息技术、高端装备制造等战略性新兴产业，建设区域性国际物流中心和高端装备制造、高新技术产业基地，构建国际海铁联运大通道的重要枢纽。

（六）中国（浙江）自由贸易试验区

建立时间：2017 年 3 月 15 日

战略定位：以制度创新为核心，以可复制可推广为基本要求，将自由贸易试验区建设成为东部地区重要海上开放门户示范区、国际大宗商品贸易自由化先导区和具有国际影响力的资源配置基地。

发展目标：经过三年左右有特色的改革探索，基本实现投资贸易便利、高端产业集聚、法治环境规范、金融服务完善、监管高效便捷、辐射带动作用突出，以油品为核心的大宗商品全球配置能力显著提升，对接国际标准初步建成自由贸易港区先行区。

实施范围：自由贸易试验区的实施范围共有 119.95 平方公里，由陆域和相关海洋锚地组成，涵盖三个片区：舟山离岛片区 78.98 平方公里（含舟山港综合保税区区块二 3.02 平方公里），舟山岛北部片区 15.62 平方公里（含舟山港综合保税区区块一 2.83 平方公里），舟山岛南部片区 25.35 平方公里。

功能划分：按区域布局，舟山离岛片区鱼山岛重点建设国际一流的绿色石化基地，鼠浪湖岛、黄泽山岛、双子山岛、衢山岛、小衢山岛、马迹山岛重点发展油品等大宗商品储存、中转、贸易产业，海洋锚地重点发展保税燃料油供应服务；舟山岛北部片区重点发展油品等大宗商品贸易、保税燃料油供应、石油石化产业配套装备保税物流、仓储、制造等产业；舟山岛南部片区重点发展大宗商品交易、航空制造、零部件物流、研发设计及相关配套产业，建设舟山航空产业园，着力发展水产品贸易、海洋旅游、海水利用、现代商贸、金融服务、航运、信息咨询、高新技术等产业。

（七）中国（河南）自由贸易试验区

建立时间：2017 年 3 月 15 日

战略定位：以制度创新为核心，以可复制可推广为基本要求，加快建设贯通南北、连接东西的现代立体交通体系和现代物流体系，将自由贸易试验区建设成为服务于"一带一路"建设的现代综合交通枢纽、全面改革开放试验田和内陆开放型经济示范区。

发展目标：经过三至五年改革探索，形成与国际投资贸易通行规则相衔接的制度创新体系，营造法治化、国际化、便利化的营商环境，努力将自由贸易试验区建设成为投资贸易便利、高端产业集聚、交通物流通达、监管高效便捷、辐射带动作用突出的高水平高标准自由贸易园区，引领内陆经济转型发展，推动构建全方位对外开放新格局。

实施范围：自由贸易试验区的实施范围共有 119.77 平方公里，涵盖三个片区：郑州片区 73.17 平方公里（含河南郑州出口加工区 A 区 0.89 平方公里、河南保税物流中心 0.41 平方公里），开封片区 19.94 平方公里，洛阳片区 26.66 平方公里。

功能划分：按区域布局，郑州片区重点发展智能终端、高端装备及汽车制造、生物医药等先进制造业以及现代物流、国际商贸、跨境电商、现代金融服务、服务外包、创意设计、商务会展、动漫游戏等现代服务业，在促进交通物流融合发展和投资贸易便利化方面推进体制机制创新，打造多式联运国际性物流中心，发挥服务"一带一路"建设的现代综合交通枢纽作用；开封片区重点发展服务外包、医疗旅游、创意设计、文化传媒、文化金融、艺术品交易、现代物流等服务业，提升装备制造、农副产品加工国际合作及贸易能力，构建国际文化贸易和人文旅游合作平台，打造服务贸易创新发展区和文创产业对外开放先行区，促进国际文化旅游融合发展；洛阳片区重点发展装备制造、机器人、新材料等高端制造业以及研发设计、电子商务、服务外包、国际文化旅游、文化创意、文化贸易、文化展示等现代服务业，提升装备制造业转型升级能力和国际产能合作能力，打造国际智能制造合作示范区，推进华夏历史文明传承创新区建设。

（八）中国（湖北）自由贸易试验区

建立时间：2017 年 3 月 15 日

战略定位：以制度创新为核心，以可复制可推广为基本要求，立足中部、辐射全国、走向世界，努力成为中部有序承接产业转移示范区、战略性新兴产业和高技术产业集聚区、全面改革开放试验田和内陆对外开放新高地。

发展目标：经过三至五年改革探索，对接国际高标准投资贸易规则体系，力争建成高端产业集聚、创新创业活跃、金融服务完善、监管高效便捷、辐射带动作用突出的高水平高标准自由贸易园区，在实施中部崛起战略和推进长江经济带发展中发挥示范作用。

实施范围：自由贸易试验区的实施范围共有 119.96 平方公里，涵盖三个片区：武汉片区 70 平方公里（含武汉东湖综合保税区 5.41 平方公里），襄阳片区 21.99 平方公里（含襄阳保税物流中心〔B 型〕0.281 平方公里），宜昌片区 27.97 平方公里。

功能划分：按区域布局，武汉片区重点发展新一代信息技术、生命健康、智能制造等战略性新兴产业和国际商贸、金融服务、现代物流、检验检测、研发设计、信息服务、专业服务等现代服务业；襄阳片区重点发展高端装备制造、新能源汽车、大数据、云计算、商贸物流、检验检测等产业；宜昌片区重点发展先进制造、生物医药、电子信息、新材料等高新产业及研发设计、总部经济、电子商务等现代服务业。

（九）中国（重庆）自由贸易试验区

建立时间：2017 年 3 月 15 日

战略定位：以制度创新为核心，以可复制可推广为基本要求，全面落实党中央、国务院关于发挥重庆战略支点和连接点重要作用、加大西部地区门户城市开放力度的要求，努力将自由贸易试验区建设成为"一带一路"和长江经济带互联互通重要枢纽、西部大开发战略重要支点。

发展目标：经过三至五年改革探索，努力建成投资贸易便利、高端产业集聚、监管高效便捷、金融服务完善、法治环境规范、辐射带动作用突出的高水平高标准自由贸易园区，努力建成服务于"一带一路"建设和长江经济带发展的国际物流枢纽和口岸高地，推动构建西部地区门户城市全方位开放新格局，带动西部大开发战略深入实施。

实施范围：自由贸易试验区的实施范围共有 119.98 平方公里，涵盖 3 个片区：两江片区 66.29 平方公里（含重庆两路寸滩保税港区 8.37 平方公里），西永片区 22.81 平方公里（含重庆西永综合保税区 8.8 平方公里、重庆铁路保税物流中心〔B 型〕0.15 平方公里），果园港片区 30.88 平方公里。

功能划分：按区域布局，两江片区着力打造高端产业与高端要素集聚区，重点发展高端装备、电子核心部件、云计算、生物医药等新兴产业及总部贸易、服务贸易、电子商务、展示交易、仓储分拨、专业服务、融资租赁、研发设计等现代服务业，推进金融业开放创新，加快实施创新驱动发展战略，增强物流、技术、资本、人才等要素资源的集聚辐射能力；西永片区着力打造加工贸易转型升级示范区，重点发展电子信息、智能装备等制造业及保税物流中转分拨等生产性服务业，优化加工贸易发展模式；果园港片区着力打造多式联运物流转运中心，重点发展国际中转、集拼分拨等服务业，探索先进制造业创新发展。

（十）中国（四川）自由贸易试验区

建立时间：2017 年 3 月 15 日

战略定位：以制度创新为核心，以可复制可推广为基本要求，立足内陆、承东启西，服务全国、面向世界，将自由贸易试验区建设成为西部门户城市开发开放引领区、内陆开放战略支撑带先导区、国际开放通道枢纽区、内陆开放型经济新高地、内陆与沿海沿边沿江协同开放示范区。

发展目标：经过三至五年改革探索，力争建成法治环境规范、投资贸易便利、创新要素集聚、监管高效便捷、协同开放效果显著的高水平高标准自由贸易园区，在打造内陆开放型经济高地、深入推进西部大开发和长江经济带发展中发挥示范作用。

实施范围：自由贸易试验区的实施范围共有 119.99 平方公里，涵盖三个片区：成都天府新区片区 90.32 平方公里（含成都高新综合保税区区块四〔双流园区〕4 平方公里、成都空港保税物流中心〔B 型〕0.09 平方公里），成都青白江铁路港片区 9.68 平方公里（含成都铁路保税物流中心〔B 型〕0.18 平方公里），川南临港片区 19.99 平方公里（含泸州港保税物流中心〔B 型〕0.21 平方公里）。

功能划分：按区域布局，成都天府新区片区重点发展现代服务业、高端制造业、高新技术、临空经济、口岸服务等产业，建设国家重要的现代高端产业集聚区、创新驱动发展引领区、开放型金融产业创新高地、商贸物流中心和国际性航空枢纽，打造西部地区门户城市开放高地；成都青白江铁路港片区重点发展国际商品集散转运、分拨展示、保税物流仓储、国际货代、整车进口、特色金融等口岸服务业和信息服务、科技服务、会展服务等现代服务业，打造内陆地区联通丝绸之路经济带的西向国际贸易大通道重要支点；川南临港片区重点发展航运物流、港口贸易、教育医疗等现代服务业，以及装备制造、现代医药、食品饮料等先进制造和特色优势产业，建设成为重要区域性综合交通枢纽和成渝城市群南向开放、辐射滇黔的重要门户。

（十一）中国（陕西）自由贸易试验区

建立时间：2017 年 3 月 15 日

战略定位：以制度创新为核心，以可复制可推广为基本要求，全面落实党中央、国务院关于更好发挥"一带一路"建设对西部大开发带动作用、加大西部地区门户城市开放力度的要求，努力将自由贸易试验区建设成为全面改革开放试验田、内陆型改革开放新高地、"一带一路"经济合作和人文交流重要支点。

发展目标：经过三至五年改革探索，形成与国际投资贸易通行规则相衔接的制度创新体系，营造法治化、国际化、便利化的营商环境，努力建成投资贸易便利、高端产业聚集、金融服务完善、人文交流深入、监管高效便捷、法治环境规范的高水平高标准自由贸易园区，推动"一带一路"建设和西部大开发战略的深入实施。

实施范围：自由贸易试验区的实施范围共有 119.95 平方公里，涵盖三个片区：中心片区 87.76 平方公里（含陕西西安出口加工区 A 区 0.75 平方公里、B 区 0.79 平方公里，西安高新综合保税区 3.64 平方公里和陕西西咸保税物流中心〔B 型〕0.36 平方公里），西安国际港务区片区 26.43 平方公里（含西安综合保税区 6.17 平方公里），杨凌示范区片区 5.76 平方公里。

功能划分：按区域布局，自由贸易试验区中心片区重点发展战略性新兴产业和高新技术产业，着力发展高端制造、航空物流、贸易金融等产业，推进服务贸易促进体系建设，拓展科技、教育、文化、旅游、健康医疗等人文交流的深度和广度，打造面向"一带一路"的高端产业高地和人文交流高地；西安国际港务区片区重点发展国际贸易、现代物流、金融服务、旅游会展、电子商务等产业，建设"一带一路"国际中转内陆枢纽港、开放型金融产业创新高地及欧亚贸易和人文交流合作新平台；杨凌示范区片区以农业科技创新、示范推广为重点，通过全面扩大农业领域国际合作交流，打造"一带一路"现代农业国际合作中心。

（十二）中国（海南）自由贸易试验区

建立时间：2018 年 4 月 14 日

战略定位：要发挥海南岛全岛试点的整体优势，紧紧围绕建设全面深化改革开放试验区、国家生态文明试验区、国际旅游消费中心和国家重大战略服务保障区，实行更加积极主动的开放战略，加快构建开放型经济新体制，推动形成全面开放新格局，把海南打造成为我国面向太平洋和印度洋的重要对外开放门户。

发展目标：对标国际先进规则，持续深化改革探索，以高水平开放推动高质量发展，加快建立开放型生态型服务型产业体系。

实施范围：中国（海南）自贸试验区的实施范围是海南岛全岛。自贸试验区土地、海域开发利用须遵守国家法律法规，贯彻生态文明和绿色发展要求，符合海南省"多规合一"总体规划，并符合节约集约用地用海的有关要求。涉及无居民海岛的，须符合《中华人民共和国海岛保护法》有关规定。

功能划分：按照海南省总体规划，以发展旅游业、现代服务业、高新技术产业为主导，科学安排海南岛产业布局。按发展需要增设海关特殊监管区域，在海关特殊监管区域开展以投资贸易自由便利化为主要内容的制度创新，主要开展国际投资贸易、保税物流、保税维修等业务。在三亚选址增设海关监管隔离区域，开展全球动植物种质资源引进和中转等业务。

（十三）中国（山东）自由贸易试验区

建立时间：2019 年 8 月 2 日

战略定位：以制度创新为核心，以可复制可推广为基本要求，全面落实中央关于增强经济社会发展创新力、转变经济发展方式、建设海洋强国的要求，加快推进新旧发展动能接续转换，发展海洋经济，形成对外开放新高地。

发展目标：经过三至五年改革探索，对标国际先进规则，形成更多有国际竞争力的制度创新成果，推动经济发展质量变革、效率变革、动力变革，努力建成贸易投资便利、金融服务完善、监管安全高效、辐射带动作用突出的高标准高质量自由贸易园区。

实施范围：自贸试验区的实施范围共有 119.98 平方公里，涵盖三个片区：济南片区 37.99 平方公里，青岛片区 52 平方公里（含青岛前湾保税港区 9.12 平方公里、青岛西海岸综合保税区 2.01 平方公里），烟台片区 29.99 平方公里（含烟台保税港区区块二 2.26 平方公里）。

功能划分：济南片区重点发展人工智能、产业金融、医疗康养、文化产业、信息技术等产业，开展开放型经济新体制综合试点试验，建设全国重要的区域性经济中心、物流中心和科技创新中心；青岛片区重点发展现代海洋、国际贸易、航运物流、现代金融、先进制造等产业，打造东北亚国际航运枢纽、东部沿海重要的创新中心、海洋经济发展示范区，助力青岛打造我国沿海重要中心城市；烟台片区重点发展高端装备制造、新材料、新一代信息技术、节能环保、生物医药和生产性服务业，打造中韩贸易和投资合作先行区、海洋智能制造基地、国家科技成果和国际技术转移转化示范区。

（十四）中国（江苏）自由贸易试验区

建立时间：2019 年 8 月 2 日

战略定位：以制度创新为核心，以可复制可推广为基本要求，全面落实中央关于深化产业结构调整、深入实施创新驱动发展战略的要求，推动全方位高水平对外开放，加快"一带一路"交汇点建设，着力打造开放型经济发展先行区、实体经济创新发展和产业转型升级示范区。

发展目标：经过三至五年改革探索，对标国际先进规则，形成更多有国际竞争力的制度创新成果，推动经济发展质量变革、效率变革、动力变革，努力建成贸易投资便利、高端产业集聚、金融服务完善、监管安全高效、辐射带动作用突出的高标准高质量自由贸易园区。

实施范围：自贸试验区的实施范围共有 119.97 平方公里，涵盖三个片区：南京片区 39.55 平方公里，苏州片区 60.15 平方公里（含苏州工业园综合保税区 5.28 平方公里），连云港片区 20.27 平方公里（含连云港综合保税区 2.44 平方公里）。

功能划分：南京片区建设具有国际影响力的自主创新先导区、现代产业示范区和对外开放合作重要平台；苏州片区建设世界一流高科技产业园区，打造全方位开放高地、国际化创新高地、高端化产业高地、现代化治理高地；连云港片区建设亚欧重要国际交通枢纽、集聚优质要素的开放门户、"一带一路"沿线国家（地区）交流合作平台。

（十五）中国（广西）自由贸易试验区

建立时间：2019 年 8 月 2 日

战略定位：以制度创新为核心，以可复制可推广为基本要求，全面落实中央关于打造西南中南地区开放发展新的战略支点的要求，发挥广西与东盟国家陆海相邻的独特优势，着力建设西南中南西北出海口、面向东盟的国际陆海贸易新通道，形成 21 世纪海上丝绸之路和丝绸之路经济带有机衔接的重要门户。

发展目标：经过三至五年改革探索，对标国际先进规则，形成更多有国际竞争力的制度创新成果，推动经济发展质量变革、效率变革、动力变革，努力建成贸易投资便利、金融服务完善、监管安全高效、辐射带动作用突出、引领中国—东盟开放合作的高标准高质量自由贸易园区。

实施范围：自贸试验区的实施范围共有 119.99 平方公里，涵盖三个片区：南宁片区 46.8 平方公里（含南宁综合保税区 2.37 平方公里），钦州港片区 58.19 平方公里（含钦州保税港区 8.81 平方公里），崇左片区 15 平方公里（含凭祥综合保税区 1.01 平方公里）。

功能划分：南宁片区重点发展现代金融、智慧物流、数字经济、文化传媒等现代服务业，大力发展新兴制造产业，打造面向东盟的金融开放门户核心区和国际陆海贸易新通道重要节点；钦州港片区重点发展港航物流、国际贸易、绿色化工、新能源汽车关键零部件、电子信息、生物医药等产业，打造国际陆海贸易新通道门户港和向海经济集聚区；崇左片区重点发展跨境贸易、跨境物流、跨境金融、跨境旅游和跨境劳务合作，打造跨境产业合作示范区，构建国际陆海贸易新通道陆路门户。

（十六）中国（河北）自由贸易试验区

建立时间：2019 年 8 月 2 日

战略定位：以制度创新为核心，以可复制可推广为基本要求，全面落实中央关于京津冀协同发展战略和高标准高质量建设雄安新区要求，积极承接北京非首都功能疏解和京津科技成果转化，着力建设国际商贸物流重要枢纽、新型工业化基地、全球创新高地和开放发展先行区。

发展目标：经过三至五年改革探索，对标国际先进规则，形成更多有国际竞争力的制度创新成果，推动经济发展质量变革、效率变革、动力变革，努力建成贸易投资自由便利、高端高新产业集聚、金融服务开放创新、政府治理包容审慎、区域发展高度协同的高标准高质量自由贸易园区。

实施范围：自贸试验区的实施范围共有 119.97 平方公里，涵盖四个片区：雄安片区 33.23 平方公里，正定片区 33.29 平方公里（含石家庄综合保税区 2.86 平方公里），曹妃甸片区 33.48 平方公里（含曹妃甸综合保税区 4.59 平方公里），大兴机场片区 19.97 平方公里。

功能划分：雄安片区重点发展新一代信息技术、现代生命科学和生物技术、高端现代服务业等产业，建设高端高新产业开放发展引领区、数字商务发展示范区、金融创新先行区。正定片区重点发展临空产业、生物医药、国际物流、高端装备制造等产业，建设航空产业开放发展集聚区、生物医药产业开放创新引领区、综合物流枢纽。曹妃甸片区重点发展国际大宗商品贸易、港航服务、能源储配、高端装备制造等产业，建设东北亚经济合作引领区、临港经济创新示范区。大兴机场片区重点发展航空物流、航空科技、融资租赁等产业，建设国际交往中心功能承载区、国家航空科技创新引领区、京津冀协同发展示范区。

（十七）中国（云南）自由贸易试验区

建立时间：2019 年 8 月 2 日

战略定位：以制度创新为核心，以可复制可推广为基本要求，全面落实中央关于加快沿边开放的要求，着力打造"一带一路"和长江经济带互联互通的重要通道，建设连接南亚东南亚大通道的重要节点，推动形成我国面向南亚东南亚辐射中心、开放前沿。

发展目标：经过三至五年改革探索，对标国际先进规则，形成更多有国际竞争力的制度创新成果，推动经济发展质量变革、效率变革、动力变革，努力建成贸易投资便利、交通物流通达、要素流动自由、金融服务创新完善、监管安全高效、生态环境质量一流、辐射带动作用突出的高标准高质量自由贸易园区。

实施范围：自贸试验区的实施范围共有 119.86 平方公里，涵盖三个片区：昆明片区 76 平方公里（含昆明综合保税区 0.58 平方公里），红河片区 14.12 平方公里，德宏片区 29.74 平方公里。

功能划分：昆明片区加强与空港经济区联动发展，重点发展高端制造、航空物流、数字经济、总部经济等产业，建设面向南亚东南亚的互联互通枢纽、信息物流中心和文化教育中心；红河片区加强与红河综合保税区、蒙自经济技术开发区联动发展，重点发展加工及贸易、大健康服务、跨境旅游、跨境电商等产业，全力打造面向东盟的加工制造基地、商贸物流中心和中越经济走廊创新合作示范区；德宏片区重点发展跨境电商、跨境产能合作、跨境金融等产业，打造沿边开放先行区、中缅经济走廊的门户枢纽。

（十八）中国（黑龙江）自由贸易试验区

建立时间：2019 年 8 月 2 日

战略定位：以制度创新为核心，以可复制可推广为基本要求，全面落实中央关于推动东北全面振兴全方位振兴、建成向北开放重要窗口的要求，着力深化产业结构调整，打造对俄罗斯及东北亚区域合作的中心枢纽。

发展目标：经过三至五年改革探索，对标国际先进规则，形成更多有国际竞争力的制度创新成果，推动经济发展质量变革、效率变革、动力变革，努力建成营商环境优良、贸易投资便利、高端产业集聚、服务体系完善、监管安全高效的高标准高质量自由贸易园区。

实施范围：自贸试验区的实施范围共有 119.85 平方公里，涵盖三个片区：哈尔滨片区 79.86 平方公里，黑河片区 20 平方公里，绥芬河片区 19.99 平方公里（含绥芬河综合保税区 1.8 平方公里）。

功能划分：哈尔滨片区重点发展新一代信息技术、新材料、高端装备、生物医药等战略性新兴产业，科技、金融、文化旅游等现代服务业和寒地冰雪经济，建设对俄罗斯及东北亚全面合作的承载高地和联通国内、辐射欧亚的国家物流枢纽，打造东北全面振兴全方位振兴的增长极和示范区；黑河片区重点发展跨境能源资源综合加工利用、绿色食品、商贸物流、旅游、健康、沿边金融等产业，建设跨境产业集聚区和边境城市合作示范区，打造沿边口岸物流枢纽和中俄交流合作重要基地；绥芬河片区重点发展木材、粮食、清洁能源等进口加工业和商贸金融、现代物流等服务业，建设商品进出口储运加工集散中心和面向国际陆海通道的陆上边境口岸型国家物流枢纽，打造中俄战略合作及东北亚开放合作的重要平台。

四、自由贸易试验区制度创新

（一）自由贸易试验区制度创新推进路径

制度创新是中国自由贸易试验区建设的核心要素，各自由贸易试验区的总体方案都明确提出，自由贸易试验区的重要使命是在"加快政府职能转变、积极探索管理模式创新、促进贸易和投资便利化"等领域，"为全面深化改革和扩大开放探索新途径、积累新经验"。所以中国自由贸易试验区自诞生之日起，就被赋予了"先行先试"的创新元素。

1. 中央政府部门负责创新制定自由贸易试验区政策

党中央、国务院在自由贸易试验区的制度创新试验上总揽全局，负责统筹设计总体方案与重大决策部署，协调推进改革措施落地。自由贸易试验区的制度创新试验是一项系统性工程，涉及海关、检验检疫、金融、外资、外贸、税收等部门与领域，实行垂直管理。

2. 行政法规与法律授权下的制度创新

中国自由贸易试验区的设立起步于国家批准进行的一系列正式法律法规。为给自由贸易试验区制度创新提供更为宽松的法制环境，中央政府与法律机构进行了多方面的行政法规与法律授权：一是全国人大常委会授权国务院可以暂时调整实施部分法律。例如全国人大常委会两次决议授权国务院暂时调整《中华人民共和国外资企业法》等4部法律的相关内容在中国自由贸易试验区范围内的实施。二是国务院暂时调整部分行政法规及相关文件在自由贸易试验区的实施。

3. 省级政府负责制度创新的组织实施

按照各自由贸易试验区总体方案规定，自由贸易试验区所在地的省政府或直辖市承担组织实施相关制度创新的职责。各自由贸易试验区是开展制度创新试验的平台或试验场，自由贸易试验区管理委员会是相应省级政府的派出机构，代表省级政府对自由贸易试验区的行政管理权。在自由贸易试验区的制度创新探索实践中，省级政府的制度创新试验主要围绕三个方面展开：研究制定细化支持所在地自由贸易试验区制度创新的实施细则或方案；推动以简政放权为核心的行政管理体制改革；研究制定与新管理体制相适应的事中事后监管举措。

4. 自由贸易试验区创新经验复制推广

中国自由贸易试验区的制度创新复制推广通过暂时调整法律法规文件及其他相关制度，在自由贸易试验区实施，为制度创新创造必要条件。自由贸易试验区内开展的涉及法律法规的特定业务创新，如金融领域制度创新等，不能自行复制和效仿，有关政府机构也不能随意进行复制和推广，除非国家对相关法律法规文件进行修改。而属于行政管理体制改革和优化政府服务类的制度创新，都鼓励在一定范围内复制推广。

（二）自由贸易试验区重点创新的几项制度

几年来，在建的自由贸易试验区通过一系列实践创新试验了多项制度改革，成功进行了自由贸易试验区建设的探索，形成了多项高效率高质量开放的宝贵经验。

1. 外商投资准入"负面清单"

在自由贸易试验区对外商投资准入采用"负面清单"管理制度之前，中国的外商投资准入政策主要依据商务部2011年修订的《外商投资产业指导目录》进行管理。这份目录将外商可进入的行业分为鼓励类、限制类和禁止类，并设定政府监管安排为行政核准制，即依据外商投资项目的种类和规模，对应地由中央政府、省级政府或者地区县级政府负责审批。中国按《外商投资产业指导目录》的审批准入属于"正面清单"模式。

在国际贸易各类协定中，有两种承诺义务模式：一种是正面肯定模式，即正面清单；另一种是负面否定模式，即负面清单。负面清单模式以《北美自由贸易协定》为典型案例，该协定设定了"准入前国民待遇＋负面清单"的投资模式，其中列出的一系列"不符措施"条款包括在负面清单中。自 1994 年《北美自由贸易协定》全效之后，目前世界上的相关投资协定中有 70 多个国家实行负面清单管理模式。据联合国贸发会议统计，负面清单内容的表现形式有三类：第一类为一般例外，如国家安全、公共卫生、健康、环境保护；第二类为特定主题例外，如政府采购、补贴；第三类为特定产业例外，如石油、国防、文化。从近年双边投资协定的负面清单看，涉及的多为服务产业，主要包括运输、金融、通信和商业服务等。

根据国家的改革政策，负面清单制度首先在上海自由贸易试验区内试行。上海自由贸易试验区内采用负面清单模式，给予外商投资者以准入前国民待遇，是中国基于对外开放的要求，对国家主权的自我让渡。这份清单对所有外国投资者都有效力，但由于中国尚未在全国范围内采用负面清单的外资准入模式，所以在具体的双边投资条约谈判中，采用怎样的外资准入模式、在多大程度上开放市场都应当在谈判中具体确定。在此过程中，应注意调整负面清单在区域合作中的应用和推向全国应用的时点。

2. 投资领域准入前国民待遇管理

"国民待遇"是指东道国基于其经济主权地位对外国的自然人、法人在民事与经济方面给予同本国自然人、法人同等待遇的一种安排。对外商投资而言，在国民待遇下，东道国给予外国投资者的待遇应该等同于本国投资者享受到的待遇，在同样的条件下，二者享有的权利和承担的义务相同。

外资准入时的国民待遇也称为"准入前国民待遇"，是指在外资企业设立、扩大阶段给予外国投资者和本国投资者同等待遇。准入前国民待遇的核心在于给予外资准入权。准入前国民待遇普遍采用负面清单规定办法执行，仅限制或禁止涉及国计民生及国家安全的领域，对外资而言较清晰明确。准入前国民待遇比之准入后国民待遇，是"选择性外资开放模式"的投资模式向"自由市场型外资开放模式"转变。

在自由贸易试验区给予外资企业准入前国民待遇，并不意味着自由贸易试验区丧失了对于外资企业的监管权。准入前国民待遇从来都不是无条件的，自由贸易试验区的主要问题不在于是否给予外资企业准入前国民待遇，而是在于是否有能力监管其进入后的经营活动。监管体系越完善，负面清单的内容就越简单。

3. 小额外币利率市场化

"利率市场化"是指市场利率水平由市场上参与交易和经营的各类金融机构通过竞争来决定，最终形成以中央银行基准利率为基础、最终由市场供求决定金融机构存贷款利率的形成机制。包括利率决定、利率传导、利率结构和利率管理的市场化机制。

中国开启利率市场化改革进程已有 20 年，目前国内各个货币市场如银行间债券市场、贴现市场以及同业拆借市场的贷款利率基本由各市场自行决定。2014 年 3 月，中国央行正式开放自由贸易试验区内小额外币存款利率上限。这是把利率市场化领域扩大到外资外币领域。

4. 资本项目开放

"资本项目开放"是指资本项目实现自由兑换。资本项目的开放将为金融资产交易开通便捷通道，其中直接投资、证券投资、外汇交易、信贷融资的通道更加通畅。因此，资本项目开放对自由贸易试验区的金融开放十分重要，是其金融功能充分发挥的关键。

自由贸易试验区制度建立后，各区的金融创新都在分步推进资本项目开放。2015 年 11 月，国务院出台了自由贸易试验区的"金改 40 条"，其中重点强调了要进一步地创新自由贸易账户这一金融服务功能，通过政策措施引导金融机构利用自由贸易账户创新其金融业务，对自由贸易账户的功能深入推进，研究开放新措施。自由贸易账户体系被视为自由贸易试验区贸易投资金融活动的重要基础。自由贸易账户类似于境外账户，能与国际市场连通。利用这类账户，资金在境外和自由贸易试验区之间的汇入和汇出，以及区内企业向海外融资将会更便利。而在自由贸易账户落地前，资金汇入汇出和向境外融资都被视为跨境业务，必须接受相关的外汇管理。目前的各项金融开放政策中，自由贸易账户是最受关注也是企业应用程度最高的一个。所以在自由贸易试验区不断深化金融开放过程中，自由贸易账户的使用和开放是资本项目开放的重要内容和形式。

5. 人民币跨境自由使用

人民币国际化是中国经济开放的一个大方向，自由贸易试验区给人民币国际化提供了一个金融通道和窗口。在国务院推出的"金改 40 条"中，明确指出要进一步扩大人民币在国际上的使用规模，在我国的"走出去"战略上要注重投资、贸易和金融的平衡发展，发挥其相互之间的促进作用。具体体现在以下几个方面：一是放宽自由贸易试验区区内企业使用人民币进行跨境结算和支付的相关规定，使其享有相对区外企业更加宽松的人民币跨境使用条件。二是允许在区内设立机构的跨国公司建立人民币的双向资金池，便捷地使用人民币跨境支付，同时支持区内企业通过资金池向境外主体提供资金池业务服务；三是创造更多的以人民币为主体的投资产品，吸引境外的本币资金回流。四是加快人民币离岸金融市场建设，丰富区内企业的境外融资渠道；放宽对境外本币债券的发行，增加区内企业的融资渠道。

6. 汇率制度改革

在人民币汇率形成方面，目前我国采用的是受央行管控的浮动汇率制度，汇率的定价仍然受到人民银行不同程度的管制。未来上海自贸区人民币汇率制度的改革方向是实现人民币汇率的市场化，取缔强制性的结售汇制，放开人民币的汇率管制。要实现这一目标，我们需要从以下几个方面着手：一是提高银行间的外汇交易市场的规范性，使其形成能够反映外汇供求关系的真实人民币汇率；二是完善人民币即期汇率的形成机制，保障市场在货币定价上的指导地位，保证其能真实有效地反映汇率水平；三是中央银行应坚持公开、透明、科学的管理方式，维持市场的自主运行机制，确定目标汇率。

7. 税收服务

自由贸易试验区在维护现行税制公平、统一、规范的前提下，创新建立符合国际高水平投资和贸易服务的新型税收服务，形成高素质的税收专业化队伍，为适应各项商务活动注入活力。税收服务创新主要有下列方面：一是实行自由贸易试验区内税务集中审批。设立专职集中审批税务所，实行"一站式"审批制度，符合规定的即办即结，减少流程中间环节。二是实现互联网办税。在自由贸易试验区建立网上办税服务平台，实现从申请提出、材料提交，到进度查询、结果通知书打印等全程网上办理。三是开通咨询服务热线。自由贸易试验区开通 12366 服务热线和涉税微博，搭建一个双向互动平台，发布各类税收信息，供税收部门与企业之间及时交流沟通。四是启用电子发票。建设电子商务平台，使自由贸易试验区内的企业商家率先应用电子发票。

五、自由贸易试验区创新成果

截至 2018 年底，自由贸易试验区建设五年来，已有一大批制度创新成果推广至全国，自贸试验区既扮演了全面深化改革"试验田"的角色，也发挥了制度创新"苗圃地"的作用。具体创新成果如下：

（1）不断创新以负面清单为核心的外资管理制度。2013 年，上海自贸试验区出台全国首张外商投资负面清单。五年来，负面清单从最初的 190 条缩减至 45 条，外资准入开放度大幅提高。

（2）不断创新以便利化为重点的贸易监管制度。挂牌 3 年的广东自贸试验区，在全国率先启动"互联网 + 易通关"改革，通过自助报关、自助缴税等 9 项业务创新，平均通关时间减少 42.6%，平均通关效率提升 80%，"单一窗口"货物申报上线率达100%，实现了货物通关的便利化。

（3）不断创新以政府职能转变为核心的事中事后监管制度。天津自贸试验区在全国率先实现"一个部门、一颗印章"审批；企业设立"一照一码一章一票一备案"可以一天办结；3 亿美元以下境外投资项目由核准改备案，一天办结。

（4）不断创新以资本项目可兑换和金融开放为内容的金融制度。截至 2018 年 5月末，已有 56 家上海市金融机构提供自由贸易账户相关金融服务，各类主体共开立71720 个自由贸易账户，累计办理跨境结算折合人民币 21.71 万亿元。

商务部新闻发言人高峰说；五年来，自由贸易试验区在贸易投资自由化便利化、金融服务实体经济、转变政府职能等领域制度创新成果显著，形成了 153 项改革试点经验向全国复制推广，逐步形成了多层次、宽领域、复合型综合改革态势和开放创新格局[①]。

六、自由贸易试验区继续创新的着力点

2019 年 8 月，国务院正式批复同意设立中国（上海）自由贸易试验区临港新片区并印发了总体方案，自由贸易试验区建设进入第四阶段，4.0 版的自由贸易试验区制度创新应着力于加强系统创新集成，建设现代化的政府管理、贸易、投资、金融四大体系，进一步彰显全方位开放试验田作用。

---

① 新华社：《迈向新时代改革开放新高地——自贸试验区建设 5 周年回眸》，http://www.gov.cn/xinwen/2018-11/24/content_5343077.htm

（一）积极布局与发展功能性自由贸易试验区

考虑到区域自由贸易试验区错位发展的需要，下一批自由贸易试验区在规划建设中应更突出其主体功能，不必强调多片区的布局模式。准备设立自由贸易试验区的地方有何开放发展需求，就设置何种开放区功能。例如，专业性工业园区，可以发展供应链配套的自由贸易试验区；市场采购类型的专业外贸市场，可以发展国际分拨的自由贸易试验区。

（二）提升自由贸易试验区政府管理服务能力

可借鉴美国对外贸易自由区实行的政府管理与市场管理相结合的双层管理体制。在政府管理上，要设立隶属于政府的独立的管理机构，作为全国唯一依法直接管理自由贸易试验区的行政管理机构，将分散于多个职能部门的行政权整合起来。在市场管理上，充分引入市场机制，由一个政府或政府控股的机构或企业对自由贸易试验区的发展进行统一规划、土地开发、基础设施开发、招商引资、物业管理、项目管理、咨询服务、投诉受理等，尽可能地为自由贸易试验区企业提供及时优质的服务。

应进一步取消和简化审批事项，深化分类综合执法改革，健全跨部门许可和监管协同机制。加快建设市场主体信用等级标准体系，建立完善的企业信用评级体系。加强区内货物自由流动监管，落实保税货物、口岸货物、国内货物的运转畅通。扩大企业申报自主权，实行多票一报、集中申报和"双随机、一公开"等制度。简化备案核销单证及环节，对保税货物实施"联网监管、动态管理、工单核销、实时核注"的海关监管模式。

（三）拓展与创新贸易类型与模式

大力发展过境贸易（离岸贸易）和转口贸易，推动商品进口→分拨→配送→展销零售的全流程便利化。打通高档消费品、大宗商品、专用机械设备、精密仪器等进入国内市场的渠道，建设现代新型供应链。引进零售业态，建设高端消费品商品市场。允许国内产品、已付关税产品或免关税产品在区内零售。发挥开放口岸和港口的"进、出、转"优势，全力打造专业化、国际化的大宗商品交易平台。升级贸易功能，发展保税仓储、国际物流、商品展示、国际中转、国际采购、贸易结算、国际维修、金融保险、信息咨询等贸易配套功能，形成储、供、运、销产业发展链。

（四）加大服务业的贸易与投资开放

在自由贸易试验区加快推进金融保险、知识产权、文化旅游、教育卫生等高端服务领域的贸易与投资开放。提高与服务贸易相关的货物进出口便利，提升数字服务产品贸易与投资的服务和监管效率。扩大期货保税交割范围，建设国际期货交易枢纽。落实按成交价格保税，适当放开舱单质押融资的金融限制，合理赋予收付汇主体资格。完善文化贸易产品进出口协调机制，适度放松文化贸易管制，落实数字产品按介质载体和实际价格办理税收。加强与境外人民币离岸市场的运营合作，扩大投资、出口等方面的支付、融资等金融服务。

（五）加强监管服务与效率

在自由贸易试验区成立监管服务中心，借助电子信息联网手段，实现自由贸易试验区内海关、质检、商务、税务、工商等行政监管部门信息共享。不断优化通关流程，对进出口货物实施"两步申报"（two steps）通关方式开展积极探索，采取"简单申报 + 详细申报"的模式，将审核征税等占用较多通关时间的环节移至货物放行之后，实现货物查验放行和审核征税相分离，大幅缩短货物通关时间。试行直接通关程序，试验区使用者可在货物抵达前向当地海关提出申请，当进口货物抵达时，可直接运往自由贸易试验区而免除向海关申报，有效提高企业对物流的支配和调度能力。加大自由贸易试验区之间海关的协作力度，提高转关便利度。争取建立自由贸易试验区统一的电子化平台，便于诚信企业在全国范围的自由贸易试验区内进行货物转移，进一步提高园区企业运营效率和竞争力。

（六）推动自由贸易试验区内外联动发展

自由贸易试验区不能过于封闭，应与区外其他海关特殊监管区实行功能互认和功能协作，达到互相交流、共同发展的目标。推进自由贸易试验区与区外的海关监管区在海关、检验检疫、口岸监管等方面的有效配合、资质互认，共同提高贸易与投资服务的水平，有效降低物流成本及所耗时间，实现自贸区内外合作共赢。

第四节 自由贸易港

2018 年 4 月 13 日，中共中央总书记、国家主席习近平在庆祝海南建省办经济特区 30 周年大会上郑重宣布，党中央决定支持海南全岛建设自由贸易试验区，支持海南逐步探索、稳步推进中国特色自由贸易港建设，分步骤、分阶段建立自由贸易港政策和制度体系。

一、海南自由贸易港建设初步规划

（一）建设阶段

一是探索阶段（2018—2020 年）：全面实施海南自贸试验区总体方案（国发〔2018〕34 号），复制借鉴其他自贸区成功经验，高标准高质量完成海南自贸区试验任务，国际开放度显著提高。同时，在部分园区，压茬试行自由港某些政策，比如零关税、简税制、低税率，放权审批，更开放的市场化运行等，加快探索构建自由港政策和制度体系，做好从"自贸区"到"自由港"的衔接。

二是初步建立阶段（2020—2025 年）：初步建立起自由港政策和制度体系，营商环境达到国内一流水平，这是最为重要和关键的阶段。

三是持续深化阶段（2025—2035 年）：形成更加成熟、更具活力的自由开放经济新体制，营商环境跻身全球前列，充分体现国际高标准、高质量、高水平。

四是完全成熟阶段（2035—2050 年）：建设成为特色鲜明、世界著名的现代化自由贸易港，形成高度自由化、法治化、国际化、现代化的制度体系，成为中国实现社会主义现代化的标杆和范例。

（二）发展目标

按照中央部署，海南要努力成为中国新时代全面深化改革开放的新标杆，建设自由贸易试验区和中国特色自由贸易港，着力打造成为中国全面深化改革开放试验区、国家生态文明试验区、国际旅游消费中心、国家重大战略服务保障区。

　　根据规划，海南将在城乡融合发展、人才、财税金融、收入分配、国有企业等方面加快机制体制改革；设立国际能源、航运、大宗商品、产权、股权、碳排放权等交易场所；积极发展新一代信息技术产业和数字经济，推动互联网、物联网、大数据、卫星导航、人工智能等同实体经济深度融合。

　　海南自由贸易港的实施范围为海南岛全岛，到2025年将初步建立以贸易自由便利和投资自由便利为重点的自由贸易港政策制度体系，到2035年成为中国开放型经济新高地，到21世纪中叶全面建成具有较强国际影响力的高水平自由贸易港。

二、海南自由贸易港建设的几个重点

　　相对于自由贸易试验区，自由贸易港在中国还是个"新事物"。2017年11月10日，《人民日报》刊发了中央政治局常委、时任国务院副总理汪洋的署名文章《推动形成全面开放新格局》，文中阐释了"自由贸易港"的概念，即设在一国（地区）境内关外、货物资金人员进出自由、绝大多数商品免征关税的特定区域，是目前全球开放水平最高的特殊经济功能区。

　　海南自由贸易港建设的战略安排是先建设自由贸易试验区，在此基础上建设海南自由贸易港。《中共中央国务院关于支持海南全面深化改革开放的指导意见》指出：到2025年初步建立海南自由贸易港制度体系，营商环境总体达到国内一流水平；到2035年海南自由贸易港的制度体系和运作模式更加成熟，营商环境跻身全球前列。海南自由贸易港的建设，应该围绕下列发展战略与措施展开：

　　（1）以服务国家重大战略为目标确定海南自由贸易港建设的战略定位。建设海南自由贸易港，是我国在经济全球化深刻复杂变化背景下推动形成全面开放新格局、打造对外开放新高地的重大举措。建设海南自由贸易港，应站在更高起点谋划和推进改革，下大气力破除体制机制弊端，为全国深化改革开放先行先试。建设海南自由贸易港，要发挥海南的区位优势和特殊作用，打好"经济牌"和"开放牌"，加快泛南海经济合作圈及亚洲经济圈的建设。

　　（2）以服务国家开放战略为目标确定海南自由贸易港的战略任务。落实习总书记"海南要坚持开放为先，实行更加积极主动的开放战略"重要指示精神，利用自由贸易港的建设契机，架设起21世纪海上丝绸之路的战略支点。加强同"一带一路"沿线国家和地区开展多层次多领域的务实合作，在建设21世纪海上丝绸之路重要战略支点上迈出更加坚实的步伐，把海南打造成为我国面向太平洋和印度洋的重要对外开放门户。

（3）以服务国家重大战略为目标确定海南自由贸易港的行动路线。到 2020 年，以自由贸易港为目标，高标准、高质量建设自由贸易试验区取得重要进展，海南的国际化水平显著提高；到 2025 年，初步建立起自由贸易港的制度体系和运作模式，以吸引企业为重点的营商环境达到国内一流水平；到 2035 年，自由贸易港的制度体系和运作模式更加成熟，营商环境跻身全球前列，打造开放层次更高、辐射作用更强的开放新高地。

（4）建立开放水平最高、范围最广、全球最大的自由贸易港。充分借鉴国际自由贸易港的先进经验，凡是自由贸易港中不可或缺的要素，都应积极在海南探索实施。凡是自由贸易港不可或缺的制度，如财税制度、事中事后监管制度、法律法规，均应加快在海南建立和完善。应结合海南的省情与发展实际，探索更丰富有效的经济社会管理方式，最终形成最高开放水平下的经济社会治理机制。

（5）建设海南自由贸易港，要全岛布局，重点突破。海南自由贸易港建设，在全岛实行"一线放开、二线管住、区内自由"。要向海内外公开明确自由贸易港建设目标，稳定各方预期。在全岛建设自由贸易港，需要结合区域特点，划分不同功能区域，布局不同产业。加快推动重点领域、重点产业的重大突破。比如，海南南北两极率先突破，形成带动效应；旅游业、现代服务业率先突破。

（6）加快研究设计海南自由贸易港的制度框架。一是以简税制、低税率、零关税为突出特点构建自由贸易港的财税制度。包括：推进税制转型，加快形成以直接税为主体的简税制；实行法定低税率，大幅降低企业所得税率和个人所得税率；全面实行"绝大多数商品免征关税"制度。二是以实现资本自由流动为目标构建自由贸易港金融体制。资金进出自由是实现投资贸易自由化、便利化的重要保障。建设海南自由贸易港，需要在金融市场开放、跨境投融资、货币兑换、国际结算、外汇交易、金融监管等金融制度安排上实现重大突破。三是构建"一线彻底放开、二线高效管住、区内高度自由"海关监管体制。按照"境内关外"的通行规则，改革海关管理体制，大幅提高投资贸易通关便利化水平。四是构建适应自由贸易港建设的法律法规制度。加快推进海南自由贸易港的立法工作，以特别法的形式明确海南自由贸易港的法律定位；尽快出台海南自由贸易港的配套法律规范。

第九章　中国参与全球经济治理与对外贸易发展 70 年

20 世纪的经济大萧条以及随后发生的第二次世界大战，使人们认识到，全球经济需要有组织的统筹治理。第二次世界大战后，以美、英、中、苏等国为主导，建立起关税与贸易总协定、世界银行和国际货币基金组织三大国际经济组织，为全球经济治理打下了基础。新中国成立以来，中国从最初被排除在全球经济治理的大门之外，到重新恢复联合国合法席位，到多方参与全球经济治理的各个组织、合作平台与区域合作经济协定，到主动参与和引领全球经济治理，走过了一段曲折而又不断取得新成果的道路。中国积极参与全球经济治理，有力促进了中国对外贸易全方位、多层次地融入世界贸易体系。

第一节　1949—1977 年中国参与全球经济治理

从新中国成立至 1978 年改革开放前，中国参与全球经济治理总体上处于被动状态。20 世纪 50 年代，中国选择了一边倒的外交战略，加之朝鲜战争的原因，中国的国际外交的主要领域是以前苏联为主导的社会主义国家。60 年代，中国与苏联关系恶化，美国继续对中国实施封锁和打压，中国一方面继续实施独立自主的外交路线，一方面主动出击，加强与西欧国家和亚非发展中国的家外交关系，世界交往面得到明显的改善。到 60 年代末，与中国建立外交关系的国家增加到 50 个。70 年代，随着中国重新恢复在联合国的合法席位并担任常任理事国，中国参与全球治理进入常态，在参与全球经济治理方面的机会也大幅增加。中国逐步成为参与全球经济治理的重要一员。回顾这一时期中国参与全球经济治理的历程，有四个事件起到了重要的推进作用：

一、积极参与南南合作

南南合作是广大发展中国家基于共同的历史遭遇和独立后面临的共同任务而开展的相互间的合作。由于发展中国家绝大多数处于南半球和北半球的南部，并且从 20 世纪 60 年代开始，这些国家为摆脱发达国家的控制，发展民族经济，彼此间开展了专门的经济合作，故称为"南南合作"。

1955 年 4 月 18 日至 24 日，29 个亚非国家和地区的政府代表团在印度尼西亚万隆召开亚非会议，确定了南南合作的"磋商"原则，促进了原料生产国和输出国组织的建立，提出了在发展中国家间实施资金和技术合作，这是南南合作的起点。1961 年不结盟运动诞生，1964 年七十七国集团建立，标志着整体性南南合作的开始。两个组织通过的一系列纲领性文件，为南南合作规定了合作的领域、内容、方式及指导原则。

周恩来总理率领中国代表团出席了 1955 年的万隆会议，并发言指出：在亚非国家中存在着不同的思想意识和社会制度，这并不妨碍我们求同和团结。"互相尊重领土主权，互不侵犯，互不干涉内政，平等互惠和和平共处五项原则"完全可以成为大家建立友好合作和亲善睦邻关系的基础。

在中国代表及与会的其他国家代表的共同努力下，会议最终对议程中的各项问题达成协议，制定了著名的万隆会议十项原则。万隆会议的成功，标志着亚非国家作为第二次世界大战结束后的一支重要的政治力量开始登上国际舞台，也标志着中国打开了与亚非国家广泛交往的大门。此后，中国一直是南南合作的积极倡导者和重要参与者。在南南合作框架下，几十年来，中国通过分享发展经验、传授专业技术知识、减免最不发达国家的债务等途径，向 120 多个发展中国家提供了援助，覆盖医疗、教育、气候变化、农业等多个领域。

二、与不结盟运动友好合作

1961 年 9 月，第一次不结盟运动首脑会议在塞尔维亚贝尔格莱德举行，25 国出席，不结盟运动正式形成。不结盟运动奉行独立自主和非集团的宗旨和原则；支持各国人民维护民族独立、捍卫国家主权以及发展民族经济和民族文化的斗争；坚持反对帝国主义、新老殖民主义、种族主义和一切形式的外来统治和霸权主义；呼吁发展中国家加强团结；主张国际关系民主化和建立国际政治经济新秩序。

20世纪60年代，世界进入大动荡、大分化、大改组的新时期，亚非拉民族解放运动空前高涨，第三世界力量大为增强。在对外战略方面，由于美苏孤立中国，毛泽东主席提出了"中间地带"思想，指出"中间地带有两部分，一部分是指亚洲、非洲和拉丁美洲的广大经济落后的国家，一部分是指以欧洲为代表的帝国主义国家和发达的资本主义国家①。"在此时期，中国把亚非国家作为中国外交的基石和外交工作的重点，而不结盟运动这一发展中国家最大的国际组织正是由广大的亚非拉国家所组成。中国对新诞生的不结盟运动给予了高度赞扬和支持，虽然由于国内外多种因素，中国开始阶段并未考虑加入该组织，但相似的历史遭遇、共同的身份、共同的目标和共同的利益，使中国积极支持不结盟运动的开展，与其友好合作，希望通过共同的努力，建立起公正合理的多极化国际格局及国际政治经济新秩序。周恩来总理多次代表中国向历届不结盟运动首脑会议致电祝贺。对历届不结盟运动首脑会议通过的《政治宣言》《经济宣言》和《经济合作行动纲领》以及相关决议，中国根据其合理性大多给予支持，特别是在"反对霸权主义""反对经济垄断""建立经济新秩序""争取200海里海洋权"等方面给予了大力支持。对不结盟运动的支持和合作，增进了参与不结盟运动的广大发展中国家对中国的了解和理解，加强了双方在国际事务方面的相互支持，共同维护了发展中国家的利益。

三、恢复在联合国的合法席位

新中国成立后，由于美国的长期阻挠，中国一直被排除在联合国的框架之外。通过长期的外交努力，在发展中国家的大力支持下，1971年10月25日，中国以76票同意、

---

① 中共中央文献研究室：《中国人民解放军军事科学院 . 建国以来毛泽东军事文稿（下卷）》，中央文献出版社2010年版。

35 票反对的投票表决结果通过了 2758 号决议，重回联合国，恢复了中华人民共和国在联合国的一切合法权利。这标志着孤立中国的政策的失败，反映了中国国际地位的提高。重返联合国后，中国全面打开了参与全球治理的局面。此后，中国同世界大多数国家建立了外交关系，形成了第三次建交高潮。

四、按"三个世界理论"及时调整外交策略

重回联合国后，中国及时调整了外交策略，实施全面拓展外交关系策略，积极与西方国家接触。1974 年 2 月毛泽东主席适时提出了"三个世界理论"，指出："美国、苏联是第一世界。中间派，日本、欧洲、澳大利亚、加拿大，是第二世界。咱们是第三世界"①。在这一战略思想的指导下，中国积极团结第三世界，争取第二世界支持，并从战略上调整了对美外交政策。经过中美双方的不断沟通与会谈，1979 年 1 月，中美两国正式建交，实现了关系正常化。

第二节 1978—2007 年中国参与全球经济治理

1978 年中国改革开放后，邓小平同志提出了和平发展的新外交思想，即"两个重要转变"：第一，在较长时间内，不发生大规模世界战争是有可能的，维护世界和平是有希望的（从而改变了原先认为战争危险很迫近的看法）；第二，高举反对霸权主义、维护世界和平的旗帜，坚定地站在和平力量一边。在邓小平外交思想指引下，中国坚持独立自主，不同任何大国结盟或建立战略关系，也不支持一方反对另一方。对于所有国际事务都是从中国人民的根本利益出发，根据事情本身的是非曲直，独立自主地决定自己的态度和政策。中国全面贯彻外交工作为社会主义现代化建设服务的方针，坚持在和平共处五项原则的基础上发展同世界各国的关系，努力营造长期稳定的国际

---

① 　唐家璇：《中国外交的光辉历程》（1999），见外交部网站。www.fmprc.gov.cn/web/ziliao_674904/wjs_674919/2159_674923/200012/t20001220_7950084.shtml.

和平环境，不断加强经济外交。外交工作出现了新的局面 ①。这一时期，中国开启了政治外交为经济外交服务的新路线，各个领域全面进入经济全球化，积极参与全球经济治理。

一、重返国际三大经济组织

1944 年 7 月，在第二次世界大战结束之际，美国牵头在美国的布雷顿森林召开 44 个国家参加的国际货币与金融会议，建议成立国际货币基金组织、国际复兴开发银行（即世界银行）和关税与贸易总协定组织（即后来的世界贸易组织），作为治理全球经济的三大重要平台。当时的民国政府是这三大组织的创始国，具有合法的委员席位。

新中国成立后，由于美国对中国的封锁与孤立，退居中国台湾的国民党政府依然占据着这三大国际组织的席位，中国在很长时间内被排斥在这三大组织之外。中国重返联合国后，开始为恢复在这三个组织中的席位而努力。中美建交后，最大的障碍被移除，中国于 1980 年 4 月 17 日恢复在国际货币基金组织的合法席位。同年的 5 月 15 日，中国恢复在世界银行的合法席位，重返世界银行组织。这对中国全面参与经济全球化是至关重要的一步。

中国加入世界贸易组织（WTO），则经历了比重返上两个组织曲折且困难得多的历程。中国与 WTO 的渊源最早可追溯至 1947 年。该年 10 月 30 日，当时的民国政府在日内瓦与其他 22 个缔约方一起，签署了《关税与贸易总协定》，即 WTO 的前身 GATT。后来中国为"复关"（重返关贸总协定）花了 9 年，为"入世"（加入WTO）谈判了 6 年。

1982 年之前，中国已在为恢复 GATT 席位做技术准备。1978 年，中国第一次派代表团出席国际贸易中心 ② 联合咨询组年会，与国际贸易中心建立了经常联系。1982

---

① 唐家璇：《中国外交的光辉历程》（1999），外交部网站，www.fmprc.gov.cn/web/ziliao_674904/wjs_674919/2159_674923/200012/t20001220_7950084.shtml.

② 国际贸易中心是同时隶属联合国贸发会议和 GATT 的国际组织，成立于 1964 年，最早是为GATT 提供贸易政策、贸易信息和贸易促进服务的机构。1968 年 1 月，联合国大会通过决议，该中心改由联合国贸发会议和 GATT 分摊正常预算、共同管理。其宗旨主要包括协助发展中国家制定有效的贸易发展战略，帮助发展中国家培训外经贸政策人才等。

年 9 月，中国申请在 GATT 中的观察员地位。中国向 GATT 正式提出复关申请是在 1986 年。这年的 7 月 10 日，中国驻日内瓦代表团大使钱嘉东代表中国政府正式提出申请，希望恢复中国在关贸总协定中的缔约方地位。从正式递交复关申请开始，中国外经贸部及海关总署、外交部、国家计委等部门就开始按照 GATT 接纳新成员的基本程序，认真准备向 GATT 递交《中国对外贸易制度备忘录》，以供各缔约方了解中国对外经济贸易制度、相关经济政策及法规。1987 年 2 月 13 日，中国向 GATT 正式提交了该备忘录。1989 年 4 月 18 日至 19 日，关贸总协定中国工作组第 7 次会议在日内瓦举行，完成了对中国外贸制度的评估。1989 年 5 月 24 日至 28 日，中美第 5 轮复关问题双边磋商在北京举行，磋商取得了实质性进展。

然而，随之而来的 1989 年春夏之交的政治风波打断了谈判进程，中国复关谈判进入艰难曲折的第二阶段。1992 年 2 月，举行了关贸总协定中国工作组第 10 次会议，恢复中国复关谈判。1992 年 10 月 10 日，中美达成《市场准入备忘录》，美国承诺"坚定地支持中国取得关贸总协定缔约方地位"。1993 年 12 月 15 日，乌拉圭回合多边贸易谈判最后会议在日内瓦国际会议中心结束。1994 年 2 月 21 日至 22 日，中美第 8 轮复关问题双边磋商在北京举行。1994 年 4 月 12 日至 15 日，关贸总协定部长级会议在摩洛哥的马拉喀什举行，中国同其他 122 个缔约方一道签署了《乌拉圭回合谈判结果最后文件》和《建立世界贸易组织协议》。鉴于世界贸易组织的成立，中国表示希望成为 WTO 的创始成员。

1995 年 11 月，中国复关谈判转为加入 WTO 的谈判。中国政府照会世贸组织总干事鲁杰罗，把中国复关工作组更名为中国"入世工作组"。1996 年 3 月 22 日，龙永图率团赴日内瓦出席世贸组织中国工作组第一次正式会议，并在会前和会后与世贸组织成员进行双边磋商。1997 年 5 月 23 日，世界贸易组织中国工作组第四次会议召开，中国加入世贸组织谈判获得新进展。1997 年 8 月，中国入世双边谈判取得标志性成果，中国与新西兰和韩国分别达成协议。1997 年 10 月 13 日至 24 日，外经贸部首席谈判代表龙永图副部长率团在日内瓦分别与欧盟、澳大利亚、挪威、巴西、印度、墨西哥、智利等 30 个世贸组织成员进行了双边磋商；与匈牙利、捷克、斯洛伐克、巴基斯坦签署了结束中国"入世"双边市场准入谈判协议，并与智利、哥伦比亚、阿根廷、印度等基本结束了中国"入世"双边市场准入谈判。1998 年 3 月 28 日至 4 月 9 日，世贸组织中国工作组召开第七次会议，中国代表团向世贸组织秘书处递交了一份近 6000个税号的关税减让表，得到了主要成员的积极评价。1999 年 7 月 9 日，中日双方圆满结束了服务贸易谈判，加之双方已于 1997 年达成了货物贸易协议框架，至此中日已实质性地结束了全部双边谈判。1999 年 11 月 15 日，中美关于中国加入世界贸易组织的双边协议正式签署。此后，中国入世进入快车道。从 1999 年 11 月至 2000 年 5 月，中国分别与加拿大、巴西、斯里兰卡、古巴、乌拉圭、秘鲁、挪威、冰岛、菲律宾、印度、哥伦比亚、泰国、阿根廷、波兰、吉尔吉斯斯坦、马来西亚和拉脱维亚就中国入世问题达成了双边协议。2000 年 5 月 19 日，经过四轮艰苦谈判（在谈判关键时刻朱镕基总理介入），中国与欧盟终于在北京就中国加入世界贸易组织达成双边协议。外经贸部部长石广生和欧盟委员会贸易委员帕斯卡尔·拉米分别代表中欧双方签署了协议。中欧双边协议的签署，标志着中国加入世贸组织的进程又向前迈出了一步。之后，中国又分别与澳大利亚、厄瓜多尔、危地马拉和哥斯达黎加结束双边谈判并达成协议。2000 年 9 月 26 日，中国和瑞士签署关于中国加入世贸组织问题的双边协议。

　　2001 年 6 月 28 日至 7 月 4 日，中国入世工作组第十六次会议开始入世冲刺。中国入世工作组主席吉拉德认为，此次会议就所有重要问题进行了紧张的建设性的谈判，取得了重大突破，是中国加入世贸组织的一次决定性会议。2001 年 7 月 16—20 日，WTO 中国工作组第十七次会议召开。这次会议对中国加入世贸组织的法律文件及其附件和工作组报告书进行了磋商，并最终完成了这些法律文件的起草工作，从而为最终通过文件、结束中国工作组谈判奠定了基础。2001 年 9 月 17 日，世界贸易组织中国入世工作组第十八次会议在世界贸易组织总部举行正式会议，会议逐项通过了中国入世工作组报告书、中国入世议定书、货物贸易减让表草案和服务贸易减让表，并决定将这些文件提交世界贸易组织总理事会审议。

　　2001 年 11 月 10 日，世界聚焦卡塔尔首都多哈。多哈时间晚上 6 时 38 分，世界贸易组织第四次部长级会议主席，卡塔尔财政、经济和贸易大臣卡迈勒一锤定音，表明部长级会议以协商一致的方式批准中国入世。次日，中国政府代表签署了加入WTO 议定书。30 天后（即 2001 年 12 月 11 日），经过 15 年的艰苦谈判，中国终于正式成为世贸组织的第 143 个成员。

二、积极参与国际区域经济合作组织

这一时期，中国积极参与区域经济合作的组织与实施，但国际化合作水平与发达市场国家相比还有一定的差距。从合作模式看，中国主要参与了以下三种类型的国际区域经济合作。

（一）具有论坛性质的区域经济合作组织

1. 亚太经合组织

1991 年，中国开始参与国际区域经济合作进程，"亚太经合组织（APEC）"是中国参与的第一个区域经济论坛组织，也是中国改革开放后参与区域经济合作的开端。亚太经合组织 (APEC) 成立于 1989 年，是亚洲和太平洋地区最大的区域性经济组织。中国于 1991 年汉城会议上加入了 APEC。作为重要成员中国，全面参加了 APEC 的各项活动，在 APEC 近年来的合作进程中发挥了积极作用。中国积极参与 APEC 各类专业部长会议、高级官员会议、贸易投资委员会及其下属工作组或专家组会议。自 1991 年起，中国外交部长和外经贸部长参加了历届部长级年会。中国在 APEC 中扮演了越来越重要的角色，在推动贸易自由化和便利化方面做出了较大贡献。

2. 亚欧会议

首届亚欧会议（ASEM）于 1996 年 3 月 1—2 日在泰国首都曼谷举行。"亚欧会议"（ASEM）是亚洲与欧洲间重要的跨区域政府间论坛，旨在通过政治对话、经济合作和社会文化交流，增进了解，加强互信，推动建立亚欧新型的全面伙伴关系。中国作为创始成员参加了首次亚欧会议。会议的主要议题包括亚欧会议的意义，亚欧在政治、经济、文化等领域的合作，亚欧会议的后续行动等。中国重视和支持亚欧会议，从一开始就积极介入亚欧会议进程。中国作为创始成员参与了亚欧会议的各项后续活动，如首脑会议、亚欧外长会议、经济部长会议、财长会议、高官会议、海关署长会议等。经济合作是亚欧会议的基础和动力。在贸易投资领域，亚欧会议的工作主要集中于削减非关税壁垒、降低贸易成本、增加贸易机会、提高透明度，以及开展实际有效的贸易投资促进活动。在亚欧会议上，中国提出了诸多合理化建议和主张，受到普遍重视，为促进两大洲的合作与交流发挥了积极作用。

3. 博鳌亚洲论坛

博鳌亚洲论坛是在经济全球化进程加快、亚洲区域经济合作迅速发展的背景下成立的一个非官方、非营利、定期定址的开放性国际组织。它在推动亚洲各国经济合作与发展方面发挥着重要的战略沟通与协同作用。

1998 年，菲律宾前总统拉莫斯、澳大利亚前总理霍克和日本前首相细川护熙提出了建立"亚洲论坛"的构想。在中国政府的大力支持下，26 个发起国的代表于 2001 年 2 月 27 日会聚于海南省琼海市博鳌镇，宣告成立博鳌亚洲论坛，并通过了《博鳌亚洲论坛宣言》。博鳌亚洲论坛是总部设在中国的第一个国际会议组织，江泽民主席出席了成立大会。论坛的成立得到了亚洲各国的普遍支持，并赢得了全世界的广泛关注。从 2002 年开始，论坛每年定期在博鳌召开年会。自博鳌亚洲论坛成立以来，中国积极主导和参与合作，为亚洲各国的团结合作做出了不懈的努力。

（二）参与制定合作机制的国际区域经济合作组织

1. 亚洲"10+3"区域合作

亚洲"10+3"区域合作是指东盟十国与中、日、韩三国的合作。"10+3"区域合作始于 1997 年，中国是"10+3"区域合作的重要成员及推动者，在"10+3"合作中发挥了积极的桥梁作用。2000 年在第四次"10+3"会议上，中国阐明了关于"10+3"合作的发展定位，主张"10+3"的发展目标是成为东亚、东南亚区域合作的主渠道和主平台，建议逐步建立起区域金融、贸易、投资的合作框架，加快区域经济的一体化程度，实现地区经济的大融合。

2. 上海合作组织

上海合作组织由"上海五国会议"发展而来。"上海五国会议"成立于 1996 年 4 月，虽然其会晤机制最初是以边境裁军和加强军事信任为议题，但随着时间的推移，五国关系日益密切，友好关系深入发展，经贸合作与文化交流也相继展开。上海合作组织是中国与中亚、中北亚国家合作的重要平台，中国十分重视该平台的发展，积极组织和筹办上海合作组织的各项合作事项。2000 年 7 月，在"上海五国会议"杜尚别会晤时，江泽民主席提出四点倡议，更加充实和完善了"上海五国会议"机制，即以五国元首年度会晤为核心和动力，促进各方面各领域的具体合作。此后，"上海五国"框架内形成了多层次多领域的会晤机制，五国会晤机制逐步发展成为五国合作机制。2001 年 6 月，中国、俄罗斯、哈萨克斯坦、吉尔吉斯斯坦、塔吉克斯坦和乌兹别克斯坦六国元首在上海举行了第六次会晤，签署了《"上海合作组织"成立宣言》，成立了上海合作组织（简称"上合组织"）。这是第一个以中国地名命名的国际合作组织。

2001 年 9 月，上合组织提出建立成员国经贸部长会议机制，并决定每年举行一次。2002 年 5 月的首次经贸部长会议确认：上合组织开展区域经济合作的首要任务是贸易和投资便利化。2003 年 9 月 23 日，上海合作组织成员国政府总理在中国北京举行第二次会晤并签署了《成员国多边经贸合作纲要》。①《纲要》规定了上海合作组织未来发展的基本目标、任务、合作的重点领域和实施保障机制。其中，基本目标是要在"长期内（2020 年前），上海合作组织成员国将致力于在互利基础上最大效率地利用区域资源，为贸易投资创造有利条件，以逐步实现货物、资本、服务和技术的自由流动。中期内（2010 年前），任务是共同努力制订稳定的可预见和透明的规则和程序，在上海合作组织框架内实施贸易投资便利化，并以此为基础在《上海合作组织宪章》和上述《备忘录》规定的领域内开展大规模多边经贸合作。短期内，将积极推动贸易投资便利化进程。该《纲要》着重突出了"在世界贸易组织框架内开展合作"的原则。

3. 图们江地区次区域合作组织

图们江地区次区域合作组织是东北亚地区同时并存的三个小区域经济合作圈（又被称为"增长三角"）中最重要的一个。1991 年 7 月，联合国开发计划署 (UNDP) 提出了一个开发图们江三角洲的计划。同年 10 月，UNDP 召开了图们江开发会议，正式成立图们江开发项目，并成立了项目管理委员会等机构，图们江地区开发计划正式启动。1995 年 12 月，中、朝、韩、俄、蒙五国就建立图们江经济开发区和东北亚开发协商委员会等问题达成了三个协议，次年各签署国政府正式批准这三项协议。由此，

---

① "上海合作组织的经济合作历程"，上海合作组织区域经济合作网，网址 http://www.sco-ec.gov.cn/article/cooperationsurvey/organizationbackground/201710/54520.html.

东北亚区域经济合作利益协调机制初步建立，并开始投入运行。2004 年 7 月，在长春结束的 UNDP 图们江区域开发项目第七次政府间协商协调会议上，联合国开发计划署的官员表示，UNDP 将继续发挥牵头和协调作用，促进图们江区域各国实现经济互利与共同繁荣。

4. 澜沧江 – 湄公河地区的次区域经济合作

澜沧江 – 湄公河次区域腹地涉及东南亚和南亚的许多国家和地区，大约 20 亿人口，是当今世界经济最具活力的地区之一，也是世界重要的战略物资补给地，有望成为 21 世纪世界和亚洲新兴的巨大市场。中国是这个开发合作计划的核心国，目前已与湄公河沿岸各国在交通、能源、电信、环境、旅游、人力资源、贸易及投资等众多领域开展了合作。

（三）参与具有实质性优惠安排的国际区域经济合作

1. 曼谷协定

1994 年中国申请加入"曼谷协定"，2001 年 5 月正式成为曼谷协定成员国。2005 年 11 月曼谷协定第一次部长级理事会在北京举行，曼谷协定正式更名为"亚太贸易协定"。作为中国参加的第一个区域性多边贸易组织，曼谷协定在中国关税史上具有重要地位，是中国加入的第一个具有实质性优惠安排的区域贸易协议。曼谷协定的宗旨是通过该协议的成员国对彼此提供关税和非关税优惠，不断扩大成员国之间的经济贸易合作和发展。

2. 中国 – 东盟自由贸易区

中国 – 东盟自贸区是中国同区域国家商建的第一个自由贸易区，其成员包括中国和东盟十国 [①]，涵盖 18.5 亿人口和 1400 万平方公里。2000 年 11 月，中国时任总理朱镕基提出建立中国 – 东盟自贸区的设想，得到了东盟各国领导人的积极响应。经过双方的共同努力，2002 年 11 月 4 日中国与东盟签署了《中国 – 东盟全面经济合作框架

---

① 东盟十国包括文莱、印度尼西亚、马来西亚、菲律宾、新加坡、泰国、柬埔寨、老挝、缅甸和越南。其中，前六个国家加入东盟的时间比较早，是东盟的老成员，经济相对发达；后四个国家是东盟新成员。

协议》。 2004 年 11 月双方签署自贸区《货物贸易协议》，并于 2005 年 7 月开始相互实施全面降税。2007 年 1 月双方签署了自贸区《服务贸易协议》，并于当年 7 月顺利实施。2010 年 1 月中国与东盟正式建成"中国—东盟自由贸易区"。

第三节 2008—2019 年中国参与全球经济治理

2008 年，美国的房地产次贷危机最终演变为国际金融危机。这场危机深刻地改变着经济全球化的步伐和模式，逆全球化思潮重起，国际经济合作在博弈中形成新的"拉群模式"，全球经济治理进入新阶段。中国在这一时期，积极主动融入和参与全球经济治理，体现了一个大国的责任担当。

一、全球经济治理体系面临深刻变革

2008 年美国次贷危机引发的国际金融危机，对世界经济产生了深刻而严重的影响。全球经济增长速度明显减缓，需求结构出现新变化，围绕市场、资源、人才、技术、标准等的全球市场竞争更加激烈，各种形式的贸易保护主义抬头，国际金融环境趋于复杂。在此背景下，加强世界经济投资贸易协调合作，强化全球经济治理体系成为世界各国共同的呼吁，这体现在：G20 的建立、央行行长的全球经济会议、金融委员会的建立。这是全球经济治理的积极变化：全球监管合作的领域不断扩大；全球经济治理的效率和有效性提高；全球经济治理的参与国家主体增加。

第二次世界大战以来，美国一直充当全球经济治理的主要角色，依靠向全世界输出资本、美元和技术，牢牢控制着世界经济的主导权。随着欧洲、日本经济的发展，特别是中国经济的迅速崛起，全球经济的话语权与影响力发生了明显的变化。一方面，进入 21 世纪以来，中国和新兴市场经济体的经济实力上升，亚洲经济的实力与影响力在加大；另一方面，美国遭受国际金融危机冲击后，经济增长受到了一定的抑制，经济内部结构也出现了新的不平衡，对世界经济的领导力在下降。在全球经济多极化之时，美国提出了世界经济失衡论，把国际金融危机的导火索定位在世界贸易失衡上，特别强调中美贸易的失衡。因此，美国对全球经济治理的新要求是"世界经济再平衡"。2009 年 9 月世界二十国领导人会议上，奥巴马提出"可持续与平衡发展框架"，明确表达了美国全球经济治理的新目标。

美国提出的世界经济再平衡的全球经济治理思路，并没有得到全球主要经济体的肯定与支持，因为美国的失衡主要来自国内经济的失衡，来自外部的失衡只是次要原因。美国国内有三大失衡，即居民储蓄与负债失衡、实体经济与虚拟经济失衡、国际收支中经常项目失衡。这些失衡与美国的经济发展特点与模式有关，即美国过度依赖消费拉动（但储蓄率过低），过度依赖服务业，过度依赖赤字财政，过度依赖金融，而这种经济增长模式短期内无法依靠全球经济治理模式转变来达到结构优化的目标。

对欧盟而言，虽然国际金融危机对欧盟的经济、财政、欧元等都带来了损害和冲击，明显阻碍了经济的发展，但欧盟在经过艰难的财政调整、区域协同等努力后，逐步走出了国际金融危机的阴影，成功摆脱了部分欧盟国家发生的"欧债危机"，并没有像美国那样继续受大规模贸易赤字的拖累。因此，欧盟对全球经济的治理，没有紧迫的美国再平衡方案要求，而是希望全球经济治应更加重视生态环境保护，重视全球的气候变化。

欧盟的要求与其经济治理优势相一致。欧盟的非化石能源产业、环保产业发展较好，已经形成了强大的产业、企业利益集团和社会环境伦理。环保产业利益集因自然要求减少温室气体排放，以继续压缩传统能源产业及其资本利得空间，为环保新资本的成长创造更大的市场。因此在欧洲实行碳减排阻力较小、成本较低。早在 2007 年，欧洲理事会就提出了能源和气候一体化决议的三个"20%"：即到 2020 年，温室气体排放比 1990 年减少 20%；可再生能源在总能源中占比提高到 20%；能源效率提高 20%。《欧洲气候变化计划》第一期报告对碳减排成本做过测算："欧盟实现对《京都议定书》承诺的总成本为 37 亿欧元，相当于 2010 年 GDP 的 0.06%，对经济的负面影响非常小。"[①] 欧盟关于温室气体排放对地球和人类社会危害的呼吁，得到海洋中各个岛国的共鸣。但是，以美国为首的部分工业化国家，如日本、加拿大、澳大利亚等，

---

① 董军："欧盟为何充当气候'急先锋'"，《中国经营报》2009 年 12 月 14 日第 6 版。

对碳减排的预期较低，而且要求以加大发展中国家减排责任为签约前提。尤其是美国，只提出到 2020 年比 2005 年减排 17% 的目标，与美国碳排放的大国责任相差甚远。美欧的全球经济治理的宏观目标并不一致。

二、中国参与全球经济治理的理念与要求

全球经济治理理念的出现，有着鲜明的时代特征。冷战结束后，随着苏联的解体，美国成为唯一的超级大国，世界控制权从二极主导转变为一极主导。但世界多极化格局也由此起步发展，超级大国主宰世界的历史成为过去式。随着经济全球化的深入发展，世界各国的相互依存度空前提高，利益的相关性日益增强，分工、贸易、投资交集在一起的世界经济新形态要求有新的全球治理机制和体系。这为全球经济治理理念的提出提供了客观基础。

第二次世界大战以后，联合国组织、世界银行、国际货币基金等国际组织的成立为全球经济治理提供了初始平台和实践。后来的关税与贸易总协定、世界贸易组织、西方七国集团（G7）、欧洲货币联盟（欧元面世）以及各国谈判签订的多种形式的区域经济合作组织的出现，都为全球经济治理提供了新的实践。适应经济全球化这个过程的深刻变化，"全球经济治理"被提上各国的议事日程。

1990 年，原联邦德国总理勃兰特最先提出"全球经济治理"的概念，希望世界经济能够建立和发展起新的多边规则和管理体系，而不是仅仅依靠传统的几个国际组织，以适应时代变化促进全球相互依存与可持续发展。1992 年，联合国成立了"全球治理委员会"，初步阐明了经济全球治理的概念和价值。学术界认为，经济全球治理的主体不仅是国家，而且包括国际组织、跨国公司、国际商业机构以及民间社会团体，它们在为公共产品、共同目标进行社会协调、组织、合作和管理。在经济治理方式上，重视正式规则，同时重视对国际秩序运作必不可少的非正式非权威的准则、惯例和伦理认同。随着国际区域经济合作的蓬勃发展，学者们认识到区域经济合作安排已经成为全球经济治理的重要内容与途径，进而提出了全球经济治理依靠区域贸易投资自由化和协作化来推进的新理念。

中国参与全球经济治理的时间短，参与程度和范围比美欧低。从当前中国的大国

地位和国际形势出发，中国参与全球经济治理的主题设计思想应该是"反映世界经济发展潮流的同时兼顾自己的发展利益"。习近平总书记在 2016 年 9 月的二十国集团工商峰会上已阐明了中国参与全球经济治理的理念，即"共商共建共享的全球治理理念"，包含金融、贸易投资、能源、可持续发展四大方面。

在具体的战略与着力点上，中国参与全球经济治理的核心要义是贸易投资自由化、平等化、便利化。简言之，是贸易投资的国际自由市场化。提出这一思想，既是基于中国改革开放 40 年来的主要成功经验，也是考虑中国未来市场化发展的要求。更重要的是，这一思想代表了广大新兴国家和大多数市场经济国家的利益，符合经济全球化发展的大方向。同时，自由贸易曾是大英帝国奉献给世界的礼物，这一价值观念与国际社会经济治理的主流观念相符并具有历史的延续性，与当今美国依然尊崇的自由市场经济也一脉相承，容易得到美欧等发达国家的接纳。

因此，在参与全球经济治理过程中，中国一方面应坚持以 WTO 为主导的多边贸易体制，积极推动 WTO 的市场化与自由化、便利化改革；另一方面要敞开胸怀，积极参与区域自由贸易区协定的谈判，积极推动双边自由贸易协定的谈判。近年来，中国除主导推动《区域全面经济伙伴关系协定》（RCEP）谈判外，也争取通过谈判加入了《跨太平洋伙伴关系协定》（Trans-Pacific Partnership Agreement，TPP）。直接投资方面，中国继续推动"中欧全面投资协议""中美双边投资协定"的谈判，希望在产业安全可控的前提下，与欧美等市场经济国家签订自由开放的国际投资协定。

三、支持 WTO 多边贸易体制改革

中国加入世界贸易组织是全球贸易与全球经济治理中的重大事件。中国加入WTO 有利于世界经济的发展，有利于周边国家的发展，并且有利于 WTO 多边贸易体制的维护与发展。加入 WTO 后，中国为世界提供了大量质优价廉的家用产品，如家电、鞋、服装和玩具等，帮助美国、西欧等发达国家减轻了国内通胀压力，在经济发展中维持低利率的货币政策，从而拉长了经济增长的周期。中国经济的快速增长带动了农产品、矿产品、生产资料与技术的大量进口需求，给世界各国提供了诸多的出口中国或投资中国的机会，带动了周边国家的经济繁荣。因此，中

国加入 WTO 是中国与世界的经济发展双赢。中国是维护世界贸易组织多边贸易体制的坚定力量。中国加入 WTO，不仅在经济上支持世界经济向前发展，同时在 WTO 制度建设上发挥了重要的作用。

首先，中国是 WTO 多边贸易规则的履行者与建设者。加入 WTO 后，中国不仅兑现了加入 WTO 时的所有承诺，并且认真履行了 WTO 多边贸易规则。中国已逐步建立起符合世贸组织规则的经济贸易体制，成为多边贸易体系中重要的市场组成部分。在争端解决机制中，中国能严格按照最后裁决来修改自身的贸易政策，及时删除或修改一些不符合 WTO 规则的贸易与投资条款。在世界贸易组织中，中国已从一个注重学习和熟悉世贸机制与规则的新成员，逐渐成为能够运用世界贸易组织机制与规则维护国家经济利益，积极参与相关机制建设的重要成员。加入世界贸易组织后，中国主动参与 WTO 规则制定，单独或联合其他国家共提交了大量的改革提案，在各个制度层面为推动多边贸易机制建设做出了实质性贡献。

其次，中国是贸易保护主义的坚决反对者。加入 WTO 后，中国一方面认真履行承诺，大幅度降低进口关税，取消非关税措施，开放服务贸易市场，加强知识产权保护，同时大规模清理与贸易有关的法律法规，推动国际贸易自由化的进程；另一方面，面对近年来许多国家和地区贸易保护主义的重新抬头，中国始终坚持反对贸易保护主义的立场，利用 WTO 规则，积极应对国外针对中国产品滥用反倾销、反补贴措施。中国积极参与贸易政策审议机制，对违反世界贸易组织规则的贸易保护主义案件或措施公开公正地提出质疑。在世界贸易组织理事会与委员会的例会上，中国对其他成员尤其是发达成员出台的贸易保护主义措施不断地提出质疑与挑战，通常都得到多数成员的支持与响应。

再次，中国是 WTO 发展中成员的利益维护者。中国在多哈回合谈判谈判中坚决维护广大发展中成员的利益，强调这一轮谈判是发展回合，主张大幅度削减发达国家扭曲贸易的农产品补贴，大幅度削减发达国家农产品的关税高峰，对发展中成员农产品和工业品的关税削减给予差别待遇。同时，注重加强发达成员与发展成员之间的政策协调，促进成员间的相互沟通，减少分歧，为推进谈判进展、为维持 WTO 贸易体系内的平衡发挥了建设性的桥梁作用。中国的加入显著改变了谈判的力量对比，成为多边谈判的重要平衡力量。

最后，中国支持和推动 WTO 的体制改革。现有的国际贸易体系框架是以美国为首的发达国家建立于 20 世纪 40 年代，如今全球经济与地缘政治环境已发生了很大的变化，全球经济治理需要多边贸易体制，需要因应时势进行改革与调整。WTO不仅面临着与其他国际组织相似的时效性、公平性、平衡性的挑战，而且还缺少其他国际组织许多的管理架构与程序规范。WTO 没有执行机构或管理委员会，没有拥有实权、能确定立法优先事项、倡议新的规则的总干事，没有行使职责的立法机构，没有与利益相关方成员互动的正式机制。除了 WTO 成员方对集体行动表示一致意见外，也没有批准新规则的正式体系。由于不存在明确的制度化的议程设定，各成员方不停地提出建议，带来了源源不断的谈判文本与谈判成本。在 WTO 的三大机制中，贸易政策审议机制的运行逐渐规范，争端解决机制虽然效率低但也已发挥了良好作用，但决策机制目前还没有明显进展。WTO 现有"全体一致"和"投票表决"两种决策机制，但前者是原则，后者是作为例外存在。随着 WTO 成员数量的增加，现有的决策机制已经严重影响了 WTO 的决策效率，多哈回合久拖不决显示了这一现实困境。中国支持 WTO 体制改革，包括其决策机制、管理委员会或执行委员会构成、咨询委员会设立、WTO 总干事更多的决策权等。中国始终把 WTO 作为参与全球经济治理最重要的平台和推动全球贸易投资自由化的重要力量。

四、发挥好二十国集团在全球经济治理中的作用

二十国集团（G20）由七国集团财长会议于 1999 年提议成立，由阿根廷、澳大利亚、巴西、加拿大、中国、法国、德国、印度、印度尼西亚、意大利、日本、韩国、墨西哥、俄罗斯、沙特阿拉伯、南非、土耳其、英国、美国以及欧盟 20 方组成。国际金融危机爆发前，G20 仅举行财长和央行行长会议，就国际金融货币政策、国际金融体系改革、世界经济发展等问题交换看法。国际金融危机爆发后，在美国倡议下，G20 提升为领导人峰会。2009 年 9 月举行的匹兹堡峰会将 G20 确定为国际经济合作的主要论坛，标志着全球经济治理又一个重要平台的诞生。此后，G20 机制形成以峰会为引领、协调人和财金渠道"双轨机制"为支撑、部长级会议和工作组为辅助的治理架构。二十

国集团的成立，为国际社会齐心协力应对经济危机、推动全球经济治理机制改革带来了新动力和新契机。由 G7 向 G20 的转变，显示全球经济治理已开始从"西方治理"为主导向"西方和非西方共同主导治理"的模式转变。

二十国集团为中国参与全球经济治理提供了另一个重要的世界平台。"杭州峰会"的成功举办表明，中国积极参与二十国集团全球治理机制的建设，重视发挥二十国集团在全球经济治理中的作用。"杭州峰会"充分展示和展现了"共商共建共享"的中国全球治理理念，并提出了"构建安全高效的全球金融治理格局，共建开放透明的全球贸易投资治理格局，共建绿色低碳的全球能源治理格局，共建包容联动的全球可持续发展格局"的中国智慧方案。二十国集团以峰会方式适时提供全球经济治理方案，尽管其成果的约束性尚没有硬性的法律规定，但对全球经济的良性运行已发挥了重要的影响力。中国应积极发挥参与者的作用，在全球结构性改革、投资、反腐败、贸易、创业就业、气候变化等重点议题上提供有利于人类共同发展的方案。

五、积极推动全球投资自由化

经济全球化进程中，贸易自由化与投资自由化不可分离，投资自由化对全球市场开放、畅通的影响比贸易自由化更大，更能促进全球市场的统一与产业分工体系的完善。中国自 1978 年改革开放以来，经济快速发展的外部动力除了对外贸易，吸收外商投资和走出去对外投资也发挥了重要的作用。中国参与全球经济治理，下一步将在推动全球经济共同发展的理念基础上，积极推进全球投资自由化和便利化。近年来，中国一直在积极推进中欧双边投资协定和中美双边投资协定的谈判，争取早日达成共识及最终签订协议。

（一）中欧双边投资协定

中欧双边投资协定（bilateral investment treaty，BIT）又称中欧全面投资协定（China-EU Comprehensive Agreement on Investment，中欧 CAI），是中国与欧盟之间旨在取代中国与 26 个欧盟成员国之间签署的双边协定。在 2012 年 2 月中国与欧盟领导人峰会上，双方提出开启 BIT 谈判的建议，当年 5 月欧盟向成员国提议与中国开启 BIT 谈判。2013 年 11 月，第 16 轮中欧领导人会晤后，中国国务院总理李克强与欧洲理事会主席范龙佩、欧盟委员会主席巴罗佐共同宣布正式启动中欧 BIT 谈判。2013 年欧盟委员会对 BIT 谈判进行了影响评估，又在 2015—2018 年间对中欧 BIT 进行了可持续性影响评估，目的是评估该协议对经济、社会和环境的潜在影响。2018 年 7 月第 20 次中欧领导人会晤上，双方交换了投资协定的负面清单出价，谈判进入关键阶段。就谈判进展而言，中欧双方的政治意愿和领导人的支持是双方最主要的谈判动力，中欧领导人会晤确定了 BIT 谈判的意向、启动、节奏、时间目标等重要决定。近年来，中国领导人同法国、德国及欧盟领导人进行会晤之时，双方都强调要加快推进 BIT 谈判。

中欧双边投资协定的核心内容主要包括投资保护、市场准入、投资监管、可持续运营发展四个方面。与此前投资协定更多关注投资保护不同，中欧 BIT 将着眼于推进双方投资自由化的全面协定，引入准入前国民待遇和负面清单机制以增加外国投资者在投资目的地的待遇和投资自由程度。同时，在欧方的建议下还将引入国有企业的"竞争中性"问题。当前，中欧之间存在三个较大的分歧：其一，"公平竞争环境"（level playing field）问题；其二，市场准入问题；其三，欧盟投资保护主义上升的问题。前两个问题是欧方对中方的担心，后一个问题是中方对欧方的担心。从总体目标上看，中欧双方都期待通过 BIT 谈判建立起稳定、公平、透明和可预期的营商环境，使中国与欧盟处于平等地位，双方企业都享有公平的市场准入条件。

可以预见的是，中国很可能在电动汽车、通信、金融、数字经济等领域特别是高端服务业方面，向欧洲企业开放更多的经营和投资自由度，中国相关企业也因此将面临更大的外部竞争压力。然而，无论是民营企业还是国有企业，它们在中国改革开放 40 年经济不断提升市场化程度的进程中，始终以自身的韧性面对这些挑战，这也是中国经济转型升级、实现高质量发展战略愿景所要经历的阶段。中欧 BIT 的达成将更大程度地促进双方企业竞争力和活力，促进中欧经济全面交流与良性发展。

（二）中美双边投资协定

中美投资协定（bilateral investment treaty，简称 BIT）是在 2008 年启动。2013 年 7 月 11 日，在第五轮中美战略与经济对话过程中，中方宣布以"准入前国民待遇和负面清单"为基础与美方进行投资协定的实质性谈判。2014 年 1 月 14 日至 15 日，第

11 轮中美投资协定谈判在上海举行。在此之前，中美双方有模式谈判和其他方式的谈判，而从本轮谈判起，中美双方就正式开始了文本谈判。双方商定加快谈判节奏，为早日达成一致而共同努力。2015 年 3 月 7 日，中美 BIT 谈判结束了文本谈判阶段。2016 年 6 月 8—12 日，中美 BIT 第 19 轮谈判在北京举行，双方正式开放负面清单谈判，标志着谈判进入新阶段。

中美投资协定一旦达成，两国企业所获得的跨国投资空间将敞亮打开。近 20 年来，美国对中国的直接投资（FDI）一直保持上升势头。在中美双边投资协定条件下，中国 100 多个行业都会向美国企业开放直接投资，包括目前存在投资限制条件的汽车制造、银行、化学和能源等行业。美国企业在华获得的投资规模将显著放大。如此，美国通过资本项目顺差修正经常性贸易逆差的能量将大大增强，而中美投资协定也将为中国资本进入美国打开新通道。签订中美双边投资协定，不仅能大大缓解中国企业对美投资的后顾之忧，而且将降低中国企业进入美国市场的门槛。中国还能获得中美投资协定的局部外溢性价值。

六、积极参与发展中国家治理平台

在国际组织的活动或谈判中，中国历来重视和维护发展中国家及新兴市场经济国家的利益，因为中国本身就是个新兴经济体。中国参与全球经济治理，除重视一般性的国际平台，也注重参与发展中国家治理平台的组织活动，力求通过发展中国家的多边或双边平台，提升发展中国家参与全球事务及经济的范围和深度，推动世界的可持续发展。发展中国家共同建设的治理平台除已阐述的上海合作组织外，主要有：

（一）金砖机制

金砖国家领导人会晤协作与加强地区及全球沟通治理的机制称为金砖机制。金砖国家（BRICS）的名称来自巴西（Brazil）、俄罗斯（Russia）、印度（India）、中国（China）和南非（South Africa）的英文首字母，因该缩写词与英语单词砖（Brick）类似，因此被称为"金砖国家"。2001 年，美国高盛公司首席经济师吉姆·奥尼尔首次提出"金砖四国"这一概念，特指世界新兴市场。

2009 年，金砖国家领导人在俄罗斯叶卡捷琳堡举行首次会晤，之后每年举行一次。金砖国家领导人定期会晤机制的建立，为金砖国家之间的合作与发展提供了政治指引和强大动力。多年来，金砖国家在重大国际和地区问题上共同发声，积极推进全球经济治理改革进程，大大提升了新兴市场国家和发展中国家的代表性和发言权。金砖国家的标志是取五国国旗的代表颜色做条状围成的部分圆形，象征着"金砖国家"的合作与团结。习近平主席曾对 2017 年 9 月在福建厦门举办的金砖国家领导人第九次会晤提出四点期待：深化务实合作，促进共同发展；加强全球治理，共同应对挑战；开展人文交流，夯实民意基础；推进机制建设，构建更广泛伙伴关系。

（二）中非合作

中非合作指中国与非洲通过中非合作论坛加强合作并参与全球经济治理。中非合作论坛是中国与非洲国家之间在南南合作范畴内的集体对话机制。2000 年启动的中非合作论坛机制是中非合作的高效机制。通过领导人会晤、部长级会议等高层次交往，双方讨论了许多重点项目，做出了很多重点规划，并且得到了有效落实。这一机制的影响力在非洲不断增强，得到了非洲国家的普遍认可。

2015 年，习近平主席在南非参加中非合作论坛约翰内斯堡峰会期间，提出中非合作要努力加快非洲工业化和农业现代化进程。中国开始加速帮助非洲的工业化计划。中国的杂交水稻技术也在非洲进行推广，帮助非洲国家提高粮食亩产量，有效解决了们的粮食安全问题。中非合作近年来还出现了一些新亮点，非洲国家越来越希望向中国学习发展经验，他们从本国实际情况出发，吸收中国的发展经验，正在尝试走出自己的发展道路。在中非合作过程中，中国也受益不少。非洲拥有丰富的自然资源，通过市场交易的方式进行合作，中方可以从非洲进口石油、矿石等资源。中非合作不但有利于中非双方发展，还有助于推动全球减贫事业、促进世界和平，具有显著的全球性意义。中非合作对于推动全球减贫作用巨大。中非双方总人口接近全球总人口的 40%，而且贫困人口占比高，双方开展有效合作，把贫困问题解决好，有助于全球的减贫事业。

（三）中拉关系

中拉关系指中国与拉美和加勒比国家共同体（简称拉共体）之间的国家关系，简称"中国 – 拉共体"关系。中拉关系正经历从买卖关系、投资关系发展到伙伴关系的三级跳，实现跨越式发展，强调命运共同体意识。全面合作伙伴关系的建立进一步完善了中国遍布全球的伙伴关系网络。2012 年 6 月，中方领导人就开展中拉整体合作提出了一系列倡议，得到拉美和加勒比国家的积极响应。同年 8 月，中国同拉共体外长建立了定期对话制度。从 2014 年中拉领导人共同决定建立中拉论坛到 2015 年举行首届中拉部长级会议，相隔不到半年。在 2015 年 1 月 9 日召开的首届中拉部长级会议上，中拉通过了《北京宣言》等成果文件。

（四）"16+1"合作

"16+1"合作指中国 – 中东欧 16 国领导人的会晤机制，又称"1+16"领导人会晤。中东欧 16 国包括波兰、捷克、斯洛伐克、匈牙利、斯洛文尼亚、克罗地亚、波黑、塞尔维亚、黑山、罗马尼亚、保加利亚、阿尔巴尼亚、马其顿、爱沙尼亚、立陶宛和拉脱维亚。2015 年 11 月 24 至 25 日，第四次中国 – 中东欧国家领导人会晤于苏州举行，这是自 2012 年 "16+1" 合作机制建立以来，中国首次作为该峰会的东道主举办会议。2018 年 7 月 5-8 日，国务院总理李克强正式访问保加利亚，并出席第七次中国 – 中东欧国家领导人会晤。中国 – 中东欧 16 国协调合作机制已带来了明显的效果。

（五）中阿合作

2004 年 1 月 30 日，中国国家主席胡锦涛访问了设在埃及开罗的阿拉伯国家联盟（以下简称阿盟）总部，会见了阿盟秘书长阿姆鲁·穆萨和 22 个阿盟成员国代表。会见结束后，李肇星外长与穆萨秘书长共同宣布成立"中国 – 阿拉伯国家合作论坛"（China-Arab States Cooperation Forum），并发表了《关于成立"中国 – 阿拉伯国家合作论坛"的公报》。

2018 年 7 月 10 日，中国 – 阿拉伯国家合作论坛第八届部长级会议在北京召开。习近平主席出席开幕式并发表重要讲话，科威特埃米尔萨巴赫以及 21 个阿拉伯国家的代表和阿盟秘书长出席会议。部长级会议为论坛长期机制，由各国外长和阿盟秘书长组成，每两年在中国或阿拉伯国家联盟总部或任何一个阿拉伯国家轮流举行一次部长级例会，必要时可以召开非常会议。中阿合作论坛为中阿双方在平等互利基础上进行对话与合作提供一个新的平台，使中阿关系的内涵进一步丰富，并将巩固和拓展双方在政治、经贸、科技、文化、教育、卫生等诸多领域内的互利合作，全面提升合作水平。

七、开创"一带一路"倡议

2013 年 9 月，习近平总书记出访哈萨克斯坦时，强调中国同中亚国家可以共同建设"丝绸之路经济带"。同年 10 月，习总书记在印度尼西亚发表演讲时提出了与东盟国家建设"21 世纪海上丝绸之路"的重大倡议。二者共同构成了我国"一带一路"构想的基本内容。2013 年李克强总理出访时采用了"一带一路"倡议的说法。2015年 3 月 28 日，经国务院授权，国家发展改革委、外交部、商务部发布了《推动共建丝绸之路经济带和 21 世纪海上丝绸之路的愿景与行动》（以下简称《愿景与行动》），从时代背景、共建原则、框架思路、合作重点、合作机制等方面全面阐述了"一带一路"倡议的内涵。

（一）"一带一路"倡议的内涵

"一带一路"是一条交流与合作具有全球视野的各国互尊互信、合作共赢、文明互鉴的之路。"一带一路"倡议是在古代丝绸之路的基础上重塑一个新的经济发展区域，不是单方行动，而是涉及亚欧非 65 个国家、44 亿人口，以经济走廊和自由贸易区建设为依托，贯穿欧亚大陆，东连亚太经济圈，西接欧洲经济圈，涵盖政治、经济、外交、安全等诸多领域的区域合作框架与双边合作框架结合的综合性新型国际合作构想。

（二）"一带一路"的时代背景

《愿景与行动》指出，共建"一带一路"顺应世界多极化、经济全球化、文化多样化、社会信息化的潮流，秉持开放的区域合作精神，致力于维护全球自由贸易体系和开放型世界经济。共建"一带一路"旨在促进经济要素有序自由流动、资源高效配置和市场深度融合，推动沿线各国实现经济政策协调，开展更大范围、更高水平、更深层次的区域合作，共同打造开放、包容、均衡、普惠的区域经济合作架构。

中国经济与世界经济高度关联。中国将一以贯之地坚持对外开放的基本国策，构建全方位开放新格局，深度融入世界经济体系。推进"一带一路"建设既是中国扩大和深化对外开放的需要，也是加强与亚欧非及世界各国互利合作的需要，中国愿意在力所能及的范围内承担更多责任和义务，为人类和平发展做出更大的贡献。

（三）"一带一路"的共建原则

恪守联合国宪章的宗旨和原则。遵守和平共处五项原则，即尊重各国主权和领土完整、互不侵犯、互不干涉内政、和平共处、平等互利。

坚持开放合作。"一带一路"相关国家基于但不限于古代丝绸之路的范围，各国和国际性、地区性组织均可参与，让共建成果惠及更广泛的区域。

坚持和谐包容。倡导文明宽容，尊重各国发展道路和模式的选择，加强不同文明之间的对话，求同存异、兼容并蓄、和平共处、共生共荣。

坚持市场运作。遵循市场规律和国际通行规则，充分发挥市场在资源配置中的决定性作用和各类企业的主体作用，同时发挥好政府的作用。

坚持互利共赢。兼顾各方利益和关切，寻求利益契合点和合作最大公约数，体现各方智慧和创意，各施所长，各尽所能，把各方优势和潜力充分发挥出来 。

（四）框架思路

"一带一路"是促进共同发展、实现共同繁荣的合作共赢之路，是增进理解信任、加强全方位交流的和平友谊之路。中国政府倡议，秉持和平合作、开放包容、互学互鉴、互利共赢的理念，全方位推进务实合作，打造政治互信、经济融合、文化包容的利益共同体、命运共同体和责任共同体。

"一带一路"贯穿亚欧非大陆，一头是活跃的东亚经济圈，一头是发达的欧洲经济圈，中间广大腹地国家经济发展潜力巨大。丝绸之路经济带重点畅通线路是：中国经中亚、俄罗斯至欧洲（波罗的海）；中国经中亚、西亚至波斯湾、地中海；中国至东南亚、南亚、印度洋。21 世纪海上丝绸之路重点线路是从中国沿海港口经南海到印度洋，延伸至欧洲；从中国沿海港口经南海到南太平洋。

根据"一带一路"的走向，陆上依托国际大通道，以沿线中心城市为支撑、以重点经贸产业园区为合作平台，共同打造新亚欧大陆桥、中蒙俄、中国—中亚—西亚、中国—中南半岛等国际经济合作走廊；海上以重点港口为节点，共同建设通畅、安全、高效的运输大通道。中巴、孟中印缅两个经济走廊与推进"一带一路"建设关联紧密，要进一步推动合作，取得更大进展。

　　"一带一路"建设是沿线各国开放合作的宏大经济愿景，需各国携手，朝着互利互惠、共同安全的目标相向而行。努力使区域基础设施更加完善，安全高效的陆海空通道网络基本形成，互联互通达到新水平；投资贸易便利化水平进一步提升，高标准自由贸易区网络基本形成，经济联系更加紧密，政治互信更加深入；人文交流更加广泛深入，不同文明互鉴共荣，各国人民相知相交。

（五）合作重点

　　沿线各国资源禀赋各异，经济互补性较强，彼此合作的潜力和空间很大。以政策沟通、设施联通、贸易畅通、资金融通、民心相通为"一带一路"建设的主要内容，重点应在以下方面加强合作：

1. 政策沟通

　　政策沟通是"一带一路"建设的重要保障。加强政府间合作，积极构建多层次政府间宏观政策沟通交流机制，深化利益融合，促进政治互信，达成合作新共识。沿线各国可以就经济发展战略和对策进行充分的交流对接，共同制定推进区域合作的规划和措施，协商解决合作中的问题，为务实合作及大型项目实施提供政策支持。

2. 设施联通

　　基础设施互联互通是"一带一路"建设的优先领域。在尊重相关国家主权和安全关切的基础上，沿线国家宜加强基础设施建设规划、技术标准体系的对接，共同推进国际骨干通道建设，逐步形成连接亚洲各次区域以及亚欧非之间的基础设施网络。强化基础设施绿色低碳化建设和运营管理，在建设中充分考虑气候变化的影响。

　　抓住交通基础设施的关键通道、关键节点和重点工程，优先打通缺失路段，畅通瓶颈路段，配套完善道路安全防护设施和交通管理设施设备，提升道路通达水平。推进建立统一的全程运输协调机制，促进国际通关、换装、多式联运有机衔接，逐步形成兼容规范的运输规则，实现国际运输便利化。推动口岸基础设施建设，畅通陆水联运通道，推进港口合作建设，增加海上航线和班次，加强海上物流信息化合作。拓展建立民航全面合作的平台和机制，加快提升航空基础设施水平。

加强能源基础设施互联互通合作，共同维护输油、输气管道等运输通道安全，推进跨境电力与输电通道建设，积极开展区域电网升级改造合作。

共同推进跨境光缆等通信干线网络建设，提高国际通信互联互通水平，畅通信息丝绸之路。加快推进双边跨境光缆等建设，规划建设洲际海底光缆项目。完善空中（卫星）信息通道，扩大信息交流与合作。

3. 贸易畅通

投资贸易合作是"一带一路"建设的重点内容。宜着力研究解决投资贸易便利化问题，消除投资和贸易壁垒，构建区域内各国良好的营商环境，积极同沿线国家和地区共同商建自由贸易区，激发释放合作潜力，做大做好合作"蛋糕"。

沿线国家宜加强信息互换、监管互认、执法互助的海关合作，以及检验检疫、认证认可、标准计量、统计信息等方面的双多边合作，推动世界贸易组织《贸易便利化协定》的生效和实施。改善边境口岸通关设施条件，加快边境口岸"单一窗口"建设，降低通关成本，提升通关能力。加强供应链安全与便利化合作，推进跨境监管程序协调，推动检验检疫证书国际互联网核查，开展"经认证的经营者"（AEO）互认。降低非关税壁垒，共同提高技术性贸易措施透明度，提高贸易自由化便利化水平。

拓宽贸易领域，优化贸易结构，挖掘贸易新增长点，促进贸易平衡。创新贸易方式，发展跨境电子商务等新的商业业态。建立健全服务贸易促进体系，巩固和扩大传统贸易，大力发展现代服务贸易。把投资与贸易有机结合起来，以投资带动贸易发展。

加快投资便利化进程，消除投资壁垒。加强双边投资保护协定、避免双重征税协定磋商，保护投资者的合法权益。拓展相互投资领域，开展农林牧渔业、农机及农产品生产加工等领域的深度合作，积极推进海水养殖、远洋渔业、水产品加工、海水淡化、海洋生物制药、海洋工程技术、环保产业和海上旅游等领域的合作。加大煤炭、油气、金属矿产等传统能源资源勘探开发合作，积极推动水电、核电、风电、太阳能等清洁、可再生能源合作，推进能源资源就地就近加工转化合作，形成能源资源合作上下游一体化产业链。加强能源资源深加工技术、装备和工程服务合作。

推动新兴产业合作，按照优势互补、互利共赢的原则，促使沿线国家加强在新一代信息技术、生物、新能源、新材料等新兴产业领域的深入合作，推动建立创业投资合作机制。

优化产业链分工布局，推动上下游产业链和关联产业协同发展，鼓励建立研发、生产和营销体系，提升区域产业配套能力和综合竞争力。扩大服务业相互开放，推动区域服务业加快发展。探索投资合作新模式，鼓励合作建设境外经贸合作区、跨境经济合作区等各类产业园区，促进产业集群发展。在投资贸易中突出生态文明理念，加强生态环境、生物多样性和应对气候变化合作，共建绿色丝绸之路。

中国欢迎各国企业来华投资，鼓励本国企业参与沿线国家基础设施建设和产业投资。促进企业按属地化原则经营管理，积极帮助当地发展经济、增加就业、改善民生，主动承担社会责任，严格保护生物多样性和生态环境。

4. 资金融通

资金融通是"一带一路"建设的重要支撑。深化金融合作，推进亚洲货币稳定体系、投融资体系和信用体系建设。扩大沿线国家双边本币互换、结算的范围和规模。推动亚洲债券市场的开放和发展。共同推进亚洲基础设施投资银行、金砖国家开发银行筹建，有关各方就建立上海合作组织融资机构开展磋商。加快丝路基金组建运营。深化中国—东盟银行联合体、上合组织银行联合体务实合作，以银团贷款、银行授信等方式开展多边金融合作。支持沿线国家政府和信用等级较高的企业以及金融机构在中国境内发行人民币债券。符合条件的中国境内金融机构和企业可以在境外发行人民币债券和外币债券，鼓励在沿线国家使用所筹资金。

加强金融监管合作，推动签署双边监管合作谅解备忘录，逐步在区域内建立高效监管协调机制。完善风险应对和危机处置制度安排，构建区域性金融风险预警系统，形成应对跨境风险和危机处置的交流合作机制。加强征信管理部门、征信机构和评级机构之间的跨境交流与合作。充分发挥丝路基金以及各国主权基金作用，引导商业性股权投资基金和社会资金共同参与"一带一路"重点项目建设。

5. 民心相通

民心相通是"一带一路"建设的社会根基。传承和弘扬丝绸之路友好合作精神，广泛开展文化交流、学术往来、人才交流合作、媒体合作、青年和妇女交往、志愿者服务等，为深化双多边合作奠定坚实的民意基础。

扩大相互间留学规模，开展合作办学，中国每年向沿线国家提供1万个政府奖学金名额。沿线国家间互办文化年、艺术节、电影节、电视周和图书展等活动，合作开展广播影视剧精品创作及翻译，联合申请世界文化遗产，共同开展世界遗产的联合保护工作。深化沿线国家间人才交流与合作。

加强旅游合作，扩大旅游规模，互办旅游推广周、宣传月等活动，联合打造具有丝绸之路特色的国际精品旅游线路和旅游产品，提高沿线各国游客签证便利化水平。推动 21 世纪海上丝绸之路邮轮旅游合作。积极开展体育交流活动，支持沿线国家申办重大国际体育赛事。

强化与周边国家在传染病疫情信息沟通、防治技术交流、专业人才培养等方面的合作，提高合作处理突发公共卫生事件的能力。为有关国家提供医疗援助和应急医疗救助，在妇幼健康、残疾人康复以及艾滋病、结核、疟疾等主要传染病领域开展务实合作，扩大在传统医药领域的合作。

加强科技合作，共建联合实验室（研究中心）、国际技术转移中心、海上合作中心，促进科技人员交流，合作开展重大科技攻关，共同提升科技创新能力。

整合现有资源，积极开拓和推进与沿线国家在青年就业、创业培训、职业技能开发、社会保障管理服务、公共行政管理等共同关心领域的务实合作。

充分发挥政党、议会交往的桥梁作用，加强沿线国家之间立法机构、主要党派和政治组织的友好往来。开展城市交流合作，欢迎沿线国家重要城市之间互结友好城市，以人文交流为重点，突出务实合作，形成更多鲜活的合作范例。欢迎沿线国家智库之间开展联合研究、合作举办论坛等。

加强沿线国家民间组织的交流与合作，重点面向基层民众，广泛开展教育医疗、减贫开发、生物多样性和生态环保等各类公益慈善活动，促进沿线贫困地区生产生活条件的改善。加强文化传媒的国际交流与合作，积极利用网络平台，运用新媒体工具，塑造和谐友好的文化生态和舆论环境。

（六）合作机制

世界经济融合加速发展，区域合作方兴未艾。积极利用现有双多边合作机制，推动"一带一路"建设，促进区域合作蓬勃发展。

加强双边合作，开展多层次多渠道沟通磋商，推动双边关系全面发展。推动签署合作备忘录或合作规划，建设一批双边合作示范项目。建立完善双边联合工作机制，研究推进"一带一路"建设的实施方案、行动路线图。充分发挥现有联委会、混委会、协委会、指导委员会、管理委员会等双边机制的作用，协调推动合作项目的实施。

强化多边合作机制的作用，发挥上海合作组织（SCO）、中国－东盟"10+1"、亚太经合组织（APEC）、亚欧会议（ASEM）、亚洲合作对话（ACD）、亚信会议

（CICA）、中阿合作论坛、中国－海合会战略对话、大湄公河次区域（GMS）经济合作、中亚区域经济合作（CAREC）等现有多边合作机制的作用，相关国家加强沟通，让更多国家和地区参与"一带一路"建设。

继续发挥沿线各国区域、次区域相关国际论坛、展会，博鳌亚洲论坛、中国—东盟博览会、中国—亚欧博览会、欧亚经济论坛、中国国际投资贸易洽谈会，以及中国—南亚博览会、中国－阿拉伯博览会、中国西部国际博览会、中国—俄罗斯博览会、前海合作论坛等平台的建设性作用。支持沿线国家地方、民间挖掘"一带一路"历史文化遗产，联合举办专项投资、贸易、文化交流活动，办好丝绸之路（敦煌）国际文化博览会、丝绸之路国际电影节和图书展。倡议建立"一带一路"国际高峰论坛。

（七）沿线国家（地区）名单

"一带一路"沿线65个国家和地区名单暂列如下：

（1）东亚1个：蒙古国。

（2）东盟10国：新加坡、马来西亚、印度尼西亚、缅甸、泰国、老挝、柬埔寨、越南、文莱、菲律宾。

（3）西亚18国：伊朗、伊拉克、土耳其、叙利亚、约旦、黎巴嫩、以色列、巴勒斯坦、沙特阿拉伯、也门、阿曼、阿拉伯联合酋长国、卡塔尔、科威特、巴林、希腊、塞浦路斯和埃及的西奈半岛。

（4）南亚8国：印度、巴基斯坦、孟加拉国、阿富汗、斯里兰卡、马尔代夫、尼泊尔、不丹。

（5）中亚5国：哈萨克斯坦、乌兹别克斯坦、土库曼斯坦、塔吉克斯坦和吉尔吉斯斯坦。

（6）独联体7国：俄罗斯、乌克兰、白俄罗斯、格鲁吉亚、阿塞拜疆、亚美尼亚和摩尔多瓦。

（7）中东欧16国：波兰、立陶宛、爱沙尼亚、拉脱维亚、捷克、斯洛伐克、匈牙利、斯洛文尼亚、克罗地亚、波黑、黑山、塞尔维亚、阿尔巴尼亚、罗马尼亚、保加利亚和马其顿。

（八）"一带一路"建设取得的成果

1. 投资流量增长三成

2017 年，中国境内投资者共对"一带一路"相关国家的近 3000 家境外企业进行了直接投资。投资流量 201.7 亿美元，同比增长 31.5%，占同期中国对外直接投资流量的 12.7%，比上年上升了 5 个百分点。截至 2017 年末，中国对"一带一路"相关国家的直接投资存量为 1543.98 亿美元，占中国对外直接投资存量的 8.5%。[①]2013—2017 年，中国对"一带一路"相关国家的直接投资保持了上升趋势（见图 9-1）。

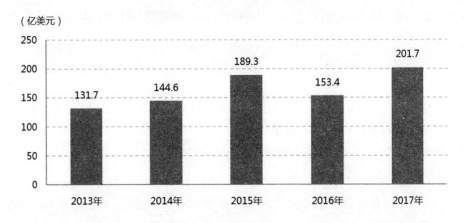

（亿美元）

图 9-1　2013—2017 年中国对"一带一路"沿线直接投资流量

资料来源：《2017 年度中国对外直接投资统计公报》。

2018 年，中国继续以共建"一带一路"为重点，遵循共商共建共享原则，坚持合作共赢、共同发展，在"一带一路"国家稳步开展多领域投资。截至 2018 年末，中国境内投资者在 63 个"一带一路"国家设立境外企业超过 1 万家，直接投资 178.9 亿美元。尽管投资流量规模较上年收缩 11.3%，覆盖的国家增加了 6 个，涉及行业增加了 1 个，对"一带一路"沿线国家的投资流量整体占比保持（12.5%）不变。2013 年到 2018 年，中国累计在"一带一路"沿线国家（地区）直接投资 986.2 亿美元[②]。

2. 投资覆盖广，重点地区集中

2017 年，从中国对"一带一路"国家和地区的投资流量看，主要投向了新加坡、哈萨克斯坦、马来西亚、印度尼西亚、俄罗斯、老挝、泰国、越南、柬埔寨、巴基斯坦、

[①]　商务部：《中国对外投资发展报告 2018》，http://fec.mofcom.gov.cn/article/tzhzcj/tzhz/

[②]　商务部：《中国对外投资发展报告 2019》，http://images.mofcom.gov.cn/fec/202106/20210630083446194.pdf

阿联酋等地。从投资存量看，截至2017年末，位列前十的国家是：新加坡、俄罗斯、印度尼西亚、哈萨克斯坦、老挝、巴基斯坦、缅甸、柬埔寨、阿联酋、泰国。与2016年相比，柬埔寨跻身前十名，老挝位次提高。其中，对新加坡投资流量和存量都位居第一，分别为63.2亿美元和445.7亿美元，分别占"一带一路"相关国家的31.3%和28.9%；其次是哈萨克斯坦和马来西亚。2017年，中国对哈萨克斯坦和马来西亚的直接投资流量为20.7亿美元和17.2亿美元，其中哈萨克斯坦同比增长322%，增速迅猛（见图9-2）。

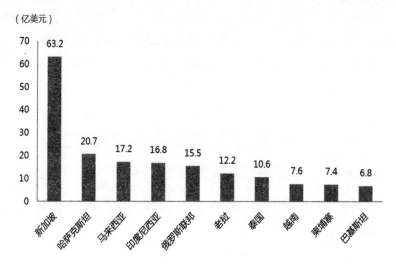

图9-2 2017年末中国对"一带一路"国家投资存量前十名国别分布

数据来源：《2017年度中国对外直接投资统计公报》。

2018年，中国对"一带一路"沿线国家（地区）的投资覆盖国民经济18个行业大类，其中制造业、批发零售业、电力生产供应业、科学研究和技术服务业4个行业的直接投资流量实现较快增长，流向制造业的投资占近3成比重，为58.8亿美元，同比增长42.6%；流向批发和零售业的投资占比超过2成，为37.1亿美元，同比增长37.7%；流向电力生产和供应业的投资占比近1成，为16.8亿美元，同比增长87.5%，增速为各行业之首；流向科学研究和技术服务业6亿美元，同比增长45.1%，占比3.4%。2018年，中国在"一带一路"沿线国家的直接投资主要流向新加坡、印度尼西亚、马来西亚、老挝、越南、阿拉伯联合酋长国、柬埔寨、俄罗斯联邦、泰国和孟加拉国。①

---

① 商务部：《中国对外投资发展报告2019》，http://images.mofcom.gov.cn/fec/202106/20210630083446194.pdf

3. 投资行业日趋多元化

2018 年，中国对"一带一路"相关国家和地区的投资业务日趋多元化，投资存量分布在多个行业领域，包括制造业、租赁和商务服务业、批发零售业、采矿业、电力热力供应、建筑业、农林牧渔等（参见图 9-4）。其中，流向制造、电力生产、科学研究和技术服务、批发和零售业的投资增幅较大：流向制造业的投资 58.8 亿美元，同比增长 42.6%，占比 32.9%；流向批发和零售业 37.1 亿美元，同比增长 37.7%，占比 20.7%；流向电力生产 和供应业 16.8 亿美元，同比增长 87.5%，占比 9.4%；流向科学研究和技术服务业 6 亿 美元，同比增长 45.1%，占比 3.4%。从国别构成看，主要流向新加坡、印度尼西亚、马来西亚、老挝、越南、阿联酋、柬埔寨、俄罗斯联邦、泰国、孟加拉国等。

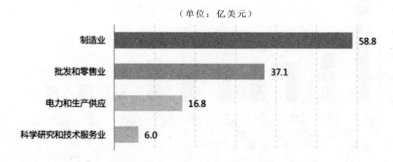

（单位：亿美元）

图 9-4　2018 年末中国对东盟直接投资存量行业分布

4. 跨国并购金额大幅增加

2017 年，中国企业对"一带一路"相关国家的并购项目有 76 起，并购投资金额为 162.8 亿美元，比上年增长 145%，占中国企业对全球并购投资总额的 13.6%，比上年增长近 9 个百分点。其中印度尼西亚、阿拉伯联合酋长国、新加坡、印度、以色列、俄罗斯等国家吸引中国企业并购投资超 10 亿美元，凸显了"一带一路"建设的引擎作用[1]。2018 年中国企业对"一带一路"沿线国家实施并购项目 79 起，并购金额 100.3 亿美元，占并购总额的 13.5%。其中新加坡、阿拉伯联合酋长国、马来西亚吸引中国企业并购投资超过 10 亿美元[2]。

---

[1] 商务部：《中国对外投资发展报告 2018》，http://fec.mofcom.gov.cn/article/tzhzcj/tzhz/
[2] 商务部：《中国对外投资发展报告 2019》，http://images.mofcom.gov.cn/fec/202106/20210630083446194.pdf

第四节　参与全球经济治理与护航对外贸易

2008年发生的国际金融危机，对世界贸易格局及模式有着深远的影响，在世界贸易重回保护主义的同时，区域、多边或双边自由贸易协定也加速了发展。贸易的摩擦与保护、对WTO机制改革的强烈呼声，又反过来促进了全球经济治理模式及机制的转变。在全球经济自由化、保护化、重组化、协议化的背景下，积极参与全球经济治理，既是中国扩大对外开放的有效制度保障，也是对中国对外贸易的有效护航。

一、参与全球经济治理对中国对外贸易的直接促进作用

世界经济全球化、贸易投资自由化和区域集团化的趋势逐渐成为潮流，加强合作、相互协调已经成为全球共识。中国不断深入改革开放，通过各种形式参与并开始主导国际区域经济合作，深层次参与并引领全球经济治理，对中国对外贸易发展有着直接的促进作用：

一是有利于推进社会主义市场经济体制的完善。全球经济治理建立在市场经济规则之上，中国参与全球经济治理要求自身的市场经济体制需要随之做出协议规定的调整，从而适应国际经济合作与共同治理的规则。这在实践中，将有利于推动中国市场经济体制向国际规范的方向发展，与国际市场规则进一步接轨。

二是有利于中国扩大对外贸易的发展空间，充分利用两种资源和两个市场。通过全面推进国际区域经济合作，积极参与全球经济治理，签订多边自由贸易协议，以自身的市场开放换取参与成员国向中国对等开放市场，意味着中国越来越主动参与到国际贸易自由化发展与版块化发展的进程中去，中国的对外贸易关系将越来越平等、公平和合理。

三是有利于中国在制定国际贸易规则等事务中获得与经济实力相对应的话语权和影响力。通过参与重要的国际区域经济合作机制，或是由中国自主发起建立新的国际区域经济合作平台，可以增强中国在国际经济合作中的话语权，维护自身正当的权益。

二、"一带一路"建设对世界经贸格局的影响

"一带一路"倡议，不仅与"开放包容、互利互惠的古代丝绸之路精神薪火相传，而且紧扣"和平、发展、合作、共赢"的新时代主题，被赋予"人类命运共同体建设"的时代内涵；在宗旨、建设思路、合作机制、参与主体等方面，都充分彰显了开放性、包容性、均衡性和普惠性特征。

（一）对世界贸易投资区域中心格局的影响

从当今全球的贸易格局看，全球市场上存在两个有着明显区域特征的贸易中心：一是大西洋贸易轴心，主要由欧美一些发达国家构成，这些国家因工业革命和市场经济而强盛，靠海权与贸易立国而走向强大；二是环太平洋贸易中心，主要由美洲、东亚一些国家与澳大利亚等国构成，这个中心由美国主导的跨国贸易及产业转移而兴起，因"亚洲四小龙"的出现而闻名。显然，当前的全球贸易格局是以美国为中心布局与组织的，带有明显的美国主导特征。实际上，世界投资中心和布局也与贸易相关联，从对外贸易总额占世界比重以及跨境投资占世界比重来看，第二次世界大战后许多年世界贸易和跨境投资中心均位于以美欧为主导的大西洋中心和以美国为主导的环太平洋贸易中心。中国自改革开放后经济迅速发展，对世界贸易与投资格局均产生了深远的影响，贸易与投资的这两个中心均融入了中国要素。当前中欧贸易投资中心正逐步形成，环太平洋贸易投资中心从美国的一极主导向中美日等多国主导转变，美欧主导的大西洋中心所占的世界份额也有下降的趋势。

"一带一路"倡议涉及沿线 65 个国家，覆盖人口数超过世界人口的 60%，GDP总量约为全球的 1/3。根据联合国贸易和发展会议（UNCTAD）统计数据，1990-2017 年期间，全球贸易和跨境投资年均增长速度分别为 7.8% 和 9.7%，而"一带一路"沿线国家同期的年均增速达到了 13.1% 和 16.5%。特别是在两大贸易投资中心核心区域深受经济危机影响的 2010- 2013 年间，"一带一路"国家对外贸易和跨境投资年均增速达 13.9% 和 6.2%，分别高出全球平均水平 4.6 个百分点和 3.4 个百分点。"一带一路"沿线国家巨大的合作潜力和经济实力将成为亚欧地区乃至世界的贸易投资增长源。

"一带一路"沿线国家以线带面的合作模式将进一步提升整体的合作效果与水平，推动逐步建立区域经济合作新机制，并推动全球贸易投资格局结构性重组。这种变动

有三个方面的原因：一是"一带一路"沿线国家经济合作互补性强，"一带一路"倡议实施前区域的贸易和投资水平远未反映出这些国家的真正实力。"一带一路"合作建设将促进区域内基础设施的完善、贸易投资的自由化和便利化、供应链和价值链的深度融合，特别是"一带一路"框架下的自由贸易区合作战略将深刻提升区域贸易和投资水平，使沿线区域国家的经贸合作迈上新台阶。二是"一带一路"沿线的经济凹陷区发展潜力大。"一带一路"东侧是繁荣的亚太经济圈，西侧是经济发达的欧洲经济圈，中间片区的中国西部与泛中亚经济圈形成了一个经济凹陷区域。中亚是扼守亚欧大陆的中心地带，是贸易与投资均没有充分挖掘的地区，又是亚洲与欧洲连接的交通枢纽地区，发展潜力很大。"一带一路"倡议实施后，中亚国家不仅能打通出海通道，而且还能深度融入大西洋中心和环太平洋中心这两个世界贸易与投资中心。"一带一路"一方面可以促进中国西部地区和泛中亚经济圈的发展，带动丝绸之路经济带的凹陷区域，另一方面可以形成区域的新兴增长极。三是"一带一路"将深化中国与欧盟的贸易投资等经贸合作。"一带一路"倡议实施前，中欧之间的经贸合作更多地依靠海上通道，"一带一路"倡议实施后，将大步拓展中欧合作的陆路通道，双方的贸易投资合作将更加便捷。

区域经济贸易合作的效果并不是合作国家GDP的简单加总，而是通过有效率的合作机制产生超出简单加总的合作成果，合作产生的规模经济以及正外部性协作力将使"一带一路"沿线国家的贸易投资合作以加速度的方式演进。随着"一带一路"倡议的推进，亚洲与欧洲的贸易投资将更紧密联系在一起，进一步增强中欧贸易投资中心的地位，进而推动以亚欧为核心的第三极全球贸易投资中心的形成。中国位于环太平洋和亚欧两大贸易投资中心的重要位置，在未来全球贸易和投资格局中将发挥引领性和稳定性的作用。

（二）对亚欧产业转移与产业分工的影响

20世纪50-90年代，在西方发达国家工业化完成后，世界产业经历了三次大转移，首先是传统制造业从美国转移到日本，然后是传统制造业和劳动密集型加工业从美国、日本转移到亚洲"四小龙"，最后是80年代起再从亚洲"四小龙"转移到东盟和中国。这就是著名的太平洋产业转移"雁形模式"。东亚地区通过产业的梯度转移，大力发展以出口为导向的外向型经济，实现了整个地区的产业有序分工与工业化加速发展，也带来了经济的腾飞。在产业转移与产业分工的"雁形模式"下,美国、日本和"四小龙"、东盟、中国之间形成了一个互相影响、互相制约、密切合作的有机整体。美国为日本、东亚输出服务与技术,获取一定的贸易盈余,同时吸纳东亚国家输出的大量商品,从需求上带动东亚地区的工业发展;日本一方面从供给方面支持东亚的工业化,为东亚地区提供工业化发展所需的生产设备、资料和技术,另一方面以购买美国国债的方式把从美国和东亚获取的贸易盈余回流给美国;东亚则以对美国出口工业产品与日常用品获取的贸易盈余,支付从日本获得的工业生产技术与资料。美国和日本以出口技术产品、中间产品和资本品的方式塑造了东亚地区的垂直型分工模式。于是在东亚地区内部,日本、亚洲"四小龙"、东盟和中国形成了一个有机整体,互相联系,互相依赖,形成了更细化的横向分工和工序分工模式。

20世纪 90 年代以来,尽管美国、日本仍然扮演着东亚产业分工"领头雁"的角色,但两国国内经济增长步伐缓慢,特别是日本几乎处于停滞状态,且产业出现一定的空心化,这导致美日传统产业升级以及向东亚区域产业转移的步伐明显放慢,带动东亚产业结构调整的能力大为减弱。进入 21 世纪,随着亚洲"四小龙"、中国和东盟经济的快速发展,特别是中国经济的快速崛起,东亚内部的垂直型分工模式被东亚乃至亚洲的复杂型国际生产网络所取代。目前,中国已经取代日本成为世界第二大经济体,东亚和亚洲地区分工的"雁形模式"逐渐被产业链网络化分工所取代。

"一带一路"沿线国家经济的比较优势差异明显,国家间在产业结构、商品结构和贸易结构上的互补性较强,层次也较为分明。依据产业转移与国际分工的理论与实践经验,"四小龙"转移到东盟和中国的部分产业,可以转移到"一带一路"沿线国家。这些国家具备当初东亚地区形成"雁形分工"模式的区位条件和产业基础,同时还具备当初东亚地区所没有的政策利好,即"一带一路"合作协议带来的政策利好。因此,"一带一路"沿线国家,特别是处于东亚与西欧之间的广阔的中间地带国家,可以积极参与新一轮的产业转移和分工合作。这将改变现有的亚洲网格化分工模式,形成新型的亚欧为主导的"雁形分工"模式。随着"一带一路"倡议的推进,中国的劳动密集型行业和优势的资本密集型行业将按照雁形分工模式,依次转移到沿线国家,带动沿线国家的产业结构调整和升级,推动沿线国家工业化水平的提高。这将有利于改变许多"一带一路"沿线国家一直以来仅作为世界贸易投资发展过程中的过道国家,这些国家过去因产业转移没有"到位"而沦为经济凹陷地区。这一波亚欧产业的重新转移和分工有利于突破以美日为主导的亚洲"雁形模式"产业链延伸不足所造成的局限，推动亚欧大陆广阔地区的产业转移与分工形成多层次、专业化的"雁形模式"。

（三）对世界贸易治理机制的影响

第二次世界大战以来，以美欧为首的西方发达国家凭借其在世界经济中的地位和影响力，通过一些国际组织如世界贸易组织（WTO，前身为关税及贸易总协定即GATT）、国际货币基金组织、世界银行等，来制定有利于自身利益的世界经济运行规则。但随着WTO多哈贸易谈判陷入困境，世界各地的贸易投资和合作都在努力另辟蹊径：以区域贸易投资规则创建为基础，参考WTO的某些适用规则，来规范某一领域的多边或双边贸易规则，然后通过与货物、服务以及跨境投资等规则的融合，逐渐形成新的多边或双边的贸易投资规则。自世界经济从金融危机中缓慢复苏后，区域合作中的多边合作、双边合作"规则之争"已提升到与"市场之争"同等重要的位置，成为新一轮经济全球化博弈中新的角力点。在此过程中，发达国家仍然意图主导新规则的制定，强调符合发达国家优势的高市场准入、高技术保护等原则。为培育和建立新的贸易投资竞争优势，应对新兴经济体发展带来的挑战，发达国家开始合作筹建排他性的高标准自由贸易合作区，意在迫使发展中国家做出更大的市场让步，以达到从WTO多哈回合谈判中无法达到的规划目标。因此，美欧主导的新一轮全球化高标准区域合作协议，例如TTIP、TTP等，给发展中国家参与区域合作与多边合作设置了重重障碍，限制了它们参与国际经济活动的范围和空间，同时也降低了它们参与全球治理的话语权。

"一带一路"倡议合作的重点之一是加快实施区域自由贸易区发展战略，推动沿线国家间更多地达成多边或双边自由贸易协议，以抵销发达国家主导的自由贸易区所带来的贸易投资"挤出效应"与"转移效应"，有利于维护多边贸易体制。这也有利于推动中国与沿线发展中国家和新兴经济体国家构建起一套更适用于广大亚欧地区国家合作的贸易投资规则，避免一部分国家因道路、贸易和投资闭塞而被排除在区域合作的范围之外。随着"一带一路"国家间自由贸易协定的增多，区域贸易投资的一般规则将被区内越来越多国家所接受，这将增加发展中国家在全球多边贸易体制谈判中的话语权，促进"一带一路"沿线发展中国家深度参与和融入全球化。

（四）对中国对外贸易带来的成效

贸易畅通是"一带一路"建设的重点内容。"一带一路"倡议提出五年来，中国同"一带一路"倡议参与国大力推动贸易和投资便利化，不断改善营商环境。2014 年至 2016 年，中国同"一带一路"沿线国家贸易总额超过 3 万亿美元。中国与"一带一路"相关国家和地区的贸易往来持续扩大，贸易结构不断优化，贸易新增长点逐步培育，为各参与方的经济发展注入了新活力。

货物贸易稳步增长。2013-2017 年，中国与"一带一路"沿线国家货物贸易规模基本保持在 1 万亿美元左右水平，年均增长率高于同期中国外贸年均增速。中国与沿线国家贸易额占外贸总额的比重逐年提升，由 2013 年的 25% 提升到了 2017 年的 26.5%。中国已经成为 25 个"一带一路"沿线国家最大的贸易伙伴。2018 年，中国对"一带一路"沿线国家货物贸易进出口总额达到 1.3 万亿美元，增长 13.3%，增速高于进出口总体增速 3.6 个百分点，占进出口总额的 27.4%[①]。我国与"一带一路"沿线国家的贸易合作潜力不断释放，成为拉动我国外贸发展的新动力。

贸易结构互补性增强。中国与"一带一路"沿线国家的货物贸易具有较强的互补性。中国对"一带一路"相关国家的出口商品主要集中在机械电子、纺织、金属制品等商品上。2016 年，上述三类产品占中国对沿线国家出口总额的 61.0%。中国自沿线国家进口以矿产品和部分机电产品为主，占中国自沿线国家进口总额的 57.8%。

区域贸易伙伴集中发展。中国与"一带一路"沿线国家和地区的货物贸易区域分布较为集中，东南亚地区所占份额近半。2017 年，中国与东南亚地区相关国家的贸易额占中国与沿线国家贸易总额的 47.3%。中国与西亚北非、南亚、蒙古俄罗斯中亚、中东欧和独联体其他国家及格鲁吉亚贸易总额分别占中国与沿线国家贸易总额的 22%、11.6%、11.6%、6.2% 和 1.0%。

贸易方式快速创新。2013—2017 年，中国对"一带一路"沿线国家进出口均以一般贸易方式为主。一般贸易出口总额占比均超过 60%，进口总额占比均超过 55%；加工贸易进出口总额占比则保持在 20% 左右。同时，跨境电商等外贸新业态新模式成为推动"一带一路"贸易畅通的重要新生力量，"丝路电商"正在将越来越多的沿线国

---

① 商务部：《中国对外贸易形势报告（2019 年春季）》，http://images.mofcom.gov.cn/zhs/201905/20190524182054485.pdf

家市场串联起来。

　　服务贸易发展态势良好。六年来，中国与沿线国家的服务贸易由小到大、稳步发展。2017 年，中国与"一带一路"沿线国家服务进出口额达 977.6 亿美元，同比增长 18.4%，占中国服务贸易总额的比重达 14.1%，比 2016 年提高 1.6 个百分点[①]。2018 年，我国与"一带一路"沿线国家和地区服务进出口额达到 1217 亿美元，占我国服务贸易总额的 15.4%[②]。分地区看，东南亚地区是中国在"一带一路"沿线最大的服务贸易伙伴，西亚北非地区国家与中国服务贸易往来发展势头强劲。分领域看，中国与"一带一路"沿线国家服务贸易合作以旅行、运输和建筑三大传统服务贸易为主，2017 年上述领域贸易额占中国与沿线国家服务贸易总额的 75.5%。但随着新技术、新业态、新商业模式不断涌现，高技术、高附加值的新兴服务贸易快速增长，正在成为双边服务贸易的重要增长点。

---

　　① 商务部：《对外贸易形势报告 2018 年秋季》，http://www.mofcom.gov.cn/article/gzyb/ybo/
　　② 商务部：《中国服务贸易进出口额连续 5 年位居世界第二》，中国网财经，2019/05/22, https://ishare.ifeng.com/c/s/7msfglkyEmP

第十章 中国对外贸易 70 年大事记

一九四九年

3 月 5 日　毛泽东主席在中共七届二中全会上做报告指出："人民共和国的国民经济的恢复和发展，没有对外贸易的统制政策是不可能的"，"对内的节制资本和对外的统制贸易，是这个国家在经济斗争中的两个基本政策。"

9 月 29 日　中国人民政治协商会议第一届全体会议通过了《中国人民政治协商会议共同纲领》，其中规定："实行对外贸易的管制，并采用保护贸易的政策""中华人民共和国可在平等和互利的基础上，与各外国的政府和人民恢复并发展通商贸易关系"。

10 月 19 日　中央人民政府委员会第三次会议决定成立中央贸易部，并任命叶季壮为中央贸易部部长，姚依林、沙千里为副部长；在中央贸易部设国外贸易司，主管对外贸易工作，林海云任司长。

一九五〇年

2 月 14 日　中国政府和苏联政府关于苏联贷款给中华人民共和国的协定在莫斯科签订，周恩来总理和苏联外交部部长安·扬·维辛斯基分别代表本国政府签字。

3 月 10-30 日　中央贸易部召开第一届全国商品检验会议。会议制订了《商品检验暂行条例 (草案)》和《商品检验暂行细则》。

3 月 14 日　政务院发布《关于统一全国国营贸易实施办法的决定》。

4 月 19 日　中国和苏联两国政府在莫斯科签订中苏贸易协定及相关文件。叶季壮部长和苏联对外贸易部部长墨·安·孟什可夫分别代表本国政府签字。

7 月 13~25 日　中央贸易部召开全国出进口贸易会议。

9 月 5 日　中央贸易部发布《关于边缘区小额贸易管理八项原则的规定》。

12 月 8 日　政务院发布《对外贸易管理暂行条例》。

12 月 20 日　中央人民政府政务院发布关于设立海关原则和调整全国海关机构的指示。

12 月 22 日　中央贸易部发布《进出口厂商申请营业登记办法》。

12 月 28 日　中央贸易部发布《对外贸易管理暂行条例实施细则》。

一九五一年

1 月 22 日　中国政府和匈牙利政府货物交换及付款协定在北京签订。姚依林副部长和匈牙利驻华大使夏法朗柯分别代表本国政府签字。

1 月 29 日　中国政府与波兰政府在京签订了四项对发展两国关系具有重大意义的协定：《1951 年中波交换货物及付款协定》《中波航运协定》《中波互换邮件及包裹协定》《中波电讯协定》。

2 月 26 日　中央贸易部发布《易货贸易管理暂行办法》。

3 月 6 日　中央贸易部发布《易货贸易管理暂行办法实施细则》。

4 月 5 日　中央贸易部、海关总署联合发布《出进口货物转口输出入管理暂行办法》。

4 月 18 日　政务院发布《中华人民共和国暂行海关法》。

5 月 14 日　政务院发布《中华人民共和国海关进出口税则》。

11 月 22 日　政务院财政经济委员会发布《商品检验暂行条例》。

一九五二年

1 月 11 日　国际工业展览会在印度孟买开幕。中国参加了这次工业展览会，在中国展览馆展出了各种展览品。

2 月 10 日　中国政府和朝鲜政府一九五一年及一九五二年贷款和易货议定书在北京签订，叶季壮部长和朝鲜商业相张时雨分别代表本国政府签字。

3 月 9 日　巴基斯坦国际博览会中国馆开幕。

4 月 3 日　国际经济会议在莫斯科举行，中国人民银行行长南汉宸率领中华人民共和国代表团出席了会议并在会上发言。

4 月 19 日　我国在参加国际经济会议期间，先后与法国、英国、瑞士等 10 个国家代表团签订贸易协议，总额达 22300 万美元。

5 月 4 日　中国国际贸易促进委员会在北京召开成立大会，大会选举南汉宸为贸促会主席，冀朝鼎为秘书长。

6 月 1 日　第一个中日民间贸易协议在北京签订。中国国际贸易促进委员会主席南汉宸和日本出席国际经济会议的三位代表（国会议员高良富、日本日中贸易促进会代表帆足计、日本国会议员促进日中贸易联盟常任理事宫腰喜助）在协议上签字。

6 月 9 日　根据两国出席莫斯科国际经济会议代表团所签订的 1000 万英镑贸易协议，中英两国贸易谈判代表，进行了具体的贸易谈判，并在柏林签订了第一批售货估计合同。

7 月 18 日　日中贸易促进会举行第三次会议，大家听取了关于中日贸易协议情况的报告，根据中日贸易协议的规定，确定了贸易的物品和数量，以及具体的执行，并派遣贸易代表团进行谈判。

8 月 7 日　中央人民政府委员会第十七次会议通过决议成立了中央人民政府对外贸易部。

9 月 21 日　中国政府和苏联及芬兰政府间关于在一九五二年内供应货物的协定在莫斯科签订。

10 月 1 日　中国工农业展览会在蒙古国首都乌兰巴托开幕。

10 月 4 日　中国政府和蒙古国政府经济及文化合作协定在北京签订；中国政府和锡兰（后改名斯里兰卡）政府贸易协定在北京签订。

11 月 28 日　中国进出口公司同日本巴商事株式会社签订中日贸易第一笔交易合同。

一九五三年

1 月 14 日　中央人民政府委员会第 21 次会议批准了《关于海关与对外贸易管理机构实行合并的决定》，根据该决定，海关总署划归对外贸易部领导。

3 月 26 日　中国商务代表团与苏联国内和对外贸易部进行贸易谈判，签订了中苏关于 1953 年度货物周转议定书。

3 月 25-4 月 8 日　全国国营对外贸易统计工作会议在北京召开，制订了《国家对外贸易机构统计制度》。

4 月 27 日　民主德国工业展览会在北京开幕，邓小平副总理为展览会剪彩。

5 月 13 日　中国政府与苏联政府关于苏联政府援助中国政府发展经济的协定在莫斯科签订。

7 月 1 日　中国进出口公司柏林代表处在东柏林正式成立，开始办理对西德和西欧的贸易业务。

7 月 6 日　中国进出口公司和英国工商界访华团在北京签订商业协议。

7 月 11 日　中国工农业展览会在莫斯科开幕。

8 月 20 日　中国政府和蒙古国政府货物周转及付款协定在北京签订。

9 月 26 日　波兰经济展览会在北京开幕，邓小平副总理为展览会剪彩。

10 月 8 日　中共中央批准了对外贸易部党组《关于对外贸易工作基本总结及今后工作指示》，并对有关方针政策问题做了重要指示。

10 月 29 日　第二个中日民间贸易协议在北京签订。中国国际贸易促进委员会主席南汉宸，副主席雷任民、李烛尘，秘书长冀朝鼎，委员卢绪章，与日本国会议员促进日中贸易联盟访华团团长池田正之辅，副团长江藤夏雄、帆足计、中村良一等分别在协议上签字。

11 月 16 日　对外贸易部发布《进出口贸易许可证制度实施办法》。

11 月 23 日　中国政府与朝鲜政府经济和文化合作协定在北京签订，周恩来总理和朝鲜内阁首相金日成分别代表本国政府签字。

11 月 30 日 中国政府和印度尼西亚政府贸易协定在北京签订。

一九五四年

1 月 3 日 政务院发布《输出输入商品检验暂行条例》。

1 月 23 日 中国政府和苏联政府关于 1954 年交换货物议定书及贷款方式议定书在莫斯科签字。

4 月 8 日 对外贸易部发出《关于进口公司试行商品流转责任分工制度的指示》。

6 月 28 日 应英国工业联合会等 5 个工商团体的邀请,前往英国访问的中国贸易访问团自日内瓦到达伦敦。

8 月 25 日 北京对外贸易学院成立 (1984 年改为对外经济贸易大学)。

10 月 2 日 苏联经济文化建设成就展览会在北京开幕,周恩来总理为展览会剪彩,毛泽东主席和中国政府其他领导人参观了展览会。

10 月 12 日 中国政府和苏联政府科学技术合作协定在北京签订。

10 月 14 日 中国政府和印度政府贸易协定在新德里签订。

10 月 22 日 对外贸易部召开对港澳扩大出口座谈会。

11 月 21 日 英国工商界贸易访问团一行 28 人到京访问。

一九五五年

2 月 11 日 中国政府和苏联政府关于 1955 年贸易协定在莫斯科签字。

4 月 15 日 捷克斯洛伐克社会主义建设成就展览会在北京开幕。周恩来总理、陈云副总理参观了展览会。

4 月 26 日 中国政府和匈牙利政府贸易协定在北京签订。

5 月 4 日 第三个中日民间贸易协定在日本东京签订。中国访日贸易代表团团长雷任民和副团长李烛尘、卢绪章,与日本国际贸易促进协会会长村田省藏、日本国会议员促进日中贸易联盟代表理事池田正之辅等分别在协定上签字。

8 月 22 日 中国政府和埃及政府贸易协定在北京签订。

10 月 15 日 中国商品展览会在日本东京开幕。

11 月 26 日 中国国际贸易促进委员会主席南汉宸设宴欢迎以阿克塞尔·格鲁恩为首的丹麦贸易代表团。

12 月 17 日 中国对外贸易部部长助理卢绪章和乌拉圭东岸共和国驻香港领事莫里西·内伯格就中乌两国之间的贸易问题签署了联合声明。

12 月 31 日 中国政府和黎巴嫩政府贸易协定在贝鲁特签订，江明副部长和黎巴嫩外交部部长萨利姆·拉霍德分别代表本国政府签字。

一九五六年

2 月 17 日 中国政府和南斯拉夫政府贸易协定在贝尔格莱德签订。

2 月 19 日 中国国际贸易促进委员会同法国访华经济代表团经商谈后在北京签订了关于支付问题和支付方式的议定书。

3 月 21 日 毛泽东主席听取了对外贸易部党组关于对外贸易工作情况的报告，并做了重要指示。

4 月 1 日 中国商品展览会在埃及首都开罗开幕。

4 月 16 日 对外贸易部发布《关于下达第一个五年对外贸易计划的命令》。

4 月 30 日 国务院批转《对外贸易部关于进出口商品在国内实行统一调拨作价的请示报告》。

5 月 21 日 巴黎博览会闭幕。在博览会举行期间，有 80 万观众参观了中国展览馆。

6 月 21 日 中国政府和柬埔寨政府关于经济援助的协定在北京签订。

6 月 28 日 国务院发布《关于我国工业品出口问题的几项决定》。

7 月 9 日 中国国际贸易促进委员会副主席冀朝鼎出席由中国、苏联、英国、法国等十国民间贸易团体在巴黎举行的会议，会议讨论了促进东西方贸易的问题。

8 月 22 日 新加坡工商贸易考察团访问中国。

8 月 29 日 中国政府和蒙古国政府关于中国给予蒙古经济和技术援助的协定在乌

兰巴托签订。

10 月 3 日　中国国际贸易促进委员会和新加坡工商业贸易考察团、马来亚联合邦工商业贸易考察团联合声明在北京签订。

10 月 6 日　日本商品展览会在北京开幕。

10 月 7 日　中国政府和尼泊尔政府经济援助协定在北京签订。

10 月 15 日　中日双方贸易促进团体代表在北京联合发表《关于进一步促进中日贸易的共同声明》。

11 月 10 日　中国出口商品展览会在广州开幕。

12 月 24 日　中苏科技合作委员会第五届会议在莫斯科结束，并签订了议定书。

12 月 25 日　日本石桥内阁举行首次会议，决定促进对中国的贸易，并打算在北京和东京互设民间贸易人员。

一九五七年

2 月 11 日　中国政府和民主德国举行技术科学合作常任委员会第三届会议并签订了议定书。

3 月 21 日　中国经济建设展览会在仰光开幕。

3 月 21 日　中国国际贸易促进委员会同日本关西经济界访华友好代表团在北京签订关于促进中日贸易问题的共同声明。

4 月 11 日　中国政府和苏联政府贸易团在莫斯科签订 1957 年的贸易协定。

4 月 25 日　首届中国出口商品交易会在广州开幕。

7 月 28 日　中国政府和阿富汗政府交换货物和支付协定在喀布尔签订。

8 月 19 日　日本盐业访华代表团和中国粮谷油脂出口公司在北京签订一项为期一年的 100 万吨盐的协定。

9 月 19 日　中国政府和锡兰政府经济援助协定在北京签订。

9 月 27 日　中国国际贸易促进委员会和德意志经济东方委员会贸易协定在北京签订。

11 月 1 日 日本访华通商使节团同中国国际贸易促进委员会举行中日贸易谈判。双方签署了一项共同声明。

11 月 8 日 中国政府和瑞典政府贸易协定在斯德哥尔摩签订。

11 月 15 日 国务院发布《关于改进商业管理体制的规定》，对有关对外贸易的外销部分的利润和外汇分成等问题做了规定。

12 月 1 日 中国政府和丹麦政府贸易协定和支付协定在北京签订。

一九五八年

1 月 8 日 中国政府和苏联政府关于苏联帮助中国进行重大科学技术研究议定书在莫斯科签订。

1 月 12 日 中国政府和也门王国政府商务条约在北京签订。

2 月 3-14 日 全国扩大对资本主义国家出口会议在北京召开。

2 月 26 日 中国矿产公司和中国五金电工进口公司同日本钢铁代表团在北京签订中日长期钢铁易货协议。

3 月 5 日 第四个中日民间贸易协定在北京签订。中国国际贸易促进委员会主席南汉宸，副主席雷任民、李烛尘、冀朝鼎等，与日本国会议员促进日中贸易联盟、日本国际贸易促进协会、日中输出入组合三团体组成的通商使节团全体成员在协定上签字。

4 月 21 日 中国政府和匈牙利政府关于 1959 年到 1962 年的长期贸易协定在北京签订。

4 月 23 日 中国政府和苏联政府通商航海条约在北京签订。

5 月 2 日 日本长崎发生日本暴徒侮辱中国国旗事件，岸信介政府采取敌视新中国的政策。

5 月 4 日 中国政府停止签发对日进出口许可证，中日贸易关系陷于中断。

5 月 24 日 对外贸易部发布《关于对资出口经营工作的几项措施和暂行办法》。

6 月 4 日 中国政府和挪威政府贸易和支付协定在北京签订。

8 月 11 日 中国政府和苏联政府就苏联技术援助中国建设的两国间政府协议在莫

斯科签订。

8 月 15 日 中央政治局扩大会议在北戴河召开，通过了《中共中央关于对外贸易必须统一对外的决定》《中共中央关于贸易外汇体制的决定》。

9 月 25 日 中国政府和突尼斯政府贸易协定在突尼斯签订。

10 月 20 日 中华人民共和国建设成就展览会在柬埔寨首都金边开幕。

11 月 2-13 日 中国和保加利亚科学技术合作委员会第三届会议在北京举行。

12 月 8 日 中国国际贸易促进委员会主席南汉宸率领中国代表团出席在开罗举行的亚非经济合作组织第一次会议。

12 月 29 日 中国政府和蒙古政府关于给予蒙古经济技术援助的协定在北京签订。

一九五九年

1 月 3 日 中国政府和伊拉克政府贸易和支付协定在巴格达签订。

1 月 9 日 中国、苏联科学技术合作委员会第八届会议在北京举行，并签订了会议议定书。

2 月 12 日 国务院发出批转商业部、粮食部、外贸郎、卫生部、水产部、轻工业部《关于商品分级管理办法的报告》的通知。

2 月 18 日 中国政府和越南政府关于给予越南经济技术援助的协定和关于 1960 年到 1962 年的长期贸易协定在北京签订。

3 月 18 日 中国科学院和民主德国科学院科学合作协定在柏林签订。

4 月 11 日 中国政府和捷克斯洛伐克政府 1960 年到 1962 年交换货物和付款协定在布拉格签订。

5 月 8 日 对外贸易部发布《关于加强对出口商品品质管制的指示》。

7 月 1-4 日 中苏科学技术合作委员会第九届会议在莫斯科举行。

8 月 3 日 中国国际贸易促进委员会副主席冀朝鼎赴莫斯科参加社会主义国家商会会议。

9 月 16 日 捷克斯洛伐克布尔诺国际博览会中国馆开幕。

9 月 20 日　周恩来总理和日本前首相石桥湛山在北京发表共同声明，提出在中日两国关系中政治和经济不可分的原则。

12 月 31 日　中国食品出口公司与古巴贸易机构经过友好商谈，在平等互利的基础上签订了中国购买古巴原糖的合同。这是中国第一次同古巴签订的贸易合同。

一九六○年

1 月 18 日　中国政府和民主德国政府关于通商航海条约、1960 至 1962 年贸易协定同时在北京签订，国务院副总理李先念和民主德国海因里希·劳分别代表本国政府签字。

3 月 21 日　中国政府和尼泊尔政府经济援助协定在北京签订，周恩来总理和尼泊尔首相毕·普·柯伊拉腊分别代表本国政府签字。

4 月 4 日　全国外贸局长会议在北京召开，会议讨论了建立出口商品基地问题，制订了基地的发展规划。

4 月 30 日　第二届亚非经济会议在开罗举行，会议批准了亚非经济合作组织的章程并选举了这个组织的领导机构，通过了若干决议。中国代表团团长南汉宸发表了书面发言。

5 月 27 日　周恩来总理赴蒙古访问。5 月 31 日，发表了两国联合声明并签订了经济技术援助协定。

7 月 16 日　苏联政府照会中国政府，决定自 1960 年 7 月 25 日至 9 月 1 日撤走全部在华苏联专家 1390 名。同时还片面中止派遣专家 900 多名，撕毁同中国政府签订的 12 个协定和 600 个合同。

7 月 23 日　中国政府与古巴政府贸易和支付协定在哈瓦那签订，卢绪章副部长和古巴国家银行行长格瓦拉分别代表本国政府签字。

8 月 10 日　中共中央发布《关于全党大搞对外贸易收购和出口运动的紧急指示》。

8 月 27 日　周恩来总理接见日中贸易促进会专务理事铃木一雄时提出中日贸易三原则，即：政府协定，民间合同，个别照顾。

10 月 13 日 中国政府和朝鲜政府关于中国向朝鲜供应成套设备和提供技术援助的协定在北京签订。

11 月 30 日 李先念副总理和古巴革命政府经济代表团团长埃尔内斯托·切·格瓦拉在北京签署中国政府和古巴政府经济合作协定。

一九六一年

1 月 2 日 周恩来总理率中国政府友好代表团访问缅甸。

1 月 9 日 中缅两国政府发表联合公报并签订了中国政府和缅甸政府经济技术合作协定。

1 月 31 日 中国政府和越南政府关于中国给予越南贷款的协定在北京签订。

2 月 5 日 《中华人民共和国政府和阿拉伯联合共和国政府贸易协定第三个协定年度议定书》在开罗签订。

3 月 15 日 中国经济展览会在古巴首都哈瓦那开幕。

4 月 23 日 中国政府和阿尔巴尼亚政府关于中国向阿尔巴尼亚供应成套设备和给予技术援助的议定书在北京签订。

4 月 26 日 中国政府和蒙古国政府通商条约在乌兰巴托签订。

5 月 15 日 中国政府和民主德国政府 1961 年贸易协定在北京签订。

6 月 19 日 中国政府和苏联政府关于经济合作和科学技术合作协定在莫斯科签订。

8 月 18 日 中国政府和加纳政府贸易和支付协定、经济技术合作协定在北京签订。

8 月 21 日 中国人民银行和巴西银行支付和贸易协定在北京签订。

9 月 22 日 中国政府和马里政府经济技术合作协定在北京签订。

10 月 11 日 中国政府和印度尼西亚政府经济技术合作协定在北京签订。

10 月 29 日 –11 月 2 日 加纳轻重工业部部长克罗博·埃杜塞率领代表团访问中国，11 月 1 日签订了两国政府间的贸易和支付协定。

一九六二年

1月5日 中国政府和朝鲜政府1962年相互供应货物的议定书在平壤签订。

1月16日 中国政府和越南政府1962年度相互供应货物和付款的议定书在河内订。

2月28日 全国外贸经营管理会议在北京召开，会议制订了《出口商品经营管理工作守则》。

4月25日 中国政府和古巴政府贸易协定书在哈瓦那签订。

10月3日 中国政府和锡兰政府第三个五年贸易协定、经济技术合作协定和换货议定书在北京签字。

11月9日 廖承志和高碕达之助在北京签订关于发展中日两国民间贸易的备忘录。

12月5日 中国政府和越南政府通商航海条约在北京签订。

12月10日 林海云副部长向全国人大常委会做汇报《关于近三年来的对外贸易工作》；21日又做汇报《关于我国对资本主义市场出口贸易的情况》。

12月27日 中国国际贸易促进委员会和日本国际贸易促进协会及日本国际贸易促进协会关西本部三团体签订了中日贸易议定书。

一九六三年

1月5日 中国政府和巴基斯坦政府贸易协定在卡拉奇签订。

2月12日 对外贸易部在北京召开对外出口工作会议。

4月8日 中国政府和罗马尼亚政府间的贸易协定在布加勒斯特签字。

5月15日 中国政府和索马里政府贸易和支付协定在北京签订。

6月29日 中国技术进口公司和日本仓敷人造丝株式会社在北京签订维尼龙成套设备合同。

9月5—27日 国家计委、国家经委、国家财贸办公室、外贸部在北京联合召开全国外贸计划会议，李先念副总理到会做了重要讲话。

12 月 17 日　中国经济贸易展览会在墨西哥首部墨西哥城开幕。

12 月 28 日　中国经济建设成就展览会在马里首都巴马科举行。

一九六四年

4 月 10 日　中国经济贸易展览会在日本东京举行，参观者达 80 万人次。

4 月 19 日　中日备忘录贸易双方代表在北京签署了关于互派代表并互设联络事务所、互换新闻记者和备忘录贸易的会谈纪要。

5 月 16 日　中国经济贸易展览会在智利首部圣地亚哥开幕。

6 月 4 日　由英国四十八家集团组织的英国采矿与建筑设备展览会在北京开幕。

9 月 5 日　法国技术展览会在北京开幕，陈毅副总理出席了开幕式。

9 月 19 日　中国政府和阿尔及利亚政府贸易协定在北京签订。

9 月 29 日　中国政府和中非共和国政府货物交换和支付协定在班吉签订。

10 月 30 日　英国贸易大臣道格拉斯·贾埃访问中国，周恩来总理、李先念副总理分别与之会谈。

11 月 30 日　关于中国、意大利两国互设民间性商务代表办事处的协议在罗马签订。

12 月 9 日　中国国际贸易促进委员会代表团在访问奥地利期间，同奥地利联邦商会签订了中奥两国经济关系的协议。根据协议，双方将在对方首都设立商务代表处。

12 月 21 日　中国政府和阿拉伯联合共和国政府经济技术合作协定在北京签订。

一九六五年

2 月 10 日　中国政府和坦桑尼亚政府贸易协定在北京签订。

5 月 19 日　巴黎国际博览会中国馆开幕。

6 月 8 日　中国政府和阿尔巴尼亚政府关于 1966 年到 1970 年交换货物和付款的协定在北京签订。

8 月 12 日 -9 月 6 日　全国外贸计划会议在北京开幕；8 月 17 日，毛泽东主席和刘少奇主席等中共中央和国家领导人接见了出席会议人员。

9 月 23 日　中国经济建设展览会在罗马尼亚首都布加勒斯特开幕。

9 月 30 日　中国政府和印度尼西亚政府关于经济技术合作协定和贸易协定在北京签订。

11 月 11 日　国务院发布《关于供应出口商品统一作价办法的暂行规定》。

11 月 22 日　法国工业展览会在北京开幕，李先念副总理出席开幕式并参观了展览。

一九六六年

3 月 15 日　中国经济贸易展览会在巴基斯坦首都卡拉奇开幕。

5 月 4 日　中国政府和阿拉伯联合共和国政府 1966 年贸易协定在开罗签订。

5 月 16 日　亚非经济合作组织第五次大会在摩洛哥举行，中国代表团团长侯桐在会上发言，提出了关于发展亚非国家之间的经济合作的五个主张。

9 月 15 日　芬兰赫尔辛基博览会中国馆开幕。

10 月 1 日　中国经济贸易展览会在日本北九州开幕，共接待观众 150 多万人次。

一九六七年

1 月 17 日　中国经济贸易展览会在科威特开幕，1 月 19 日，科威特首相贾比尔·艾哈迈德·贾比尔·萨巴赫接见了中国代表团。

2 月 16 日　中国政府和毛里塔尼亚政府贸易协定在北京签订。陈毅副总理和毛里塔尼亚政府贸易代表团团长比拉尼·马马杜·瓦尼分别代表本国政府签字。

4 月 28 日　中国政府和赞比亚政府贸易协定在北京签订。

8 月 14 日　中国政府向马里政府提供无息、无任何条件和特权的贸易贷款协定在北京签订。

一九六八年

1 月 27 日　国务院、中央军委发出《关于加强对外贸易工作的通知》。

9 月 24 日　中国政府和南也门 (后改名也门民主人民共和国) 政府贸易协定在北京签订。

11 月 20 日　中国政府和阿尔巴尼亚政府就中国给予阿尔巴尼亚贷款、提供技术援助和供应成套设备的议定书在北京签订。

12 月 26 日　中国与巴基斯坦两国政府间签订经济技术合作协定。

一九六九年

2 月 28 日　中国政府向几内亚政府提供商品贷款的协定在北京签订。

12 月 1 日　中国社会主义建设成就展览会在阿尔巴尼亚首都地拉那开幕。

一九七〇年

4 月 14 日　周恩来总理会见日本国际贸易促进协会代表团、松村谦三访华团。提出了对日贸易四项条件。

4 月 26 日　周恩来总理审查第 27 届中国出口商品交易会展馆方案并做了"外贸要促生产，促内贸，促生产，使用、科研相结合"的重要指示。

8 月 7 日　中国与也门两国政府经济技术合作协定在北京签订。

10 月 17 日　中国政府和朝鲜政府关于 1971 年至 1976 年相互供应主要货物协定在北京签订。

11 月 12 日　中国政府和苏联政府的贸易协定在北京签订。

一九七一年

1 月 22 日　中国政府和赤道几内亚政府 1971 年贸易协定在北京签订。

4 月 20 日　中国政府和智利政府贸易协定在圣地亚哥签订。

5 月 29 日　中国政府和巴基斯坦伊斯兰共和国边境贸易签字仪式在我国乌鲁木齐举行。

7 月 29 日　中国政府和塞拉勒窝内（后改名塞拉利昂）政府贸易和支付协定在北京签订。

10 月 9 日　中国政府和埃塞俄比亚政府贸易协定在北京签订。

10 月 25 日　第二十六届联合国大会决定恢复中华人民共和国在联合国的合法席位和一切合法权利。联合国各"专门机构"等组织也相继恢复了中国的合法权利。

10 月 29 日　中国政府和意大利政府贸易和支付协定在罗马签订。

11 月 14 日　中国对外贸易部和圭亚那贸易部关于两国进出口商品的协议在北京签订。

12 月 10 日－1972 年 1 月 29 日　全国外贸计划座谈会在北京召开，研究拟订《第四个五年计划期间发展对外贸易出口规划的初步设想》。

一九七二年

1 月 6 日　中国政府和布隆迪政府贸易协定在北京签订。

4 月 13 日　周化民副部长率领中国代表团出席在智利首都圣地亚哥举行的第三届联合国贸易发展会议。

5 月 11 日　对外贸易部发布《关于把好出口商品质量检验关的通知》。

6 月 23 日　中国政府和卢旺达政府贸易协定在北京签订。

8 月 9 日　中国政府和秘鲁政府贸易协定在利马签订。

8 月 17 日　中国政府和喀麦隆政府贸易协定在北京签订。

8 月 17 日　加拿大全国展览会中国馆开幕。

9 月 25 日　中国建设成就展览会在意大利首都罗马开幕。

10 月 3 日　中华人民共和国代表张建华、副代表李志敏参加联合国贸易发展理事会在日内瓦举行的第 12 届会议。

11 月 2 日　中国政府和奥地利政府贸易和支付协定在北京签订。

11 月 8 日　中国政府和圭亚那政府 1973 年进出口商品协议在北京签订。

12 月 29 日　中国政府和达荷美 (后改称贝宁) 政府贸易和支付协定在北京签订。

一九七三年

1 月 14 日　中国政府和扎伊尔政府贸易协定在北京签订。

1 月 17 日　经国务院批准，中华人民共和国对外贸易部商品检验局改为中华人民共和国商品检验局。

3 月 26 日　英国工业技术展览会在北京举行。

4 月 8 日　中国政府和伊朗政府贸易协定在北京签订。

4 月 22 日　中国政府和墨西哥政府贸易协定在北京签订。

5 月 22 日　中国政府和希腊政府贸易和支付协定在北京签订。

7 月 5 日　中国政府和联邦德国政府贸易和支付协定在波恩签订。

7 月 24 日　中国政府和澳大利亚政府贸易协定在堪培拉签订。

9 月 19 日　中国政府和塞浦路斯政府贸易和支付协定在北京签订。

10 月 9 日　中国政府和新西兰政府贸易协定在北京签订。

10 月 13 日　中国政府和加拿大政府贸易协定在北京签订。

11 月 23 日　中国政府和塞内加尔政府贸易协定、经济技术合作协定在北京签订。

一九七四年

1 月 5 日　中国政府和日本政府贸易协定在北京签订。

2 月 12 日　中国政府和牙买加政府经济技术合作协定在金斯敦签订。

5 月 30 日　西班牙巴塞罗那博览会中国馆开幕。

7 月 13 日　中华人民共和国展览会在日本大阪开幕。

7 月 16 日　中国政府和土耳其政府贸易协定在北京签订。

8 月 31 日　希腊萨洛尼卡博览会中国馆开幕。

9 月 14 日　墨西哥经济贸易展览会在北京开幕。

9 月 17 日　中国经济贸易展览会在新西兰首部惠灵顿开幕。

9 月 23 日　中国政府和菲律宾政府在北京签署关于进一步发展两国贸易的换文。

10 月 6 日　中国政府和加蓬政府贸易协定在北京签订。

10 月 18 日　中国经济贸易展览会在澳大利亚首都堪培拉开幕。

12 月 20 日　中国政府和瑞士政府贸易协定在伯尔尼签订。

一九七五年

4 月 10 日　中国与比利时、荷兰、卢森堡三国在北京互换照会，确认达成商标注册互惠协议。

6 月 9 日　中国政府和菲律宾政府贸易协定在北京签订。

6 月 13 日　中华人民共和国展览会在联邦德国开幕。

7 月 6 日　中国与伊拉克两国形成贸易和经济技术合作会谈纪要。

7 月 10 日　中国政府和厄瓜多尔政府贸易协定在北京签订。

9 月 5 日　德意志联邦共和国技术展览会在北京举行。

10 月 1 日　中华人民共和国展览会在朝鲜首都平壤开幕。

10 月 14 日　联合国贸发会议秘书长柯里亚访问中国，就第四届联合国贸发会议议题交换意见。

11 月 5 日　中国政府和冈比亚政府贸易协定在北京签订。

11 月 18 日　日本工业技术展览会在北京开幕。

12 月 25 日　中国政府与圣多美和普林西比政府贸易协定在北京签订。

一九七六年

3 月 10 日　中国政府与柬埔寨政府关于经济合作协定在金边签订。

3 月 25 日　中华人民共和国展览会在泰国首都曼谷开幕。

4 月 24 日　比利时布鲁塞尔国际博览会中国馆开幕。

6 月 10 日　中国政府与科摩罗政府经济技术合作协定在北京签订。

9 月 26 日　中国政府与牙买加政府贸易协定在北京签订。

10 月 1 日　中国经济贸易展览会在菲律宾首都马尼拉开幕。

11 月 16 日　中国政府与中非共和国政府贸易协定在北京签订。

一九七七年

1 月 4 日　中国政府与孟加拉国政府贸易协定在北京签订。

2 月 2 日　中国政府与阿根廷政府贸易协定在布宜诺斯艾利斯签订。

3 月 30 日　日本经济团体联合会会长上光敏夫率领全体副会长访华，李先念副总理会见了代表团全体成员。

4 月 22 日　中国经济贸易展览会在荷兰阿姆斯特丹开幕。

5-9 月　中华人民共和国展览会先后在日本名古屋、北海道、北九州举办。

9 月 29 日　中国和日本国商标保护协定在北京签订。

一九七八年

1 月 7 日　中国政府与巴西政府贸易协定在北京签订。

2 月 16 日　中日长期贸易协议在北京签订。

3 月 25 日　中国政府与埃及政府签订 1978 年贸易议定书。

3 月 31 日　中国政府与泰国政府贸易协定在北京签订。

4 月 3 日　中国政府与欧洲经济共同体贸易协定在布鲁塞尔签订。

5 月 19 日　中国政府与罗马尼亚政府经济技术合作协定在北京签订。

6 月 19 日　中国政府与西班牙政府贸易协定在北京签订。

8 月 9 日　中国政府与利比亚政府贸易协定在北京签订。

8 月 22 日　中国代表团出席在布宜诺斯艾利斯举行的联合国发展中国家技术合作大会，会议通过了《促进和加强发展中国家技术合作行动计划》。

8 月 26 日　中国政府与南斯拉夫政府长期经济、科学和技术合作协定在贝尔格莱德签订。

11 月 17 日　中共中央、国务院批准国家基本建设委员会和对外经济联络部负责人《关于拟开展对外承包建筑工程的报告》。

12 月 4 日　中国政府与法国政府关于发展经济关系和合作的长期协定在北京签订。

12 月 5 日　中国政府与瑞典政府关于工业和科学技术合作协定在北京签订。

12 月 8 日　国务院转发《进口成套设备检验工作的试行规定》。

一九七九年

1 月 12 日　对外贸易部负责人就中国大陆与台湾地区的贸易问题发表谈话，指出台湾是中华人民共和国的领土，同台湾开展贸易是地区间的物资交流。

1 月 15 日　中国经济贸易展览会在孟加拉国首都达卡开幕。

4 月 23 日　中国政府与意大利政府经济技术合作协定在罗马签订。

5 月 8 日　对外贸易部发布《关于开展对台湾贸易的暂行规定》。

5 月 15 日　中国政府与瑞典政府贸易协定在斯德哥尔摩签订。

5 月 29 日　中国政府与芬兰政府经济、工业和科技合作协定在赫尔辛基签订。

6 月 29 日　中国政府与联合国开发计划署之间的协定在纽约签订。

7 月 1 日　全国人大常委会公布施行《中华人民共和国中外合资经营企业法》。

7 月 7 日　中国政府与美国政府贸易关系协定在北京签订。

7 月 8 日　中国政府与菲律宾政府长期贸易协定在北京签订。

7 月 15 日　中共中央批转广东省委、福建省委关于对外经济活动实行特殊政策和灵活措施的两个报告。

7 月 18 日　中国政府与欧洲经济共同体委员会在北京签署中国与欧洲共同体纺织品贸易协议。

7 月 23 日　中共中央、国务院决定设立国家进出口管理委员会和国家外国投资管理委员会。

8 月 13 日　国务院发布《关于大力发展对外贸易增加外汇收入的若干问题的规定》。

9 月 3 日　国务院发布《开展对外加工装配和中小型补偿贸易办法》。

9 月 14 日　国务院批转国家进出口管理委员会《关于京、津、沪三市出口工作座谈会纪要的报告》。

9 月 14 日　中国政府与丹麦政府经济和技术合作协定在北京签订。

10 月 17 日　余秋里副总理和法国外贸部长让·弗朗索瓦·德尼奥在巴黎签署《关于中法经济关系的发展》文件。

10 月 19 日　中国政府与加拿大政府经济合作议定书在渥太华签订。

10 月 24 日　中国政府与联邦德国政府经济合作协定在波恩签订。

11 月 20 日 – 12 月 18 日　全国进口工作会议在北京召开，谷牧副总理到会做了讲话。

11 月 23 日　中国与比利时 – 卢森堡经济联盟发展经济、工业、科学和技术合作协定在北京签订。

12 月 29 日　中国政府与新加坡政府贸易协定在北京签订。

一九八〇年

1 月 4 日　国务院批准《关于积极开展承包项目的几个问题的请示》，决定对在国外开展承包工程业务的公司采取扶持措施。

2 月 7 日　中国对外贸易部和阿拉伯也门供应贸易部 1980 年至 1984 年贸易议定书在萨那签订。

2 月 9 日　国务院发布《关于改革海关管理体制的决定》，并决定成立中华人民共和国海关总署。

2 月 29 日　国务院决定成立中华人民共和国进出口商品检验总局，为国务院直属局，由对外贸易部代管。

4 月 17 日　经国务院批准，长江沿岸开办 8 个对外贸易运输港口。

6 月 3 日　国家进出口管理委员会、对外贸易部发布《关于出口许可证制度的暂行办法》。

6 月 7 日　中国政府与阿根廷政府经济合作协定在北京签订。

7 月 1 日　国务院决定成立中华人民共和国进出口商品检验总局(简称国家商检总局)，为国务院直属局。

7 月 4 日　中国政府与葡萄牙政府贸易协定在北京签订。

8 月 10 日　国家进出口管理委员会发布关于《出口工业品专厂试行办法》和《出口农副产品生产基地试行办法》的通知。

8 月 19 日　对外贸易部发布《关于对台湾贸易管理试行办法》。

8 月 26 日　国家进出口管理委员会、对外贸易部发布《对外贸易进口管理试行办法》《对外贸易地方进口管理试行办法》。

9 月 17 日　中美两国政府签订纺织品贸易协议。

9 月 25 日　中国政府与挪威政府经济、工业和技术合作协定在北京签订。

10 月 6 日　中国政府与科威特国政府贸易协定在科威特签订。

10 月 14 日　中国政府与阿曼政府贸易协定在北京签订。

10 月 22 日　中国政府与美国政府粮食贸易协议在北京签订。

10 月 30 日　中国政府与荷兰政府经济技术合作协定在北京签订。

11 月 5 日　中国政府与奥地利政府经济、工业和技术合作协定在维也纳签订。

11 月 17 日　美国经济贸易展览会在北京开幕。

12 月 10 日　国务院批准成立厦门经济特区，福建省人民政府决定成立厦门经济特区管委会。

12 月 12-27 日　全国进出口工作会议在北京召开，谷牧副总理到会做了重要讲话。

12 月 18 日　国务院发布《中华人民共和国外汇管理暂行条例》。

12 月 20 日　中国政府与古巴政府 1981 至 1985 年贸易协定在北京签订。

一九八一年

1 月 19 日　对外贸易部发布《关于外商要求在各地设立常驻代表机构的审批手续》。

1 月 21 日　国务院发布《技术引进和设备进口工作暂行条例》。

3 月 30 日　"欧洲经济共同体－中国贸易周"在布鲁塞尔开幕。

5 月 9 日　葡萄牙里斯本国际博览会中国馆开幕。

5 月 22 日　中国政府与澳大利亚政府经济合作议定书在堪培拉签订。

7 月 6 日　中国国际贸易学会成立，周化民任会长。

7 月 17 日　中国政府与哥伦比亚政府贸易协定在北京签订。

7 月 19 日　中共中央、国务院批转《广东、福建两省和经济特区工作会议纪要》。

10 月 2 日　中国政府与澳大利亚政府关于技术合作促进发展计划的协定在北京签订。

10 月 24 日，中国国际贸易促进委员会和阿拉伯商会代表团签订了促进中国和阿拉伯国家经贸关系的协议。

10 月 31 日　中国国际经济咨询公司在北京正式成立。

11 月 20 日　中国政府与尼日利亚政府贸易协定在拉各斯签订。

12 月 15 日　对外贸易部发布对外贸易企业《财务管理办法》和《基本业务统一会计制度》。

12 月 23 日　中国投资银行在北京正式成立。

12 月 24 日　对外贸易部、国家进出口管理委员会发布关于《进一步办好出口商品生产基地、专厂的没想》的通知。

一九八二年

1 月 7 日　国务院批转对外贸易部《关于出口商品实行分类经营的规定的请示》。

1 月 15 日　中共中央、国务院批转《沿海九省、市、自治区对外经济贸易工作座谈会纪要》。

3 月 8 日　第五届人大常委会第二十二次会议决定将国家进出口管理委员会、对外贸易部、对外经济联络部和外国投资管理委员会合并，设立对外经济贸易部。

4 月 16 日　中国恢复黑龙江省和内蒙古自治区同苏联的边境贸易。

6 月 7-10 日　我国对外经济贸易部与联合国工业发展组织共同举办的中国投资促进会在广州举行。

6 月 11 日　中国政府与芬兰政府长期贸易协定在赫尔辛基签订。

6 月 15 日　中国政府与挪威政府长期贸易协定在奥斯陆签订。

7 月 15 日　国务院发布《批转对外经济贸易部关于在主要口岸设立特派员办事处和〈对外经济贸易部特派员办事处暂行条例〉的请示的通知》。

8 月 9 日　中国政府与莫桑比克政府贸易协定在北京签订。

9 月 10 日　全国进出口许可证管理工作会议在杭州召开。

9 月 29 日 -10 月 20 日　全国对外经济贸易计划会议在北京召开。

10 月 4 日　中国政府与葡萄牙政府经济、工业和技术合作协定在北京签订。

10 月 28 日　中国政府与朝鲜政府关于 1982 年到 1986 年相互供应主要货物的协定在平壤签订。

11 月 24 日　中国政府代表团列席关贸总协定缔约国大会。

一九八三年

1 月 19 日　对外经济贸易部对外贸易管理局局长沈觉人受权宣布，由于美国政府对中国纺织品实行单方面进口限制，中国政府决定停止批准自美国进口棉花、大豆、化纤的新合同并削减从美国进口其他农产品的计划。

3 月 24 日　国务委员兼对外经济贸易部部长陈慕华赴英国、马耳他、法国、奥地利、比利时等国以及欧洲经济共同体委员会、联合国工发组织访问。

3 月 28 日　对外经济贸易部顾问石林率领代表团以特邀客人身份列席在布宜诺斯

艾利斯召开的第五届七十七国集团部长级会议。

5 月 16 日　国务院决定扩大上海市对外经济贸易的管理权限，使上海市在国家计划指导下，在利用外资、引进技术、对外贸易、劳务出口等方面有较多的自主权。

5 月 23 日　中国国际贸易促进委员会副主任任建新率领代表团参加国际保护工业产权协会在巴黎召开的第 32 届例会，该协会正式接纳了中国分会。

6 月 9 日　姚依林副总理应邀赴贝尔格莱德出席第六届联合国贸发会议并讲话。

6 月 25 日　中国政府与希腊政府经济技术合作协定在北京签订。

7 月 20 日　全国经贸企业整顿会议在青岛召开。

9 月 13 日　国务院批准对外经济贸易部、国家工商行政管理局制订的《出口商品商标管理办法》。

9 月 20 日　国务院发布《中华人民共和国中外合资经营企业法实施条例》。

10 月 27 日　中国银行首次开办的出口买方信贷在上海正式签订第一笔贷款。

11 月 1 日　欧洲经济共同体主席托恩访问中国，同中国有关部门就扩大中国与该组织的经济贸易关系问题进行了会谈。从此，中国与该组织的关系扩大到整个欧洲共同体。

12 月 30 日　国务院发布《关于当前外贸工作问题的通知》。

一九八四年

1 月 10 日　国务院发布《中华人民共和国进口货物许可证制度暂行条例》。

1 月 18 日　中国正式参加国际纺织品贸易协议。

1 月 28 日　国务院发布《中华人民共和国进出口商品检验条例》。

6 月 25 日　中国政府与匈牙利政府经济技术合作协定在布达佩斯签订。

6 月 30 日　中国政府和波兰政府经济技术合作协定在华沙签订。

7 月 6 日　中国政府和捷克斯洛伐克政府经济技术合作协定在布拉格签订。

9 月 9 日　中国政府和南斯拉夫政府一九八六至一九九〇年贸易协定在贝尔格莱德签订。

9 月 12 日　对外经济贸易部发出《关于对沿海开放城市下放进出口等管理审批权的通知》。

9 月 15 日　国务院批转对外经济贸易部《关于外贸体制改革意见的报告》。

9 月 15 日　中国政府和保加利亚政府经济和技术合作协定在索菲亚签订。

9 月 17 日　中国政府和民主德国政府经济合作协定在柏林签订。

9 月 26 日　中国、欧洲经济共同体部长级会晤第一次会议在北京举行。

10 月 4 日　国务院批准了国家计委《关于改进计划体制的若干暂行规定》，并通知各地区、各部门从 1985 年开始试行。

10 月 14 日　中国与瑞典纺织品及纺织制品贸易协定在北京签订。

10 月 20 日　中共十二届三中全会通过《中共中央关于经济体制改革的决定》，规定外贸体制改革"既要调动各方面积极性，又要实行统一对外"的总的指导原则。

10 月 29 日　全国对外经济贸易工作会议在北京召开，田纪云副总理到会做了重要讲话。

11 月 14 日　全国人大常委会通过中国加入《保护工业产权巴黎公约》的决定。

11 月 18 日　国务院发布《中华人民共和国国务院关于经济特区和沿海 14 个港口城市减征、免征企业所得税和工商统一税的暂行规定》，并自 1984 年 12 月 1 日起试行。

12 月 20 日　对外经济贸易部发布《边境小额贸易暂行管理办法》。

12 月 28 日　中国政府与苏联政府经济技术合作协定在北京签订。

一九八五年

1 月 1 日　根据国务院批转的对外经济贸易部《关于外贸体制改革意见的报告》，经 1984 年 10 月全国对外经贸会议讨论决定，从 1985 年 1 月 1 日起，外贸实行政企职责分开。

1 月 14 日　对外经济贸易部发布《关于调整出口农副产品奖售政策和管理办法的通知》。

1 月 31 日　对外经济贸易部部长代表王品清和蒙古对外贸易部副部长纳·巴布在

乌兰巴托换文，确认中蒙进行边境贸易。

3 月 7 日　国务院发布《中华人民共和国进出口关税条例》。

3 月 18 日　对外经济贸易部发布《关于出口许可证分级管理有关问题的通知》。

3 月 21 日　第六届全国人民代表大会常委会通过《中华人民共和国涉外经济合同法》，同年 7 月 1 日开始实行。

3 月 29 日　国务院批转并发布对外经济贸易部、国家计划委员会、国家外汇管理局《出口商品外汇留成办法》的通知。

4 月 1 日　国务院发布《关于狠抓出口保证国家外汇收入的通知》。

4 月 16 日　中国和法国关于发展经济关系和合作的长期协定以及法国政府向中国政府提供贷款的两个文件在北京签订。

5 月 1 日　对外经济贸易部设立审计监督机构。

5 月 21 日　中国 – 欧洲经济共同体贸易和经济合作协定在布鲁塞尔签订。

5 月 24 日　国务院发布《中华人民共和国技术引进合同管理条例》。

6 月 3 日　中英两国政府间在伦敦签订经济合作协定。

7 月 5 日　中国国际贸易促进委员会主任王耀庭和印度尼西亚工商会主席苏坎达尼在新加坡签署了关于中国和印尼两国恢复直接贸易的谅解备忘录。

7 月 10 日　中国政府与苏联政府关于 1986 年至 1990 年交换货物和付款的协定在莫斯科签订。

7 月 16 日　李鹏副总理和加拿大国际贸易部长凯莱赫签署了延长中加贸易协定的换文。

7 月 15 日　中国政府与民主德国政府关于 1986 年至 1990 年交换货物和付款的协定在北京签订。

7 月 29 日　国务院批准把厦门经济特区的范围扩大到厦门全岛和鼓浪屿全岛，总面积为 131 平方公里，并在这个特区逐步实行自由港的某些政策。

8 月 4 日　中国政府和埃及政府长期贸易协定在北京签订。

9 月 18 日　对外经济贸易部发布《技术引进合同审批办法》。

10 月 11 日　中国政府和罗马尼亚政府 1986 年至 1990 年相互供应主要货物的长期

贸易协定和现汇易货协定在北京签订。

10 月 19 日 国务院发出批转国家计委等八个部门《关于扩大机电产品出口报告》的通知。

12 月 15 日 中国国际贸易促进委员会和联合国亚太经社会联合举办的亚太国际贸易博览会在北京开幕，全国人大常委会委员长彭真为开幕式剪彩。

12 月 3 日 中国政府和阿尔巴尼亚政府 1986 年至 1990 年换货和付款协定在北京签订。

一九八六年

1 月 22 日 中日长期贸易协议项下 1986 年至 1990 年石油、煤炭安排事项在东京签订协议。

2 月 6 日 国务院发出《关于鼓励出口商品生产扩大出口创汇的通知》。

3 月 7 日 对外经济贸易部发布《鼓励出口收汇奖励办法实施细则》和《出口专项奖金实施办法》。

3 月 15-21 日 中苏经济、贸易、科技合作委员会第一次会议在北京举行。

3 月 24 日 国务院发布批转农牧渔业部、对外经贸部、商业部《关于建立农副产品出口生产体系的报告》的通知。

5 月 8 日 中国政府与爱尔兰政府经济、工业、科学和技术合作协定在都柏林签订。

6 月 2-27 日 联合国开发计划署第 33 届理事会在日内瓦举行。对外经济贸易部部长助理沈觉人率领中国代表团参加，会议通过了对华援助第二周期方案。

6 月 9 日 对外经济贸易部发出《关于下达第七个五年对外贸易计划的通知》。

6 月 9-19 日 第二届亚太经社会理事会贸易部长会议在曼谷举行，王品清副部长率领中国代表团出席会议。

7 月 1 日 欧洲经济共同体委员会主席德洛尔访华，郑拓彬部长同德洛尔就发展双方经济贸易关系问题进行了会谈。

7 月 11 日 中国驻日内瓦联合国常驻代表钱嘉栋大使向关贸总协定总干事邓克尔

提交了中国政府关于恢复中国在关贸总协定缔约国地位的申请。

9 月 14-19 日　全国技术贸易工作会议在北京召开。

9 月 15-20 日　关税及贸易总协定缔约国部长级会议在乌拉圭埃斯特角城召开。沈觉人部长助理率领中国政府代表团出席会议，取得了中国全面参加第八轮多边贸易谈判的资格。

9 月 23 日　中国、法国、英国三国的有关银行和公司在北京签署关于建设广东大亚湾核电站的贷款协议和供货合同，李鹏副总理出席了签字仪式。

10 月 3-10 日　全国对外贸易出口计划会议在北京召开，姚依林副总理到会做了重要讲话。

10 月 8 日　对外经济贸易部发布《对外贸易开发新商品出口管理暂行办法》。

10 月 11 日　国务院发布关于鼓励外商投资的规定，并自发布之日起实施。

11 月 6 日　中国对日经济贸易工作协调组在北京成立，贾石任首席顾问，沈觉人任组长。

11 月 19 日　美国助理贸易代表纽柯克率代表团访华，同以对外经济贸易部部长助理沈觉人为首的中国代表团进行第一轮中美总协定问题双边磋商。

12 月 1 日　对外经济贸易部发布《外贸企业基本业务统一会计制度》。

12 月 2 日　全国人大常委会决定中国加入《承认及执行外国仲裁公约》。

12 月 12 日　苏联工业贸易展览会在北京开幕。

一九八七年

1 月 22 日　第六届全国人民代表大会常委会通过《中华人民共和国海关法》，自 1987 年 7 月 1 日起施行。

2 月 16 日　外贸专业公司开始实行出口承包经营责任制。

3 月 29 日　中国出口商品包装改进成果展览会在北京举行，姚依林副总理参观了展览会。

4 月 29 日　国务院办公厅转发国家经委、对外经贸部、国家商检局《关于加强出口商品质量管理工作的意见》。

6 月 4 日　中国国际贸易促进委员会举行庆祝该会成立 35 周年暨第二次全体委员会议，姚依林、田纪云副总理等到会祝贺，薄一波名誉会长出席会议并讲话。

6 月 10 日　对外经济贸易部副部长李岚清率领代表团访问欧洲经济共同体，在布鲁塞尔与欧洲共同体代表团进行第一轮关贸总协定问题双边磋商。

6 月 16 日　中国对外经济贸易广告协会与英国《南方》杂志共同举办的第三世界广告大会在北京举行，万里代总理参加开幕式并讲话，李先念主席会见了各国代表。

7 月 9 日 -8 月 3 日　联合国第七届贸发会议在日内瓦举行，田纪云副总理到会发表讲话，沈觉人部长助理率领代表团出席会议。

8 月 25 日　李岚清副部长同卢森堡副首相兼外交大臣普斯在北京就双边经贸合作问题进行了会谈。

9 月 7 日　国家经委、对外经贸部、海关总署、国家商检局发布《进口商品质量监督管理办法》。

9 月 12 日　国务院修订并发布《中华人民共和国进出口关税条例》。

9 月 26 日　国务院发出《关于批转对外经济贸易部一九八八年外贸体制改革方案的通知》，决定在轻工业品、工艺品、服装三个出口行业实行自主经营、自负盈亏的试点改革等一系列改革措施。

10 月 17 日　中国政府与冰岛政府贸易协定在北京签订。

10 月 21-24 日　全国外贸外汇工作会议在广东省中山市召开。

10 月 24 日　关税和贸易总协定总干事邓克尔到中国访问。国务委员张劲夫和对外经济贸易部部长助理沈觉人分别同邓克尔举行了会谈，双方就恢复中国关贸总协定缔约国地位问题进一步交换意见。

10 月 25 日　中共第十三次代表大会提出加快和深化经济体制改革的方针，并且明确指出："为了更好地扩大对外贸易，必须按照有利于促进外贸企业自负盈亏、放开经营、工贸结合、推行代理制的方向，坚决地有步骤地改革外贸体制。"

11 月 11 日　对外经济贸易部海外贸易中心工作会议在北京召开。

11 月 25 日　郑拓彬部长率领中国政府经济贸易代表团访问古巴，11 月 27 日同古巴外贸部长里卡多·卡布里萨斯在哈瓦那签署了中古 1988 年贸易议定书，以及关于成立部长级经贸混委会的换文。

12 月 4 日　中国工业技术出口交易会在香港举行。

12 月 12-16 日　全国出口商品收购价格工作会议在福州召开。

12 月 13-19 日　全国乡镇企业出口创汇工作会议在北京召开。李鹏、田纪云、李铁映等领导人会见了会议代表并做重要讲话。

12 月 25 日　新华社报道：最近国务院批准中国化工进出口公司作为第一个国际化经营承包的试点，大胆向跨国集团公司迈进。

12 月 30 日　国务院批准《中华人民共和国技术引进合同管理条例施行细则》。

一九八八年

1 月 4 日　沈觉人部长助理率领中国政府经济代表团访问印度，同印度政府商务秘书瓦尔玛进行了第一轮中印关贸总协定问题双边磋商。

1 月 30 日　中共中央和国务院领导人在中南海会见对外经济贸易部领导人和各司、局以及各外贸专业总公司与部分工贸公司负责人，李鹏代总理做了重要讲话。

2 月 26 日　国务院发布《关于加快和深化对外贸易体制改革若干问题的规定》，全国开始全面推行外贸承包经营责任制。

3 月 20-25 日　全国工贸联营会议在广东省江门市召开。

4 月 1 日　中国政府与马来西亚政府贸易协定在北京签订。

5 月 14-19 日　全国银贸工作会议在四川省成都市召开。

6 月 14-18 日　全国对外加工装配工作会议在广东东莞市召开。

6 月 28 日　中国国际贸易促进委员会开始同时使用"中国国际商会"的名称。

7 月 3 日　国务院发布《关于鼓励台湾同胞投资的规定》。

7 月 5 日　国务院发出通知：下放外资企业审批权，授权省、区、市经济特区和计划单列市政府审批。国务院这一决定是根据《中华人民共和国外资企业法》第六条规定做出的。

7 月 15 日　中国对外技术交易会在深圳举行。

10 月 4 日　经贸部采取五项措施治理外贸环境，整顿外贸秩序。

10 月 4-8 日　全国外贸出口工作会议在北京召开，田纪云副总理到会做了重要话。

10 月 19 日　国家机构编制委员会批准对外经济贸易部的"三定"方案，按照"转变职能、下放权力、调整结构、精简人员"的原则，重新确定了对外经济贸易部的职能、机构和人员编制。

10 月 17-20 日　全国进口工作会议在广州召开。

10 月 22 日　中国和安哥拉在北京签署了关于成立中安经济、技术和贸易合作混合委员会的协定，国家主席杨尚昆和安哥拉总统多斯桑托斯出席了签字仪式。

11 月 11 日　中国驻美国大使韩叙和沙特阿拉伯驻美国大使班达尔·本·苏尔坦亲王分别代表本国政府在华盛顿签署了两国互设商务代表处的谅解备忘录。

12 月 5 日　对外经济贸易部副部长沈觉人率领中国代表团出席在加拿大蒙特利尔举行的乌拉圭回合多边贸易谈判部长级中期审评会议。这是新中国成立以来首次正式参加国际多边贸易谈判。

一九八九年

1 月 8 日　对外经济贸易部机构改革方案经国务院批准付诸实施。

2 月 13-18 日　国家外汇管理局全国分局长会议在京举行。

3 月 5 日　经国务院批准，国家外汇管理局发布了《境外投资外汇管理办法》。

7 月 11 日　经国务院批准，国家外汇管理局颁布了《关于对华侨港澳台胞捐赠外汇参加外汇调剂的暂行规定（附英文）》。

11 月 10 日　国务院批转了经贸部《关于进一步清理整顿各类对外经济贸易公司的意见》。

12 月 9 日　第一次全国外贸法律工作会议在京举行。

12 月 15 日　国家外汇管理局宣布，人民币汇率将从 12 月 16 日起下调 21.2%。

一九九〇年

1 月 6 日　外经贸部在福建召开全国第三次进出口许可证管理工作会议。

3 月 14 日　日本兴业、第一劝业、住友和三和四家银行决定恢复对我国贷款，第一批款额共约 2000 万美元。

4 月 24 日　中国和苏联在莫斯科签署了中国政府与苏联政府关于中国向苏联提供日用消费品的政府贷款协定、中国政府与苏联政府在中国合作建设核电站，以及苏联向中国提供政府贷款的备忘录。

5 月 1-17 日　江泽民总书记考察海南省，指出兴办海南特区决策正确，在海南实行各项政策不变，支持海南吸收外商投资，进行成片开发。

6 月 11 日　国务院批转了《1990 年经济特区工作会议纪要》，并发出通知强调，支持特区更好地发展外向型经济，充分发挥特区在对外开放中的窗口和基地作用。

8 月 1-4 日　全国外贸出口工作会议在北京举行。

8 月 19 日　李鹏总理签署国务院令，发布《国务院关于鼓励华侨和香港澳门同胞投资的规定》。

11 月 7 日　中国外商投资企业协会第二届会员代表大会在京举行。

12 月 18 日　中国中日长期贸易协议委员会与日本日中长期贸易协议委员会委员长河合良一在东京签订了新的中日长期贸易协议。

一九九一年

1 月 23 日　1991 年我国将进一步改革和完善对外贸易体制。外经贸部新闻发言人指出，新出台的改革方案，主要是在已经调整人民币汇率的基础上，建立外贸企业自负盈亏机制，使外贸逐步走上统一政策、平等竞争、自主经营、自负盈亏、工贸结合、推行代理制的轨道。

2 月 21 日　对外经济贸易部发出第 1 号公告，要求国内各有关单位加强对纺织品配额的管理。

4 月 6 日　全国技术进出口会议在济南召开。

4 月 9 日　七届全国人大四次会议审议通过了《中华人民共和国外商投资企业和外国企业所得税法》

6 月 10 日　国务院关税税则委员会召开《税则》审订会议。会议审订的《税则》是将现行《税则》转换采用《商品名称及编码协调制度》目录，《协调制度》目录在国际上大多数国家和地区已经使用，它标志着我国关税制度一项重大改革。

8 月 29 日　外经贸部制定《关于对外贸易代理制的暂行规定》。

9 月 2 日　全国外贸出口工作会议在京召开。

10 月 22-25 日　中美关于市场准入和知识产权问题的谈判在北京举行。

11 月 15 日　全国出口商品原产地工作会议在京举行，会议拟修改《中华人民共和国出口货物原产地规则》《中华人民共和国出口货物原产地证明书签发管理新章法》等法规，以加快出口商品原产地的立法工作，使中国对外贸易体制逐步符合国际贸易规范。

一九九二年

2 月 13 日　以外经贸部副部长佟志广为团长的中国代表团参加了在日内瓦举行的关贸总协定中国工作组第十次会议。这次会议基本结束了对中国外贸制度的评估和答疑阶段，进入了中国恢复关贸总协定地位议定书的实质性谈判阶段。

2 月 14 日　《人民日报》报道：我国海陆空一类口岸目前已有 154 个对外开放，比 1978 年增加了两倍。

3 月 5 日　中国与俄罗斯在北京签署了中俄政府间经济贸易关系协定、关于鼓励和相互保护投资协定。

7 月 25 日　《人民日报》报道，外经贸部将调整政策，扩大利用外资的领域，进一步深化外贸进出口体制改革及外贸企业的改革。

8 月 26-29 日　全国外贸企业转换经营机制座谈会在广州举行。

9 月 10 日　外经贸部部长李岚清随同国务委员兼外交部部长钱其琛出席在泰国曼

谷举行的第四届亚太经济合作部长级会议（APEC）。

10 月 3-10 日　以外经贸部副部长佟志广为团长的中国政府代表团在华盛顿与美国贸易代表办公室就中美市场准入问题进行第九轮谈判。

12 月 4 日　新华社报道：国务院关税税则委员会决定从 1992 年 12 月 13 日起降低 3000 多个税目商品的进口关税税率。这次调税将使我国关税总水平下降 7.3%，是历次调税涉及商品范围最广、水平下降幅度最大的一次。

12 月 30 日　新华社报道：我国外贸体制改革又出台新措施：从 1993 年 1 月 1 日起，实行出口许可证管理商品的分配权．并取消把出口商品分为一、二、三类的做法，使外贸企业可以进一步放开经营。

一九九三年

3 月 21 日　《国际商报》报道：根据 1992 年 10 月 10 日达成的中美市场准入谅解备忘录中的规定，中国将采取措施，逐步放宽对进口的限制，如取消和减少进口许可证、进口配额、进口控制等。

3 月 26 日　《人民日报》报道：国务院批转国家体改委《关于 1993 年经济体制改革要点》并发出通知。

3 月 29 日　中德在北京签署了关于成立中德经济合作投资委员会的意向书和关于中德中小企业经济合作的意向书。

5 月 16 日　新华社报道，全国机电设备进口管理工作会议在京召开，我国机电设备进口管理体制将进行重大改革。

9 月 2 日　《中华人民共和国反不正当竞争法》由中华人民共和国第八届全国人民代表大会常务委员会第三次会议通过，自 1993 年 12 月 1 日起施行。

9 月 21-23 日　中国、欧共体工作组第一次会议在北京举行，双方就双边贸易问题、贸易制度、部门贸易、在华设立货运公司问题交换了意见。

10 月 5 日　对外贸易经济合作部与国家科委联合发布《赋予科研院所科技产品进出口权暂行办法》。

10 月 28 日　外经贸部新闻发言人宣布，中国恢复从 1960 年 7 月以来断绝的同南非的经济贸易关系。

11 月 15 日 《国际商报》报道，1993 年底我国将较大范围调整进口关税税率。调税后，我国关税的算术水平将由 39.9% 降到 36.4%，降税幅度为 8.8%。

12 月 6 日 国务院第 13 次常务会议通过了《中华人民共和国对外贸易法 (草案)》。为了保护台湾投资者的合法权益，会议还原则通过了《中华人民共和国台湾同胞投资保护法 (草案)》。

12 月 7 日 全国对外经济贸易工作会议在北京隆重开幕。

12 月 20 日 中国和加拿大纺织品协议到期问题第三轮谈判在温哥华举行，双方同意该协议延长到 1994 年。

一九九四年

1 月 5—17 日 中美第四轮纺织品配额谈判在北京举行，外经贸部副部长石广生和美国纺织品首席代表希尔曼代表各自政府签署了谈判协议。

2 月 5—7 日 我国引进外围资金、先进设备和技术建设的第一座大型核电站—广东大亚湾核电站一号机组投入商业运营。

3 月 4—7 日 国务院召开的全国外资工作座谈会在北京举行。

4 月 11—27 日 外经贸部部长吴仪率领中国政府经贸代表团访问美国。双方共达成并签署了 62 项合同协议，意向书及合同金额达 54 亿美元。

4 月 19 日 国家经贸委和外经贸部就烟草专卖品进出口管理问题联合发布公告。

4 月 28 日 中国证监会与美国证券与交易管理委员会在北京签订中美合作监管谅解备忘录。

5 月 31 日 新华社报道：我国有条件地允许外商投资民航业。中国民航总局和外经贸部日前联合发布了《关于外商投资民用航空业的有关政策的通知》。

7 月 11 日 国家外汇管理局发布了《进口付汇核销管理暂行办法》，并自 8 月 1 日起执行。

8 月 27 日 中澳政府贷款工作年会在澳大利亚墨尔本举行。双方签署了会谈纪要，并同意将 13 个项目 (总金额 1.1 亿美元) 列入 1995—1996 年度利用澳大利亚政府贷款项目清单。

11 月 5-10 日　加拿大总理克雷蒂安率团访华。期间，与中国政府签署和平利用核能合作协定和两国政府关于中加发展合作项目意向书，协议总金额 86 亿加元。

12 月 20 日　关贸总协定中国工作组第 19 次会议在日内瓦举行。由于少数缔约方缺乏诚意，蓄意阻挠，中国"复关"谈判未能达成协议。

一九九五年

1 月 4 日　中国与俄罗斯在北京签署《中华人民共和国和俄罗斯联邦政府关于偿还中国与苏联记帐贸易中中方贸易顺差的协定》。

1 月 20 日　欧洲联盟宣布，经过五轮 10 个月的谈判，欧盟同中国就中国向欧盟出口纺织品等问题达成一系列协议。

2 月 16 日　全国海关发出公告：1995 年 1 月 1 日至 1995 年 12 月 31 日，海关对 246 个税号的进口商品和 9 个税号的出口商品按比现行税率低的暂行税率征收关税。

3 月 11 日　外经贸部部长吴仪同美国贸易代表坎特在北京分别代表本国政府正式签署了中美知识产权协议。

3 月 13 日　中国政府与法国政府在北京签署关于建设大亚湾第二核电站的谅解备忘录。

5 月 13 日　李岚清副总理在北京召开的美亚协会第六届年会上指出，中国经济将与世界经济互接互补。

6 月 10 日　国家商检局公布了新调整的《商检机构实施检验的进出口商品种类表》，自 1995 年 7 月 1 日起正式实施。

7 月 6 日　中国、俄罗斯"科学与高科技中心"协力会在北京举行首次理事会会议，双方代表签署了旨在推动两国高新技术交流与合作的议定书。

10 月 17 日　第九届中美商贸联委会开幕。

11 月 19 日　钱其琛副总理在日本大阪宣布推动落实大阪会议通过的《行动议程》。

12 月 6 日　中国、朝鲜、俄国、韩国和蒙古国在纽约正式签署关于开发图们江地区的三项协定。

12 月 28 日　国务院正式发布通知：改革和调整进口税收政策，从 1996 年 4 月 1 日起进口关税总水平降至 23%。

一九九六年

1 月 11 日　外经贸部和国家科委在北京再次授予 100 家科研院所科技产品进出口权。

2 月 12-16 日　中英签署了关于英国向中国提供第四批政府贷款协议。

3 月 1 日　亚欧会议在曼谷召开，出席会议的东盟 7 国、中国、日本、韩国和欧盟 15 个成员国的领导人或代表以及欧盟委员会主席在会上就加强亚欧间的合作问题进行了热烈讨论；李鹏总理在会上就建立亚欧新型伙伴关系，加强两洲在经济等领域的合作阐述了中国的立场。

4 月 10 日　李鹏总理和法国总理朱佩在巴黎出席两国经贸合作协定、合同及意向书签字仪式。

5 月 2 日　中国与南非签署相互给予最惠国待遇换函。

6 月 13 日　中美知识产权问题在北京举行正式磋商。16 日中美就此达成一致，美承诺取消对华贸易报复。

6 月 29 日　全国海关推行加工贸易银行保证金台账制度工作会议在北京召开。

7 月 20 日　国家外汇管理局全国分局长会议在京召开。会议宣布，经国务院批准，从 1996 年 7 月 1 日起，我国对外商投资企业实行银行结售汇，并在年底之前实现人民币经常项目可兑换。

9 月 14 日　国务院决定适当扩大内地省、自治区和计划单列市。

11 月 29 日　中国人民银行行长戴相龙宣布从 1996 年 12 月 1 日起实行人民币经常项目下可兑换。

12 月 15 日　经国务院批准，中国人民银行发布《上海浦东外资金融机构经营人民币业务试点暂行管理办法》。

一九九七年

1月2日　外经贸部、国家工商局、国家经贸委、财政部、国家外汇管理局、国家税务局和海关总署等 7 部委发出通知，从 1997 年起对外商投资企业实行联合年检。

2月2日　中美两国纺织品代表团正式签署第 5 个双边纺织品协议。

3月1日　为完善贸易进口付汇核销监管制度，国家外汇管理局决定自 1997 年 3 月 1 日起，实施新的核销管理办法。

3月21日　国务院新闻办公室发表《关于中美贸易平衡问题》白皮书。

4月3日　"97 中国东西部合作与投资贸易洽谈会"在西安开幕。

4月8日　中国建设银行日前在纽约设立了办事处，这是自 1991 年以来获准在美国设立的第一家商业银行机构。

4月12日　为期 5 天的首届厦门对台出口商品交易会暨 97 台胞回乡旅游购物节闭幕。

5月5日　全国反倾销工作会议在广东省中山市召开。

6月3日　中国与南非之间最大的合资企业亚洲—南非金属有限公司宣告成立的。

7月1日　经国务院批准，中华人民共和国九龙海关从 1997 年 7 月 1 日起更名为"中华人民共和国深圳海关"。

7月9日　由上海东方国际集团与日本三菱商事株式会社、美国大陆谷物及上海外贸公司四方合资组建的东菱贸易有限公司经国务院批准成立，这是新中国成立以来我国政府批准的第一家中外合资外贸公司。

8月1日　国务院批准了《保税区海关监管办法》，并于同日正式实施。

9月16日　国家决定从 1997 年 10 月 1 日起降低进出口商品关税税率，平均关税水平由 23％降低到 17％。

10月10日　国务院批准，自 1997 年 10 月 15 日起，逐步允许中资企业保留一定限额的外汇收入。

10月16日　国内产业首例依法对国外产品提起反倾销调查的申请由中国新闻纸产

业的 9 家厂家正式向我国外经贸部和国家经贸委提出。此次被申请反倾销调查的对象主要是美国和加拿大等国的新闻纸。

10 月 26 日—12 月 2 日　江泽民主席访问美国。期间，江泽民同克林顿总统举行会谈，中美发表了联合声明，还签署了价值 30 亿美元的 50 架波音客机等经贸合作协议。

11 月 10 日　俄罗斯总统叶利钦访问我国，期间，两国相关业务部门签署了谅解备忘录等文件。

11 月 10—12 日　中国投资政策与投资风险保险高级国际研讨会在京举行。

11 月 23 日　国家主席江泽民赴加拿大温哥华出席 APEC 领导人非正式会议，并在会上宣布，中国决定到 2005 年，将工业品的平均关税降至 10%。

11 月 24 日　由外经贸部科技司组织有关单位制定的《国际贸易付款方式代码》《国际贸易合同代码规范》已由国家技术监督局批准为国家标准。

12 月 10 日　中华人民共和国对外贸易经济合作部决定于本日对来自美国、加拿大、韩国的新闻纸反倾销调查正式立案。

12 月 23 日　全国机械工作会议在京召开，重点研究提高机械产品在国内外的竞争力。

一九九八年

1 月 6 日　国家计委等组织修订的《当前国家重点鼓励发展的产业、产品和技术目录》及《外商投资产业指导目录》正式推出。

1 月 7 日　经贸委等 4 部委联合通知，要求严格限制进口旧机电产品。

3 月 1 日　国家税务局发出通知，决定从今年 1 月 1 日起将纺织品的出口退税率提高到 11%。

3 月 24 日　经国务院批准，我国首家大型外经贸企业集团——中国通用技术(集团)控股有限责任公司在京正式开业。

6 月 12 日　我国首家合资旅行社"云南力天旅游有限公司"成立。

7 月 10 日　我国首例反倾销案件初步裁定，外经贸部决定从本日起对原产于加拿大、韩国和美国的进口新闻纸实施临时反倾销措施。

8月4日 外经贸部日前向全国外经贸机构和本部各直属公司发出了《关于规范各类进出口经营行为 严肃查处走私行为的紧急通知》。

9月23日 中国人民银行宣布从今日起，降低美元存款利率。降低后的美元一年期存款利率为4.24%，低于人民币的一年期存款利率4.77%。

10月31日 中国人民银行决定即日起扩大对中小企业贷款利率浮动幅度，上限扩大为20%，下限不变。

12月3日 外经贸部、科技部联合正式发布《限制出口技术管理办法》及经国务院批准的《中国禁止出口、限制出门的技术目录》。

12月29日 中国人民银行和国家外汇管理局正式公布，自1999年1月1日起，中国的金融机构、企业及个人在与欧元区11国的经贸、金融等往来中可以接受和使用欧元。

一九九九年

1月4日 经外经贸部批准，希望集团有限公司等20家私营生产企业首批获得自营进出口权。

2月8-10日 龙永图首席谈判代表率中国代表团与以美国助理贸易代表卡西迪为首的美国代表团在华盛顿就中国加入世贸组织问题进行磋商。双方就美方准备提交的"最后要价单"进行讨论，这是中美间第19轮中国加入世贸组织问题双边磋商。

3月19日 龙永图在日内瓦出席由世贸组织中国工作组主席吉拉德主持的代表团团长非正式会议，此次会议的主要目的是评估目前中国加入世贸组织谈判的形式，并对今后的谈判做出安排。

4月6-14日 中国国务院总理朱镕基对美国进行正式访问，就中国加入世界贸易组织问题，朱镕基和克林顿发表联合声明：两国已大大推进中国加入世贸组织的共同目标，美国坚定地支持中国于1999年加入世贸组织。

9月13日 亚太经合组织第七次领导人非正式会议在新西兰奥克兰举行。中国国家主席江泽民和亚太经合组织其他成员领导人出席会议，就进一步推进亚太地区经济合作、亚太经合组织如何为新一轮全球贸易谈判做贡献以及亚太经合组织的未来走向等问题展开讨论。会议通过了题为《奥克兰挑战》的宣言。

9 月 28 日　外经贸部部长石广生同美国贸易谈判代表巴尔舍夫斯基在华盛顿就中国加入世贸问题举行会谈，进一步贯彻执行两国元首就恢复双边磋商和加快谈判进程所达成的谅解。

11 月 15 日　外经贸部部长石广生与美国贸易代表巴尔舍夫斯基分别代表中美两国政府在北京签署关于中国加入世界贸易组织的双边协议，该协议标志着中美就中国加入全球最大贸易组织的双边谈判正式结束，为中国加入世贸组织迈出重要一步。

12 月 3 日　为期 4 天的世界贸易组织第三届部长会议在美国西雅图结束，本届会议未能就启动新一轮多边贸易谈判达成一致，与会者同意 2000 年 1 月在日内瓦继续进行有关新一轮谈判的磋商。

二〇〇〇年

1 月 24—25 日　中国外经贸部首席谈判代表龙永图率团前往布鲁塞尔与欧盟委员会贸易总司司长汉斯·弗雷德里克·贝塞勒为首的欧盟代表举行会谈。双方谈判集中在市场准入问题上，同时涉及与多边谈判有关的法律兼容问题。

2 月 17 日　国务院总理朱镕基在北京会见应邀来访的世界贸易组织总干事穆尔，双方就中国加入世贸组织问题深入交换意见。

4 月 5 日　曼谷协定第十六次常委会一致通过关于中国加入该协定的决定。中国在完成核准和生效程序后，将成为曼谷协定第六个成员国。

4 月 12 日　中国与马来西亚在吉隆坡共同签署中马关于中国加入世界贸易组织双边市场准入协议。

5 月 19 日　中国与欧盟在北京就中国加入世界贸易组织达成双边协议。外经贸部部长石广生和欧盟贸易委员会委员帕斯卡尔·拉米分别代表中欧双方签署协议。

6 月 22 日　国家经贸委、国家计委、外经贸部联合发布《中西部地区外商投资优势产业目录》。

10 月 10-12 日 中非合作论坛——北京 2000 年部长级会议在京举行。

12 月 5 日 上海信天通信有限公司成立,这表明外资开始进入我国的电信营运领域。

12 月 29 日 外经贸部部长石广生签署 2000 年第 9 号部令,发布《对台湾地区贸易管理办法》。

二〇〇一年

1 月 1 日 中国再次自主降低关税总水平,关税总水平从 16.4% 降至 15.3%,平均降幅为 6.6%。

1 月 2 日 外经贸部发布 2001 年第一号公告,为适应对外开放和经济体制改革的需要,决定自本月 15 日起,取消 20 种机电产品配额、许可证、特定进口管理措施。

4 月 23 日 中国向亚太经社第 57 届年会递交中国政府对《曼谷贸易优惠协定》批准书,自下月 23 日起,中国正式成为该协定成员国。

11 月 10 日 在卡塔尔首都多哈举行的世界贸易组织 (WTO) 第四届部长级会议以全体协商一致的方式,审议并通过了中国加入 WTO 的决定,标志着中国长达 15 年的复关和加入 WTO 进程的结束。11 日,中国代表团团长、外经贸部部长石广生向世贸组织总干事穆尔递交江泽民主席签署的《中国加入世贸组织批准书》,并签署中国加入 WTO 议定书。

12 月 11 日 中国正式成为世贸组织第 143 个成员。

二〇〇二年

2 月 4 日 中国国务院总理朱镕基和东盟 10 国领导人在出席东盟与中国领导人会议后签署了《中国与东盟全面经济合作框架协议》,决定到 2010 年建成中国—东盟自由贸易区。

2 月 11 日　国务院总理朱镕基签发中华人民共和国国务院第 346 号令，全文公布《指导外商投资方向规定》，并自 2002 年 4 月 1 日起施行。

8 月 21 日　国家外汇管理局发布新的《保税区外汇管理办法》，并于 2002 年 10 月 1 日起施行。

9 月 13 日　首次中国－东盟经济贸易部长会议在文莱达鲁萨兰国首都斯里巴加湾市举行。

10 月 9 日　外经贸部有关负责人表示，从 2002 年 11 月 1 日起正式实施的《对外贸易壁垒调查暂行规则》标志着我国已初步建立起贸易壁垒调查制度。

11 月 4 日　朱镕基在金边出席第六次东盟与中日韩（"10+3"）领导人会议并发表讲话。

12 月 1 日　《合格境外机构投资者境内证券投资管理暂行办法》（即 QFII 制度）正式实施。

二〇〇三年

3 月 24 日　国家外汇管理局发布《关于外商直接投资外汇管理工作有关问题的通知》。

6 月 18 日　中国、泰国在北京签署关于《中国－东盟全面经济合作框架协议》"早期收获"方案下加速取消关税的协议。

6 月 29 日　《内地与香港关于建立更紧密经贸关系的安排》(CEPA) 协议签署。

6 月 29 日和 9 月 29 日　《内地与香港关于建立更紧密经贸关系的安排》及其 6 个附件分别在香港签署。

10 月 13 日　国务院发布关于改革现行出口退税机制的决定，对现行出口退税机制进行改革。

10 月 24 日　胡锦涛在澳大利亚堪培拉与澳大利亚总理霍华德举行会谈。会见后，共同出席《中国澳大利亚贸易与经济框架》等 4 个双边文件的签字仪式。

12 月 27 日　国家税务总局和澳门特区政府签署《澳门和内地关于对所得避免双重

征税和防止偷漏税的安排》。

二〇〇四年

1 月 1 日　我国调整进口税则的部分税目，进口税则税目总数由 2003 年的 7445 个增加到 7475 个。

4 月 6 日　第十届全国人大常务委员会第八次会议通过新的《中华人民共和国对外贸易法》，7 月 1 日起正式实施。

8 月 27 日　中央政府和香港特区政府签署《〈内地与香港关于建立更紧密经贸关系的安排〉扩大开放磋商纪要》。

10 月 29 日　《〈内地与澳门关于建立更紧密经贸关系的安排〉补充协议》在澳门签署。

11 月 29 日　中国与东盟签署了中国 – 东盟自由贸易区 (CAFTA)《货物贸易协议》和《争端解决机制协议》。

12 月 1 日，中国银行业监督管理委员会宣布允许外资金融机构将经营人民币业务的地域扩大到 18 个。

二〇〇五年

1 月 1 日　中国全面履行加入 WTO 承诺，除加入 WTO 承诺中允许采用的非关税措施外，中国取消了其他所有的非关税措施。

1 月 25 日　中国 – 智利自由贸易区贸易谈判委员会第一次会议在北京开幕。

5 月 1 日　联想集团宣布以 17.5 亿美元成功收购美国 IBM 公司全球 PC 业务，合并后联想集团将以 130 亿美元的年销售额成为全球第三大 PC 制造商。

7 月 20 日　中国 – 东盟自由贸易区降税计划正式启动。该降税计划共涉及 7000 种商品。

11 月 18 日　中国和智利在韩国釜山签署了《中华人民共和国政府和智利共和国政府自由贸易协定》。

二〇〇六年

1 月 18 日 中国政府首次正式发表《中国对非洲政策文件》。

3 月 24 日 中国－巴西高层协调与合作委员会第一次会议在京举行。

4 月 19 日 世界贸易组织对中国加入世贸组织以来的首次贸易政策审议在日内瓦世贸组织总部举行。

6 月 15 日 上海合作组织成员国元首理事会第六次会议在上海举行，六国元首共同签署了《上海合作组织五周年宣言》。

9 月 26-28 日 第一届中国中部投资博览会在长沙举办。

10 月 15 日 历经 50 载风雨的中国出口商品交易会，迎来第 100 届盛会。国务院总理温家宝在开幕式上宣布，从 101 届开始，"中国出口商品交易会"正式更名为"中国进出口商品交易会"。

10 月 24 日 中国－巴基斯坦自贸协定正式签署。

12 月 14 日 国务院副总理吴仪和美国财长保尔森分别作为两国元首的特别代表共同主持了中美首次战略经济对话。

12 月 28 日 中国商务部首次发布《中国服务贸易发展报告》。

二〇〇七年

1 月 14 日 中国与东盟 10 国在菲律宾宿务签署了中国－东盟自贸区《服务贸易协议》。该《协议》将在各国完成国内法律审批程序后，于 2007 年 7 月 1 日起正式生效。

3 月 15-18 日 十届全国人大五次会议通过了物权法草案、企业所得税法草案。

4 月 14 日 国务院发出《关于鼓励和规范企业对外投资合作的意见》。

6 月 29 日 商务部与香港特区政府在香港签署了《〈内地与香港关于建立更紧密经贸关系的安排〉补充协议四》，该协议将于 2008 年 1 月 1 日起正式实施。

7 月 8 日 中国与瑞士在北京签署了《中国商务部与瑞士经济部联合声明》，瑞士宣布承认中国完全市场经济地位，至此共有 75 个国家和地区承认中国的完全市场经济地位。

9 月 6-8 日　首届夏季达沃斯论坛在大连举行，温家宝出席开幕式并讲话。

12 月 1 日　首次中日经济高层对话在北京举行，中国国务院副总理曾培炎同日本外务大臣高村正彦共同主持对话。

12 月 10 日　中美双方在钓鱼台国宾馆举行了中美经贸合作签字仪式，共签署了 14 个协议和备忘录。

二〇〇八年

1 月 1 日　新的企业所得税法及其实施条例开始施行，内资、外资企业开始适用统一的企业所得税税率。

1 月 30 日　中国服务贸易协会在北京举行揭牌仪式，并开通协会网站 (www.catis.org.cn)。

2 月 1 日　中国铝业公司联合美国铝业公司，获得力拓英国上市公司 12% 的现有股份，交易总对价约 140.5 亿美元，这是中国企业历史上规模最大的一笔海外投资。

2 月 27 日　几内亚政府表示，鉴于中国在市场经济建设中取得的巨大成就，几内亚承认中国市场经济地位。

4 月 12 日　博鳌亚洲论坛 2008 年年会在海南博鳌开幕，国家主席胡锦涛在开幕式上发表主旨演讲。

6 月 19 日　以"加强亚欧合作、促进共同发展"为主题的第五届亚欧议会伙伴会议在北京举行，全国人大常委会委员长吴邦国出席开幕式并发表演讲。

8 月 1 日　财政部、国家税务总局下发通知，宣布自本日起调整部分纺织品、农药产品等商品的出口退税率。

12 月 17 日　国务院批准从 2009 年 1 月 1 日起进一步调整进出口关税税则，主要涉及最惠国税率、年度暂定税率、协定税率、特惠税率及税则税目等。

二〇〇九年

2 月 5 日　财政部、国家税务总局近日发布《关于提高纺织品、服装出口退税率的通知》，明确从 2009 年 2 月 1 日起将纺织品、服装出口退税率由 14% 提高到 15%。

3 月 16 日　商务部发布《境外投资管理办法 》。

4 月 8 日　国务院决定在上海市和广东省内四城市开展跨境贸易人民币结算试点。这标志着人民币结算由此前仅限于边贸领域开始向一般国际贸易领域拓展。

二〇一〇年

1 月 8 日　中国－土耳其经贸投资合作论坛在伊斯坦布尔举行。

3 月 12 日　商务部部长陈德铭与海南省省长罗保铭在北京共同签署了《商务部海南省人民政府部省合作协议》，携手推进海南扩大开放和国际旅游岛建设。

4 月 8 日　商务部部长陈德铭与哥斯达黎加外贸部长鲁伊斯在北京分别代表两国政府签署了《中国－哥斯达黎加自由贸易协定》。

5 月 21 日　第 24 届中国－欧盟经贸混委会在欧盟总部布鲁塞尔举行。

5 月 27 日　商务部与香港特区政府在香港签署了《〈内地与香港关于建立更紧密经贸关系的安排〉补充协议七》。

5 月 31 日　世界贸易组织（WTO）对中国加入以来的第三次贸易政策全面审议会议在日内瓦世贸组织总部举行。

6 月 15 日　第二届中国国际服务外包交易博览会会议开幕。

8 月 1 日　《中华人民共和国政府和智利共和国政府自由贸易协定关于服务贸易的补充协定》开始实施。

8 月 30 日　商务部在京举行《中国电子商务报告（2008—2009）》发布会。

9 月 7 日　联合国贸发会议第二届世界投资论坛在厦门国际会议中心开幕。国家副主席习近平在开幕式上发表主旨演讲。

9 月 20 日　新的《国际服务贸易统计制度》颁布，自 2010 年 8 月 1 日起正式施行。

12 月 21 日　第三次中欧经贸高层对话在北京举行。

二〇一一年

4 月 12 日　商务部与北京市共同发布《第三方电子商务交易平台服务规范》。

4 月 13 日　中国、印度、南非和巴西等金砖四国经贸部长在海南三亚举行多哈发展回合讨论会。

4 月 18 日　第三届中国国际服务外包交易博览会在杭州开幕。

8 月 1 日　《中国 – 哥斯达黎加自由贸易协定》正式生效，这是中国达成并实施的第 10 个自贸协定。

9 月 1 日　首届中国 – 亚欧经济发展合作论坛在新疆国际会展中心隆重召开。

9 月 8 日　第十五届中国国际投资贸易洽谈会在厦门开幕。

9 月 21 日　中国（宁夏）国际投资贸易洽谈会暨第二届中国·阿拉伯国家经贸论坛在宁夏银川市开幕。

10 月 14 日　商务部发布《商务部关于跨境人民币直接投资有关问题的通知》。

12 月 11 日　中国加入世界贸易组织 10 周年高层论坛在人民大会堂举行，国家主席胡锦涛出席并发表重要讲话。

12 月 13 日　商务部在北京召开国家外贸转型升级示范基地与交易平台、营销网络建设交流会。

12 月 22 日　商务部部长陈德铭主持召开第 58 次部务会议。会议听取了条法司关于《进出口许可证证书管理规定》和《展会知识产权保护办法》修改情况的汇报。

二〇一二年

3 月 1 日　商务部、发展改革委、财政部等十部委联合印发了《关于加快转变外贸发展方式的指导意见》。

4 月 26 日　商务部印发了《对外贸易发展"十二五"规划》。

4 月 19 日　二十国集团首次经贸部长会议在墨西哥巴亚尔塔港召开，陈德铭率中国代表团出席并发言。

5 月 13 日　《中华人民共和国政府、日本国政府及大韩民国政府关于促进、便利和保护投资的协定》在北京正式签署。

5 月 28 日，首届中国（北京）国际服务贸易交易会 28 日上午在北京国家会议中心开幕，国务院总理温家宝出席开幕式并发表了题为"在扩大开放中推动服务贸易发展"的演讲。

5 月 29 日　2012 中国（北京）电子商务大会在北京开幕。

5 月 29 日　中医药服务贸易展启动仪式在首届中国（北京）国际服务贸易交易会上举办。

6 月 15 日　第十届中国国际软件和信息服务交易会（软交会）开幕式暨全球软件和信息服务高层论坛在大连举行。

7 月 18 日　第四届中非企业家大会在人民大会堂金色大厅举行，国务院总理温家宝出席开幕式并发表主旨讲话。

9 月 3 日　第三届上海合作组织商务日在乌鲁木齐举行。

9 月 12 日　2012 年金砖国家贸易救济国际研讨会在京召开，这是金砖国家首次在贸易救济领域举办国际研讨会。

9 月 16 日　2012 中国加工贸易产品博览会在广东省东莞市开幕。

9 月 19 日　全球价值链国际研讨会在北京召开。

9 月 21 日　第九届中国 – 东盟博览会在广西南宁国际会展中心举行，中国国家副主席习近平出席开幕式并宣布博览会开幕。

10 月 8 日　美国国会众议院情报委员会发表调查报告称，中国华为技术有限公司和中兴通讯股份有限公司对美国国家安全构成威胁，建议阻止这两家企业在美开展投资贸易活动。中方对此表示严重关切和强烈反对。

11 月 10 日　"国际绿色发展、碳交易措施对我国外贸影响"研讨会在广州召开。

11 月 15 日　首届中国国际石油贸易大会在上海举办。

11 月 20 日　在柬埔寨金边举行的东亚领导人系列会议期间，东盟十国与中国、日本、韩国、印度、澳大利亚、新西兰的领导人共同发布了《启动〈区域全面经济伙伴关系协定〉（RCEP）谈判的联合声明》，正式启动这一覆盖 16 个国家的自贸区建设进程。

二〇一三年

1 月 16 日　商务部发布《关于加快国际货运代理物流业健康发展的指导意见》。

4 月 9 日　第三届中澳经济贸易合作论坛在北京举行。

4 月 15 日　中国与冰岛在北京签署《中华人民共和国政府和冰岛政府自由贸易协定》，该协定是我国与欧洲国家签署的第一个自由贸易协定。

5 月 11 日　首届中国（上海）国际技术进出口交易会（上交会）开幕。

5 月 9~13 日　《区域全面经济伙伴关系协定》（RCEP）第一轮谈判在文莱举行，中国、日本、韩国、澳大利亚、新西兰、印度以及东盟 10 国均派代表团与会。本轮谈判正式成立了货物贸易、服务贸易和投资三个工作组，并就货物、服务和投资等议题展开磋商。

6 月 21 日　第 27 届中国－欧盟经贸混委会在北京举行，双方就尽早启动中欧投资协定谈判、促进货物贸易发展、推动服务贸易发展、加强知识产权合作、慎用贸易救济措施等五个领域的十多个议题深入交换意见，达成了广泛共识。

7 月 6 日　中国与瑞士在北京签署《中华人民共和国和瑞士联邦自由贸易协定》。

8 月 22 日　国务院正式批准设立中国（上海）自由贸易试验区。

8 月 21 日　《国务院办公厅转发商务部等部门关于实施支持跨境电子商务零售出口有关政策意见的通知》（国办发〔2013〕89 号）发布，要求自 2013 年 10 月 1 日起在全国有条件的地区实施。

8 月 29 日　商务部与香港特区政府在香港签署《〈内地与香港关于建立更紧密经贸关系的安排〉补充协议十》，该协议将于 2014 年 1 月 1 日起正式实施。

9 月 3 日　第十届中国－东盟博览会和中国－东盟商务与投资峰会在广西南宁国际会展中心隆重开幕。国务院总理李克强出席开幕式并发表主旨演讲。

11 月 15 日 中美投资促进（北京）高层论坛举行，论坛主题为"助力对美投资，促进合作共赢"。

11 月 15 日 中国－荷兰双边贸易投资可持续发展 CEO 圆桌会议在北京举行。

二〇一四年

1 月 20 日 《区域全面经济伙伴关系协定》（RCEP）第三轮谈判在马来西亚吉隆坡举行，中国派出代表参加。

3 月 3 日 《国务院关于加快发展对外文化贸易的意见》发布。

3 月 11-13 日 中国－东盟自贸区联委会第五次会议在四川成都举行。中国和东盟 10 国派代表团与会。

3 月 20 日 第二轮中欧投资协定谈判在比利时布鲁塞尔举行，中欧双方将就投资协定的概念性问题进一步交换意见。

3 月 31 日 《区域全面经济伙伴关系协定》（RCEP）第四轮谈判在广西南宁开幕。东盟 10 国、中国、日本、韩国、印度、澳大利亚、新西兰代表团共 500 余人参加谈判。

4 月 29 日 中国和瑞士双方在京互换了《中国－瑞士自由贸易协定》的生效照会。按照生效条款的有关规定，《协定》将于 2014 年 7 月 1 日正式生效。

5 月 4 日 《国务院办公厅关于支持外贸稳定增长的若干意见》发布。

5 月 17 日 2014 年亚太经合组织（APEC）贸易部长会议在青岛召开，APEC 的 21 个经济体贸易部长或代表率团与会，世贸组织（WTO）总干事阿泽维多等出席了会议。

6 月 9 日 《国务院办公厅关于进一步加强贸易政策合规工作的通知》《贸易政策合规工作实施办法（试行）》发布。

8 月 26 日 第 13 次中国－东盟经贸部长会议宣布，中国和东盟同意开始中国－东盟自贸区升级版谈判。

9 月 6 日 商务部发布新修订的《境外投资管理办法》，以进一步确立企业对外投资主体地位，提高境外投资便利化水平。

9 月 16 日 第 11 届中国 – 东盟博览会、中国 – 东盟商务与投资峰会在广西南宁开幕，国务院副总理张高丽出席开幕式并发表主旨演讲。

10 月 23 日 《国务院办公厅关于加强进口的若干意见》发布。

11 月 7 日 亚太经合组织第 26 届部长级会议在北京开幕。

12 月 18 日 商务部与香港特区政府在香港签署《内地与香港 CEPA 关于内地在广东与香港基本实现服务贸易自由化的协议》，并将于 2015 年 3 月 1 日起正式实施。

二〇一五年

1 月 13 日 世贸组织（WTO）总理事会通过了《贸易便利化协定》议定书。

1 月 20-23 日 第四轮中欧投资协定谈判在比利时布鲁塞尔举行，双方开始正式文本谈判。

2 月 2-6 日 中国 – 东盟自贸区联委会第七次会议暨中国 – 东盟自贸区第二轮升级谈判在北京举行。

4 月 8 日 商务部发布《自由贸易试验区外商投资备案管理办法（试行）》。

4 月 20 日 中国与巴基斯坦共同签署了《中华人民共和国政府和巴基斯坦伊斯兰共和国政府自由贸易区服务贸易协定银行业服务议定书》。

6 月 1 日 中国和韩国在首尔正式签署《中华人民共和国政府和大韩民国政府自由贸易协定》。

6 月 17 日 中国与澳大利亚在堪培拉正式签署《中华人民共和国政府和澳大利亚政府自由贸易协定》。

9 月 18 日 "贸易便利化暨纪念 WTO 成立 20 周年"高层研讨会在广西南宁举行。

10 月 4 日 商务部部长高虎城率中国政府代表团启程赴土耳其伊斯坦布尔出席二十国集团（G20）贸易部长会议。

10 月 5 日 美国等 12 国经贸部长发表联合声明，宣布《跨太平洋伙伴关系协定》（以下简称 TPP）谈判结束。

11 月 22 日 国务院总理李克强在吉隆坡国际会议中心出席《区域全面经济伙伴关

系协定》（RCEP）领导人联合声明发布仪式。RCEP 各国领导人欢迎谈判取得的实质性进展。

11 月 24 日　第五届中国 – 中东欧国家经贸论坛在苏州举行，主题是"新起点、新领域、新愿景"。国务院总理李克强出席开幕式并做主旨发言。

11 月 27 日　商务部与香港特区政府在香港签署《内地与香港 CEPA 服务贸易协议》，并将于 2016 年 6 月 1 日起正式实施。

11 月 28 日　商务部与澳门特区政府在澳门签署《内地与澳门 CEPA 服务贸易协议》，并将于 2016 年 6 月 1 日起正式实施。

12 月 17 日　国务院印发《关于加快实施自由贸易区战略的若干意见》，提出要进一步优化自由贸易区建设布局和加快建设高水平自由贸易区。

二〇一六年

1 月 18 日　国务院印发《关于促进加工贸易创新发展的若干意见》。

1 月 29 日　商务部会同海关总署发布公告，于 2016 年 2 月 1 日起，将自动进口许可证无纸化通关范围由目前的 10 个海关推广至全国所有海关。

2 月 4 日　《跨太平洋伙伴关系协定》（TPP）在新西兰奥克兰签署。

4 月 4 日　二十国集团贸易投资工作组第二次会议在南京开幕。

4 月 21 日　由商务部、科技部、国家知识产权局和上海市人民政府共同主办的第四届中国（上海）国际技术进出口交易会在上海世博展览馆隆重开幕。

7 月 9 日　二十国集团 (G20) 贸易部长会议在上海开幕。

9 月 4–5 日　G20 峰会在中国杭州召开，峰会主题是"构建创新、活力、联动、包容的世界经济"。

10 月 15 日　第 120 届中国进出口商品交易会在广州开幕。中共中央总书记习近平致信祝贺。

10 月 11–21 日　《区域全面经济伙伴关系协定》（RCEP）第 15 轮谈判在天津举行。

10 月 25 日　中国与海合会自贸区第八轮谈判在北京举行。双方就服务贸易、投资、电子商务以及货物贸易遗留问题等内容进行了深入磋商。

10 月 25 日　商务部发布《服务出口重点领域指导目录》。

11 月 22 日　中国与智利共同签署《中华人民共和国商务部和智利共和国外交部关于启动中国－智利自由贸易协定升级谈判的谅解备忘录》，并宣布启动升级谈判。

12 月 20 日　商务部与国家统计局联合印发了《国际服务贸易统计监测制度》，旨在完善国际服务贸易统计监测、运行和分析体系，将国际服务贸易统计监测工作与国际标准对接。

12 月 29 日　商务部、中央网信办、发展改革委三部门联合发布《电子商务"十三五"发展规划》。

二〇一七年

1 月 11-12 日　《亚太贸易协定》第 50 次常委会在泰国曼谷举行。《协定》的 6 个成员国（中国、孟加拉国、印度、老挝、韩国、斯里兰卡）以及即将加入《协定》的蒙古国均派代表团出席会议。会议还决定成立《协定》工商协会，推动进一步提高区内贸易投资自由化和便利化水平。

1 月 16 日　中国与瑞士共同签署《中华人民共和国商务部和瑞士联邦经济、教育和科研部关于中国－瑞士自由贸易协定升级的谅解备忘录》。

2 月 22 日　批准世界贸易组织《贸易便利化协定》的成员已达 112 个，超过了协定生效所需达到的世贸成员总数三分之二的法定门槛，《贸易便利化协定》正式生效。

4 月 20-21 日　商务部在北京召开全国贸易救济工作会议。

4 月 20 日　第五届中国（上海）国际技术进出口交易会在上海世博展览馆隆重开幕，本届上交会主题是"创新驱动发展，保护知识产权，促进技术贸易"。

5 月 11 日　中国与越南签署《中华人民共和国商务部和越南社会主义共和国工业贸易部关于电子商务合作的谅解备忘录》。

5 月 13 日　中国与格鲁吉亚签署《中华人民共和国政府和格鲁吉亚政府自由贸易协定》。

5 月 14 日　"一带一路"国际合作高峰论坛高级别会议"推进贸易畅通"平行主题会议在北京国家会议中心举行。会议发布了《推进"一带一路"贸易畅通合作倡议》，习近平主席在高峰论坛开幕式上发表了主旨演讲。

6 月 9 日　第二届中国－中东欧国家合作发展论坛在宁波举行，本次论坛主题是"深化 16+1 经贸合作，推进'一带一路'建设"。

6 月 28 日　商务部与香港特区政府在香港签署了《CEPA 投资协议》和《CEPA 经济技术合作协议》。两个协议自签署之日起生效，其中《CEPA 投资协议》于 2018 年 1 月 1 日起正式实施。

7 月 4 日　中国与俄罗斯在莫斯科签署了《中华人民共和国商务部与俄罗斯联邦经济发展部关于欧亚经济伙伴关系协定联合可行性研究的联合声明》。

8 月 1 日　2017 年金砖国家经贸部长会议在上海开幕。

9 月 1 日　中国与巴西共同签署了《中华人民共和国商务部和巴西联邦共和国工业外贸和服务部关于电子商务合作的谅解备忘录》。

9 月 4 日　中国与其他金砖国家共同签署《金砖国家经贸合作行动纲领》，明确了金砖经贸合作的重点领域、具体路径和总体规划，并就贸易和投资便利化、服务贸易、电子商务、知识产权、经济技术合作以及支持多边贸易体制和反对保护主义等达成了有针对性的行动方案。

9 月 15 日　中国与澳大利亚在北京共同签署了《关于电子商务合作的谅解备忘录》。

9 月 22 日　亚欧会议第七届经济部长会议在韩国首尔举行，中国商务部王受文副部长代表钟山部长出席会议。会议发表了《主席声明》《支持多边贸易体制的部长声明》和《关于第四次工业革命的首尔倡议》等成果文件。

11 月 10 日　中国与柬埔寨在金边共同签署《中国商务部和柬埔寨商业部关于电子商务合作的谅解备忘录》。

11 月 11 日　中国与智利正式签署中国－智利自贸区升级谈判成果文件——《中华人民共和国政府与智利共和国政府关于修订〈自由贸易协定〉及〈自由贸易协定关于服务贸易的补充协定〉的议定书》。

12 月 27 日　在"16+1"领导人会晤后的签字仪式上，中国与和匈牙利签署了《关于电子商务合作的谅解备忘录》。

11 月 28 日 中国与格鲁吉亚确认各自均已完成《中华人民共和国政府和格鲁吉亚政府自由贸易协定》的国内审批程序，并宣布《协定》将于 2018 年 1 月 1 日正式生效。

11 月 27-28 日 商务部在杭州召开 2017 年全国跨境电商综试区工作推进会。

12 月 7 日 中国与马尔代夫在北京签署《中华人民共和国政府和马尔代夫共和国政府自由贸易协定》。

12 月 18 日 商务部与澳门特区政府在澳门签署了内地与澳门《CEPA 投资协议》和《CEPA 经济技术合作协议》。两个协议自签署之日起生效，其中《CEPA 投资协议》将于 2018 年 1 月 1 日起正式实施。

二〇一八年

3 月 13-15 日 第 11 届中国 – 东盟自贸区联委会在北京举行。

4 月 4 日 美国政府依据 301 调查单方认定结果，宣布将对原产于中国的进口商品加征 25% 的关税，涉及约 500 亿美元中国对美出口额。美方这一措施明显违反了世界贸易组织相关规则，严重侵犯了中方根据世界贸易组织规则享有的合法权益，威胁到中方经济利益和安全。对于美国违反国际义务对中国造成的紧急情况，为捍卫中方自身合法权益，中国政府依据《中华人民共和国对外贸易法》等法律法规和国际法基本原则，将对原产于美国的大豆等农产品以及汽车、化工品、飞机等进口商品对等采取加征关税措施，税率为 25%，涉及 2017 年中国自美国进口额约 500 亿美元。

4 月 9 日 中国与奥地利在北京签署《关于电子商务合作的谅解备忘录》。

5 月 17 日 哈萨克斯坦阿斯塔纳经济论坛期间，中国与欧亚经济联盟各成员国代表共同签署了《中华人民共和国与欧亚经济联盟经贸合作协定》，范围涵盖海关合作和贸易便利化、知识产权、部门合作以及政府采购等 13 个章节，并包含电子商务和竞争等新议题。

6 月 7 日 第三次中国 – 中东欧国家经贸促进部长级会议在浙江宁波召开，本次会议的主题是"深化 16+1 经贸合作"。会议一致通过了《中国 – 中东欧国家电子商务

合作倡议》《中国－中东欧国家服务贸易合作倡议》

6 月 7 日　中国与哈萨克斯坦在北京签署《中华人民共和国商务部和哈萨克斯坦共和国国民经济部关于电子商务合作的谅解备忘录》。

6 月 8 日　中国与俄罗斯签署《中华人民共和国商务部和俄罗斯联邦经济发展部关于电子商务合作的谅解备忘录》。

6 月 15 日　美国政府依据 301 调查单方认定结果，宣布将对原产于中国的 500 亿美元商品加征 25% 的进口关税，其中对约 340 亿美元中国输美商品的加征关税措施将于 7 月 6 日实施，对其余约 160 亿美元商品的加征关税措施将进一步征求公众意见。美方不顾中方的坚决反对和严正交涉，执意采取违反世界贸易组织相关规则的行为，严重侵犯了中方根据世界贸易组织规则享有的合法权益，威胁到中国的经济利益和安全。对于美国违反国际义务对中国造成的紧急情况，为捍卫自身合法权益，中方依据《中华人民共和国对外贸易法》等法律法规和国际法基本原则，决定对原产于美国的大豆等农产品、汽车、水产品等进口商品对等采取加征关税措施，税率为 25%，涉及 2017 年中国自美国进口金额约 340 亿美元。上述措施将从 2018 年 7 月 6 日起生效。同时，中方拟对自美进口的化工品、医疗设备、能源产品等商品加征 25% 的进口关税，涉及 2017 年中国自美国进口金额约 160 亿美元。

6 月 25 日　中共中央政治局委员、国务院副总理刘鹤与欧盟委员会副主席卡泰宁在北京共同主持了第七次中欧经贸高层对话。

7 月 1 日　《亚太贸易协定》第四轮关税减让成果文件——《亚太贸易协定第二修正案》正式实施。

7 月 5 日　商务部世贸司举行《中国与世界贸易组织》白皮书对外宣介会。

7 月 6 日　中国在世贸组织就美国对华 301 调查项下正式实施的征税措施追加起诉。

7 月 9 日　国务院转发商务部等部门《关于扩大进口促进对外贸易平衡发展的意见》。

7 月 9 日　中国与科威特在北京签署《中华人民共和国商务部和科威特国商工部关于电子商务合作的谅解备忘录》。

7 月 9-12 日　第五届中国－俄罗斯博览会在俄罗斯叶卡捷琳堡举行。

7 月 16 日　中国在世贸组织就美国 301 调查项下对我 2000 亿美元输美产品征税建议措施追加起诉。

7 月 20 日　中国与阿联酋在阿布扎比签署《中华人民共和国商务部和阿拉伯联合酋长国经济部关于电子商务合作的谅解备忘录》。

7 月 23 日　中国与卢旺达在基加利签署《中华人民共和国商务部和卢旺达共和国贸工部关于电子商务合作的谅解备忘录》。

二〇一九年

3 月 15 日　全国人大审议通过了《外商投资法》。

4 月 8 日　第二十一次中欧峰会在布鲁塞尔举行。

4 月 25-27 日　第二届"一带一路"国际合作高峰论坛在北京举办，标志着中国的"一带一路"建设走深走实，迈入了发展新阶段。

4 月 26-28 日　第二届"一带一路"国际合作高峰论坛在北京举行。

5 月 10 日　美方于对 2000 亿美元中国输美商品加征的关税从 10% 上调至 25%。中国国务院关税税则委员会发布公告表示：自 6 月 1 日 0 时起，对原产于美国的部分进口商品提高加征关税税率。

5 月 13 日　2019 年 5 月，中国商务部向 WTO 提交了《中国关于世贸组织改革的建议文件》，进一步阐明了中国建议的世贸改革四大行动领域。

6 月 2 日　中国发表《关于中美经贸磋商的中方立场》白皮书。

6 月 29 日　国家主席习近平同美国总统特朗普在大阪举行会晤，双方同意在平等和相互尊重基础上重启经贸磋商，美方不再对中国产品加征新的关税。

8 月 26 日　国务院新闻办举行政策例行吹风会，介绍国务院印发的《中国（山东）自由贸易试验区总体方案》等 6 个新设自由贸易区总体方案。

11 月 4 日　通过共同努力，区域全面经济伙伴关系协定（RCEP）的 15 个成员已结束全部文本谈判以及实质上的所有市场准入谈判，各方已原则上承诺将于 2020 年签署协定。

11 月 5 日 第二届中国国际进口博览会在上海国家会展中心开幕，国家主席习近平出席开幕式并发表题为"开放合作 命运与共"的主旨演讲。

11 月 25 日 中共中央、国务院对外发布《关于推进贸易高质量发展的指导意见》。

12 月 13 日 中方对外宣布，中美双方已就第一阶段经贸协议文本达成一致。

参考文献

[1] 教材编写组：《中国对外贸易概论》，对外贸易教育出版社 1985 年版。

[2] 吴于廑、齐世荣：《世界史·现代史》（下卷），高等教育出版社 1994 年版。

[3] 孟宪章：《中苏经济贸易史》，黑龙江人民出版社 1992 年版。

[4] 董志凯：《跻身国际市场的艰辛起步》，经济管理出版社 1993 年版。

[5] 吴承明、董志凯：《中华人民共和国经济史》（第一卷），中国财政经济出版社 2001 年版。

[6] 课题组：《中国外贸体制改革的进程、效果与国际比较》，对外经济贸易大学出版社 2007 年版。

[7] 郝路：《中国对外贸易制度研究》[D]，吉林大学，2017。

[8] 刘星：《新中国建国初期对外经济的引进》[D]，中国社会科学院研究生院，2007。

[9] 周四成：《建国初期反封建反禁运斗争述论》，《北京党史》，2002 年第 1 期。

[10] 马慧敏：《当代中国对外贸易思想研究》，立信会计出版社 2008 年版。

[11]《中国的对外贸易概论》编写组：《中国对外贸易概论》，对外贸易教育出版社 1985 年版。

[12] 国家统计局国民经济综合统计司：《新中国五十年统计资料汇编》，中国统计出版社 1999 年版。

[13] 丁溪：《中国对外贸易》，中国商务出版社 2006 年版。

[14] 国家统计局：《中国统计年鉴 1949-1984》，中国统计出版社 1984 年版。

[15] 编委会：《中国对外贸易年鉴（1989）》，中国展望出版社 1989 年版。

[16] 赵继昌：《七年来中国对外贸易的重大发展》，《对外贸易论文集》第3集，中国财政经济出版社1957年版。

[17] 编委会：《中国对外经济贸易年鉴（1984）》，中国对外经济贸易出版社1984年版。

[18] 张曙霄：《中国对外贸易结构问题研究》，东北师范大学，2002。

[19] 王林生、陈宇杰：《中国的对外经济关系》，人民出版社1982年版。

[20] 丁溪：《中国对外贸易》，中国商务出版社2006年版。

[21] 齐小思：《中国对外贸易基本知识》，财政经济出版社1958年第1版。

[22] 课题组：《中国外贸体制改革的进程、效果与国际比较》，对外经济贸易大学出版社2007年版。

[23] 马龙龙、刘元才：《百卷本经济全书对外贸易》，人民出版社1994年版。

[24] 于淑云：《简评50—60年代中日民间贸易发展的进程》，《内蒙古民族大学学报》（社会科学版），2001年第3期。

[25] 徐行：《建国初期的外贸政策与对苏贸易》，《当代中国成功发展的历史经验——第五届国史学术年会论文集》，2005。

[26] 成协详：《"一五"时期我国对外贸易管理体制的形成及其历史条件的考察》，《中南财经大学学报》，1996年第6期。

[27] 胡建华：《周恩来与"文革"中的外贸工作》，《纵横》，1998年第8期。

[28] 巩玉闽：《周恩来在"文革"期间的经济指导思想》，《党的文献》，1999年第5期。

[29] 孙业礼：《"文革"中陈云协助周恩来抓外贸的一些情况》，《党的文献》，1995年第3期。

[30] 邓小平：《邓小平文选》第二卷，人民出版社1994年版。

[31] 中共中央委员会：《关于建国以来党的若干历史问题的决议》，十一届六中全会决议，1981年6月27日。

[32] 陈焰：《国际贸易与经济增长研究》，厦门大学博士学位论文，2007。

[33] 傅自应：《中国对外贸易三十年》，中国财政经济出版社2008年版。

[34] 李康华、王寿椿:《中国社会主义初级阶段的对外贸易》,对外贸易教育出版社 1989 年版。

[35] 李研:《对外开放的酝酿与起步(1976 ~ 1978)》,社会科学文献出版社 2008 年版。

[36] 沈觉人等:《当代中国对外贸易》,当代中国出版社 1992 年版。

[37] 吕盛行:《贸易与增长——中国与印度的比较研究》,浙江大学博士学位论文,2005。

[38] 俞品根:《新兴工业化国家和地区的对外贸易体制》,商务印书馆 1997 年版。

[39]《中国对外经济贸易 50 年》编委会:《中国对外经济贸易 50 年》,当代世界出版社 1999 年版。

[40] 张曙霄:《中国对外贸易结构论》,中国经济出版社 2003 年版。

[41] 吕盛行:《贸易与增长——中国与印度的比较研究》,浙江大学博士学位论文,2005。

[42] 董长芝等:《中华开放强国策》,大连海运学院出版社 1992 年版。

[43] 沈觉人等:《当代中国对外贸易》,当代中国出版社 1992 年版。

[44] 孙玉琴:《中国对外贸易体制改革的效应》,对外经济贸易大学出版社 2005 年版。

[45] 课题组:《中国加工贸易问题研究》,经济科学出版社 1999 年版。

[46] 杨圣明:《中国关税制度改革》,中国社会科学出版社 1997 年版。

[47] 赵德馨:《中华人民共和国经济史(1967-1984)》,河南人民出版社 1989 年版。

[48] 孙宇:《中国区域经济一体化战略构建研究》,首都经济贸易大学博士论文,2013。

[49] 薛荣久:《八十年代以来国际贸易发展的特点》,《世界经济研究》,1986 年第 3 期。

[50]《1984 年外贸体制改革开启尘封大门,成就外贸大国梦》,中国国际电子商务网,http://news.ec.com.cn/channel/print.shtml?/zxztxw/200811/664426_12009.07.07

[51] 涂红:《发展中大国的贸易自由化、制度变迁与经济发展》,中国财政经济

出版社 2006 年版。

[52] 裴玥：《20 世纪 80 年代：纺织等外贸产品结构上演轻型化蜕变》，中国纺织经济信息网，http：//www.texindex.com.cn/Articles/2008-9-8/157207.html2009.07.02

[53] 刘昕：《加工贸易在政策调整中迈向优化》，新浪财经网，

http：//chanye.finance.sina.com.cn/sm/2008-10-07/358035.shtml2009.07.03

[54] 董伟：《七五计划 (1986 ~ 1990)：改革闯关治理整顿》，新浪财经网，http://www.sina.com.cn2009.07.03

[55] 王艳：《中国外贸政策演变的效果及其产生机制研究》，《现代财经》，2002 第 8 期。

[56]《1984 年国务院确定开放 14 个沿海港口城市》，中国国际电子商务网，http://news.ec.com.cn/channel/print.shtml?/zxztxw/200811/664080_12009.07.03

[57] 刘瑞金：《对我国边境贸易几个问题的重新认识》，《国际贸易问题》，1987 年第 5 期。

[58] 张锡嘏：《对外开放与我国对外贸易的发展》，《国际商务》，1989 年第 6 期。

[59] 邵洁：《我国企业海外直接投资法律制度保护研究》，中国海洋大学硕士论文，2012。

[60] 顾卫平：《中国对外贸易战略性进展研究》，上海人民出版社 2007 年版。

[61] 黄汉民：《中国对外贸易》，中国财政经济出版社 2006 年版。

[62] 金哲松、李军：《中国对外贸易增长与经济发展 – 改革开放三十周年回顾与展望》，. 广西师范大学出版社 2008 年版。

[63] 马慧敏：《. 当代中国对外贸易思想研究》，立信会计出版社 2008 年版。

[64] 梁世彬：《中国对外贸易概论》，中国广播电视大学出版社 1993 年版。

[65] 方庆亮：《中日韩建立 FTA 面临的问题、可行性及政策分析》，东北财经大学硕士论文，2013。

[66] 王绍熙：《中国对外贸易理论和政策》，中国对外经济贸易出版社 1989 年版。

[67] 王绍熙、王寿椿：《中国对外贸易概论》，对外贸易教育出版社 1992 年版。

[68] 许国生、卫仲霞：《中国对外贸易经济学》，山西经济出版社 1992 年版。

[69] 杨李炼、宣家骥：《中国对外贸易理论与实务》，海南人民出版社 1989 年版。

[70] 袁文祺：《中国对外贸易发展模式研究》，中国对外经济贸易出版社 1990 年版。

[71] 张鸿：《中国对外贸易战略的调整》，上海交通大学出版社 2006 年版。

[72] 郑敦诗：《中国对外贸易统计》，中国对外经济贸易出版社 1991 年版。

[73] 中国关贸总协定谈判代表团：《中国对外贸易制度备忘录》（1993 年 5 月修订本汉英对照）,. 中国对外经济贸易出版社 1993 年版。

[74] 卢进勇、李小永、李思静：《欧美国家外资安全审查：趋势、内容与应对策略》，《国际经济合作》,2018 第 12 期。

[75] 潘金娥：《入世后的对外经贸关系及对越南的启示》，《庆祝中国成立 55 周年学术研讨会会议论文》，中国社会科学院世界经济与政治研究所网站 http://www. iwep.org.cn 制作

[76] 隆国强：《对加工贸易的评价》，《经济研究参考》，2003 年第 11 期。

[77] 朱波：《对外贸易方式与贸易融资的比较研究》，安徽大学，2004。

[78] 来特、王国顺：《对外贸易评价体系的构建及中国对外贸易关系现状评析》，《国际商务—对外经济贸易大学学报》，2006 年第 3 期。

[79] 李菁笛：《论上海合作组织的性质与职能》，新疆大学硕士论文，2008。

[80] 李剑竹：《中国对外贸易体制改革探讨》，《南开经济研究》，1998 年增刊。

[81] 魏浩、马野青：《中国出口商品的地区结构分析》，《世界经济》，2006 年第 5 期。

[82] 陈潇潇：《中国出口商品结构的演变特征、影响因素及对策建议》，重庆大学，2008。

[83] 孙玉琴：《中国对外贸易体制改革的效应》，对外经贸大学，2004。

[84] 王芳：《中国对外贸易政策的现实选择、管理贸易》，首都经济贸易大学，2005。

[85] 徐黑妹：《中国对外贸易政策的研究》，厦门大学，2007。

[86] 马丹：《中美对外贸易体制比较研究》，对外经济贸易大学，2005。

[87] 董志凯：《转轨之路——中国社会主义市场经济起步（1992—2001）》，《中国经济史研究》，2008 年第 4 期。

[88] 余淼杰：《中国对外贸易二十年（1978-2008）》，北京大学中国经济研究中心，2008。

[89] 裴长洪：《中国对外开放与流通体制改革》，经济管理出版社 2008 年版。

[90] 郑慧娟：《金砖国家经济波动的特征及影响因素研究》，厦门大学硕士论文，2016

[91] 邵峰：《从比亚里茨峰会看七国集团的发展》，《人民论坛》，2019-09-25。

[92] 郭永泉：《中国海关促进贸易便利化的现状和对策》，《海关与经贸研究》，2017 年第 3 期。

[93] 周明升、韩冬梅：《上海自贸区金融开放创新对上海的经济效应评价——基于"反事实"方法的研究》，《华东经济管理》，2018 年第 8 期。

[94] 刘莹：《中国对外贸易增长放缓问题研究》，《辽宁经济》，2018 年第 7 期。

[95] 莫兰琼：《改革开放以来中国对外贸易战略变迁探析》，《上海经济研究》，2016 年第 3 期。

[96] 沈建光：《论中美贸易战的八大误区》，《国际金融》，2018 年第 5 期。

[97] 夏英祝：《中国对外贸易学》，安徽大学出版社 2011 年版。

[98] 张芳、方虹：《贸易便利化对中国贸易增长的贡献研究——基于平台经济视角》，《工业技术经济》，2018 年第 6 期。

[99] 张幼文：《中美贸易战：不是市场竞争而是战略竞争》，《南开学报（哲学社会科学版）》，2018 年第 5 期。

[100] 赵渊博：《"一带一路"沿线国家和地区贸易便利化差异研究》，《改革与战略》，2018 年第 6 期。

[101] 郑鲁英：《新时代中国自贸区知识产权战略：内涵、发展思路及应对》，《企业经济》，2018 年第 7 期。

[102] 李金华：《中国产业：结构、增长及效益》，清华大学出版社 2007 年版。

[103]《中国对外贸易运输总公司发展史》编写组：《中国外运 40 年》，中国工人出版社 1990 年版。

[104] 方建文、李啸尘：《国际事务领导全书第三卷 WTO 规则与国际贸易实务》，国际文化出版公司 2002 年版。

[105] 薄一波：《若干重大决策与事件的回顾》，中共中央党校出版社 1991 年版。

[106] 董一凡：《中欧双边投资协定的谈判进展、难点及前景》，《国际研究参考》，2020 年第 9 期。

[107] 中国经济年鉴编辑委员会：《中国经济年鉴 1981 简编》，经济管理出版社 1982 年版。

[108] 蔡则祥：《金融结构优化论》，中国社会科学出版社 2006 年版。

[109] 邵泽华、靳德行：《中国国情总览》，山西教育出版社 1993 年版。

[110] 徐复：《中国对外贸易》，清华大学出版社 2006 年版。

[112] 唐任伍、马骥：《中国经济改革 30 年 . 对外开放卷》，重庆大学出版社 2008 年版。

[113] 裴长洪、郑文：《中国入世 10 周年与全球多边贸易体制的变化》，《财贸经济》，2011 年第 11 期。

[114] 陈继勇、余道先：《知识经济时代世界服务贸易发展的新趋势及中国的对策》，《世界经济研究》，2009 年第 4 期。

[115] 徐跃刚：《中国建筑企业"走出去"战略研究》，中国海洋大学硕士论文，2005 年

[116] 邢厚媛：《30 年迅猛发展的对外工程承包》，《中国建设报》，2008-11-24。

[117] 张尚尚：《价值链视角下我国国际工程承包商转型升级研究》，北京交通大学硕士论文，2014 年。

[118] 余瑞晗：《新时期我国对外劳务输出的现状及发展对策研究》，山西财经大学硕士论文，2010 年。

[119] 王秉乾：《论"一带一路"中的三个维度》，《区域与全球发展》，2017

年第 11 期。

[120] 裴长洪：《全球治理视野的新一轮开放尺度：自上海自贸区观察》，《改革》，2013 年第 12 期。

[121] 上海对外经贸大学课题组；高运胜：《全国自贸试验区体系中改革开放措施异同比较研究》，《科学发展》，2016 年第 2 期。

[122] 天雨：《服务贸易协定：服务贸易游戏规则的重构》，《国际经济合作》，2013 年第 6 期。

[123] 闫彦明：《上海自贸区探路金融开放》，《中国经济报告》，2015 年第 7 期。

[124] 雷凯、刘杨：《中国当前参与世界贸易过程中的外部阻碍因素、原因、对策简析——以 TPP 和台湾"反服贸"为研究》，《法制与社会》，2015-11-05。

[125] 陆燕：《美欧加速推动跨大西洋贸易与投资伙伴关系协定谈判的动因》，《国际贸易》，2013 年第 7 期，

[126 李春耕：《严守党纪国法构建"亲""清"政商关系》，《中国井冈山干部学院学报》，2017 年第 5 期，

[127] 张怡：《中国自由贸易试验区制度创新研究》，吉林大学博士论文，2018 年。

[128] 吴昊、张怡：《政策环境、政策课题与政策试验方式选择——以中国自由贸易试验区为例》，《中国行政管理》，2016 年第 10 期。

[129] 黄祺、刘绮黎：《海南建设自贸区、自贸港，习近平提出要这么干》，《新民周刊》，2018 年第 4 期。

[130] 丁红林：《海南建设全岛自贸区和全球最大自贸港的对策建议》，《中国水运》，2018 年第 10 期。

[131] 龚柏华：《中国(上海)自由贸易试验区外资准入"负面清单"模式法律分析》，《世界贸易组织动态与研究》，2013 年第 11 期。

[132] 高阳、邓汝宇：《对海南自贸区（港）建设中财税制度创新的思考》，《国际税收》，2019 年第 10 期。

[133] 方文浩：《我国中小民营企业对外直接投资研究》，华中科技大学硕士论文，2009 年。

[134] 中国 (海南) 改革发展研究院课题组：《尽快形成海南自由贸易港总体方案》，《经济参考报》，2018-06-27。

[135] 陈丽芬；周小付；王水平：《中国 (上海) 自由贸易试验区货物贸易转型升级战略研究》，《经济学动态》，2013 年第 11 期。

[136] 刘明：《中国自贸试验区"高"在创新》，《国际商报》，2018-11-29。

[137] 李丹、崔日明：《"一带一路"战略与全球经贸格局重构》，《经济学家》，2015 年第 8 期。

[138] 裴长洪：《中国企业对外投资与"一带一路"建设机遇》，《财政监督》，2017 年第 2 期。

[139] 张明：《直面"一带一路"的六大风险》，《国际经济评论》，2015 年第 7 期。

[140] 张旭东、刘华、韩洁等：《大道致远海纳百川习近平主席提出"一带一路"倡议 5 周年记》，《广西经济》，2018 年第 8 期，

[141] 赵岩：《"一带一路"战略下, 央企合并出海的机遇与挑战》，《价值工程》，2016 年第 1 期。

[142] 燕笑天、许学军：《"一带一路"战略的前景与挑战》，《改革与开放》，2016 年第 1 期。

[143] 许可：《引领通往未来的希望之路共建"一带一路"5 年成果综述》，《中亚信息》，2018 年第 8 期。

[144] 全国人民代表大会常务委员会："关于批准《亚洲基础设施投资银行协定》的决定"，《中华人民共和国全国人民代表大会常务委员会公报》，2015-11-20。

[145] 赵觉 ：《成立 3 年, 亚投行交出怎样成绩单》，《环球时报》，2019-01-12。

[146] 蒋志刚：《"一带一路"建设中的金融支持主导作用》，《国际经济合作》，2014 年第 9 期。

[147] 张开：《借鉴国际经验完善我国企业"走出去"政策》，《全球化》，2013 年第 10 期，

[148] 刘畅、赖辉；郭健全：《离岸金融市场发展模式探究——以图们江区域为例》，

《中国集体经济》，2013-05-05。

[149] 谢庆：《加快实施"走出去"战略打造我国跨国公司——专访国家发展和改革委员会副主任张晓强》，《行政管理改革》，2010年第12期。

[150] 邢厚媛：《三十年风雨兼程：对外工程承包业在结构调整中走向成熟》，《国际经济合作》，2008年第3期。

[151] 赵放、冯晓玲：《美国服务贸易的阶段性特征与竞争力分析》，《财贸经济》2008第8期。

[152] 苏晓晨：《美国对外服务贸易发展研究》，延边大学，2017年。

[153] 郝美彦：《美国发展服务贸易的经验对中国的启示》，《山西财政税务专科学校学报》，2017年第4期。

[154] 高思晨：《中国服务贸易升级的影响因素分析》，首都经贸大学，2017年。

[155] 李媛、孙碧宁、倪志刚、邱爱莲：《"一带一路"契机下中国服务贸易的机遇分析》，《沈阳工业大学学报(社会科学版)》，2016年第1期。

[156] 武文卿：《优化营商环境继续放宽外资市场准入》，《中国招标》，2018年第48期。

[157] 李磊、蒋殿春、王小洁：《外资进入、性别就业差距与企业退出》，《世界经济》，2018第41期。

[158] 祁欣、许诺：《当前利用外资新形势、新问题、新举措》，《中国经贸导刊》，2018第34期。

[159] 黄玖立、房帅、冼国明：《外资进入与东道国国家治理能力提升》，《经济社会体制比较》，2018第6期。

[160] 何曼青：《利用外资40年：特点、趋势与建议》，《中国外资》，2018第21期。

[161] 何凡、曾剑宇：《我国对外承包工程受双边关系影响吗？——基于"一带一路"沿线主要国家的研究》，《国际商务研究》，2018第39期。

[162] 功成：《2017年对外承包工程行业回顾及展望》，《国际工程与劳务》，2018年第6期。

[163] 庞超然：《开创高质量发展新局面——2017年对外承包工程发展综述》，《国

际经济合作》,2018 年第 4 期。

[164] 覃伟芳、陈红蕾：《对外承包工程"走出去"与工业企业出口扩张》，《国际商务 (对外经济贸易大学学报)》,2018 年第 2 期。

[165] 屠毅仁：《探究"一带一路"倡议下我国与沿线国家的贸易格局重构》，《财经界 (学术版)》,2018 年第 36 期。

[166] 傅梦孜：《 "一带一路"倡议的三个理论视角》，《现代国际关系》,2018 年第 12 期。

[167] 聂爱云、何小钢：《中国"一带一路"投资 : 进展、挑战与对策》，《国际贸易》，2018 年第 12 期。

[168] 宋群、陈迎春：《中国 : 推进参与区域经济合作的步伐》，《国际经济合作》，2002 年第 11 期。

[169] 肖新越：《中日韩经济一体化前景下的中国农业竞争力研究》，延边大学硕士论文，2010 年。

[170] 佟家栋：《中国自由贸易试验区改革深化与自由贸易港建设的探讨》，《国际贸易》，2018 年第 4 期。